外国家庭法及妇女理论研究中心项目
重庆市市场交易法律制度研究基地资助

家事法研究

2010年卷（总第6卷）

陈　苇　主　编
胡苷用　副主编

群众出版社

2011年·北京

《家事法研究》学术顾问

（以姓氏笔画为序）

《家事法研究》编委会

目　录

社会调查

司法解释与律师实务

域外法

博士生论坛

硕士学位论文摘登

CONTENTS

Special Articles

Social Investigation

Judicial Interpretations and the Practice of Lawyer

卷首语

本卷是《家事法研究2010年卷》(总第6卷)。

光阴似箭。自本人于2005年开始主编出版学术论文《家事法研究》以来，六年过去了。《家事法研究》作为一部系列学术论文集，从其2005年卷（总第1卷）到2010年卷（总第6卷）经历了连续六年不间断的出版历程。六年来，承蒙广大理论工作者、司法实务工作者和读者们的厚爱和支持，才有了《家事法研究》各卷的成果斐然、人才辈出、影响日增的今天！《家事法研究》已经出版的各卷受到学术界专家学者们的支持和广大读者们的欢迎。对此我们深表谢意！如今，《家事法研究2010年卷》（总第6卷）与读者见面了。与往年一样，基于本书的栏目设置和容量的考虑，我们不得不对惠赐的作品有所取舍和删改。在此，我们特对《家事法研究2010年卷》设置的栏目和采用的文章说明如下。

【“当代中国内地与港、澳、台婚姻家庭法比较研究”专栏】 选出六篇文章。

随着香港、澳门地区相继回归，香港、澳门与内地的关系更加密切。与此同时，大陆与台湾地区的关系也正在朝着积极健康的方向发展，坚持“一国两制”与争取和平统一成为两岸有识之士和广大民众的共同愿景。近年来，内地与港、澳、台地区不仅在经济上交往更加密切，而且内地居民与港、澳、台地区居民之间的婚姻亦日益增多。因此，比较研究当代中国内地与港、澳、台婚姻家庭法律制度具有重要的理论意义和实际应用价值。本栏目选登的6篇论文是司法部“2009年度国家法治与法学理论研究项目”之专项任务项目“当代中国内地与港、澳、台婚姻家庭法比较研究”(09SFB5019）的阶段性成果。陈苇、胡苷用的《当代中国内地与港、澳、台法定夫妻财产制比较研究》一文，阐述夫妻财产制的主要功能及立法价值取向，考察当代中国内地与港、澳、台法定夫妻财产制的立法概况，评析其异同，分析当代中国四法域法定夫妻财产制的立法趋势，提出完善内地立法的建议，并设计了相关具体制度的立法条文，以供立法机关参考。陈苇、陈思琴的《当代中国内地与港、澳、台无效婚姻与可撤销婚姻制度比较研究》一文，通过对四法域无效婚姻与可撤销婚姻之立法结构与立法内容的异同之比较与评析，揭示内地立法的不足，借鉴港、澳、台三地区有益的立法经验，结合内地最高人民法院正在起草中的最高人民法院《关于适用〈中华人民共和国婚姻法〉若干问题的解释（三）》（征求意见稿）的相关规定，提出完善内地无效婚姻与可撤销婚姻制度的建议。张华贵、李欣、段伟伟的《当代中国内地与港、澳、台诉讼离婚理由比较研究》一文，对四法域诉讼离婚的法定理由，从立法体例、立法模式、立法原则、立法内容、阻却事由及苛刻条款等方面进行比较分析，进而对内地诉讼离婚法定理由的完善提出建议。朱凡的《当代中国内地与港、澳、台人工生殖立法比较研究》一文指出，我国内地与港、澳、台地区均对人工生殖进行立法调控，在立法模式、伦理原则、法律原则以及亲子关系确认等方面既有相同之处，亦各具特色。我国内地人工生殖立法存在民事立法滞后，行政管理重管制而轻救济、现行制度存在若干调整盲点等问题，修改《婚姻法》增补人工生殖的亲子关系之规定有助于解决前述不足。李俊的《当代中国内地与港、澳、台收养要件比较研究》一文，首先指出当代收养法的立法价值取向，其次阐述当代中国内地与港、澳、台地区的收养要件规定，最后在比较评析基础上提出完善内地相关立法的建议。江先文的《当代中国内地与港、澳、台扶养法比较研究》一文，通过比较评析四法域扶养法的结构和内容，指出在以未成年人受抚养权保护为首要考虑和保障家庭中弱者之受扶养权的实现为核心的发展趋势下，内地扶养法的立法技术和立法内容尚存不足，借鉴港、澳、台的立法经验，建议对内地立法增补“扶养”制度专章，统一“扶养”用语，从扶养的主体、扶养的顺序、扶养的程度和方式、扶养的变更和终止等方面加以完善。

【专题研究】选出三篇文章。

蒋月的《论忠实是否为夫妻的法定义务——兼议最高人民法院〈婚姻法解释（一）〉第3条》一文认为，在婚姻关系存续期间，配偶相互忠实，是一夫一妻制度的根本要求；若无夫妻相互忠实，一夫一妻制不复存在。由于夫妻不忠造成的损害是严重的，夫妻忠实争议容易引发种种严重冲突，司法救济不介入，对有关婚姻当事人、对家庭、对社会都只会是百害而无一利。我国最高人民法院《关于适用〈中华人民共和国婚姻法〉若干问题的解释（一）》第3条以及《婚姻法》第4条是否具有可诉性值得研究。夫妻忠实协议属于婚姻当事人在法律允许范围内对性自由的合理约束，其赔偿责任是当事人对违反配偶义务时财产责任的约定。婚姻当事人在平等基础上自愿签署了忠实协议，就应当受到承诺的约束。一旦配偶一方具备了协议约定的情形，就应当自觉承担相应的法律后果。杨晋玲的《协议离婚制度研究》一文指出，在我国，由于新的《婚姻登记条例》在制定时只注重了对离婚登记程序的简化而忽视了相关配套措施的设立，因此在实施过程中出现了被滥用的情况。通过对国外协议离婚制度的简介和对我国协议离婚制度立法历程的回顾，分析我国协议离婚制度的缺失及其原因，提出完善立法的对策。李爽的《军婚特殊保护制度探析》一文，对《婚姻法》现行军婚特殊保护制度的存废进行了思考，就我国军婚特殊保护制度立法思路之转变，提出了自己的见解。

【社会调查】选出两篇文章。

李洪祥、王秀玲、王伟的《农村妇女土地权益保障现状的社会性别分析——基于吉林省妇联关于农村妇女失地情况的调查》一文，在实证调查研究的基础上指出，农村妇女的土地权益往往被淹没在婚姻关系中，依附于以男性为中心的家庭或户之中，一旦婚姻关系解体，土地权利的矛盾便会凸显出来。作者在深入分析农村妇女土地权益未受到全面切实保障的原因基础上，提出保障农村妇女土地权益的立法建议。陈苇、罗晓玲的《我国夫妻分居情况调查及其立法构想》一文指出，夫妻在婚姻关系存续期间的分居状态影响家庭的和谐。对我国夫妻分居情况进行调查研究，分析其原因，采取适当的立法对策，有利于及时化解夫妻矛盾、帮助夫妻和好，有利于促进和谐家庭与和谐社会的构建。作者在调查了解被调查者对我国夫妻分居相关情况认识的基础上，研究夫妻分居的原因，分析分居制度的功能，考察我国有关立法之不足，结合我国实际，提出建立我国夫妻分居制度的构想，以供我国立法机关参考。

【司法解释与律师实务】选出三篇文章。

2001年、2003年，我国最高人民法院相继公布了《关于适用〈中华人民共和国婚姻法〉若干问题的解释》（一）、（二）。该两部司法解释的出台，对司法实务部门正确审理婚姻家庭纠纷提供了执法的指导依据。但是随着社会的发展，在婚姻家庭领域里新情况和新问题不断涌现。这些新情况和新问题的解决，急需最高人民法院作出进一步的解释。罗杰的《“最高人民法院关于适用〈中华人民共和国婚姻法〉若干问题的解释（三）（征求意见稿）专家论证会”纪要》客观地反映了该专家论证会的情况，与会的法官和法学专家们对该“征求意见稿”从结构到内容都进行了深入的讨论和研究，提出了各自的修改意见和建议。贾明军的《股权分割案件之律师实务研究》一文认为，目前我国离婚诉讼中涉及股权分割的案例日益增多，股权分割引发的案件类别也多种多样。了解和掌握股权分割中实务操作的规律与技巧，是律师办理现代离婚案件的必备技能与发展基础。作为律师，在处理因离婚而导致的股权争议纠纷时，不能人为地将《婚姻法》与其他法律条款割裂开来，更不能仅凭某一法条“说事”，只有将《婚姻法》与《公司法》、《合同法》、《担保法》等法律融会贯通、从立法的本意分析法律适用并及时掌握司法前沿最新的动向，才能引导当事人适当处理股权分割纠纷。杨晓林、罗敏的《夫妻婚内确认财产所有权之诉讼实务研究》一文认为，人民法院应统一认识，确保夫妻婚内确认财产所有权之诉的顺利立案，统一夫妻婚内确认财产所有权之诉的诉讼费标准，应按非财产案件收取；胜诉后对于按揭购房的共有权人产权登记的变更，需要人民法院、贷款银行及房屋权属登记部门三方就夫妻婚内确认财产所有权之诉的执行达成共识，最大限度保护当事人的利益。

【域外法】选出三篇文章。

近年来，我国一些学者为制定21世纪《中国民法典》的亲属编和继承编已分别出版各自草拟的“学者建议稿”，以供我国立法机关参考。吴宗训、蒋月根据最新的韩文版《韩国民法典》翻译了《韩国家庭法》与《韩国继承法》，对我国立法具有一定的参考价值。《韩国家庭法》系《韩国民法典》的第四编（第767条至第996条），共计八章，前七章的内容包括：总则、家族的范围与子女的姓和宗、婚姻、父母与子女、监护、亲属会议、抚养，第八章经民法典的历次修改后已被废止。《韩国继承法》系《韩国民法典》的第五编（第997条至第1118条），共计三章，其内容包括：继承、遗嘱、特留份。此外，罗杰翻译的澳大利亚家庭法专家帕瑞克·帕金森教授的《子女最大利益原则的适用：二元因素的影响》一文，旨在阐明法官在处理抚养案件时应如何理解澳大利亚2006年《家庭法修正案（共同承担扶养责任）》［Family Law Amendment (Shared Parental Responsibility) Act 2006］的相关规定。该文对适用子女最大利益原则时，“首要考虑因素”和“附加考虑因素”之间的关系、修正案第七部分规定的目的与原则之地位以及认定“相同时间”和“实质性重要时间”的因素如何与法庭须考虑的其他因素相契合等进行了研究，阐明了个人见解。

【博士生论坛】选出两篇文章。

来文彬的《西方现代家事调解模式论纲》一文指出，当前，西方不少国家建立了专业的现代家事调解制度。其不仅有较为成熟的家事调解理论与制度，在实务中也形成了不同类型和风格的调解模式。每一种模式都有自己独特的理念和理论，自己独特的方法、技术以及干预方式。该文以西方现代家事调解为对象，就其模式之界定、意义、主要类型以及特点予以阐述和分析，并就相关思考与启示予以探讨，以期对中国现代家事调解制度之建立、健全有所裨益。陈思琴的《美国虚拟探望制度及其启示》一文中指出，虚拟探望作为探望权行使的一种方式，在美国被不少异地而居的离婚父母和子女使用，作为离婚后未与子女共同生活的父母一方与子女之间现实探望的补充，其在弥补现实探望被减少的缺憾、持续维持与增进子女与异地非居住父母之间的亲子关系以及激励非居住父母支付抚养费等方面都具有积极的作用。在离婚率日益攀升、人口流动性日渐增强的我国社会，基于虚拟探望在促进离婚父母与子女间的亲子情感上所具有的价值及功能，以及其实现的便利性，建议我国将其作为探望权行使的方式之一。

【硕士学位论文摘登】选出十篇文章。

唐明的《论儿童在离婚法中的主体地位》一文中指出，儿童并非离婚的不相关者，他们应该对父母的离婚行为有自己的利益诉求。通过论证儿童在离婚亲子关系中的主体地位，以期为研究父母离婚时儿童权利的保护提供一个新的出发点。刘雪青的《我国亲子鉴定社会化的法律规制研究》指出，亲子鉴定频繁地介入亲子事件中，这对婚姻家庭观、伦理道德、法律等方面提出了挑战，对亲子鉴定社会化进行合理规制显得尤为必要。在亲子身份关系争执的领域，应通过对个人委托鉴定进行规范，将亲子鉴定限定在必要的范围内，并从制度上保障鉴定结果的科学性。刘元敏的《论未成年人收养制度——以对未成年养子女利益的公权力保护为视角》一文中指出，近年国家监督主义在现代收养法中体现得越来越明显。不少国家以公权力介入收养关系，达到保护未成年养子女的利益之目的。针对我国未成年人收养制度的不足，结合对未成年养子女利益的公权力保护，提出完善立法的建议。夏从杰的《我国婚约制度的构建研究》认为，在我国订婚的现象大量存在，尤其在广大的农村地区，订婚是结婚前的习惯程序，这种现象被称为“具有习惯法效力的规范的小传统”，在我国订婚之纠纷屡见不鲜，但是我国的法律却不能满足对当事人权益进行救济的现实需要。因此，对婚约进行立法规制有强烈的现实需要。婚约制度之主要内容包括婚约不履行时的损害赔偿与赠与物（彩礼）之返还两大部分，其围绕此两部分研究如何构建我国的婚约制度。姜胜强的《我国〈继承法〉之养老育幼、照顾病残者原则研究》一文，从指引基本制度构建的基本原则出发来重新审视我国《继承法》的基本制度，通过对养老育幼、照顾病残者原则统帅下的相关制度的分析研究，为完善我国相关立法提出建议。高亚飞的《夫妻日常家事代理权研究》指出，夫妻日常家事代理权是基于夫妻身份即婚姻的效力而在日常家事范围内当然享有的权利，它是一种法定代理权。我国《婚姻法》对夫妻日常家事代理权却无规定，需要对现行司法解释的规定加以完善，在《婚姻法》中设立夫妻日常家事代理权制度。龚泽勇的《非婚同居关系中女性权益保护研究》指出，随着非婚同居现象的日益增多，由非婚同居带来的纠纷日渐凸显，在这些纠纷中，往往都是女性权益受到侵害。由于现行法律规定的缺失，使得女性权益被侵害时往往得不到相应的救济，而男性在非婚同居关系解除时，几乎不用承担任何责任。这种男女权益失衡的现象是该文研究的出发点。其主张构建注重保护女性权益的我国非婚同居法律制度。徐卫国的《非婚同居的法律规制研究》指出，在当今社会，非婚同居的人数在不断增加，由此引发的一系列问题不得不引起人们的高度重视。我国无专门的非婚同居法对非婚同居加以规制，使得非婚同居者得不到法律的相应保护。作者对国外立法例进行介绍与评析，并对我国非婚同居的现实问题进行研究，提出对我国非婚同居立法的思考。管燕燕的《我国港、澳、台地区防治家庭暴力的立法与实践及其启示》指出，目前，我国台湾、香港、澳门三地区已经形成了较为完备的反家庭暴力社会支持系统，而我国内地在家庭暴力防治方面还存在某些欠缺，分析我国四法域在反家庭暴力立法、司法及社会救助等方面的措施，对我国内地制定反家庭暴力法和加快反家庭暴力的进程具有重要的意义。罗晓玲的《我国港、澳、台地区分居制度研究及其启示》对我国香港、澳门、台湾三地区有关分居制度的规定进行了评介。该文在考察该三地区分居立法的现状并分析我国内地设立分居制度之必要性的基础上，阐述我国港、澳、台地区分居立法对内地立法的启示。

最后，在此需要特别解释的是，本人在《家事法研究2009年卷》的卷首语中曾经说明："自本人创办的《家事法研究2005年卷》面世以来，历时五年，出版了五卷。在西南政法大学民商法学院领导的支持下，在本编辑部同事们的协助下，在实务界律师们的参与下，《家事法研究》已经推出了一批具有前沿性的学术成果，培养了一批学术新人，受到学术界同仁和实务界人士的肯定和好评，产生了良好的社会影响……为继续扩大《家事法研究》的学术影响，在中国法学会婚姻家庭法学研究会2009年年会的常务理事会上，经本人提出申请，婚姻家庭法学会研究同意，夏吟兰会长宣布自《家事法研究2010年卷》起由学会主办。"但是，后来由于该学会将于2010年出版"2009年婚姻家庭法学研究会年会"的论文集，所以夏吟兰会长委托本人继续主编《家事法研究2010年卷》。即从《家事法研究2011年卷》起由"中国法学会婚姻家庭法学研究会"主办。

我期望，今后有更多的专家学者和司法实务界人士为《家事法研究》惠赐佳作！我相信，今后在中国婚姻家庭法学研究会的精心主办下，《家事法研究》将会在法学理论研究与司法实务探索相结合的沃土中更加茁壮成长，枝繁叶茂！

陈 苇

2010年9月28日

“当代中国内地与港、澳、台婚姻家庭法比较研究”专栏

当代中国内地与港、澳、台法定夫妻财产制比较研究*

陈苇　胡苷用**

目　次

男女因结婚产生夫妻人身关系，并随之产生夫妻财产关系。法律为确保夫妻平等地位和婚姻生活的圆满，并保障夫妻与第三人交易安全，维护社会秩序，而设立夫妻财产制，调整夫妻财产关系。近年来随着我国内地与港、澳、台的经济贸易往来的不断发展，内

---

* 本文为司法部“2009 年度国家法治与法学理论研究项目”之专项任务项目：“当代中国内地与港、澳、台婚姻家庭法比较研究”（09SFB5019）的阶段性成果。

** 陈苇，女，西南政法大学民商法学院教授、博士生导师；胡苷用，男，法学博士，西南政法大学外国婚姻家庭法及妇女理论研究中心副研究员。

地涉港、澳、台的婚姻亦不断增多，因此对四法域的法定夫妻财产制度进行比较研究，具有重要的理论意义和实践价值。

一、夫妻财产制的主要功能及立法价值取向

（一）夫妻财产关系法的主要功能

1. 巩固婚姻共同体、保障实现婚姻家庭扶养职能的功能

关于夫妻财产关系，不论实行何种夫妻财产制，对婚姻内部关系而言，夫妻是一个利益共同体，是利益共享、风险共担的合作关系，不同于外部社会的人。即使是实行分别财产制的夫妻，财产各自所有只是婚姻内部的财产分配规则和关系，对于外部社会来说，婚姻共同体的共性并不因此而改变。[1]因此，就此意义上来说，无论实行什么样的夫妻财产制，都应坚持既要尊重保护夫妻个人的财产所有权，同时也应有利于婚姻家庭共同体的稳定和幸福。

婚姻是一个生活共同体，在夫妻双方自愿的前提下，夫妻可以双方协商，通过分工合作，由一方主要承担抚（扶）养照顾子女或老人的任务，另一方则主要从事职业工作，但是这种分工的前提是，婚姻期间任何一方的经济收益除法律另有规定外，都应属婚姻共同财产。“在一个繁荣的社会中，个人选择余地大，更易有秩序，因而更可能成为一个公正的社会。反之，在一个公正的社会中，机会开放、报酬公正、个人安全有保障，人们有更强的动机生产和积累财富，因而促进着繁荣。”[2]因此，现代夫妻关系立法应力图贯彻婚姻共同生活的本质目的，为构建和谐、稳定的婚姻家庭关系提供物质基础。[3]这样才能保障婚姻家庭扶养职能的实现。

2. 平衡婚姻期间夫妻所得财产利益的再分配功能

诚然，家庭内部的劳动分工提高了家庭的劳动效率，但同时也使家庭内部的财产分配问题变得日益复杂。从宏观上看，分配是社会经济的核心环节，连接着从生产到消费的社会再生产全过程，不仅在宏观上影响着国民经济的总体运行，而且在微观上决定着各个家庭的利益。理想的分配内含公平和效率两个价值目标：既要使收入与社会成员的贡献相当，使之得其所应得，又要使分配符合经济

规律，从而有效促进资源的优化配置。理想的分配目标就是要通过公平来促进效率，以效率来拓展公平。[4]婚姻关系类似于合伙关系，婚姻家庭是一个相对独立的生活共同体，它不仅是一个消费单位，而且也是一个生产单位，因此如何将婚姻期间夫妻一方或双方取得的财产及收益在婚姻家庭内部公平分配，是夫妻财产制的一项重要的功能。马克思曾经深刻地指出：“利益就其本性说是盲目的、无止境的、片面的。一句话，它具有不法的本能。”[5]法的本质在于对利益的调整，法的目的就是对“利益的平衡”。如何实现夫妻在婚姻期间所得财产及收益的公平分配，是夫妻财产制理应承担的一项重要的功能。

3. 维护第三人利益和保障交易安全的功能

保护夫妻合法财产权益与维护第三人利益相兼顾原则，是现代婚姻家庭法兼顾个人利益与社会利益的立法宗旨之必然要求。夫妻财产制一方面必须具体地规定夫妻双方的权利和义务，才能依法保护夫妻的合法财产权益；另一方面，由于与夫妻交易的第三人，有时往往可能处于不利的地位，为防止夫妻损害第三人的利益，夫妻财产法对第三人的利益亦应给予相应的保障。为此，夫妻财产制必须规定维护第三人利益的具体措施，如夫妻约定财产制的法定公示方式、夫妻财产分割不得损害债权人的利益等条款，以保障第三人的利益，维护交易安全。尤其值得注意的是，有些国家的立法还规定了夫妻对债权人承担有限连带责任。例如《德国民法典》和《法国民法典》均明确规定，如夫妻共同财产已经分割，在所分割的共同财产范围内，夫妻双方对债权人承担有限连带清偿责任。《意大利民法典》则明文规定，在无法以夫妻共同财产清偿全部债务的情况下，夫妻以个人财产承担有限补充清偿责任。这些规定充分体现了保护夫妻合法财产权益与维护第三人利益相兼顾原则的精神。[6]

（二）夫妻财产制的立法价值取向

法的价值是指法律作为客体对满足主体的需要所具有的功用。在当代中国的法律制度和立法体制中，平等、自由、人权与安全、公平与效率以及社会功利，是共同的、基本的价值取向。这些基本价值在立法中总体上是并重的、平衡的；它们不能孤立地、排他地作为法律的理想价值目标，而是相互依存、相互补充和结合的。在构造一个成熟的法律体系时，这些基本价值都必须加以考虑，各得其所。但由于它们之间也在一定情况下存在矛盾，因而在不同的具体立法中，其主从、轻重顺序，也各有倾斜。[7]

1. 平等价值

所谓平等，即人与人之间的同等对待关系。“平等指导着法对权利、义务的公正分配。”[8]就是指人或事物的地位完全处于同一标准与水平，都应同等对待。具体而言，社会主体在社会关系、社会生活中处于同等的地位，具有相同的发展机会，享有同等的权利。男女平等原则是我国《婚姻法》的一项基本原则，坚持贯彻这一原则，对于保护妇女合法权益，有着十分重要的意义。夫妻不仅是社会的主体，而且也是家庭关系中的主体，他们理应在法律上得到同等的地位。例如，夫妻彼此间在人身关系方面，具有平等的法律地位，双方享有平等的姓名权、人身自由权、婚姻居所选择权等；在财产关系方面，夫妻享有平等的相互扶养权、继承权，对夫妻共同财产享有平等的管理权和分享权。

2. 安全价值

安全价值的内涵要求弱者与强者，内部成员与外部成员各自的利益都能得到法律的保障。其实，夫妻财产关系实质上就是一种利益关系。首先，对内部关系而言，法律应当有效地保障婚姻家庭中处于弱势地位的成员的利益，与处于强势地位的成员的利益一样，都得到切实的保障。并且，为实现平等，法律应当采取措施特别保障弱者的利益。其次，对外部关系而言，法律应当保障与夫妻交易的第三人的利益与夫妻的利益一样都得到切实保障，安全价值应该是夫妻财产关系立法的重要立法价值取向。夫妻财产关系法中的社会安全价值主要体现在交易安全上。夫妻财产制坚持保护夫妻合法财产权益与维护第三人利益相兼顾原则，是现代婚姻家庭法兼顾个人利益与社会利益的立法宗旨之必然要求。夫妻财产制一方面必须具体地规定夫妻双方的权利和义务，才能依法保护夫妻的合法财产权益。另一方面，由于与夫妻交易的第三人，有时往往可能处于不利的地位，为防止夫妻通谋损害第三人的利益，夫妻财产法对第三人的利益亦应给予相应的保障。为此，夫妻财产制必须具体规定维护第三人利益的措施，如夫妻约定财产制的法定公示方式、夫妻财产分割不得损害债权人利益等条款，以保障第三人利益，维护交易安全。[9]

3. 公平价值

公平原则要求用利益均衡作为价值判断的标准以调整民事主体之间的物质利益关系，以便更好地确定民事主体的民事权利和民事责任。[10]以家庭为基础的贡献和以市场为基础的贡献两者都应被视为有利于婚姻的共同福祉。在婚姻关系存续期间，夫妻双方的时间、精力等，对于实行婚后共同财产制的夫妻而言，是处于"共享状态"。这里所称的贡献，形式多样，既可以是直接贡献，如帮助对方配偶推销其智力产品，也可以是间接贡献，如帮助对方提升名誉、扩大其社会影响等。[11]正确认识夫妻各方为婚姻家庭所作的贡献，保障各方的人身和财产利益不受侵害，是夫妻关系立法的公平价值取向之所在。

4. 效率价值

效率是市场经济的重要矢量。效率的本质要求就是以最小的付出及时获得最大的收益。从效益的角度，对财产权利的保护可以为财产所有人创造一种良好的法律环境，以便他们无顾虑地、尽其可能并高效益地利用资源，发展自己的财富。[12]在夫妻财产制度中，基于交易的效率与安全价值，对于与夫妻一方实施的财产交易的善意第三人的利益应当予以保护。①

由于家庭的人口再生产是通过扶养实现的，故对家庭成员的扶（抚）养是婚姻家庭的最重要的职能。并且，由于婚姻关系具有伦理性，因此，在婚姻家庭领域，应当以公平优先兼顾效率，才能保障家庭扶养职能的实现，尽量使每个家庭成员得到全面的发展。总之，夫妻财产关系法的立法价值应考虑平等价值、安全价值、公平价值与效率价值。夫妻财产关系法的立法应当是为了实现公平而分配权利、义务和利益。立法者在设计、考虑不同权利、义务和利益的倾斜或平衡时，必须符合平等、安全、公平和效率的价值要求。

二、当代中国内地与港、澳、台法定夫妻财产制之立法概况

（一）中国内地法定夫妻财产制之立法概况

在内地，2001 年修正后的《婚姻法》仍沿用 1980 年《婚姻法》规定的夫妻财产制，并在此基础上作了必要的修改和补充，最高人民法院《婚姻法解释（二）》对共同财产的范围做了进一步的界定。其立法的基本精神仍然是坚持夫妻在家庭中地位平等，保护夫妻双方的合法财产权益，并根据新形势的需要，注意保护第三人的利益和维护交易安全。根据内地现行《婚姻法》第 17、18、19 条的规定，内地的法定财产制仍然是婚后所得共同制。该法定财产制的主要内容有：夫妻婚前婚后所得财产的归属，夫妻共同财产和夫妻个人财产的范围，夫妻对共同财产和个人财产的权利义务，以及夫妻共同财产制的终止及财产的清算等。

---

① 例如，内地最高人民法院《关于适用〈中华人民共和国婚姻法〉若干问题的解释（二）》（以下简称内地《婚姻法解释（二）》）第 23、24 条规定，债权人就一方婚前所负个人债务向债务人的配偶主张权利的，人民法院不予支持。但债权人能够证明所负债务用于婚后家庭共同生活的除外。债权人就婚姻关系存续期间夫妻一方以个人名义所负债务主张权利的，应当按夫妻共同债务处理。但夫妻一方能够证明债权人与债务人明确约定为个人债务，或者能够证明属于婚姻法第 19 条第 3 款规定情形的除外。

1. 夫妻共同财产的范围

夫妻共同财产，是指夫妻双方或一方在婚姻关系存续期间所得的财产，但法律另有规定或当事人另有约定的除外。关于夫妻共同财产的范围，内地现行《婚姻法》第 17 条规定："夫妻在婚姻关系存续期间所得的下列财产，归夫妻共同所有：（一）工资、奖金；（二）生产、经营的收益；（三）知识产权的收益；（四）继承或赠与所得的财产，但本法第十八条第（三）项规定的除外；①（五）其他应当归共同所有的财产。夫妻对共同所有的财产，有平等的处理权。"

根据内地《婚姻法解释（二）》第 11、19 条规定，婚姻关系存续期间，下列财产属于婚姻法第 17 条规定的"……'其他应当归共同所有的财产'：（一）一方以个人财产投资取得的收益；（二）男女双方实际取得或者应当取得的住房补贴、住房公积金；（三）男女双方实际取得或者应当取得的养老保险金、破产安置补偿费。"并且，由一方婚前承租、婚后用共同财产购买的房屋，房屋权属证书登记在一方名下的，应当认定为夫妻共同财产。

此外，夫妻分居两地分别管理、使用的婚后所得财产，应认定为夫妻共同财产。婚后夫妻双方对一方婚前财产上的"添附"，应认定为夫妻共同财产。婚后夫妻双方对婚前一方所有的房屋进行过修缮、装修、原拆原建的，其增值部分或扩建部分，应认定为夫妻共同财产。此外，对是个人财产还是夫妻共同财产难以确定的，主张权利的一方有责任举证。当事人举不出有力证据，人民法院又无法查实的，按夫妻共同财产处理。②

2. 夫妻个人财产的范围

夫妻特有财产，又称保留财产，是相对于共同财产而言的，指

---

① 即指夫妻双方或一方在婚后继承或赠与所得的财产，除遗嘱或赠与合同确定只归夫或妻一方的财产外。

② 参见内地最高人民法院 1993 年 11 月《关于人民法院审理离婚案件处理财产分割问题的若干具体意见》（以下简称：《财产分割意见》）第 4、7、12 条。

夫妻婚后在实行共同财产制时，依法律规定或依夫妻约定，夫妻各自保留的一定范围的个人所有财产，即特有财产依发生的依据不同可分为：法定的特有财产与约定的特有财产。夫妻依法律规定各自保留的个人财产是法定的特有财产，夫妻依约定各自保留的个人财产是约定的个人财产。内地《婚姻法》和司法解释，虽然未使用夫妻特有财产的概念，但允许夫妻在婚后实行共同财产制的同时，按双方约定或依法规定保留一定范围的个人所有财产。这些财产独立于夫妻共同财产之外，实际上就是夫妻特有财产。关于夫妻个人财产的范围，内地现行的《婚姻法》第 18 条规定：“有下列情形之一的，为夫妻一方的财产：（一）一方的婚前财产；（二）一方因身体受到伤害获得的医疗费、残疾人生活补助费等费用；（三）遗嘱或赠与合同中确定只归夫或妻一方的财产（四）一方专用的生活用品；（五）其他应当归一方的财产。”

关于“其他应当归一方的财产”，《婚姻法解释（二）》第 13 条规定：“军人的伤亡保险金、伤残补助金、医药生活补助费属于个人财产。”第 22 条第 1 款规定：“当事人结婚前，父母为双方购置房屋出资的，该出资应当认定为对自己子女的个人赠与，但父母明确表示赠与双方的除外。”

3. 夫妻共同财产和夫妻个人财产的权利义务

夫妻对共同财产的权利和义务是平等的。夫妻对共同财产享有平等的所有权。夫妻共同财产的性质是共同共有。夫妻对全部共同财产，不分份额平等地享受权利和承担义务。因此，不能根据夫妻双方收入的有无或高低，来确定其享有共有财产所有权的有无或多少。夫妻双方对于共同财产享有平等的占有、使用、收益、处分的权利。在内地，现行《婚姻法》第 17 条规定：“夫妻对共同所有的财产，有平等的处理权。”最高人民法院《关于适用〈中华人民共和国婚姻法〉若干问题的解释（一）》（以下简称内地《婚姻法解释（一）》）第 17 条规定：“婚姻法第 17 条关于‘夫或妻对夫妻共同所有的财产，有平等的处理权’的规定，应当理解为：（一）夫或妻在处理夫妻共同财产上的权利是平等的。因日常生活需要而处理夫妻共同财产的，任何一方均有权决定（此即夫妻家事代理权）。（二）夫或妻非因日常生活需要对夫妻共同财产做重要处理决定，夫妻双方应当平等协商，取得一致意见。他人有理由相信其为夫妻双方共同意思表示的，另一方不得以不同意或不知道为由对抗善意第三人。”夫妻对共同财产的处分，应当经过协商，取得一致意见后进行。尤其是重大财产问题，未经双方同意，任何一方不得擅自处分。否则，夫妻他方有权否认该处分的法律效力。但不得对抗善意第三人。由此给他方配偶造成的损失，应由擅自处分的配偶一方予以赔偿。

夫妻对共同财产平等地享有权利，同时平等地承担义务。家庭共同生活费用，应以夫妻共同财产负担，若共同财产不足负担时，由夫妻双方以个人财产分担。内地《婚姻法解释（二）》第23、24条规定，债权人就一方婚前所负个人债务向债务人的配偶主张权利的，人民法院不予支持。但债权人能够证明所负债务用于婚后家庭共同生活的除外。债权人就婚姻关系存续期间夫妻一方以个人名义所负债务主张权利的，应当按夫妻共同债务处理。但夫妻一方能够证明债权人与债务人明确约定为个人债务，或者能够证明属于婚姻法第19条第3款规定情形的除外。在内地，对于夫妻共同债务的认定要同时考虑两个因素：一是时间因素，二是用途因素。这也就是说，其一，只要是夫妻在婚姻关系存续期间所负的债务，不论是一方所借还是双方共同所借，一般应被认定为夫妻共同债务，但该债务非因家庭共同生活所欠的除外。其二，即使债务是一方婚前所负，但该债务用于婚后家庭共同生活的亦可认定为夫妻共同债务，否则该债务为夫妻个人债务。内地最高人民法院《关于人民法院审理离婚案件处理财产分割问题的若干具体意见》（简称最高人民法院《离婚财产分割意见》）第17条规定：“夫妻为共同生活或为履行抚养、赡养义务等所负债务，应认定为夫妻共同债务。”并且，内地司法解释规定，夫妻双方对共同债务承担连带责任。夫或妻一方死亡的，生存一方应当对婚姻关系存续期间的共同债务承担连带清偿责任。[①]

夫妻对个人财产的权利义务。夫妻对其个人财产可依自己的意愿独立行使占有、使用、收益和处分的权利，无须征得对方同意。同时，对婚姻关系存续期间夫妻一方所负的个人债务及其个人特有财产所生债务等，应由夫妻个人财产承担清偿责任。

4. 夫妻共同财产制的终止及夫妻财产清算

夫妻共同财产制的终止，可因夫妻一方死亡而终止，也可因离婚或其他原因，如改用其他夫妻财产制，或依共同财产制撤销之诉等终止。夫妻共同财产制的终止，意味着夫妻共同财产关系消灭，从而发生夫妻财产的清算。

因一方死亡而终止夫妻共同财产制时，夫妻共同财产的分割，按内地《继承法》第 26 条规定："夫妻在婚姻关系存续期间所得的共同所有的财产，除有约定的以外，如果分割遗产，应当先将共同所有的财产的一半分出为配偶所有，其余的为被继承人的遗产。"

因离婚而终止夫妻共同财产制时，应当依法进行夫妻财产的清算，其主要包括夫妻共同财产的分割和夫妻共同债务的清偿两个方面。

(1) 离婚时夫妻共同财产的分割。

内地《婚姻法》第 39 条规定："离婚时，夫妻的共同财产由双方协议处理；协议不成时，由人民法院根据财产的具体情况，照顾子女和女方权益的原则判决。"据此，分割夫妻共同财产有以下两种方法：

第一，协议分割。内地《婚姻法解释（二）》第 8 条规定："离婚协议中关于财产分割的条款或者当事人因离婚就财产分割达成的协议，对男女双方具有法律约束力。当事人因履行上述财产分割协议发生纠纷提起诉讼的，人民法院应当受理。"

第二，判决分割。离婚时，当事人双方对夫妻共同财产不愿协

---

① 内地《婚姻法解释（二）》，第 26 条。

议分割或协商不成时，应由人民法院判决分割。根据内地《婚姻法》第39条和1993年最高人民法院《离婚财产分割意见》的规定，人民法院判决分割夫妻共同财产应当“坚持男女平等，保护妇女、儿童合法权益，照顾无过错方，尊重当事人意愿，有利于生产、方便生活的原则”。

此外，关于特殊财产的分割，内地《婚姻法解释（二）》作出了以下规定：

一是夫妻以一方名义投资设立独资企业的分割。“夫妻以一方名义投资设立独资企业的，人民法院分割夫妻在该独资企业中的共同财产时，应当按照以下情形分别处理：（一）一方主张经营该企业的，对企业资产进行评估后，由取得企业一方给予另一方相应的补偿；（二）双方均主张经营该企业的，在双方竞价基础上，由取得企业的一方给予另一方相应的补偿；（三）双方均不愿意经营该企业的，按照《中华人民共和国个人独资企业法》等有关规定办理。”①

二是股票等有价证券的分割。“夫妻双方分割共同财产中的股票、债券、投资基金份额等有价证券以及未上市股份有限公司股份时，协商不成或者按市价分配有困难的，人民法院可以根据数量按比例分配。”②

三是有限责任公司中夫妻共同财产份额的分割。“人民法院审理离婚案件，涉及分割夫妻共同财产中以一方名义在有限责任公司的出资额，另一方不是该公司股东的，按以下情形分别处理：（一）夫妻双方协商一致将出资额部分或者全部转让给该股东的配偶，过半数股东同意、其他股东明确表示放弃优先购买权的，该股东的配偶可以成为该公司股东；（二）夫妻双方就出资额转让份额和转让价格等事项协商一致后，过半数股东不同意转让，但愿意以同等价格购买该出资额的，人民法院可以对转让出资所得财产进行

① 内地《婚姻法解释（二）》第18条。

② 内地《婚姻法解释（二）》第15条。

分割。过半数股东不同意转让，也不愿意以同等价格购买该出资额的，视为其同意转让，该股东的配偶可以成为该公司股东。用于证明前款规定的过半数股东同意的证据，可以是股东会决议，也可以是当事人通过其他合法途径取得的股东的书面声明材料。”①

四是合伙企业中夫妻共同财产份额的分割。“人民法院审理离婚案件，涉及分割夫妻共同财产中以一方名义在合伙企业中的出资，另一方不是该企业合伙人的，当夫妻双方协商一致，将其合伙企业中的财产份额全部或者部分转让给对方时，按以下情形分别处理：（一）其他合伙人一致同意的，该配偶依法取得合伙人地位；（二）其他合伙人不同意转让，在同等条件下行使优先受让权的，可以对转让所得的财产进行分割；（三）其他合伙人不同意转让，也不行使优先受让权，但同意该合伙人退伙或者退还部分财产份额的，可以对退还的财产进行分割；（四）其他合伙人既不同意转让，也不行使优先受让权，又不同意该合伙人退伙或者退还部分财产份额的，视为全体合伙人同意转让，该配偶依法取得合伙人地位。”②

五是房屋的分割。“双方对夫妻共同财产中的房屋价值及归属无法达成协议时，人民法院按以下情形分别处理：（一）双方均主张房屋所有权并且同意竞价取得的，应当准许；（二）一方主张房屋所有权的，由评估机构按市场价格对房屋作出评估，取得房屋所有权的一方应当给予另一方相应的补偿；（三）双方均不主张房屋所有权的，根据当事人的申请拍卖房屋，就所得价款进行分割。”“离婚时双方对尚未取得所有权或者尚未取得完全所有权的房屋有争议且协商不成的，人民法院不宜判决房屋所有权的归属，应当根据实际情况判决由当事人使用。当事人就前款规定的房屋取得完全所有权后，有争议的，可以另行向人民法院提起诉讼。”③

---

① 内地《婚姻法解释（二）》第16条。

② 内地《婚姻法解释（二）》第17条。

③ 内地《婚姻法解释（二）》第20、21条。

此外，内地最高人民法院1996年发布了《关于审理离婚案件中公房使用、承租若干问题的解答》其就公房[①]的分割问题进行了相关规定。

（2）离婚时夫妻共同债务的清偿。

内地现行《婚姻法》第41条规定：“离婚时，原为夫妻共同生活所负的债务，应当共同偿还。共同财产不足清偿的，或财产归各自所有的，由双方协议清偿；协议不成时，由人民法院判决。”内地《婚姻法解释（二）》第23、24、25条分别规定：“债权人就一方婚前所负个人债务向债务人的配偶主张权利的，人民法院不予支持。但债权人能够证明所负债务用于婚后家庭共同生活的除外。”“债权人就婚姻关系存续期间夫妻一方以个人名义所负债务主张权利的，应当按夫妻共同债务处理。但夫妻一方能够证明债权人与债务人明确约定为个人债务，或者能够证明属于婚姻法第19条第3款规定[②]情形的除外。”“当事人的离婚协议或者人民法院的判决书、裁定书、调解书已经对夫妻财产分割问题作出处理的，债权人仍有权就夫妻共同债务向男女双方主张权利。一方就共同债务承担连带清偿责任后，基于离婚协议或者人民法院的法律文书向另一方主张追偿的，人民法院应当支持。”

（二）中国香港地区法定夫妻财产制之立法概况

在中国香港地区，因沿袭英国法，其法定夫妻财产制为分别财产制，即夫妻婚前财产、婚后各自取得的财产，均归各自所有的制度。根据香港《已婚者地位条例》和《分居令及赡养令条例》等法律规定，香港的夫妻分别财产制的主要内容如下：

---

① 公房是指属于国家或集体所有的房屋，夫妻共同使用，承租的公房，双方无所有权，只有使用权。离婚时，当事人经单位和房屋部门调解达不成协议的，人民法院也在处理离婚案件中一并裁决。参见陈苇主编：《婚姻家庭继承法学》，256页，北京：群众出版社，2005。

② 内地《婚姻法》第19条第3款规定：“夫妻对婚姻关系存续期间所得的财产约定归各自所有的，夫或妻一方对外所负的债务，第三人知道该约定的，以夫或妻一方所有的财产清偿。”

1. 夫妻的财产权利和财产义务

根据香港《已婚者地位条例》第1条规定的精神，夫妻结婚后，各自享有独立的财产权利，并独立承担财产义务。针对历史上不承认女性享有独立的财产权，该法作出以下具体规定：

(1) 已婚女性有独立的财产权利和财产义务。该《条例》第3条明确规定，除本条例另有规定外，已婚女性犹如未婚时一样，“有取得、持有及处置财产的能力”；“就侵权行为、契约、债务或义务而言，有自我承担责任及被委以责任的能力”；“在侵权行为、契约或者其他方面，有起诉及被起诉的能力”；及“受有关破产的法律及受判决与命令的执行所规限”。并“在各方面均可担任受托人或遗产代理人”。该《条例》第14、15、16条还规定，已婚女性有立遗嘱权、委托代理权、已婚未成年人有发收据权。

香港法律明确规定已婚女性财产的范围，凡对已婚女性财产权的不平等限制无效。香港《已婚者地位条例》第4条第1款规定，除该条例另有规定外，“1936年3月20日前，属已婚女性的个人财产或者根据衡平法代其持有作其专用的财产，或该日以后结婚的女性在结婚时已拥有或正在拥有的财产、已经取得或者正在取得的财产、已经转移或者正在转予该已婚女性的财产”，须完全归该女性本人所有，并有权自行处置。该《条例》第4条第2款规定，不论在本条例生效日期之前或之后，女性在享有财产方面的预先使用权或者让与权如受到限制，而该等限制不可能加诸男性对该财产的享有者，则该限制一概无效。

(2) 夫妻婚后各自独立承担财产责任。香港《已婚者地位条例》第10条规定，除该条例另有规定外，夫无须纯粹因夫之身份，对妻婚前或婚后所为侵权行为、契约、所负之债务或义务，或妻就前述义务被起诉而承担责任。即免除丈夫对妻子婚前或婚后所为侵权行为等的责任，夫妻婚后各自独立承担财产责任。

2. 夫妻在财产纠纷的诉讼中享有平等的诉讼权利

香港《已婚者地位条例》第5条第1款规定：“除本条另有规定外，婚姻双方任何一方均有就侵权行为向对方提出诉讼的相同权利。"该《条例》第6条第1款还规定:"夫妻间因财产所有权或管理权发生的问题,夫或妻可用传票或循简易程序向法官提出申请,要求裁决。"

3. 夫妻一方以自己的财产改善他方财产状况所发生的增值应予分享

根据香港《已婚者地位条例》第9条规定,配偶一方以本人的金钱或有价物分担改善配偶他方的财产状况的,除另有相反的协议外,须被视为因此而取得该增值财产的一部分或大部分权益。其份额可相当于当时由双方协议决定的数额。如果双方对此无协议,对夫或妻的收益是否存在或份额多少发生争议的,法庭应基于公平原则裁决分配。

4. 夫妻间为欺诈债权人而作的赠与或其他投资无效

香港《已婚者地位条例》第12条规定,夫妻间为欺诈债权人而互为赠与,但受赠后的财产实际上仍然继续掌握在赠与人手中的;或夫妻相互以对方名义存款或其他投资,借以欺诈债权人的,均属于无效。

(三)中国澳门地区法定夫妻财产制之立法概况

在澳门地区,根据《澳门民法典》的规定,法定财产制包括通常法定财产制(取得财产分享制)和非常法定财产制(法院裁判分产)。通常法定财产制是在通常情况下,夫妻对财产制无约定或约定无效时,依法律的规定直接适用的夫妻财产制。

1. 通常法定财产制

《澳门民法典》第1579条规定:"夫妻在无婚前协定或该协定失效,非有效或不产生效力之情况下缔结之婚姻,视为采用取得财产分享制。"即在澳门地区,当夫妻对财产制无约定或约定无效时,依法律规定直接适用的通常法定财产制为取得财产分享制。该法典第1582、1583条规定:"一、采用取得财产分享制时,夫妻各自对结婚前或选用该财产制前属其所有之财产及其后基于任何原因而取得之财产具有拥有权及收益权,并得自由处分之,但属法律规定之例外情况则不可自由处分。二、停止采用取得财产分享制时,为着使夫妻各自在该制度之有效期内所增加之财产相等，财产增加数额较少之一方有权从财产所增加数额与其本人财产所增加数额之中取得一半，此权利为因取得分享制所生之债权。三、为着确定上款所指之夫妻各自增加之财产，仅计算按以下各条规定被视为供分享财产范围之财产及有价物。四、夫妻就更改第二款所指比例所作之任何约定，均属无效。五、夫妻各自拥有之财产，不论是否构成供分享之财产，均视为其个人财产。”“夫或妻之供分享财产为：a）在取得财产分享制存续期间内以其劳动取得之收入；b）由其在取得财产分享制存续期内而不为以下各条规定或特别法所排除之财产。”

关于夫妻个人财产的范围，《澳门民法典》第1584、1586条分别规定：“一、夫或妻在取得财产分享制存续期间取得之下列财产或有价物，均不属供分享范围：a）因继承或赠与而取得之财产，但法律规定之例外情况除外；b）因结婚前或选用取得财产分享制前之个人权利而取得之财产；c）因拥有不属供分享范围之个人财产而取得之不可视为该等财产之孳息之财产；d）因针对其人身或针对其不属供分享范围之财产之事实而透过应收之赔偿而取得之财产；e）因其本人之人身保险或其不属供分享范围之财产保险而有权取得之财产。二、下列物品亦不属供分享范围：a）夫或妻之个人专用之衣物及其他用品，并包括其证书及信函；b）属夫或妻之本身家庭之低经济价值纪念物……”“一、如将经营不属供分享范围之商业企业所得之收益再投资在企业中，则有关收益仍不属供分享的范围，但须作出应有之补偿。二、如投资系为维持企业之收益能力所必需，则无须作出任何补偿。”

2. 非常法定财产制

在特殊情况下，夫妻之一方依法定事由请求法院裁判实行分产，从而使原通常共同财产制转为分别财产制。《澳门民法典》第1624条规定：“一、夫妻任一方均可因他方对财产管理不善以致有受到相当损害之虞，而声请法院裁判分产。二、夫妻之一方失踪且下落不明逾三年者，他方亦可声请法院裁判分产。”

（四）中国台湾地区法定夫妻财产制之立法概况

在台湾地区，法定财产制包括通常法定财产制与非常法定财产制。前者适用于一般情况下，夫妻对财产制无约定且法律无另有规定时，后者适用于特殊情况下，基于法律规定或当事人请求实行分别财产制之法定事由出现时。

1. 通常法定财产制

台湾地区的通常法定财产制为剩余共同财产制。依据台湾“民法亲属编”规定，“夫或妻之财产分为婚前财产与婚后财产，由夫妻各自所有。不能证明为婚前或婚后财产者，推定为婚后财产；不能证明为夫或妻所有之财产，推定为夫妻共有。夫或妻婚前财产，于婚姻关系存续中所生之孳息，视为婚后财产。夫妻以契约订立夫妻财产制后，于婚姻关系存续中改用法定财产制者，其改用前之财产视为婚前财产”。“法定财产制关系消灭时，夫或妻现存之婚后财产，扣除婚姻关系存续中所负债务后，如有剩余，其双方剩余财产之差额，应平均分配……”① 该“民法”在第二章第四节夫妻财产制通则中规定，特有财产依产生之依据不同，分为法定的特有财产和约定的特有财产。法定的特有财产包括，因继承或其他无偿取得之财产、慰抚金。②

（1）分别财产的管理、使用、收益、处分权。台湾“民法亲属编”第1018、1018－1条规定：“夫或妻各自管理、使用、收益及处分其财产。”“夫妻于家庭生活费用外，得协议一定数额之金钱，供夫或妻自由处分。”夫或妻于婚姻关系存续中就其婚后财产所为之无偿行为，有害及法定财产制关系消灭后他方之剩余财产分配请求权者，他方得声请法院撤销之。但为履行道德上义务所为之相当赠与，不在此限。夫或妻于婚姻关系存续中就其婚后财产所为之有偿行为，于行为时明知有损于法定财产制关系消灭后他方之剩余财产分配请求权者，以受益人受益时亦知其情事者为限，他方得

① 台湾“民法”第1017、1030－1条。

② 台湾“民法”第1030－1条。

声请法院撤销之。[1] 台湾“民法亲属编”第 1020－2 条：“前条撤销权，自夫或妻之一方知有撤销原因时起，六个月间不行使，或自行为时起经过一年而消灭。”

（2）财产状况报告义务。夫妻就其婚后财产，互负报告之义务。[2]

（3）债务清偿责任。夫妻各自对其债务负清偿之责。夫妻之一方以自己财产清偿他方之债务时，虽于婚姻关系存续中，亦得请求偿还。夫或妻之一方以其婚后财产清偿其婚前所负债务，或以其婚前财产清偿婚姻关系存续中所负债务，除已补偿者外，于法定财产制关系消灭时，应分别纳入现存之婚后财产或婚姻关系存续中所负债务计算。夫或妻之一方以因继承或其他无偿取得之财产以及慰抚金，清偿婚姻关系存续中其所负债务者，适用前项之规定。[3]

（4）关于剩余共同财产制终止时的财产清算。台湾“民法亲属编”第 1030－1 条修正规定，“法定财产制关系消灭时，夫或妻现存之婚后财产，扣除婚姻关系存续所负债务后，如有剩余，其双方剩余财产之差额，应平均分配。但下列财产不在此限：一、因继承或其他无偿取得之财产；二、慰抚金。依前项规定，平均分配显失公平者，法院得调整或免除其分配额。第一项剩余财产差额之分配请求权，自请求权人知有剩余财产之差额时起，二年间不行使而消灭。自法定财产制关系消灭时起，逾五年者，亦同。”此外，夫妻现存之婚后财产，其价值计算以法定财产制关系消灭时为准。但夫妻因判决而离婚者，以起诉时为准。依前条应追加计算之婚后财产，其价值计算以处分时为准。[4]

2. 非常法定财产制

在台湾地区，依该“民法”第 1009、1010 条规定，非常法定

---

① 台湾“民法”第 1020－1 条。

② 台湾“民法”第 1022 条。

③ 台湾“民法”第 1023、1030－2、1030－2 条第 2 项。

④ 台湾“民法”第 1030－4 条。

财产制分为当然的非常财产制与宣告的非常财产制。

（1）当然的非常财产制。依该“民法”第1009条规定，夫妻之一方受破产宣告时，其夫妻财产制，当然成为分别财产制。

（2）宣告的非常财产制。依该“民法”第1010条规定，有下列情形之一时，法院因夫妻一方之请求，得宣告改用分别财产制：夫妻之一方有下列各款情形之一时，法院因他方之请求，得宣告改用分别财产制：依法应给付家庭生活费用而不给付时；夫或妻之财产不足清偿其债务时；依法应得他方同意所为之财产处分，他方无正当理由拒绝同意时；有管理权之一方对于共同财产之管理显有不当，经他方请求改善而不改善时；因不当减少其婚后财产，而对他方剩余财产分配请求权有侵害之虞时；有其他重大事由时。

此外，债权人对于夫妻一方之财产已为扣押，而未得受清偿时，法院因债权人之声请，得宣告改用分别财产制（第1011条）。

三、当代中国内地与港、澳、台法定夫妻财产制之比较评析

首先，从立法理念看，夫妻双方的财产权利和财产义务平等，这是中国内地与香港、澳门、台湾四法域（以下简称：四法域）法定夫妻财产制立法的共同精神。内地立法明确规定，夫妻在家庭中地位平等。澳门立法亦明确规定，婚姻以夫妻双方具有平等之权利义务为基础。香港、台湾的规定也贯穿了夫妻的财产权利和财产义务平等的精神。例如，在台湾地区，1985年修正“民法亲属编”的要点之一，就是“修正夫妻财产制，使其兼顾夫妻平等，婚姻共同生活本质及交易安全”。[13] 为此，删除和增加相关规定，改善联合财产制的结构，以使夫妻对联合财产享有平等的权益，妻得依约定而管理、使用、收益联合财产。[14] 此后，于2002年再次对“民法亲属编”的夫妻财产制进行全面修正，以彰显夫妻的财产权

利和财产义务完全平等的立法理念。① 其次，从立法结构看，内地与香港、澳门、台湾四法域的立法，在立法结构上，有统一的法律或法典与分散的条例之不同（前者如内地、澳门、台湾的相关规定，因源于大陆法系而采取统一的法律或法典之立法体例；后者如香港，因源于英美法系而采取分散的条例之立法体例）。最后，从立法内容看，四法域法定夫妻财产制立法的内容主要有以下异同。

（一）关于夫妻财产关系的通则性规定

夫妻财产制度中的通则性规定，主要就夫妻财产制可能涉及的一般问题进行规定，如夫妻财产的类型，夫妻财产制度的选择等。澳门②和台湾③就夫妻财产制度作出了通则性规定，其相当于夫妻财产法中的小总则。内地宜借鉴台湾、澳门两地的经验，在夫妻财产制中增设通则性规定。

（二）关于法定财产制的种类

内地的法定夫妻共同财产制实行婚后所得共同制；香港沿袭英国法，其法定财产制采取分别财产制；澳门与台湾地区的法定财产制均有通常法定财产制和非常法定财产制，澳门的通常法定财产制为取得分享制，台湾则为剩余共同财产制。四地立法的共同点是，

---

① 例如：2002 年修正后的台湾“民法”第 1018、1032 条分别规定，“夫或妻各自管理、使用、收益及处分其财产”。“共同财产，由夫妻共同管理。但约定由一方管理者，从其约定。共同财产之管理费用，由共同财产负担。”

② 《澳门民法典》第 1759、1750 条分别规定：“在无婚前协定，或该协定失效、非有效或不产生效力之情况下缔结之婚姻，视为采用取得财产分享制”“不得以单纯概括援引澳门以外之法律、已废止之法律规定或地方风俗习惯之方式，定出全部或部分之婚姻财产制之内容。”

③ 台湾“民法”第 1004、1005 条规定：“夫妻得于结婚前或结婚后，以契约就本法所定之约定财产制中，选择其一，为其夫妻财产制。”“夫妻未以契约订立夫妻财产制者，除本法另有规定外，以法定财产制，为其夫妻财产制。”此外，第 1007、1008 – 1 条规定：“夫妻财产制契约之订立、变更或废止，应以书面为之。夫妻财产制契约之订立、变更或废止，应以书面为之。夫妻财产制契约之订立、变更或废止，非经登记，不得以之对抗第三人。前项夫妻财产制契约之登记，不影响依其他法律所为财产权登记之效力。第一项之登记，另以法律定之。夫妻财产制契约之订立、变更或废止，非经登记，不得以之对抗第三人。前项登记，另以法律定之。”

均注重保护夫妻双方的财产权益。例如，内地的婚后所得共同财产制注意保护婚姻共同体的利益；香港虽实行分别财产制，但离婚时财产分割亦注意平衡婚姻期间夫妻取得的财产利益；而澳门、台湾两地的取得分享制与剩余共同制，均属于分别财产制中引入了共同财产制的因素，即在婚姻期间夫妻各自所得财产归各自所有，独立地管理、使用和收益。但离婚时夫妻双方的婚后所得财产在清偿各自债务后如有剩余，其双方剩余财产之差额应双方平均分配。此外，台湾、澳门两地还设有非常法定财产制，以适应特殊情况下夫妻变更财产关系的需要，此立法值得内地借鉴。

（三）关于夫妻财产的范围

关于夫妻财产的范围，主要是对于夫妻共同财产范围的界定。从立法体例看，对于夫妻共同财产的范围，香港与台湾两地采取"概括式"规定的模式；内地与澳门则均采取列举加概括的"例示式"模式，因此后者具有一定可比性。内地与澳门在夫妻共同财产的范围上既有共同点，但也有差异。两地的共同点主要表现在：第一，两地都规定在法定财产制存续期间，劳动收入属于夫妻共同财产或供夫妻分享的财产；第二，在立法模式上，两者都采用例外排除法，即除法律特别规定外，在法定的财产制存续期间取得的财产为夫妻共同财产。

两地的不同之处主要在法定的夫妻个人财产范围界定上：第一，澳门规定，因继承或赠与而取得的财产为个人财产，法律另有规定的除外，而内地则规定，继承或赠与所得的财产为夫妻共同财产，遗嘱或赠与合同中确定只归夫或妻一方的财产除外。第二，澳门对于婚姻期间个人财产的孳息的归属作出了明确的规定，其不属于供夫妻分享的财产范围。[①] 而在内地，法律对此并无规定，学术

① 《澳门民法典》第1584条规定："夫或妻在取得财产分享制存续期间取得之下列财产或有价物，均不属供分享范围：……因拥有不属供分享范围之个人财产而取得之不可视为该等财产之孳息之财产……"

界对此也有不同的观点。[①] 我们认为，婚姻期间个人财产孳息的归属，应当通过立法就具体情况作出具体的规定。第三，澳门对于文凭、执照等证书的归属作出了明确的规定。[②] 内地对于此尚停留在理论研究阶段，[③] 法律并没有就证书之归属作出规定。我们认为，内地宜借鉴澳门立法，就婚姻期间夫妻一方取得的文凭、执照等证书的归属予以明确规定。第四，澳门将个人财产投资取得的收益界

---

① 2010年5月21日，最高人民法院民事审判第一庭在北京召开“最高人民法院关于适用《中华人民共和国婚姻法》若干问题的解释（三）（征求意见稿）专家论证会”。会上，我国内地著名婚姻法专家杨大文教授建议：增加夫妻一方婚前财产在婚姻期间所生孳息的规定，并主张依据婚姻法之婚后所得共同制的精神，此孳息应当归属夫妻双方共同所有。但内地有学者认为，从国外立法看，夫妻一方婚前财产在婚后所得孳息的所有权之归属，在采取婚后所得共同制的一些国家，主要有以下三种不同的立法例：一是一律属于夫妻共同财产，如《意大利民法典》第177条之规定（费安玲等译：《意大利民法典》，153页，北京：中国政法大学出版社，2004）；二是一律属于夫妻个人财产，如《俄罗斯联邦家庭法典》（1995年）第36条之规定（鄢一美译：《俄罗斯联邦家庭法典》，载中国法学会婚姻法学研究会编：《外国婚姻家庭法汇编》，476～477页，北京：群众出版社，2000）；三是部分归夫妻共有、部分归个人所有，如《法国民法典》第1401、1406条之规定（罗结珍译：《法国民法典》，1131～1133、1137页，北京：法律出版社，2005）。我们认为，法国的立法例值得我国借鉴。即对夫妻婚前个人财产在婚后所得孳息应当区别对待，除与有价证券相关的法定孳息归属于夫妻个人财产外，其余的归属于夫妻共同财产，这是较为合理的。这既有利于保障婚姻家庭生活的圆满幸福，也能兼顾保护夫妻个人财产所有权。参见陈苇主编：《婚姻家庭继承法学》，197～198页，北京：法律出版社，2002；以及陈苇：《亲属法与继承法专论》，44～45页，北京：法律出版社，2009。

② 《澳门民法典》第1584条规定：“……二、下列物品亦不属供分享范围：a）夫或妻之个人专用之衣物及其他用品，并包括其证书及信函……”

③ 在内地，有学者认为，文凭、执业资格、驾驶执照等作为无形财产，应当纳入夫妻共同财产的范围。参见蒋月：《婚姻家庭法前沿导论》，198页，北京：科学出版社，2007；有学者对此则持相反的观点，认为“学历文凭及职业资格证书”具有“非财产性和不可分割性”，对家务劳动价值的补偿不能采取对受助方在婚姻期间取得的学历文凭及职业资格证书本身视为“财产”并予以分割来实现，而应当采取公平合理地评估婚姻期间贡献方家务劳动的价值，然后由获得“人力资本”的受助方给予其相应的补偿。参见陈苇、曹贤信：《论婚内夫妻一方家务劳动的价值及职业机会利益损失的补偿之道——与学历文凭及职业资格证书之“无形财产说”商榷》，载陈苇：《中国婚姻家庭法立法研究》（第二版），276～287页，北京：群众出版社，2010。

定为个人财产，但离婚时取得收益的一方应当给予另一方补偿。①而内地则规定，婚姻关系存续期间，一方以个人财产投资取得的收益属于共同财产。② 两地立法有殊途同归之效果。

（四）关于夫妻财产的权利和义务

在内地，《婚姻法》及相关司法解释规定了夫妻的家事代理权、夫妻对共同财产享有平等的处理权，夫妻对共同债务承担连带清偿责任，以及夫妻共同财产制（因离婚）终止时财产的分割和清算等。在香港，《已婚者地位条例》规定，夫妻婚后各有独立的财产权利和财产义务（各自独立承担财产责任）；夫妻在财产纠纷的诉讼中享有平等的诉讼权利；夫妻一方以自己的财产改善他方财产状况所发生的增值应予分享。香港法还规定，夫妻双方对某项财产也可拥有共有权。在澳门，取得分享财产制规定，夫妻对婚前婚后所得财产享有占有、收益、处分权；增值财产的分享权（债权）；供分享财产和非供分享财产的范围；供分享财产和非供分享财产之间的补偿请求权；归入供分享财产之赠与财产或遗嘱处分财产；供分享财产和非供分享财产之间的清算、财产估价；供分享财产请求权的放弃；供分享财产的清算；对在停止取得分享财产制前作出削弱债权等行为的提起争议权；债权人配偶的补充清偿责任。非常法定财产制内容包括：请求法院裁判分产的依据、请求权人、分产之效力等。在台湾，剩余共同制规定，夫妻对各自的分别财产享有管理权、使用权、收益权和有限权的处分权，并且双方均有承担支付家庭生活费的义务及财产状况相互报告义务。从四法域上述有关夫妻财产的权利义务之规定看，澳门、台湾两地区的法律规定更为详细具体，值得内地借鉴。

---

① 《澳门民法典》第1586条规定："一、如将经营不属供分享范围之商业企业所得之收益再投资在企业中，则有关收益仍不属供分享范围，但须作出应有之补偿。二、如投资系为维持企业之收益能力所必需，则无须作出任何补偿。"

② 内地《婚姻法解释（二）》第11条规定："婚姻关系存续期间，下列财产属于婚姻法第十七条规定的'其他应当归共同所有的财产'：（一）一方以个人财产投资取得的收益……"

（五）关于夫妻债务清偿

关于夫妻债务清偿，四法域立法的共同点是，个人债务应由夫妻个人承担清偿责任。四法域立法之不同在于，内地由于法定财产制是婚后所得共同财产制，因此，将用于婚后共同生活所欠的债务界定为夫妻共同债务，为了进一步界定夫妻共同债务的范围，内地还以司法解释为补充进行了具体的规定。① 澳门由于法定财产制是取得分享制，夫妻对其婚后所得财产除法定限制外各自独立行使管理、收益、处分等权利，因此不论夫或妻均可独立设定债务，无须对方同意，该债务被认为是夫妻的个人债务。夫妻各自对其债务负清偿之责。在台湾，夫妻之一方以自己财产清偿他方之债务时，虽于婚姻关系存续期间，亦得请求偿还。夫或妻之一方以其婚后财产清偿其婚前所负债务，或以其婚前财产清偿婚姻关系存续中所负债务，除已补偿者外，于法定财产制关系消灭时，应分别纳入现存之婚后财产或婚姻关系存续中所负债务计算。夫或妻之一方以因继承或其他无偿取得之财产以及慰抚金，清偿婚姻关系存续中其所负债务者，适用前项之规定。

综上所述，内地对于夫妻共同债务的界定规定比较详细，而港、澳、台三地区对夫妻共同债务没有作出明确规定，不管是婚前的还是婚姻期间，以个人名义所负的债务均应以个人财产清偿，但如果该债务系为婚姻共同生活所欠，即使以一方个人财产清偿该债务的，也可以要求对方给予补偿（如台湾）。从外部关系上看，内地亦注意对善意第三人的保护，以保护交易的安全性和稳定性，但是内地的立法对于夫妻共同债务的认定标准还存在争议，如《婚姻法解释（二）》第24条规定“夫妻一方能够证明债权人与债务人明确约定为个人债务”，这未免太苛求非举债方配偶。而港、

---

① 内地《婚姻法解释（二）》第23、24条规定：“债权人就一方婚前所负个人债务向债务人的配偶主张权利的，人民法院不予支持。但债权人能够证明所负债务用于婚后家庭共同生活的除外。”“债权人就婚姻关系存续期间夫妻一方以个人名义所负债务主张权利的，应当按夫妻共同债务处理。但夫妻一方能够证明债权人与债务人明确约定为个人债务，或者能够证明属于婚姻法第十九条第三款规定情形的除外。”

澳、台三地区只要是以个人名义所负的债务就应以其个人财产清偿，而不考虑举债之用途目的。我们认为，在此问题上，四法域立法可以相互借鉴，以达到兼顾保障夫妻双方利益与善意第三人利益之目的。

（六）关于法定夫妻财产制之终止

关于法定夫妻财产制的终止，四法域的立法既有共同之处，也有不同之处。四法域法定夫妻财产制终止的共同原因，如婚姻终止、约定改用其他夫妻财产制。内地与澳、台在法定夫妻财产制终止后的效力方面也有同有异。例如，《澳门民法典》第1555条规定，夫妻间之财产关系，因婚姻解销或结婚被撤销而终止，但不影响本法典中有关扶养规定之适用。即澳门明定夫妻间的扶养义务不因财产制的变更而免除。而内地《婚姻法》第42条有关离婚经济帮助的规定，与澳门的立法精神是一致的。[①] 在法定夫妻财产制终止后的财产清算上，台湾"民法亲属编"第1030－1条修正规定，"法定财产制关系消灭时，夫或妻现存之婚后财产，扣除婚姻关系存续所负债务后，如有剩余，其双方剩余财产之差额，应平均分配……"而内地亦规定在离婚时必须先清偿债务。[②] 此立法对债权人利益的保护具有积极的意义。此外，尤其值得注意的是，澳门、台湾都规定了非常法定财产制，以便在特定情形下，更好地保护婚姻当事人的财产权益。此立法值得内地借鉴。

四、当代中国四法域法定夫妻财产制的立法趋势及完善内地立法的建议

（一）当代中国四法域法定夫妻财产制的立法趋势

近半个世纪以来，随着社会的发展，中国内地与港、澳、台四

---

① 内地《婚姻法》第42条规定："离婚时，如一方生活困难，另一方应从其住房等个人财产中给予适当帮助。具体办法由双方协议；协议不成时，由人民法院判决。"

② 内地《婚姻法》第41条规定："离婚时，原为夫妻共同生活所负的债务，应当共同偿还。共同财产不足清偿的，或财产归各自所有的，由双方协议清偿；协议不成时，由人民法院判决。"

法域民众的财产观念在更新，夫妻财产关系亦变得日趋复杂。内地与港、澳、台四法域由于众所周知的历史原因，在社会制度、文化理念等方面存在一定的差异，但从四法域的立法来看，法定夫妻财产制的立法体现出了以下几方面的共同发展趋势。

1. 更加注重夫妻财产关系在法律上的实质平等

当事人法律地位平等，这是民法调整的人身关系和财产关系所具有的基本特点，现代婚姻家庭法调整的夫妻关系也不例外。夫妻双方人身关系和财产关系平等，是男女平等原则的要求和体现。在现代社会的婚姻家庭中，“男主外，女主内”的家庭分工还在一定程度上存在着，对夫妻一方从事家务劳动价值的承认，可以避免夫妻一方对另一方的“系统性剥夺”。例如，内地 2001 年修正后的《婚姻法》新增第 40 条规定的“离婚经济补偿制度”，就体现了法律对夫妻一方从事家务劳动价值的承认。① 又如，在台湾地区，1985 年修正“民法亲属编”，删除了原联合财产制中夫妻财产权利不平等的规定，修改、补充了夫妻对联合财产享有平等的管理、使用和收益等权利的新规定。到 2002 年台湾地区再次修正后的台湾“民法亲属编”，对法定财产制，改联合财产制为剩余共同财产制，进一步体现了夫妻财产权益平等的立法趋势。

当然，夫妻财产关系立法不应仅停留在法律条文表述形式上的平等，还应注重夫妻财产关系的实质平等。为此，有赖于对夫妻财产范围的合理界定，对婚姻期间所得的财产，夫妻应当享有平等的管理、使用、收益等权利且离婚时应当公平分割。从夫妻财产关系立法的平等，到最终实现夫妻财产关系的实质平等，是夫妻关系法所追求的一项重要的立法目标。

2. 更加尊重夫妻双方的意思自治

当事人意志自由，是民法调整的财产关系所具有的一个特点。

---

① 内地《婚姻法》第 40 条规定：“夫妻书面约定婚姻关系存续期间所得的财产归各自所有，一方因抚育子女、照料老人、协助另一方工作等付出较多义务的，离婚时有权向另一方请求补偿，另一方应当予以补偿。”

它体现了民法是私法的根本属性。就夫妻财产关系而言，夫妻间意思自治主要体现在夫妻财产关系的约定上。因为，夫妻财产契约具有修正机能、缓和地方法冲突机能、缓冲机能和借用机能。[15] 例如，在台湾地区，1985 年修正"民法亲属编"，修改了原联合财产制中夫妻对联合财产管理权利的不平等规定，增加规定"妻得依约定管理、使用、收益联合财产"。又如，在内地，2001 年修正后的《婚姻法》，补充了夫妻约定财产制的相关内容。① 此外，随着社会的发展，人们的思想观念也在不断更新，夫妻财产关系中的意思自治原则正在以新的方式出现。例如，在内地，近年发生的"夫妻忠诚协议"案和"夫妻空床协议"案都在一定程度上反映了夫妻双方约定财产赔偿责任的意思自由。② 我们认为，"夫妻忠诚协议"及"空床费协议"其实质都是夫妻之间为保证同居义务履行的约定，无正当理由的违约方应当按夫妻双方自愿的约定承担相应的财产赔偿责任。因为，根据民法的意思自治原则，只要签订的协议是夫妻双方真实的意思表示，且不违反法律的规定和社会公序良俗的，就应承认其效力。

3. 更加注重兼顾公平与效率

法律公平地承认夫妻各方为婚姻家庭所做的经济贡献与非经济贡献，夫妻公正地分配在婚姻期间所得财产利益，将是夫妻关系立

---

① 内地《婚姻法》第 19 条规定："夫妻可以约定婚姻关系存续期间所得的财产以及婚前财产归各自所有、共同所有或部分各自所有、部分共同所有。约定应当采用书面形式。没有约定或约定不明确的，适用本法第十七条、第十八条的规定。夫妻对婚姻关系存续期间所得的财产以及婚前财产的约定，对双方具有约束力。夫妻对婚姻关系存续期间所得的财产约定归各自所有的，夫或妻一方对外所负的债务，第三人知道该约定的，以夫或妻一方所有的财产清偿。"

② 在内地，2002 年上海闵行区人民法院受理的首例夫妻忠诚协议纠纷案，一审法院支持了夫妻忠诚协议的效力，判令违反协议的男方支付 30 万元的违约金。但 2005 年南京溧水县人民法院受理的夫妻忠诚协议纠纷案，一审法院认为忠诚协议无效，驳回了原告要求被告赔偿 10 万元违约金的诉讼请求，二审法院维持原判。2004 年重庆市九龙坡区法院和重庆市第一中级人民法院先后审理了我国首例夫妻"空床费"诉讼案，而将其诉讼请求作为精神损害赔偿范畴；二审判决则明确单独支持女方"空床费"赔偿的诉讼请求，男方支付女方"空床费"4000 元。

法的一大趋势。例如，内地2001年修正后的《婚姻法》新增的离婚经济补偿制度①以及继续沿用原离婚经济帮助制度，② 这些离婚救济制度都体现了公平地承认家务劳动价值以及救济，婚姻共同体中的弱者利益的立法理念。又如，2002年台湾“民法亲属编”第1030－1条修正规定：“法定财产制关系消灭时，夫或妻现存之婚后财产，扣除婚姻关系存续所负债务后，如有剩余，其双方剩余财产之差额，应平均分配……”此“立法”体现了婚姻共同体的要求，是夫妻双方对婚姻期间所得财产利益平等共享，公平分配的具体体现。夫妻共同财产的公平分割，能有效保证另一方对婚姻投资利益或期待利益的实现。同时，关于夫妻财产的效率，婚姻家庭法确立夫妻财产关系的具体规范，引导夫妻依法处理双方的财产权利义务关系，可以减少纠纷，促进夫妻分工合作，提高夫妻财产的效率。例如，对夫妻共同财产的管理，为了提高管理的效率，根据财产的具体类型和性质，夫妻可约定其财产管理模式或法律可以规定不同的夫妻财产的管理模式供夫妻选择。又如，对于管理夫妻共同财产时，2001年内地《婚姻法解释（一）》第17条③就规定了有关夫妻日常家事代理权。夫妻之间的日常家事代理，在一定意义上也就是有利于婚姻生活效率的提高。总之，调整夫妻财产关系的立法，应当坚持公平地分配夫妻在婚姻期间所得财产利益并救济弱者，[16] 兼顾提高夫妻财产的效率。更加注重兼顾公平与效率，这是

① 内地《婚姻法》第40条规定：“夫妻书面约定婚姻关系存续期间所得的财产归各自所有，一方因抚育子女、照料老人、协助另一方工作等付出较多义务的，离婚时有权向另一方请求补偿，另一方应当予以补偿。”

② 内地《婚姻法》第42条规定：“离婚时，如一方生活困难，另一方应从其住房等个人财产中给予适当帮助。具体办法由双方协议；协议不成时，由人民法院判决。”

③ 内地《婚姻法解释（一）》第17条规定：“婚姻法第十七条关于‘夫或妻对夫妻共同所有的财产，有平等的处理权’的规定，应当理解为：（一）夫或妻在处理夫妻共同财产上的权利是平等的。因日常生活需要而处理夫妻共同财产的，任何一方均有权决定。（二）夫或妻非因日常生活需要对夫妻共同财产做重要处理决定，夫妻双方应当平等协商，取得一致意见。他人有理由相信其为夫妻双方共同意思表示的，另一方不得以不同意或不知道为由对抗善意第三人。”

夫妻财产制发展的又一重要的立法趋势。

（二）完善内地立法的建议

内地2001年修正后的《婚姻法》对夫妻财产制作了修改和补充，其与1980年《婚姻法》相比确实有很大的进步。但现行夫妻财产制的规定仍主要存在三个方面的不足，特提出相关完善立法的建议：

1. 建议增补夫妻财产关系通则性规定

在内地，夫妻财产制缺乏通则性夫妻财产关系的一般规定，使夫妻处理财产关系无基本的行为准则。这既不利于保护婚姻家庭和夫妻双方的合法财产权益，也不利于维护第三人的利益和交易安全。尤其是在社会主义市场经济新形势下，由于未规定对夫妻的债权人的保护条款，当现实生活中出现夫妻双方恶意通谋以夫妻财产约定或假离婚等为手段，侵害债权人利益的情况时，往往得不到适当的处理；由于未规定夫妻享有对夫妻共同财产的知情权和制定夫妻财产清单，夫妻财产的性质不易查证，不利于减少夫妻财产纠纷和维护第三人的利益及交易安全，加大了人民法院审理离婚案件的难度。我们认为，不能以特殊性规定取代一般性规定。在夫妻财产制中对夫妻财产关系作出原则性一般规定，有利于指导夫妻依法行使财产权利和承担财产义务，并基于法定原因依法解除夫妻财产制，进行夫妻财产清算和分割，有利于减少夫妻财产纠纷，维护夫妻双方及第三人的利益和交易安全，从而提高夫妻财产的效率。如前所述，我国澳门、台湾两地区有关夫妻财产关系通则性规定值得借鉴。

特建议今后内地立法机关修改立法时，设专节规定“夫妻财产制通则”，其主要内容包括如下几款：

（一）夫妻财产制的适用。夫妻双方可以在结婚前或结婚后，约定选择适用本法所列的夫妻财产制之一；无约定的，适用本法规定的法定财产制。但本法另有规定的除外。

（二）夫妻有维持家庭的责任。夫妻以共同财产承担维持家庭的经济责任，或双方协商根据各自的经济能力以个人财产分担维持家庭的经济责任；或一方通过照料子女、协助对方从事的工作承担维持家庭的责任。

（三）对重大夫妻共同财产的处分。对夫妻共有的房屋或涉及家庭重大利益的共同财产进行处分须取得双方的书面同意。否则，由擅自进行处分的夫妻一方个人承担财产责任。如果夫妻一方无正当理由不同意的，夫妻他方可以向人民法院起诉，请求进行裁决。

（四）对债权人的保护。夫妻进行财产关系约定或夫妻财产分割，不得损害第三人的利益。如果夫妻共同财产已经转移给夫妻一方，该方应在转移财产的实际价值范围内负责清偿夫妻共同财产的债务。如果夫妻共同财产不足清偿该债务的，不足清偿部分，由夫妻协议以个人财产分担清偿责任，并承担连带责任。

（五）委托管理夫妻他方的财产。夫妻一方委托夫妻他方代为管理其财产时，适用法律有关委托代理的规定。

（六）夫妻共同财产的告知义务以及制作财产清单。夫妻一方负有向夫妻他方告知有关夫妻共同财产的收入、管理、债务等情况的义务。夫妻可在取得财产后的一年内，双方共同制作夫妻共同财产清单或夫妻个人财产清单，并经夫妻双方签名后生效。

2. 法定财产制的补充

在内地，2001 年修正后的《婚姻法》其法定财产制的规定，存在的不足主要有两个方面，建议从以下方面完善：

（1）完善法定财产制的结构。内地 2001 年修正后的《婚姻法》对法定财产制仅规定有通常法定财产制即婚后所得共同制，而未规定非常法定财产制，存在立法漏洞。如前所述，我国澳门、台湾地区立法均设定有非常法定财产制。从我国现实生活中看，在市场经济条件下，夫妻的财产权利意识已大大增强。在婚姻关系存续期间，因夫妻分居、夫妻一方个人财产或夫妻共同财产资不抵债、夫妻一方不履行扶养家庭的义务、夫妻一方滥用管理共同财产的权利、夫妻一方无正当理由而拒绝他方对共同财产的处分、夫妻间侵权赔偿及夫妻一方受无民事行为能力之宣告等原因，夫妻他方为保护自己的合法财产权益，要求实行分别财产制。但如果夫妻双方对此不能协商一致达成协议时，亟须请求人民法院宣告实行分别财产制。由于内地现行《婚姻法》未设有非常法定财产制，往往不能满足新形势下调整夫妻财产关系新情况的需要。特建议在今后修改《婚姻法》时于第 18 条之后增加规定非常法定财产制。其具体内容如下：

在婚姻期间有下列情形之一的，撤销原夫妻共同财产制，改设分别财产制。

（一）夫妻一方受破产宣告时，其原夫妻共同财产制当然改设为分别财产制。

（二）有下列情形之一时，经夫妻一方请求，人民法院应宣告撤销原夫妻共同财产制，改设分别财产制：

1. 夫妻因感情不和，分居已满一年以上的；

2. 夫妻一方无正当理由不履行扶养义务，不依法给付家庭生活费用的；

3. 夫妻一方无能力管理共同财产或滥用管理共同财产权利的；

4. 夫妻一方的财产，不足清偿其个人债务，或夫妻共同财产，不足清偿夫妻共同债务的；

5. 夫妻一方无正当理由拒绝对共同财产的通常管理予以应有的协作，或无正当理由拒绝夫妻他方对夫妻共同财产进行处分的；

6. 有其他重大事由的。

（三）改用分别财产制时，应夫妻一方的申请，法官可判决确定夫妻他方对维持家庭应给付夫妻一方的家庭生活扶养费数额及给付方式。

（四）因上列法定事由而当然实行或宣告实行夫妻分别财产制的，对于知道此情形的第三人具有对抗效力。

（五）如果改用分别财产制的法定事由已经消除，经夫妻一方申请，人民法院应当宣告恢复原夫妻共同财产制。[17]

（2）补充法定财产制的内容。内地 2001 年修正后的《婚姻法》仍沿用 1980 年《婚姻法》的规定，在第 17 条第 2 款规定：“夫妻对共同所有的财产，有平等的处理权。”但对于夫妻财产的权利义务、财产管理权限及责任、家庭生活费用的负担和夫妻财产制的解除原因及夫妻财产清算、分割等内容，却未在法定财产制的内容中作出原则性一般规定，存在立法漏洞。而我国澳门、台湾地区立法均对夫妻财产的清算有具体的规定。并且，内地 2001 年修正后的《婚姻法》与 1980 年《婚姻法》一样将夫妻财产清算、分割等内容仅仅规定于离婚制度之中，在法定财产制中却无一般性规定。这些都是不妥当、不科学的。

关于夫妻共同财产的范围。内地立法对夫妻共同财产的范围及处分等问题规定还有立法漏洞，建议今后立法补充规定以下几个方面：

第一，增补有关夫妻特殊共同财产分割的特殊原则，将《婚姻法解释（二)》有关特殊财产归属的规定纳入《婚姻法》之中；

第二，建立夫妻婚前个人财产适当补偿制度；

第三，增补婚姻期间夫妻一方所得知识的收益之期待经济利益之归属；

第四，增补夫妻一方个人使用的生活用品归属个人所有的价值限制；

第五，增补规定夫妻个人财产婚姻期间所得孳息的归属；[18] 如果个人财产的孳息没有凝聚婚姻共同体的劳动，则该孳息应该归属夫妻一方个人所有。如果凝聚了婚姻共同体的共同劳动的，应当根据该婚姻共同体的劳动是否已经获得相应的补偿，区别处理。如果已经获得了夫妻一方个人财产相应的补偿，则该孳息应该属于夫妻一方；反之，如果没有获得相应的补偿，则该孳息应该属于夫妻双方的共同财产。

第六，区分不同情形明确规定夫妻一方以个人名义“按揭”购买的房产（包括其他类型的不动产）的归属。即对于商品“按揭房问题”不能搞一刀切，应当区分三种不同的情况分别处理：

其一，如果婚前首付按揭款后所购的房屋系用于婚姻共同生活的（即为婚姻住宅），在婚姻期间以“月供”形式还购房款 10 年以上的，则不管其房屋产权证是在婚前取得还是婚后取得，该婚姻住宅一律认定为夫妻的共同财产，这样有利于维持婚姻共同生活。① 对于一方婚前支付的婚姻住宅首期付款可以视为是对婚姻合伙的出资，该方有权请求补偿此首期支付款包括银行同期存款利息。[19]

其二，如果婚前首付按揭款后所购的房屋系用于婚姻共同生活的（即为婚姻住宅），但在婚姻期间以"月供"形式还购房款10年以下的，则不管其房屋产权证是在婚前取得还是婚后取得，该婚姻住宅一律认定为夫妻的个人财产，对用于偿还按揭贷款的夫妻共同财产及其利息应当予以补偿。

其三，如果婚前以按揭形式所购的房屋不是用于婚姻共同生活的，② 根据《婚姻法解释（二）》第23条规定的精神，此类房屋按揭贷款所欠债务属于夫妻的个人债务，即使以夫妻共同财产偿还按揭贷款，该房屋也不属于夫妻共同财产。因此，对用于偿还按揭贷款的夫妻共同财产及其利息应当予以补偿。

此外，我们认为，在以上第二、三种情况下，基于内地《婚姻法》规定的婚后所得共同制的精神和公平原则，该按揭贷款购买的房屋在婚姻期间的增值价值应当属于夫妻共同财产，由夫妻双方公平分割。

第七，明确规定婚姻期间取得的文凭、执照等证书不属于夫妻共同财产，但不论夫妻双方是实行共同财产制还是分别财产制，取得文凭、执照的一方应给予作出贡献的对方相应的财产补偿。

关于夫妻共同财产的权利和义务，建议今后在修改《婚姻法》时在第17条的法定财产制内容中，删除第2款："夫妻对共同所有

---

① 参见罗杰：《"最高人民法院关于适用〈中华人民共和国婚姻法〉若干问题的解释（三）（征求意见稿）专家论证会"纪要》，夏吟兰教授在发言中指出，对于此类房屋的产权归属之确定，应当考虑夫妻结婚后共同归还贷款时间的长短。载http://202.202.80.1/mweb/wgjtf/content.asp? did = &cid = 821305199&id = 959379247，访问日期：2010-08-24。

② 我国现在越来越多的高收入家庭拥有多套住房。其中有很大一部分是将购买住房作为一种理财的方式。

的财产，有平等的处理权。”增补法定财产制的内容如下：

第 17 条第 2 款：夫妻对共同财产和个人财产的权利义务。

（一）夫妻对共同财产享有平等地占有、使用、管理、收益及处分的权利。为重大共同财产的处分时，须经夫妻双方协商书面同意。夫妻一方擅自处分重大共同财产的，他方有权主张无效。但不得对抗善意第三人。

（二）夫妻共同财产经夫妻双方协商，可以由夫妻双方或一方管理并承担相应的财产责任。

（三）依夫妻协议行使夫妻共同财产管理权的夫妻一方，如丧失行为能力或无能力管理，或有诈欺行为，可经夫妻他方提出，协议停止其行使管理权；如协议不成，可请求人民法院判决，经公告程序宣告剥夺其管理权。

如果被剥夺共同财产管理权的夫妻一方，上述法定事由已经消除或经夫妻双方协议同意恢复其管理权的，可由夫妻一方请求人民法院撤销原判决，经公告程序恢复其管理权。

（四）夫妻个人财产由其本人享有占有、管理、使用、收益及处分的权利。但本法另有规定或夫妻另有约定的除外。

第 17 条第 3 款：夫妻债务清偿责任。

（一）债权人就婚姻关系存续期间夫妻一方以个人名义所负债务主张权利的，应按夫妻共同债务处理。但举债的夫妻一方有承担证明该债务系为维持婚姻家庭共同生活所欠的责任。

（二）夫妻共同财产负担给付家庭生活费用和清偿夫妻共同债务的责任。如共同财产不足负担家庭生活费用的，由夫妻协商以个人财产分担给付责任。如共同财产不足清偿共同债务的，由夫妻协议以个人财产分担清偿责任，并承担连带责任。

（三）夫妻个人财产负担清偿夫妻个人债务的责任。

第 17 条第 4 款：夫妻个人财产与夫妻共同财产之间的补偿请求权。

对应由夫妻共同财产负担的给付或清偿义务，夫妻一方以个人财产承担该义务的，有权请求以夫妻共同财产予以补偿。对夫妻个人债务，用夫妻共同财产清偿的，夫或妻均有权请求以负债夫妻一方的个人财产予以补偿。但法律另有规定的，不在此限。

第 17 条第 5 款：夫妻共同财产制的终止及其效力。

（一）有下列情形之一，夫妻共同财产制终止：

夫妻一方死亡；

离婚；

因法定事由解除共同财产制；

夫妻协议改用其他财产制。

（二）夫妻共同财产制终止时，夫妻共同财产由双方协议分割，如不能达成协议的，由人民法院依法判决。人民法院应根据财产的具体情况，按照顾未成年子女权益和女方的原则判决。

（三）夫妻共同财产制终止时，夫妻共同债务由共同财产清偿；共同财产不足清偿的由夫妻协议以个人财产清偿；协议不成时，由人民法院根据双方的具体情况判决。

夫妻对共同债务的清偿承担连带责任。

参考文献

[1] 蒋月：《婚姻家庭法前沿导论》，97 页，北京：科学出版社，2007。

[2] [美] 巴里·克拉克：《政治经济学——比较的视点》，王询译，4 页，北京：经济科学出版社，2001。

[3] 余延满：《亲属法原论》，260 页，北京：法律出版社，2007。

[4] 王利霞：《分配机制互动与法律功能组合》，载《河北法学》，3 页，2008（8）。

[5] 《马克思恩格斯全集》（第一卷），179 页，北京：人民出版社，1972。

[6] [9] 陈苇：《中国婚姻家庭法立法研究》，173 页，北京：群众出版社，2000。

[7] 郭道晖：《中国立法的价值取向》，145 页，载《法制现代化研究》（该资料来源于中国知网）。

[8] 卓泽渊：《法的价值论》，438 页，北京：法律出版社，1999。

[10] 徐国栋：《民法基本原则解释——成文法局限性之克服》，65 页，

北京：中国政法大学出版社，1992。

［11］蒋月：《婚姻家庭法前沿导论》，195页，北京：科学出版社，2007。

［12］张文显：《二十世纪西方法哲学思潮研究》，508页，北京：法律出版社，2006。

［13］高凤仙：《亲属法——理论与实务》（增订第五版），3页，台北：五南图书出版有限公司，2005。

［14］宋豫、陈苇主编：《中国大陆与港、澳、台婚姻家庭法比较研究》，29页，重庆：重庆出版社，2002。

［15］林秀雄：《家庭法论集》（二），196～200页，台北：辅仁大学法学业书编辑委员会编辑，1988。

［16］陈苇：《中国婚姻家庭法立法研究》（第二版），273页，北京：群众出版社，2010。

［17］陈苇：《完善我国夫妻财产制的立法构想》，载《中国法学》，87、89～90页，2000（1）。

［18］陈苇：《论我国夫妻财产制的新发展及其立法完善》，载夏吟兰、龙翼飞主编：《和谐社会中婚姻家庭关系的法律重构——纪念〈婚姻法〉修订五周年》，166页，北京：中国政法大学出版社，2007。

［19］胡苷用：《婚姻合伙视野下的夫妻共同财产制度研究》，124页，西南政法大学博士学位论文，2009。

当代中国内地与港、澳、台无效婚姻与可撤销婚姻制度比较研究*

陈苇 陈思琴**

目　次

在我国内地，2001年修正后的《婚姻法》新增规定了无效婚姻与可撤销婚姻制度。十年来，该制度在司法实践中被发现还存在某些不足。例如，在婚姻登记有瑕疵的情况下，当事人或利害关系人是否有权向人民法院申请宣告该婚姻无效或向婚姻登记机关申请撤销该婚姻？对此问题，内地的立法尚属空白，且法学理论界和司

---

* 本文系司法部“2009年度国家法治与法学理论研究项目”之专项任务项目：“当代中国内地与港、澳、台婚姻家庭法比较研究”（09SFB5019）的阶段性成果。

** 陈苇，女，西南政法大学民商法学院教授，博士生导师；陈思琴，女，法学博士，南昌航空大学文法学院讲师。

法实务界的意见不一。在我国内地现实生活中，婚姻登记有瑕疵的情况时有发生，婚姻当事人的行为需要法律来规范，婚姻当事人的权益需要法律来保护，因此内地无效婚姻与可撤销婚姻制度迫切需要尽快修改、完善。与我国内地比较而言，我国港、澳、台三地区的婚姻无效与可撤销制度立法的历史更为久远。时值内地《民法典》以及最高人民法院《关于适用〈中华人民共和国婚姻法〉若干问题的解释（三）》（以下简称内地《婚姻法解释（三）》）正在起草之际，考察与研究我国内地与港、澳、台四法域的婚姻无效与可撤销制度，通过对四法域立法的比较与评析，揭示内地立法的不足，借鉴港、澳、台三地区有益的立法经验，结合正在起草中的内地《婚姻法解释（三）》草案第1条的规定，提出完善内地立法的建议，以供内地立法机关与司法机关参考，以期对完善内地的婚姻无效与可撤销制度尽绵薄之力。

一、当代中国内地与港、澳、台无效婚姻与可撤销婚姻制度之立法概况

（一）中国内地无效婚姻与可撤销婚姻制度之立法概况

在内地，关于无效婚姻与可撤销婚姻，1950年《婚姻法》及1980年《婚姻法》尚无规定，至2001年被修正后的《婚姻法》（以下简称内地《婚姻法》）新增第10～12条对无效婚姻与可撤销婚姻作出规定，填补了此立法空白。此后，2001年最高人民法院《关于适用〈中华人民共和国婚姻法〉若干问题的解释（一）》（以下简称内地《婚姻法解释（一）》）第7～16条、2003年《婚姻登记条例》第9条以及2003年最高人民法院《关于适用〈中华人民共和国婚姻法〉若干问题的解释（二）》（以下简称内地《婚姻法解释（二）》）第2～7条，对无效婚姻和可撤销婚姻进一步作出了补充规定。

1. 无效婚姻与可撤销婚姻的法定事由

（1）无效婚姻的法定事由。有下列情形之一的，婚姻无效：重婚的；有禁止结婚的亲属关系的；婚前患有医学上认为不应当结

婚的疾病，婚后尚未治愈的；未达法定婚龄的。①

(2) 可撤销婚姻的法定事由。因胁迫结婚的，受胁迫的一方可以请求撤销该婚姻。②

2. 无效婚姻与可撤销婚姻的请求权

(1) 无效婚姻的请求权。关于无效婚姻请求权的主体，有权申请宣告婚姻无效的主体，包括婚姻当事人及利害关系人。利害关系人包括：以重婚为由申请宣告婚姻无效的，为当事人的近亲属及基层组织；以未到法定婚龄为由申请宣告婚姻无效的，为未达法定婚龄者的近亲属；以有禁止结婚的亲属关系为由申请宣告婚姻无效的，为当事人的近亲属；以婚前患有医学上认为不应当结婚的疾病，婚后尚未治愈为由申请宣告婚姻无效的，为与患病者共同生活的近亲属。关于无效婚姻请求权行使的期间，只能是无效婚姻的法定事由存在的期间。在当事人向人民法院申请宣告婚姻无效时，法定的无效婚姻情形已经消失的，人民法院不予支持。③

(2) 可撤销婚姻的请求权。关于可撤销婚姻的请求权主体，因受胁迫而请求撤销婚姻的，只能是受胁迫一方的婚姻关系当事人本人。④ 关于可撤销婚姻的请求权行使的期间，受胁迫的一方撤销婚姻的请求，应当自结婚登记之日起一年内提出。被非法限制人身自由的当事人请求撤销婚姻的，应当自恢复人身自由之日起一年内提出。

3. 无效婚姻与可撤销婚姻的程序

内地有关申请宣告婚姻无效和请求撤销婚姻的程序如下：⑤

(1) 无效婚姻的程序。对无效婚姻，一律采取单一的由法院宣告无效的程序。人民法院受理申请宣告婚姻无效案件后，经审查

---

① 内地《婚姻法》第10条。

② 内地《婚姻法》第11条。

③ 内地《婚姻法解释（一）》第8条。

④ 内地《婚姻法解释（一）》第7、10条。

⑤ 内地《婚姻法》第11条、内地《婚姻法解释（一）》第9、11条以及内地《婚姻法解释（二）》第2、4条。

确属无效婚姻的，应当依法作出宣告婚姻无效的判决。原告申请撤诉的，不予准许。涉及财产分割和子女抚养的，应当对婚姻的效力和其他纠纷的处理分别制作裁决书。[①]

（2）可撤销婚姻的程序。可撤销婚姻的程序，实行双轨制。凡因胁迫结婚的，受胁迫的一方可以向婚姻登记机关或人民法院请求撤销该婚姻。

4. 婚姻无效或被撤销的法律后果[②]

无效或被撤销的婚姻，自始无效。即无效或撤销的婚姻在依法被宣告无效或撤销时，才确定该婚姻自始不受法律保护。[③] 也就是说，内地采取单一的宣告无效程序。

（1）对当事人的后果。被人民法院宣告无效或撤销的婚姻，自始无效。当事人不具有夫妻的权利和义务。在财产方面，同居期间所得的财产，按共同共有处理，但有证据证明为一方当事人所有的除外。[④] 即婚姻无效或被撤销后，对共同财产认定的规则与离婚有所不同。同居期间一方所得的财产为个人所有，双方共同所得的财产为共同所有。

婚姻被宣告无效或被撤销时，同居期间所得的财产，由当事人协议处理；协议不成时，由人民法院根据照顾无过错方的原则判决。对重婚导致的婚姻无效的财产处理，不得侵害合法婚姻当事人的财产权益。

（2）对父母子女的后果。无效婚姻或可撤销婚姻当事人所生子女，适用本法有关父母子女的规定。即婚姻无效或被撤销后，对父母子女的后果与离婚相同。

---

① 在内地，人民法院审理宣告婚姻无效案件，对婚姻效力的审理不适用调解，应当依法作出判决；有关婚姻效力的判决一经作出，即发生法律效力。但涉及财产分割和子女抚养的，可以调解。调解达成协议的，另行制作调解书。当事人对财产分割和子女抚养问题的判决不服的，可以上诉。

② 内地《婚姻法》第12条。

③ 内地《婚姻法解释（一）》第13条。

④ 内地《婚姻法解释（一）》第15条。

（二）中国香港地区无效婚姻与可使无效婚姻制度之立法概况

香港《婚姻诉讼条例》第19~23条、《婚姻条例》第27条及其附表5对无效婚姻与可使无效的婚姻（即可撤销婚姻）作出了具体规定。无效婚姻，是指法律不承认其效力的婚姻，婚姻双方当事人毫无选择。即此类婚姻是否无效，不是取决于当事人的意愿，而是依据法律的规定，因此属于绝对无效的婚姻。可使无效的婚姻，是指有某些瑕疵的婚姻，婚姻双方可选择宣布婚姻无效或继续婚姻生活，如选择婚姻无效，须向法庭申请婚姻无效的判令。[1] 即此类婚姻是否无效，可以取决于当事人的意愿，因此属于相对无效的婚姻。

1. 无效婚姻与可使无效婚姻的法定事由

第一，无效婚姻的法定事由。凡属1972年6月30日之后缔结的婚姻，该婚姻仅能基于下列任何理由而无效：① ①婚姻双方当事人在《婚姻条例》所规定的血亲或姻亲关系限制内，即为禁止结婚近亲属的；②男女任何一方在结婚时年龄不足16岁，即为未达法定婚龄的；③双方的结合不符合婚姻成立形式要件的，包括未按《婚姻条例》第20、21、22条及第39条的规定举行婚礼的；婚姻某方使用假姓名结婚的；在没有正式获得登记官的证明书或行政长官的特别许可证的情况下，结婚双方明知及故意默许婚礼在该情况下举行的；② ④男女任何一方在结婚时已经合法结婚，即为有配偶的；⑤结婚当事人双方并非一男一女，即为同性的。③

第二，可使无效婚姻的法定事由。凡属1972年6月30日之后

---

① 香港《婚姻诉讼条例》第20条第1款。

② 香港《婚姻条例》第27条。

③ 必须说明，上述关于婚姻无效原因的规定只是针对1972年6月30日之后缔结的婚姻而言，判定1972年7月1日之前所缔结的婚姻是否有效，适用已被废除的香港《婚姻诉讼条例》第20条的规定。该已被废除的第20条第1款规定，婚姻无效的理由包括：婚姻双方的血亲或姻亲关系是在《婚姻条例》所规定的亲等限制以内；婚姻任何一方在结婚时，其前夫或前妻仍然生存，而该婚姻一方与其前夫或前妻的婚姻当时仍然有效；婚姻任何一方是因武力或诈骗而同意结婚；根据香港法律该宗婚姻是无效的。

缔结的婚姻，该婚姻仅能基于下列任何理由申请法院宣告而可使之无效：[1]（1）婚姻当事人的任何一方无能力圆房；（2）答辩人故意拒绝圆房；（3）出于胁迫、错误、心智不健全或其他原因，以致婚姻的任何一方并非有效地同意结婚；（4）婚姻当事人在结婚当时，正连续或间歇地患有《精神健康条例》所指的精神紊乱，而其所患的精神紊乱类别或程度是使其不适宜结婚者；（5）答辩人在结婚时患有可传染的性病；（6）答辩人在结婚时已经怀孕，而使其怀孕者并非呈请人（申请结婚的人）。在以上情形中，（1）属于客观上不能人道的，（2）属于主观上不愿意同居的，（3）属于非自愿的，（4）、（5）属于患有不宜结婚疾病的，（6）属于有不忠实对方的行为且婚前已怀孕的。

2. 婚姻无效与可使无效婚姻的请求权

根据婚姻无效或可使无效婚姻的法定事由，丈夫或妻子均可向法院提出呈请，请求宣布其婚姻无效。[2]

依据《婚姻诉讼条例》第20条第3、4、5款规定，在《婚姻诉讼条例》第20条第2款规定的可使无效婚姻的法定事由中，以第（3）、（4）、（5）或第（6）项为理由提请婚姻无效（撤销）的，必须在结婚后3年内提出；以第（5）、（6）项为理由提请婚姻无效的，须申请人在结婚时对其指称的事实毫不知情，否则该请求将被驳回。凡在1972年6月30日之后提请婚姻无效的，如果申请人虽然明知自己可申请废止有关的婚姻，但其对答辩人的行为足以使答辩人合理相信其不会提出此项申请的，以及作出婚姻无效的

① 香港《婚姻诉讼条例》第20条第2款。
② 香港《婚姻诉讼条例》第19条。

判令对答辩人并不公平的，法院不得作出婚姻无效的判令。①

3．婚姻无效与可使无效婚姻的程序

在丈夫或妻子向法院提出呈请后，法院如信纳其无效或可使无效的理由存在，即可批出婚姻无效的判令。每项判令最初批出时均属暂准判令，未满3个月不得将判令转为绝对判令，但如高等法院首席法官藉一般命令，或法院在任何个案中订定较短的期间，不在此限。3个月届满后的任何时间，可由呈请人申请转为绝对判令。②

4．婚姻无效或可使无效婚姻的法律后果

（1）对当事人的后果。无效婚姻，为自始无效。可使无效的婚姻，在被宣告无效的判令转为绝对判令之前有效，即不具有溯及既往。③ 在人身方面，婚姻无效或可使无效后，当事人不具有夫妻的身份。在财产方面，在呈请婚姻无效的诉讼程序中，法庭可命令婚姻的任何一方，在法庭认为合理的期间内，向另一方提供法庭认为合理的临时赡养费，该期间开始之日不得早于提交呈请书或提出申请的日期，并须于该讼案裁定的当日结束。在无效婚姻和可使无

① 必须说明，上述关于可使婚姻无效的规定只是针对1972年6月30日之后缔结的婚姻而言，判定1972年7月1日之前所缔结的婚姻是否可使无效，适用已被废除的香港《婚姻诉讼条例》第20条的规定。该已被废除的第20条第2款规定，1972年7月1日之前缔结的婚姻，该婚姻仅能基于下列任何理由可使无效：（1）由于答辩人故意拒绝圆房；（2）婚姻任何一方在结婚时：心智不健全，属《精神健康条例》所指的精神紊乱的人，而其所患的精神紊乱类别或程度是使其不适宜结婚及生育子女者，患有复发性精神错乱或复发性癫痫症；（3）答辩人在结婚时患有可传染的性病；（4）答辩人在结婚时已怀孕，而使其怀孕者并非呈请人；（5）婚姻的任何一方在结婚时是性无能或无能力圆房。但是，针对上述第（2）、（3）、（4）项情形提出的申请，除非法院采信下列事实，否则不得批出婚姻无效的判令：申请人在结婚时对其指称的事实不知晓；诉讼是在结婚当日后一年内提出的；自呈请人发现有批出判令的理由后，双方即再无在呈请人同意下行房。

② 香港《婚姻诉讼条例》第20B条。

③ 依《婚姻诉讼条例》第20B条的规定，凡在1972年6月30日之后以婚姻属可使无效为理由而批出的婚姻无效判令，具有将该婚姻废止的效力，但只限于在该判令转为绝对判令之后时才具有该效力。尽管有该判令，在该判令转为绝对判令之前，该婚姻必须被视为一直存在且有效。并参见香港《婚姻诉讼条例》第15（5）、16、17、21、22条。

效婚姻被判令无效后，法庭可作出命令要求婚姻一方对婚姻另一方提供经济给养（其命令直至另一方再婚时停止生效），也可以作出财产转让、授产安排、更改授产安排等命令。① 即无效婚姻和可使无效婚姻被判令无效后，给付扶养费、财产处理的后果与离婚相同。

(2) 对父母子女的后果。虽无效婚姻为自始无效，但如婚姻双方或其中一方在受孕时有合理理由相信该婚姻是有效的，则该无效婚姻的子女须被视为其父母的婚生子女。② 可使无效婚姻的子女为该婚姻当事人双方的婚生子女。③ 此外，法庭可作出命令要求父母一方为子女提供经济供养费。即对无效婚姻的善意当事人及可使无效婚姻（不具有溯及）的双方当事人而言，婚姻被判决宣告无效后对父母子女的后果与离婚相同。

（三）中国澳门地区非有效婚姻制度之立法概况

依《澳门民法典》第1500条规定，凡是不存在任何导致婚姻在法律上不成立或使其可撤销的法定原因时，婚姻即为有效。在澳门地区，与有效婚姻相对应的概念是非有效婚姻，非有效婚姻包括不成立之婚姻与可撤销之婚姻。

1. 不成立之婚姻

(1) 不成立之婚姻的法定事由。下列情况下缔结的婚姻，在法律上不能成立：第一，在无职权主持结婚行为的人面前缔结婚姻，但紧急结婚者除外。并且在虽无职权主持结婚行为、但一直公开从事相当于负责民事登记公务员职务的人面前缔结的婚姻，法律上不视为不成立，但双方结婚人在结婚时明知该人无职权者除外。第二，未被认可的紧急结婚。第三，结婚时，欠缺一方或双方结婚人之结婚意思表示；又或欠缺其中一方之受权人的结婚意思表示。第四，在授权效力终止后，或在授权书并非由授权人签立的情况

① 香港《婚姻法律程序与财产条例》第3~6条。

② 香港《婚生地位条例》第11条。

③ 香港《婚生地位条例》第12条。

下，又或授权因授权书未赋予受权人作出结婚行为之特别权力或未指出另一结婚人之姓名而属无效情况下，透过受权人所缔结的婚姻，即无法定受权人同意的。① 第五，相同性别之两人结婚。② 在以上情形中，第一、二、四种属于形式要件不合法的，第三种属于非自愿的，第五种属于非异性的。

（2）不成立之婚姻的请求权。不成立之婚姻，不论法院是否宣告，任何人均得随时主张婚姻不成立。③ 即在程序上是采取当然无效。

（3）不成立之婚姻的效力。不成立之婚姻，自始不产生任何法律效力，亦不被视为误想的婚姻。④

2. 可撤销之婚姻

可撤销婚姻，须经诉讼程序方可撤销。《澳门民法典》第1504～1520条对可撤销婚姻的法定事由、可撤销婚姻的请求权人、请求权行使的期间、可撤销婚姻的补正以及婚姻被撤销的后果作了详细规定。

（1）婚姻可撤销的法定事由。在下列任一情况下，缔结之婚姻可予撤销：

第一，存在任何禁止性障碍。其包括以下三大类，一是绝对禁止性障碍：未达法定婚龄的、有禁止结婚疾病的、重婚的；二是相对禁止性障碍：有禁止结婚近亲属关系的；三是妨碍性障碍。未成年人之结婚未经父母或监护人之许可，亦未获法院批准的，或与未成年人、禁治产人或准禁治产人有监护、保佐或法定财产管理之关

① 根据《澳门民法典》第1495～1496条的规定，结婚人中之一人可以书面形式授权第三人即受权人代其作出结婚行为。但授权书应载明作出结婚行为的特别权力，并明确指出另一结婚人的姓名。授权人得随时废止授权。授权废止、授权人死亡或受权人死亡或因精神失常而成为禁治产人或准禁治产人时，授权之一切效力即告终止。

② 《澳门民法典》第1501～1502条。

③ 《澳门民法典》第1503条第2款。

④ 《澳门民法典》第1503条第1款。此外，根据《澳门民法典》第1519～1520条关于被撤销婚姻的效力规定，所谓误想婚姻，是指一方或双方当事人基于善意缔结婚姻，尽管该婚姻由于种种原因被撤销，对于善意者来说，该被撤销的婚姻为误想婚姻。

系且无法定免除情形的。①

第二，一方或双方结婚人欠缺结婚意思，或结婚意思因错误或受胁迫而属有瑕疵，即非自愿的。

第三，无证人在场，但仅以法律要求证人在场者为限，即程序上不符合法定形式要件。②

（2）可撤销婚姻的请求权人及请求权行使的期间。第一，对存在任何禁止性障碍的婚姻，夫妻任一方、其血亲、直系姻亲或继承人，以及检察院均可提起撤销之诉，或继续进行该诉讼。在结婚者为未成年人、因精神失常而导致禁治产或准禁治产的情况下，其监护人或保佐人以及重婚人之前配偶，亦得提起或继续该诉讼。属未成年人、因精神失常而导致为禁治产人或准禁治产人，或明显精神错乱之禁止性障碍者，如撤销之诉由无行为能力人或精神错乱者本人提起，则其应于成年后或禁治产或准禁治产终止后或精神错乱终止后6个月内提起。如撤销之诉由他人提起，则应于结婚后3年内提起，但不得在未成年人成年后、无行为能力人或精神错乱终止后提起。属其他禁止性障碍者，应于婚姻解销后6个月内提起。检察院只能在婚姻解销前提起诉讼。此外，在撤销重婚人前婚之诉待决期间，不得提起或继续进行以存在前婚为依据的后婚撤销之诉。

---

① 依《澳门民法典》第1479、1480、1482条规定，结婚的障碍分为三类：1. 绝对禁止性障碍。下列者为绝对禁止性障碍，有该等障碍之人不能与他人结婚：（1）未满16岁；（2）明显精神错乱，即使在神志清醒期亦然，以及因精神失常而导致之禁治产或准禁治产；（3）先前婚姻尚未解销，即使该结婚记录未载于有关婚姻状况之登记中亦然。2. 相对禁止性障碍。直系血亲关系及二亲等内之旁系血亲关系亦为禁止性障碍，存有该等关系之人彼此不能结婚。3. 妨碍性障碍。除特别法律所规定之其他事实外，下列事实亦为妨碍性障碍：（1）未成年人之结婚未经父母或监护人之许可，亦未获法院批准以取代上述许可者；（2）与未成年人、禁治产人或准禁治产人有监护、保佐或法定财产管理之关系。但妨碍性障碍的免除事由为：（1）如有关监护、保佐或法定财产管理之报告已被核准或有关婚姻系与上条所指之血亲或姻亲缔结，且存在可予考虑之理由显示婚姻之缔结为合理，则上条所指之障碍可由法院免除。（2）一方结婚人为未成年人时，法院须尽可能听取其父母或监护人之意见。

② 《澳门民法典》第1504条。

第二，对一方或双方结婚人欠缺结婚意思①或结婚意思因错误或受胁迫而有瑕疵②所缔结的婚姻，假装结婚的夫妻任一方或任何因该假装结婚而遭受损失的人，均可申请撤销所缔结的婚姻。在其他欠缺结婚意思之情况下，撤销之诉只能由欠缺结婚意思的一方提起，如原告在案件待决期间死亡，则其血亲、直系姻亲或继承人可以继续进行该诉讼。以结婚人一方或双方欠缺结婚意思为依据的撤销之诉，只能在结婚后3年内提起，如申请人不知悉已结婚，则仅得在其知悉后6个月内提起。以结婚意思有瑕疵为依据提起的撤销之诉，仅得由有关错误或胁迫的受害人一方提起，如原告在案件待决期间死亡，则其血亲、直系姻亲或继承人可以继续该诉讼。以结婚意思有瑕疵为依据提起的撤销之诉，如在瑕疵消除后6个月内不提起，其诉权即告失效。

第三，对无法定证人在场缔结的婚姻，以欠缺证人为依据提起的撤销之诉，只能由检察院提起。检察院提起撤销之诉的时间，仅得在当事人结婚后1年内提起。

（3）可撤销婚姻的补正。在撤销婚姻的判决确定前发生下列任一事实，婚姻之可撤销性视为被补正，自结婚时起视为有效：第一，未达结婚年龄而结婚的未成年人在成年后确认所缔结的婚姻。第二，因精神失常而成为禁治产人或准禁治产人，在禁治产或准禁治产终止后，确认在终止前所缔结的婚姻；属明显精神错乱之人，在其要求法院证实其处于精神健康之状况后，确认在证实前所缔结

---

①《澳门民法典》第1508条规定：在下列任一情况下，可因欠缺结婚意思而将婚姻撤销：（1）在结婚时，结婚人因偶然无能力或其他原因而在无意识下同意的结婚；（2）结婚人对另一结婚人之个人身份存有错误；（3）结婚意思表示系在人身胁迫下作出；（4）假装结婚。

②《澳门民法典》第1509条规定：仅当导致结婚人一方之结婚意思有瑕疵之错误系涉及对方之个人基本特质及属可宥恕之错误，且显示出在无该错误下按理不会缔结婚姻时，方可因该错误而将婚姻撤销。第1510条规定：在精神胁迫下缔结的婚姻可撤销，只要结婚人遭受重大恶害之不法威胁，且其理由恐惧该威胁估成为事实；一人藉承诺使结婚人不会遭受某种意外之恶害或不会遭受他人施加之恶害，而有意识及不法迫使他人作出结婚意思表示者，等同于不法威胁。

的婚姻。第三，重婚人之前婚被撤销。第四，结婚欠缺证人在场系由可予考虑的情况导致，且法官承认该情况者，但结婚的行为必须属无可置疑。

可撤销婚姻补正的确认，须在负责民事登记的公务员面前作出，或须在两名证人面前作出。①

(4) 婚姻被撤销的法律后果。在婚姻被判决撤销后，该婚姻自判决作出之日起无效，即可撤销婚姻的效力不溯及既往。

关于对善意当事人的保护，如果可撤销的婚姻是夫妻双方善意缔结的，该婚姻在被判决撤销前对夫妻双方及第三人均有效力；如果只有夫妻一方是善意缔结的，则仅该方得主张由此婚姻而产生的利益，并得以该利益对抗第三人。结婚时并不知悉导致婚姻可撤销的瑕疵存在，而此情况属可原谅者，或结婚的意思表示系因受人身胁迫或精神胁迫而作出者，均视为善意。

关于婚姻被撤销的法律制裁，《澳门民法典》规定了以下两种特别制裁。

第一，对未成年人之结婚的两项特别制裁：一是未经父母或监护人之许可或未获得法院之批准以取代上述之人之许可而结婚之未成年人，在管理其带给夫妻双方之财产上，或在管理其于结婚后至成年前以无偿方式获得之财产上，继续视为未成年人；但在该等财产之收益中，须按该未成年人之状况，留给其必需之生活费。二是未成年人无权管理之财产，由其父母、监护人或法定管理人管理，且在该未成年人成年前，绝对不能交予其配偶管理；此外，不论在婚姻解销前后，均不得以该等财产承担在该未成年人成年前由夫妻一方或双方所设定之债务。②

第二，对存在妨碍性障碍之婚姻的特别制裁：凡违反第1482条b项之规定者，即导致作为监护人、保佐人、管理人之一方或作为该等人之直系血亲或直系姻亲、兄弟姊妹、其兄弟姊妹之配偶、

---

① 《澳门民法典》第1506条。

② 《澳门民法典》第1521条。

其配偶之兄弟姊妹或侄甥之一方，于障碍成因仍存在之期间内，不能藉他方之赠与或遗嘱处分收取任何利益。[①]

（四）中国台湾地区无效婚姻与可撤销婚姻制度之“立法”概况

我国台湾地区“民法亲属编”第二章“婚姻”第二节“结婚”第988~999条，对无效婚姻与可撤销婚姻作出了具体规定。

1. 无效婚姻与可撤销婚姻的法定事由

（1）无效婚姻的法定事由。[②]

凡在下列情形之一的，该婚姻为无效：

①不符合结婚形式要件的。即结婚未以书面为之，未有两人以上证人之签名，双方当事人未向户政机关为结婚之登记。

②婚姻当事人有禁止结婚的近亲属关系的。即直系血亲及直系姻亲；旁系血亲在六亲等以内者。但因收养而成立之四亲等及六亲等旁系血亲，辈分相同者，不在此限。旁系姻亲在五亲等以内，辈分不相同者。

③重婚的。有配偶者又与他人缔结的婚姻或一人同时与两个以上的人缔结的婚姻，但重婚之双方当事人因善意且无过失信赖一方前婚姻消灭之两愿离婚登记或离婚确定判决而结婚者，不在此限。

（2）可撤销婚姻的法定事由。[③]

凡在下列情形之一的，该婚姻可请求法院宣告撤销：

①男女双方结婚时一方或双方未达法定婚龄的。

②未成年人未征得其法定代理人同意缔结的婚姻。

③结婚双方当事人之间存在监护关系的。但经被监护人父母之同意的，不在此限。

---

① 《澳门民法典》第1522条。

② 台湾“民法亲属编”第988条。

③ 台湾“民法亲属编”第989~991、995~997条。

④当事人一方于结婚时不能人道[1]而不能治的。

⑤当事人一方于结婚时处于无意识或精神错乱中的。

⑥因被诈欺或被胁迫而结婚的。

2. 无效婚姻和可撤销婚姻的请求权[2]

（1）无效婚姻的程序与请求权。

无效婚姻为当然无效，不须经法院判决，但对于是否无效有争议时，可提起确认婚姻无效之诉。无效婚姻为绝对无效，不限于婚姻当事人，任何人均得主张婚姻无效。[3]

（2）可撤销婚姻的程序与请求权。

可撤销婚姻须由婚姻当事人或利害关系人提出撤销婚姻的请求，由法院判决宣告撤销。

①对未达法定婚龄的，当事人或其法定代理人可以向法院请求撤销婚姻。但如果当事人已达法定婚龄或女方已怀孕的，不得请求撤销。

②未成年人结婚未征得其法定代理人同意的。法定代理人可以向法院请求撤销婚姻。但自法定代理人知悉该结婚事实之日起已逾6个月，或结婚已逾1年，或女方已怀孕的，不得请求撤销。

③结婚双方当事人有监护关系的。受监护人或其最近亲属可以向法院请求撤销婚姻。但结婚已逾1年者，不得请求撤销。

④当事人一方于结婚时不能人道而又不能治愈的。他方当事人可以向法院请求撤销婚姻。但自知悉其不能治之时起已逾3年者，不得请求撤销。

⑤当事人一方于结婚时处于无意识或精神错乱中的。该当事人可于常态恢复后6个月内向法院请求撤销婚姻。

---

① 所谓不能人道，系指不能与配偶性交而言，至于与他人是否可性交，则非所问。参见高凤仙：《亲属法——理论与实务》（增订第五版），61页，台北：五南图书出版股份有限公司，2005。

② 台湾“民法亲属编”第989～991、995～997条。

③ 高凤仙：《亲属法——理论与实务》（增订第五版），73～74页，台北：五南图书出版股份有限公司，2005。

⑥因被诈欺或被胁迫而结婚的，得于发现诈欺或胁迫终止后，6个月内向法院请求撤销婚姻。

3. 婚姻无效与被撤销的法律后果

无效婚姻，为当然无效，且自始无效。可撤销婚姻，自被法院宣告撤销之时起无效。即撤销之效力不溯及既往。[①] 婚姻无效与被撤销对当事人及子女的法律后果如下：

（1）对当事人的后果。

①损害赔偿。当事人之一方，因结婚无效或被撤销而受有损害者，得向他方请求赔偿。但他方无过失者，不在此限。如受害人所受的损害系非财产上之损害，受害人亦得请求赔偿相当之金额，但以受害人无过失者为限。损害赔偿的请求权，不得让与或继承。但已依契约承诺或已起诉者，不在此限。

②赡养费与财产处理。婚姻无效或被撤销后，该“民法”第1057～1058条关于夫妻离婚时赡养费的给付及财产处理的规定，准用于该无效或被撤销的婚姻当事人。[②] 其内容包括：第一，夫妻无过失之一方，因婚姻无效或被撤销而陷于生活困难者，他方纵无过失，亦应给予相当之赡养费。第二，婚姻无效或被撤销时，除采用分别财产制外，各取回其结婚或变更夫妻财产制时的固有财产。如有剩余，各依其夫妻财产制之规定分割。即婚姻无效或被撤销后，对赡养费与财产处理的后果与离婚相同。

（2）对父母子女的后果。

婚姻被撤销后，该“民法”第1055、1055－1、1055－2条关于夫妻离婚时父母对未成年子女权利和义务的行使或负担的规定，准用于该被撤销婚姻的父母子女。[③] 即婚姻被撤销后，对父母子女的后果与离婚相同。

---

① 台湾“民法亲属编”第998条。

② 台湾“民法亲属编”第999－1条第1款。

③ 台湾“民法亲属编”第999－1条第2款。

二、当代中国内地与港、澳、台无效婚姻与可撤销婚姻制度之立法评析

中国内地与港、澳、台四法域（以下简称：四法域）无效婚姻与可撤销婚姻的立法，既有共性，也有差异。以下我们对四法域无效婚姻与可撤销婚姻制度分别从立法结构、婚姻无效与可撤销的法定事由、婚姻无效与可撤销的请求权及行使、婚姻无效与可撤销的效力四个方面进行比较评析。

（一）立法结构之评析

从无效婚姻与可撤销婚姻的立法结构看，四法域立法的共性是都实行的是“双轨制”。四法域立法的差异是内地与港、澳、台三地区同时设有无效婚姻制度与可撤销婚姻制度，而澳门则同时设有不成立的婚姻和可撤销的婚姻。我们认为，由于四法域对婚姻不成立的要件与婚姻无效的要件之认识有所不同，所以出现了以上差异。从世界范围来看，目前有不少国家都采取无效婚姻与可撤销婚姻并行的“双轨制”。虽然各国有关无效婚姻与可撤销婚姻的原因亦不尽统一，但根据违法婚姻的不同情况予以“不同的处理和制裁”，这一基本精神则是一致的。[2]无效婚姻制度与可撤销婚姻制度是处理违法婚姻的两种法律措施。两者相辅相成，针对违法婚姻欠缺结婚要件的不同情况，予以区别处理，体现了“兼顾个人利益和社会利益的立法原则，有利于保障结婚条件和程序的实施，有利于保护当事人、尤其是善意当事人及子女的利益”。[3]因此，内地采取无效婚姻制度与可撤销婚姻制度并行的“双轨制”，是合理的。

（二）立法内容之评析

从立法内容看，婚姻无效或不成立（以下两者统一简称：无效婚姻）与婚姻可撤销或可使无效（以下两者统一简称：可撤销婚姻）制度主要涉及四个方面的内容：法定事由；请求权；程序；法律后果。以下，我们从这四个方面对四法域立法的共性与差异进行评析。

1. 无效婚姻与可撤销婚姻的法定事由之评析

关于无效婚姻与可撤销婚姻的法定事由，四法域立法的共同点和不同点如下：

（1）无效婚姻的法定事由。四法域立法的共同点：第一，以重婚、禁婚的近亲属结婚作为婚姻无效事由的，有内地、香港和台湾；第二，以未达法定婚龄作为婚姻无效事由的，有内地和香港；第三，以不符合结婚法定形式要件作为婚姻无效或不成立事由的，有香港、澳门和台湾。①

我们认为，其一，以重婚、禁婚的近亲属结婚作为婚姻无效的法定事由，这体现了保障结婚实质要件之禁止重婚、禁止近亲属结婚的实施，以维护社会公共秩序和公共利益的立法意旨，是合理的。其二，以未达法定婚龄的作为婚姻无效的事由，这体现了保障结婚实质要件之法定婚龄的实施。但由于婚姻当事人的年龄在结婚后会随着岁月的流逝而增长，因此，从注重维护婚姻当事人的利益出发，以未达法定婚龄作为可撤销婚姻的事由，更为妥当。依据内地《婚姻法解释（一）》第7条规定，请求宣告婚姻无效的请求权主体，以未到法定婚龄为由申请宣告婚姻无效的，为婚姻当事人及未达法定婚龄者的近亲属。并且依该司法解释第8条规定，当事人向人民法院申请宣告婚姻无效的，申请时，法定的无效婚姻情形已经消失的，人民法院不予支持。就此而言，这实际上已使未达法定婚龄的婚姻成为相对无效的可撤销婚姻。因此，内地以后修改立法时宜将未达法定婚龄作为可撤销婚姻的法定事由，更为科学、合理。其三，港、澳、台三地区均以不符合结婚法定形式要件作为婚姻无效或不成立的事由，这体现了保障结婚法定形式要件贯彻实施的精神。目前，内地《婚姻法》此方面呈空白，并没有将此规定

---

① 关于不符合结婚法定形式要件的情况，如前所述，香港包括未按法律规定举行婚礼的；婚姻某方使用假姓名结婚的；在没有正式获得登记官的证明书或行政长官的特别许可证的；澳门包括在无职权主持结婚行为的人面前缔结婚姻，但紧急结婚者除外。无法定授权人的同意或授权同意书对结婚人未指明等；台湾则指结婚未以书面为之，未有二人以上证人之签名，双方当事人未向户政机关为结婚之登记。

为无效婚姻的事由。但根据内地《婚姻法解释（一）》第5条规定：“未按婚姻法第8条规定办理结婚登记而以夫妻名义共同生活的男女，起诉到人民法院要求离婚的，应当区别对待：（一）1994年2月1日民政部《婚姻登记管理条例》公布实施以前，男女双方已经符合结婚实质要件的，按事实婚姻处理。（二）1994年2月1日民政部《婚姻登记管理条例》公布实施以后，男女双方符合结婚实质要件的，人民法院应当告知其在案件受理前补办结婚登记；未补办结婚登记的，按解除同居关系处理。”即该司法解释对男女结婚不符合结婚法定形式要件的，是采取区别认定和处理的办法。即以1994年2月1日内地民政部《婚姻登记管理条例》实施之日为界，对此之前的按事实婚姻处理；对此之后的则视为婚姻不成立，[①] 故按同居关系予以处理。可见，从立法精神看，内地司法解释与港、澳、台三地区的立法精神是一致的。因为结婚的法定形式要件是国家对婚姻依法成立的一个重要监督手段，可以保障结婚实质要件的实施。所以，目前中国内地的司法解释与港、澳、台三地区立法对欠缺结婚法定形式要件的婚姻，或不承认该婚姻的效力或不承认该婚姻的成立。

此外，关于结婚法定形式要件在内地还有一个问题值得注意，如果结婚登记有瑕疵的，应如何处理？目前内地的《婚姻法》及司法解释对此尚无规定。结婚登记的瑕疵，主要有婚姻当事人未能亲自去办理结婚登记而由他人代办或冒用他人身份证或以伪造的虚假身份证办理结婚登记等情况。在内地，1986年《婚姻登记办法》第9条规定，婚姻登记机关发现婚姻当事人有违反婚姻法的行为，或在登记时弄虚作假、骗取《结婚证》的，应宣布该项婚姻无效。1994年《婚姻登记管理条例》第25条规定，申请婚姻登记的当事人弄虚作假、骗取婚姻登记的，婚姻登记管理机关应当撤销婚姻登记。2001年修正后的现行《婚姻法》及相关司法解释对此却都无规定。而民政部办公厅2002年就此类案件的答复中指出：“一方当

① 内地《婚姻法》第8条规定：“未办理结婚登记的，应当补办登记。”

事人对于对方当事人利用伪造的身份证件等材料进行结婚登记后，要求撤销婚姻登记的请求，登记机关不予支持。”① 2010 年 6 月，内地最高人民法院正在制定中的内地《婚姻法解释（三）》草案第 1 条涉及结婚登记瑕疵的处理。该草案第 1 条规定：“当事人未向婚姻登记机关或者人民法院请求撤销结婚登记，仅就结婚登记中的瑕疵问题申请宣告婚姻无效，人民法院经审查不属婚姻法第 10 条规定的无效婚姻情形的，应当判决驳回当事人的申请。结婚证上登记的当事人非实际同居生活的当事人，结婚证上登记的当事人对结婚证的效力提出异议，人民法院可以依照民事诉讼法第 111 条第（三）项之规定，告知原告向原婚姻登记机关申请解决；对于实际同居生活的当事人请求离婚的，人民法院应当根据当事人共同生活状况，以是否符合事实婚姻关系或同居关系作出相应处理。”可见，依该草案规定，对结婚登记有瑕疵的，除属于无效情形的外，人民法院不予处理。对于非结婚证书上的当事人，但为实际同居生活的当事人请求离婚的，由人民法院根据当事人的具体情况，确认为事实婚姻关系或同居关系，予以区别处理。然而，如前所述，香港法则将婚姻某方使用假姓名结婚，认定为无效婚姻事由。《澳门民法典》和台湾“民法亲属编”对此均无规定。但根据澳门《民事登记法典》第 66～67、69 条的规定，参与人之签名并非由登记所指之签名作成人本人作出或存在导致对被登记事实或当事人身份产生错误之瑕疵的，因其登记虚假而无效，其无效应由法院宣告。

---

① 内地民政部办公厅《关于能否撤销黄××与叶××结婚登记的答复》（民办函〔2002〕129 号）。

我们认为，婚姻登记有瑕疵的情况，在内地现实生活中时有发生。① 对此问题处理的立法缺失，使婚姻登记有瑕疵的当事人不能获得法律的适当救济，往往会导致矛盾激化，这是不合理的。而香港将假姓名的结婚认定为无效，澳门对登记虚假的婚姻由法院宣告无效，其立法理念均侧重于保障结婚登记形式要件的实施，但却忽视了结婚登记后相关当事人往往已开始婚姻生活的客观事实，所以一律无效的立法有失妥当。我们主张，对于双方当事人均符合结婚实质要件而仅仅在结婚登记形式要件上有瑕疵的，应当根据登记后相关当事人的具体情况，采取区别对待不同处理的做法，这样更为合理。[4]

关于无效婚姻的法定事由，除以上立法的共同点外，四法域立法的不同点有：第一，以婚前患有医学上认为不应当结婚的疾病且婚后尚未治愈的作为婚姻无效事由的，有内地；第二，以婚姻当事人非为异性的或为相同性别的作为婚姻无效或不成立事由的，有香港和澳门。

我们认为，其一，根据内地《婚姻法解释（一）》第7条规定，以患有禁止结婚的疾病为由申请宣告婚姻无效的请求权主体，仅限于婚姻当事人以及与患病者共同生活的近亲属。② 就此而言，这实际上已使此类无效婚姻变成为相对无效的可撤销婚姻。因为内

---

① 例如，在内地，宁波江东区人民法院受理的一起以虚假身份登记结婚的案件，被告在结婚10年后因家庭纠纷离家出走，原告向法院起诉离婚后，诉讼过程中被告以身份证明被证实为虚假，法院以“被告身份不明确”为由而驳回原告的诉讼请求。有关该案的介绍，详见郭敬波、郑秋妍：《以虚假身份登记结婚案件的诉由选择》，载《人民法院报》，2010年1月6日。现行《婚姻法》以及司法解释都未有关于以虚假身份进行结婚登记的规定，依前述民政部发布的民办函〔2002〕129号，如该案原告向婚姻登记机关申请撤销婚姻，登记机关不予支持。由此导致当事人陷入既不能从法院获得救济，也不能从婚姻登记机关获得救济的困境。

② 内地《婚姻法解释（一）》第7条规定：“有权依据婚姻法第10条规定向人民法院就已办理结婚登记的婚姻申请宣告婚姻无效的主体，包括婚姻当事人以及利害关系人……（四）以婚前患有医学上认为不应当结婚的疾病，婚后尚未治愈为由申请宣告婚姻无效的，为与患病者共同生活的近亲属。”

地实行宣告无效制，如果婚姻当事人以及与患病者共同生活的近亲属不请求宣告该婚姻无效，则该婚姻是有效的。其二，缔结婚姻的当事人非为男女异性的或为相同性别的，其是否无效？内地和台湾对此无规定，但依内地和台湾相关规定的精神，均不承认同性者的结合能够成立婚姻。① 但必须指出，随着同性恋的非病理化和非罪化的突破性进展，以及国际人权公约倡导应消除基于“性倾向”的歧视，根据保护少数人弱势群体权益的立法理念，内地在将来适时制定一部专门调整非婚同居关系包括同性结合关系的法规，给予非婚同居当事人和同性结合者一定程度的法律保护，是社会现实的需要。[5] 目前，世界上有不少国家已经制定法律或法规，对非婚同居关系和同性结合关系给予一定的法律保护。[6]

（2）可撤销婚姻的法定事由。对可撤销婚姻的法定事由，四法域立法的共同点：第一，以因胁迫而结婚作为可撤销事由的，有内地、香港、澳门和台湾；第二，以因误解、心智不健全、欠缺结婚意思、诈欺等非自愿结婚为可撤销事由的，有香港、澳门和台湾；第三，以未达法定婚龄为可撤销事由的，有香港和台湾；第四，以结婚时患有禁止结婚的疾病为可撤销事由的，有香港和澳门；第五，对结婚时“不能人道”为可撤销事由的，有香港和台湾（后者须为结婚时不能人道而不能治的）；第六，因未成年人结婚未征得法定代理人同意和结婚当事人有禁止结婚的监护关系为可撤销事由的，有澳门和台湾。

我们认为，其一，关于非自愿的结婚作为可撤销事由，因为结婚必须出于双方当事人完全自愿，这体现了婚姻自由原则的要求。因此，除心智不健全的精神病者可以列入患有禁止结婚的疾病者外，其他如胁迫、误解、欠缺结婚意思，诈欺等均可作为非自愿的可撤销婚姻的法定事由。在国外，有些国家立法对可撤销婚姻的法定事由除胁迫外还包括诈欺、误解、欠缺结婚意思、虚假的结婚

---

① 参见内地《婚姻法》第5条规定，结婚必须男女双方自愿；台湾“民法亲属编”第980条规定：“男未满18岁者，女未满16岁者，不得结婚。”

等。[6]例如德国、瑞士以及意大利的相关立法。① 所以港、澳、台三地区以误解、欠缺结婚意思和诈欺等作为可撤销婚姻的法定事由之立法，值得内地借鉴。内地宜增补意思表示不真实的误解、诈欺等其他情形作为可撤销婚姻的法定事由。② 其二，关于以结婚时患有禁止结婚的疾病作为可撤销事由，这主要涉及婚姻当事人的私人利益，该婚姻是否应当被请求撤销，由当事人自行决定为妥。因此，港、澳地区将结婚时患有禁止结婚的疾病作为可撤销婚姻的法定事由，具有合理性。然而，如前所述，依内地《婚姻法解释(一)》第7条规定，以患有禁止结婚的疾病为由申请宣告婚姻无效的请求权主体，仅限于婚姻当事人以及与患病者共同生活的近亲属。就此而言，在内地此类婚姻实际上已相当于可撤销婚姻。其三，以未达法定婚龄作为可撤销事由，这侧重于保护婚姻当事人的利益。而内地从防止早婚以贯彻计划生育政策出发，将以未达法定

---

① 参见《瑞士民法典》第123～126条，殷根生、王燕译：《瑞士民法典》，36～37页，北京：中国政法大学出版社，1999；《德国民法典》第1314条，陈卫佐译注：《德国民法典》，373～374页，北京：法律出版社，2004；《意大利民法典》第119、120、122、123条，费安玲、丁玫译：《意大利民法典》，45～47页，北京：中国政法大学出版社，1997。

② 陈苇：《论我国婚姻无效与撤销制度的完善》，11～17页，载《甘肃政法学院学报》，2003（4）。此外，近年我国内地专家学者起草的《中国民法典》"学者建议稿"中，也提出了相关的立法建议，如徐国栋教授主持起草的《绿色民法典草案》第40、42条规定，将意思表示不真实的婚姻和虚假婚姻作为可撤销婚姻，其主要类型包括：配偶一方因对他方的人身辨认或其个人基本情况产生重大误解而结婚的；因本人或亲人的生命、健康或名誉遭受严重威胁而被迫同意结婚的；配偶一方因他方或他方串通第三人隐瞒他方恶劣品行，致其受重大欺骗同意结婚的；当事人一方在结婚时处在无意识或精神错乱中的；双方商定不履行婚姻义务，也不行使婚姻权利而缔结的婚姻。参见徐国栋主编：《绿色民法典草案》，190页，北京：社会科学文献出版社，2004；王利明教授主持起草的《中国民法典学者建议稿》第409条规定，受胁迫或欺诈结婚，受害人可请求撤销婚姻。参见王利明（项目主持人）：《中国民法典学者建议稿及立法理由（人格权编·婚姻家庭编·继承编）》，233页，北京：法律出版社，2005；梁慧星教授主持起草的《中国民法典草案建议稿》第1664条也规定，因欺诈、胁迫而缔结的婚姻属可撤销婚姻。参见梁慧星（课题组负责人）：《中国民法典草案建议稿附理由（亲属编）》，40页，北京：法律出版社，2006。

婚龄作为婚姻无效的法定事由。但根据所述内地《婚姻法解释(一)》第7条规定，以未达法定婚龄为由申请宣告婚姻无效的请求权主体，仅限于婚姻当事人以及未达法定婚龄者的近亲属。就此而言，在内地此类婚姻实际上已相当于可撤销婚姻。其四，对于婚姻当事人“不能人道”且不能治愈的，是否作为婚姻可撤销的法定事由？我们认为，由于性生活仅仅是婚姻生活的一个方面，在承认个人生活方式多元化的现代社会，可以不将“不能人道”作为婚姻可撤销的法定事由。但因“不能人道”而导致婚姻关系难以维持的，婚姻当事人可以请求离婚。其五，未成年人结婚未征得法定代理人同意的或结婚当事人有禁止结婚的监护关系的，是否作为婚姻可撤销的法定事由？由于内地实行计划生育而提倡晚婚，因此内地的未成年人不允许结婚，这是符合内地实际的。至于有禁止结婚的监护关系的，从保护被监护人的权益出发，不应当允许有禁止结婚的监护关系的当事人结婚为妥。因此，结婚当事人有禁止结婚的监护关系的，澳门和台湾均作为可撤销婚姻的法定事由，此立法值得内地借鉴。

关于可撤销婚姻的法定事由除上述部分地区立法的共同点之外，四法域的不同点是：香港还以故意拒绝同房、有不忠实对方的行为且婚前已怀孕，作为可使婚姻无效的法定事由。澳门还以重婚、有禁止结婚近亲属关系，作为婚姻可撤销的法定事由。我们认为，其一，婚姻当事人故意拒绝同房或有不忠实对方的行为且婚前已怀孕的，这些都不属于违反结婚法定要件的行为，因此不宜作为可撤销婚姻的原因。如果因为有这些行为导致婚后夫妻难以共同生活的，可以提出离婚。其二，重婚的、有禁止结婚近亲属关系的，由于这些行为涉及社会公共利益，所以作为婚姻无效的法定事由为妥。

（三）无效婚姻与可撤销婚姻的请求权之评析

无效婚姻与可撤销婚姻的请求权，主要包括请求权的主体范围与行使期间这两方面的内容，四法域立法的共同点和不同点如下：

1. 无效婚姻的请求权

(1) 关于无效婚姻请求权的主体范围，四法域立法的共同点是：内地与港、澳、台均包括婚姻当事人。四法域立法的不同点主要有二：第一，无效婚姻请求权主体范围之宽窄不同。无效婚姻请求权的主体范围，香港仅为婚姻当事人；内地还包括相关利害关系人（当事人的近亲属及基层组织）；澳门和台湾则包括其他任何人。可见，关于无效婚姻请求权的主体范围，澳门和台湾最宽，内地次之，香港最窄。第二，无效婚姻请求权主体的分类不同。关于无效婚姻请求权主体的分类，澳门和香港对此未作细分，而内地和台湾则各自针对不同的无效婚姻，分别规定了不同的无效婚姻请求权主体。我们认为，婚姻家庭法属于私法，私法具有权利法的性质，法律应当尽可能赋予婚姻当事人权利和保护其私人权益；同时由于婚姻家庭关系涉及第三人和社会的利益，因此法律要兼顾保护第三人利益和社会公共利益。所以，内地和台湾针对无效婚姻的不同原因而规定不同的请求权主体，这样使原则性与灵活性相结合，既体现了对婚姻当事人及其近亲属意愿的尊重和保护婚姻当事人权益的立法精神，也能兼顾保护第三人利益和社会公共利益，是科学、合理的。

（2）关于无效婚姻请求权的行使期间，四法域立法的共同点是宣告婚姻无效的请求权，内地、香港、澳门和台湾均只能在无效婚姻的法定事由存在的期间行使。如果无效婚姻的法定事由已经消除的，不得再行使无效婚姻的请求权。这体现了法律对于双方当事人已经事实上存在的婚姻关系给予一定程度的保护。

2. 可撤销婚姻的请求权

（1）关于可撤销婚姻请求权的主体范围，四法域立法的共同点是：内地与港、澳、台都包括婚姻当事人。四法域立法的不同点在于：第一，可撤销婚姻请求权的主体范围宽窄不同。关于可撤销婚姻请求权的主体，内地只能是受胁迫一方的婚姻关系当事人本人。香港为丈夫或妻子。而澳门和台湾则针对不同的撤销原因，分别规定了不同的撤销请求权主体。澳门和台湾可撤销婚姻请求权的主体，除有夫妻之外，澳门还包括其他血亲、直系姻亲或继承人以及检察院。台湾还包括法定代理人、受监护人或其最近亲属等。我们认为，四法域对于可撤销婚姻请求权主体的立法，实际上都是针对不同的撤销原因而区别规定不同的请求权主体。凡涉及当事人私益的可撤销婚姻，其请求权主体为当事人一方或双方或其近亲属或其他利害关系人；凡涉及社会公共利益的可撤销婚姻，其请求权主体除当事人一方或双方外还包括检察院等国家公权力机关。这兼顾体现了尊重婚姻当事人及其近亲属的意愿，并维护第三人利益和社会公共利益的意旨。由于四法域各自可撤销婚姻的原因之多少不同，所以可撤销婚姻请求权人的范围宽窄四法域有所不同。

（2）可撤销婚姻请求权的行使期间，四法域立法的共同点是：对于可撤销婚姻请求权的行使，四法域均规定了一定的行使期间。四法域立法的不同点是：内地撤销婚姻的请求，只能在结婚登记之日起或自恢复人身自由之日起 1 年内提出。香港在《婚姻诉讼条例》第 20 条第 2 款规定的可使无效婚姻的法定事由中，以第（3）、（4）、（5）或第（6）项（即结婚非自愿的、患有不宜结婚疾病的，以及有不忠实对方的行为且婚前已怀孕的）为理由提请婚姻无效（撤销）的，必须在结婚后 3 年内提出；并且以第（5）、（6）项为理由提请婚姻无效的，须申请人为善意当事人。[①] 并且，凡在 1972 年 6 月 30 日之后提请婚姻无效的，如果申请人虽然明知自己可申请废止有关的婚姻，但其对答辩人的行为足以使答辩人合理相信其不会提出此项申请的，以及作出婚姻无效的判令对答辩人并不公平的，法院不得作出婚姻无效的判令。澳门和台湾则针对不同的撤销原因分别规定不同的撤销婚姻请求权之行使时间。这些都体现了针对不同的撤销婚姻的原因，予以区别处理的立法精神。

（四）无效婚姻与可撤销婚姻的程序之评析

关于无效婚姻与可撤销婚姻的程序，四法域规定的程序主要可分为：当然无效制与宣告无效制两种。

第一，对无效婚姻与可撤销婚姻的程序，四法域立法的共同点：对无效婚姻与可撤销婚姻，内地、香港均实行宣告制；澳门和

---

① 其在结婚时对其指称的事实毫不知情，否则该请求将被驳回。

台湾采取区别对待：对无效婚姻采取当然无效制，无须经法院判决宣告；对可撤销婚姻则采取宣告制，必须经法院判决宣告。我们认为，对无效婚姻与可撤销婚姻，内地、香港在程序上一律采取宣告制，有利于使当事人明确其婚姻是否具有法律效力，但这增加了法院的工作量是其不足之处；而澳门和台湾采取区别对待：对无效婚姻采取当然无效制，对可撤销婚姻则采取宣告撤销制，这样可以减轻法院的工作负担，但其不足是有些无效婚姻可能处于效力不明状态。当然，在此情况下婚姻当事人可以请求法院确认其婚姻的效力。也就是说，以上两种立法模式各有利弊，从加强国家公权力对婚姻关系监督的角度看，采取宣告制是可取的。

第二，对无效婚姻与可撤销婚姻的程序，四法域立法的不同点：对可撤销婚姻的程序，内地实行由婚姻登记机关撤销或人民法院撤销的“双轨制”。香港无效婚姻的宣告程序，分为暂准判令与绝对判令两个阶段。暂准判令被作出后未满3个月不得被转为绝对判令，但如高等法院首席法官藉一般命令，或法院在任何个案中订定较短的期间，不在此限。3个月届满后的任何时间，可由呈请人申请转为绝对判令。在澳门，专门规定了可撤销婚姻的补正程序，即在撤销婚姻的判决在确定前，婚姻之可撤销的瑕疵可因法定事由的发生而被补正，该婚姻自结婚时起视为有效。[①] 我们认为，内地实行由婚姻登记机关撤销或人民法院撤销的“双轨制”，符合内地实际，可以减轻法院的工作负担。香港无效婚姻的宣告程序，分为暂准判令与绝对判令两个阶段。这给当事人一个考虑期，由其决定是否申请转为绝对判令。这体现了对婚姻当事人意愿的尊重，有利于维护其权益。澳门对可撤销婚姻由当事人确认给予补正的规定，

① 澳门对可撤销婚姻，确认补正的法定事由包括：一是未达结婚年龄而结婚的，未成年人在成年后已确认该婚姻。二是因精神失常的禁治产人或准禁治产人，在禁治产或准禁治产终止后已确认以前缔结的婚姻；属明显精神错乱之人，在法院证实其处于精神健康之状况后，其已确认以前所缔结的婚姻。三是重婚人之前婚已被撤销。四是结婚欠缺证人在场系由可予考虑的情况导致，且法官承认该情况者和结婚的行为属于无可置疑。

亦体现了对婚姻当事人意愿的尊重，有利于巩固婚姻关系和维护当事人的权益。这与可撤销婚姻制度将涉及当事人私益的可撤销婚姻之请求权赋予婚姻当事人本人的立法精神是一致的。

（五）无效婚姻与可撤销婚姻的法律后果之评析

1. 婚姻无效或被撤销的时间效力

关于婚姻无效或被撤销的时间效力，是指婚姻无效或被撤销的效力有无溯及力。对此，立法的共同点是：内地与港、台三地的无效婚姻都自始无效，具有溯及力。澳门的不成立的婚姻，自始不成立。立法的不同点：内地婚姻被撤销为自始无效，具有溯及力。而香港和台湾可撤销婚姻自被撤销之日起无效，不具有溯及力，该婚姻在被撤销之前有效。澳门可撤销婚姻的效力原则上被撤销后无效，但被撤销之前的效力则取决于双方当事人是否善意。如果双方当事人是善意的，该婚姻在被撤销前对双方都有效；如果一方是善意的，该婚姻在被撤销前只对善意方有效。可见，婚姻无效或不成立或被撤销在时间上有无溯及力，香港、澳门和台湾三地区均作出了不同的规定，只有内地没有作出不同的规定。我们认为，内地关于婚姻无效或被撤销一律自始无效的规定，与民事法律行为的无效与可撤销的原理相悖，不利于保护当事人及其利害关系人的权益。因此，香港和台湾之无效婚姻自始无效，可撤销的婚姻被撤销后无效的立法，值得内地借鉴；澳门可撤销婚姻的效力被撤销后无效，被撤销之前的效力取决于双方当事人是否善意的立法，有利于保护善意当事人和制裁恶意当事人，对内地亦具有借鉴意义。

2. 对当事人的后果

关于婚姻无效或被撤销对当事人的后果，四法域立法的共同点是，婚姻无效或被撤销生效后，在人身关系方面，双方当事人不具有夫妻身份关系，在财产关系方面，双方当事人不具有夫妻的财产权利和财产义务。四法域立法的不同点是，婚姻无效或被撤销生效后，在内地，同居期间所得的财产，由当事人协议处理，协议不成时，由人民法院根据照顾无过错方的原则判决。在香港，法庭可以要求婚姻一方为另一方提供经济给养，并作出财产转让、授产安排或更改授产安排的命令。在澳门，如果双方为善意当事人，该婚姻被撤销前双方具有夫妻权利义务关系；如果一方为善意当事人，该婚姻被撤销前仅该方享有夫妻权利并可对抗第三人。在台湾，当事人之一方因结婚无效或被撤销而受有损害者，得向他方请求赔偿。但他方无过失者，不在此限。并且婚姻无效或被撤销后，关于夫妻离婚时赡养费的给付及财产上的补偿规定，适用于该无效或被撤销的婚姻当事人。我们认为，在现实生活中，有的人故意隐瞒自己有配偶与第三人登记结婚而形成重婚，还有的人隐瞒自己患有禁止结婚的疾病与第三人登记结婚而形成疾病婚姻等。婚姻无效或被撤销后，可能会造成无过错方的物质损害和精神损害，而内地未规定对无过错方由此受到的物质和精神损害的赔偿，也未规定对该无过错方在婚姻无效或被撤销时的经济困难提供帮助，这对无过错方的保护是不利的。台湾对此方面的“立法”具有合理性，值得内地借鉴。

3. 对子女的后果

关于婚姻无效或被撤销对子女的后果，四法域立法的共同点是，婚姻无效或被撤销生效后，子女无论被视为婚生子女或非婚生子女，均享有同等的权利，并受到法律同等的保护。四法域立法的不同点是，在内地，因婚姻无效或被撤销后自始无效，子女均为非婚生子女。但非婚生子女和婚生子女享有同等的权利，任何人不得加以侵害和歧视。婚姻无效或被撤销时，对子女的抚养等安排适用离婚时父母子女的规定。在香港，无效婚姻中，如果双方或一方系善意的，所生子女为婚生子女，否则为非婚生子女。可撤销婚姻所生子女为婚生子女。在澳门，无效或可撤销婚姻的子女的父母身份的推定、亲权的行使等都与有效婚姻相同。在台湾，无效或可撤销婚姻所生的子女，适用离婚时父母对未成年子女的安排的规定。可见，内地和香港依据父母的婚姻效力情况，对子女在称谓区分为婚生子女和非婚生子女，而澳门和台湾对此没有区分，统一使用“子女”的称谓。我们认为，在现实生活中，“非婚生子女”的称谓显示着该子女是违法婚姻或无婚姻的同居父母所生的子女，往往会给其造成一定的心理压力，也可能造成其在社会上受到歧视，不利于保护其合法权益。因此，应当基于“儿童最大利益原则”，在法律上取消“非婚生子女”的称谓，对子女的称谓不作“婚生”与“非婚生”的区别。这样更能体现“现代法律对儿童尊重和保护的立法意旨”。[7]

三、中国内地无效婚姻与可撤销婚姻制度之不足及其完善建议

以下，我们首先从内地实际出发，考察和分析内地无效婚姻与可撤销婚姻立法之不足。

（一）中国内地无效婚姻与可撤销婚姻的立法不足

1. 可撤销婚姻的法定事由之不足

结婚须男女双方当事人自愿，自愿是指当事人真实意思的表达。可撤销婚姻的法定事由，内地仅有胁迫这一种，而对于因欺诈、虚假、重大误解等意思表示不真实等非当事人自愿所缔结的婚姻，都没有作为可撤销婚姻的法定事由。这种立法的空白，会导致对实施欺诈或故意缔结虚假婚姻的当事人的违法行为的放任和纵容。

2. 结婚登记有瑕疵的婚姻处理呈空白

关于结婚登记有瑕疵的婚姻，从欠缺结婚要件的情况看，其婚姻的瑕疵，有的仅是程序上的，如符合结婚实质要件的男女未能亲自办理结婚登记，而由他人代办结婚登记，又或者在签署申请结婚登记声明书时由对方代为签名的（通常是指双方在场且一方同意对方代签的情况）；有的则是实体上的，如未达法定婚龄时，可能冒用他人身份证或利用虚假身份进行结婚登记。① 上述情况在实际生活中时有发生，但内地《婚姻法》对结婚登记有瑕疵的婚姻却无相应的处理规定，此类案件当事人纠纷的解决没有救济途径，往往使此类纠纷的当事人陷入法院和婚姻登记机关都不管的艰难

---

① 内地司法实务中出现的此类纠纷通常表现为上述列举的种类，如（2009）西行初字第12号、（2009）颍行初字第2号。

处境。

3. 可撤销婚姻的效力不合理

内地《婚姻法》将可撤销婚姻与无效婚姻不加区别，一律规定为自始无效的婚姻，抹杀了可撤销婚姻与无效婚姻违法程度轻重的差别，也与民事行为无效与可撤销的效力相背离。无效婚姻违反了结婚的公益要件，应当自始无效；而可撤销婚姻仅违反私益要件，对社会的危害程度较小，应当自被撤销之日起无效。

4. 对无过错的善意当事人保护不足

在法律后果上，内地现行《结婚法》在婚姻被宣告无效或被撤销时对无过错的善意当事人保护不足。例如，因被胁迫而缔结的婚姻，被胁迫方因此受到的损害；因一方婚前隐瞒其患禁婚疾病，对方基于信赖该方无结婚瑕疵而与之缔结婚姻，被欺骗方因此可能受有物质损害和精神痛苦，未为上述无过错方提供损害赔偿的救济途径，这是在婚姻无效或被撤销的法律后果立法之缺憾。此外，内地现行《结婚法》将子女仍区分为“婚生子女”与“非婚生子女”。而因婚姻被宣告无效和被撤销后自始无效，这导致当事人所生子女被贴上非婚生子女的标签，非婚生与婚生的名分划分与现代亲子法之“子女最大利益原则”以及彰显的子女地位平等的价值追求相悖。

（二）中国内地无效婚姻与可撤销婚姻制度的完善立法建议

我们借鉴前述港、澳、台无效婚姻与可撤销婚姻制度立法的有益经验，从内地实际出发，并借鉴前人的相关研究成果，[①] 提出以

① 参见陈苇：《中国婚姻家庭法立法研究》，142～146 页，北京：群众出版社，2000；陈苇：《论我国婚姻无效与撤销制度的完善》，11～17 页，载《甘肃政法学院学报》，2003（4）。徐国栋主编：《绿色民法典草案》，190 页，北京：社会科学文献出版社，2004；王利明教授主持起草的“民法典”第 409 条规定，受胁迫或欺诈结婚，受害人可请求撤销婚姻。参见王利明（项目主持人）：《中国民法典学者建议稿及立法理由（人格权编·婚姻家庭编·继承编）》，233 页，北京：法律出版社，2005；梁慧星教授主持起草的“民法典”第 1664 条也规定，因欺诈、胁迫而缔结的婚姻属可撤销婚姻。参见梁慧星（课题组负责人）：《中国民法典草案建议稿附理由（亲属编）》，40 页，北京：法律出版社，2006。

下完善内地立法的建议。

1. 增加可撤销婚姻的法定情形

建议将因欺诈、胁迫或其他原因非自愿结婚的以及虚假婚姻、未达法定婚龄的婚姻[8]作为可撤销婚姻。即将《婚姻法》第11条修改、补充为"因欺诈、胁迫或其他原因非自愿结婚的，受欺诈、胁迫或其他原因非自愿结婚一方可以向婚姻登记机关或人民法院请求撤销该婚姻。该撤销婚姻的请求，应当自结婚登记之日起一年内提出……"并新增规定："对无意建立家庭的虚假婚姻、未达法定婚龄的婚姻，当事人可以向婚姻登记机关或人民法院请求撤销该婚姻。该撤销婚姻的请求，应当自结婚登记之日起一年内提出。如果当事人双方实际上已经开始家庭共同生活的，不能被认定为虚假婚姻。如果未达法定婚龄的婚姻双方当事人已经达到法定婚龄的，该婚姻不得被请求撤销。"

2. 结婚登记瑕疵的处理

建议对结婚登记瑕疵采取以下区别处理的方法：

第一，对结婚登记在程序上的瑕疵，采取申请登记补正的做法。即经婚姻双方当事人向原登记机关提出申请，由原登记机关对婚姻登记中的瑕疵进行纠正，但不影响婚姻有效的性质认定。

第二，对结婚登记在实体上的瑕疵，采取与现行《婚姻法》有关无效婚姻的立法相一致的做法。对查明属于因未达法定婚龄或因已婚等原因而冒用他人身份证或使用虚假身份证进行结婚登记的，应当注销错误的结婚登记，收回结婚证。但如在申请注销结婚登记时，法定婚姻无效的情形已经消失的除外。

当事人冒名顶替、提供虚假证明而骗取婚姻登记的，经当事人提出撤销婚姻的申请，婚姻登记机关应当撤销结婚登记。但是，如果在结婚登记后，双方当事人事实上已经以夫妻身份共同生活的，不得撤销结婚登记。

3. 婚姻无效与被撤销的法律后果

（1）婚姻无效与被撤销的效力。建议区分婚姻无效与被撤销的效力，规定无效婚姻自始无效，可撤销的婚姻自被撤销时起无效。[9]

（2）当事人利益的保护。建议规定，婚姻被宣告无效或被撤销时，有过错方对于生活困难的无过错方，应当给予一定的经济帮助；并对其违法行为给无过错方造成的物质损害或精神损害，应当承担损害赔偿责任。

（3）对子女利益的保护。建议取消“非婚生子女”的称谓，无论是有效婚姻，无效婚姻或可撤销婚姻或者是未婚父母所生的子女，一律称之为“子女”。婚姻被宣告无效或被撤销后，对子女的抚养等问题适用《婚姻法》有关离婚时父母子女关系的规定。

（4）过错方的损害赔偿责任。[10]婚姻无效或被撤销时，如果由于一方的过错对无过错方造成损害的，过错方应当承担损害赔偿责任。①

参考文献

［1］赵文宗、李秀华、林满馨：《中国内地、香港婚姻法实务》，6页，北京：人民法院出版社，2005。

［2］陈苇：《建立我国婚姻无效制度的思考》，载《法律科学》，91页，1996（4）。

［3］陈苇主编：《结婚与婚姻无效纠纷的处置》，47～48页，北京：法律出版社，2001。

［4］陈苇：《论我国婚姻无效与撤销制度的完善》，载《甘肃政法学院学报》，15～16页，2003（4）。

［5］陈苇主编：《外国婚姻家庭法比较研究》，164～165、170～173页，北京：群众出版社，2006。

［6］王薇：《非婚同居法律制度比较研究》，117～332页，北京：人民出

① 例如，无效婚姻或可撤销婚姻的当事人中，一方故意隐瞒自己患有禁止结婚的传染性疾病，致使另一方受到传染需要治疗的，或一方以暴力干涉婚姻自由致使被干涉的他方的人身、精神受到伤害需要治疗或者财产受到损害的，均可责令加害人赔偿受害人的经济损失（包括医疗费用，因误工而减少的收入、被毁损的财产的实际价值等）。参见杨大文：《无效婚姻》，载巫昌祯、杨大文主编：《走向21世纪的中国婚姻家庭》，68页，长春：吉林人民出版社，1995。

版社，2009。

［7］陈苇：《中国婚姻家庭法立法研究》，315、356～357页，北京：群众出版社，2000。

［8］薛宁兰：《如何构建中国的婚姻无效制度——当代英美法的启示》，载夏吟兰、蒋月、薛宁兰：《21世纪婚姻家庭关系新规制——新婚姻法解说与研究》，226页，北京：中国检察出版社，2001。

［9］宋豫、陈苇主编：《中国大陆与港、澳、台婚姻家庭法比较研究》，142页，重庆：重庆出版社，2002。

［10］杨大文：《无效婚姻》，载巫昌祯、杨大文主编：《走向21世纪的中国婚姻家庭》，68页，长春：吉林人民出版社，1995。

当代中国内地与港、澳、台诉讼离婚理由比较研究*

张华贵　李欣　段伟伟**

目　次

诉讼离婚理由反映着一个国家、民族有关离婚的指导思想，也是其传统文化和法律文化的体现。关于诉讼离婚理由的立法，由于中国内地和港、澳、台具有相同的文化传统，故有不少相同之处，但因为四法域历史的发展不同故立法又各具特色。对中国内地与港、澳、台四法域的诉讼离婚理由进行比较研究，考察立法之异同，分析内地立法的不足，借鉴港、澳、台三地有益的立法经验，对内地未来民法典诉讼离婚理由的设计具有重要的意义。

---

* 本文为司法部“2009 年度国家法治与法学理论研究项目”之专项任务项目：“当代中国内地与港、澳、台婚姻家庭法比较研究”（09SFB5019）的阶段性成果。

** 张华贵，女，西南政法大学民商法学院副教授，硕士生导师；李欣，女，西南政法大学 2009 级民商法专业博士研究生；段伟伟，男，西南政法大学 2010 级民商法专业博士研究生。

一、当代中国内地与港、澳、台诉讼离婚理由的立法概况

诉讼离婚理由，是在离婚诉讼中法院判决是否准予离婚的法定标准，是诉讼离婚制度的核心内容。以下，我们拟从四个方面对内地与港、澳、台四法域诉讼离婚理由进行考察：一是诉讼离婚理由的立法结构与立法模式；二是诉讼离婚理由的立法原则；三是诉讼离婚理由的立法内容；四是诉讼离婚理由的阻却事由及苛刻条款。

诉讼离婚理由的立法结构与立法模式，前者是指诉讼离婚理由的立法的编制体例。后者大致可以分为：列举主义、概括主义与例示主义三种形式。所谓列举主义，是指法律将准予离婚的法定情形逐一列举，除非符合法定情形，否则不得准予离婚。所谓概括主义，是指法律仅概括地规定准予离婚的理由，而未将认定准予离婚理由的法定情形逐一列举说明。所谓例示主义，是指法律对准予离婚的理由既有概括性离婚理由的规定，又列举一些法定情形作为对概括性离婚理由的认定依据。例示主义和列举主义最主要的区别在于，对于法定的离婚理由，前者除有列举准予离婚的具体情形，还有概括性的条款规定，而后者则无概括性的条款规定。[1]

诉讼离婚理由的立法原则，大体可分为：过错原则、目的原则与破裂原则。过错原则，是指因夫妻一方有法定的过错行为，导致夫妻他方无法与之共同生活而提出离婚的，即可准予离婚的立法准则。过错原则须夫妻一方有过错，对离婚负有直接责任，因此，又被称有责原则。过错原则对于离婚的限制主要有两个方面，一是离婚理由的限制，即必须一方具有影响婚姻关系而不能共同生活的过错理由如重婚、虐待、遗弃等，才能准予离婚；二是离婚请求权的限制，离婚请求权只能由无过错一方享有，有过错一方则不享有离婚请求权。目的原则，又被称为无过错原则、无责原则或干扰原则，是指夫妻一方有某些客观事实如被宣告失踪、患有严重的精神病、不能人道等，足以妨害婚姻关系，使夫妻他方难以与其共同生活时，即可诉请离婚并获准离婚的离婚立法准则。按此原则，准予

离婚不是因为夫妻一方有过错，而是客观事由导致婚姻难以维持。破裂原则，是指离婚既不需要必须具有过错理由，对有过错的夫妻一方也无离婚请求权的限制，只要婚姻关系已经无可挽回地破裂时，夫妻双方或一方都可请求离婚的立法准则。破裂原则的具体内容，主要有“婚姻关系破裂”和“夫妻感情破裂”两种。[2]

诉讼离婚理由的立法内容，包括诉讼离婚理由的具体规定及其认定的法定情形。诉讼离婚理由的具体规定，是指法院准予离婚的法定标准，如“婚姻关系破裂而无法挽回”或“夫妻感情确已破裂”。诉讼离婚理由认定的法定情形，是指法律列举性规定的认定“婚姻关系破裂而无法挽回”或“夫妻感情确已破裂”的各种具体情形。

关于诉讼离婚理由的阻却事由与苛刻条款，诉讼离婚的阻却事由是指，虽有法律列举性规定的认定“婚姻关系破裂而无法挽回”或“夫妻感情确已破裂”的法定情形，已经符合法院准予离婚的法定标准，但由于婚姻当事人自身出现的某些情形导致其离婚请求权消灭。例如，其有已表示宥恕或未在法定期间行使离婚请求权等情形均为不得请求离婚的阻却事由。诉讼离婚的苛刻条款，又称严酷条款或缓和条款，是指配偶一方起诉离婚时，虽其依据具体的法定情形已符合法定的离婚理由而应当准予离婚，但如果离婚会造成对方或子女陷入严重经济困境或其他严重困境的，法院应当判决不准离婚的法律规定。但以后当事人的相关情形发生变化后，当事人仍然可以提出离婚。

（一）内地诉讼离婚理由的立法概况

1. 诉讼离婚理由的立法结构与立法模式

对于诉讼离婚理由，在立法结构上，中国内地现行《婚姻法》的第4章离婚的第32条中，明确规定了诉讼离婚的法定理由；在立法模式上，内地采取例示主义的立法模式。内地现行《婚姻法》第32条在概括性规定“如夫妻感情确已破裂，调解无效，应当准予离婚”之后，规定了认定夫妻感情确已破裂的五种情形，即有法定情形之一的，调解无效，应准予离婚。

2．诉讼离婚理由的立法原则

关于诉讼离婚理由，内地采取破裂原则，以“夫妻感情确已破裂”作为判决准予离婚的唯一法定理由。内地现行《婚姻法》第32条规定：“男女一方要求离婚的，可由有关部门进行调解或直接向人民法院提出离婚诉讼。人民法院审理离婚案件，应当进行调解；如感情确已破裂，调解无效，应准予离婚。”这一规定是内地诉讼离婚中判决离婚的法定理由，也是人民法院处理离婚纠纷的基本原则和法定依据。[3]即法院是否准予离婚，其衡量的标准是夫妻感情是否确已破裂，只要有事实显示，夫妻感情还没完全破裂，该婚姻还有和好的可能，法院都不会判决准予离婚。

3．诉讼离婚理由的立法内容

关于诉讼离婚理由的具体规定，依内地《婚姻法》第32条规定，以“夫妻感情确已破裂”作为准予离婚的法定理由。该法还具体规定了认定“夫妻感情确已破裂”的五种法定情形：重婚或有配偶与他人同居的；实施家庭暴力或虐待、遗弃家庭成员的；有赌博、吸毒等恶习屡教不改的；因感情不和分居满二年的；其他导致夫妻感情破裂的。这里的“其他导致夫妻感情破裂的情形”是一个兜底条款，对其他导致夫妻感情破裂的情形，由法官自由裁量。同时，该法还规定，一方被宣告失踪，另一方提出离婚诉讼的，应当准予离婚。并且，2001年12月内地最高人民法院《关于适用〈中华人民共和国婚姻法〉若干问题的解释（一）》第22条规定：“人民法院审理离婚案件，符合第三十二条第二款规定‘应准予离婚’情形的，不应当因当事人有过错而判决不准离婚。”

（二）香港诉讼离婚理由的立法概况

1．诉讼离婚理由的立法结构与立法模式

香港立法源于英美法系，没有民法典，其诉讼离婚理由被规定在香港《婚姻诉讼条例》[4]第11～15条中。从立法结构看，立法首先规定婚姻破裂到无可挽救是诉讼离婚的法定理由，然后规定认定婚姻破裂到无可挽救的法定情形，最后规定了阻却事由。该条例对诉讼离婚理由是采列举主义的立法模式。虽然其规定了“婚姻破裂至无法挽救”是准予离婚的法定理由这一概括性标准，但又同时规定了五种法定的具体情形是“婚姻破裂至无法挽救”这一概括性离婚理由的认定依据。

2．诉讼离婚理由的立法原则

关于诉讼离婚理由，香港采取破裂原则。按照《婚姻诉讼条例》第11条的规定，当事人向法院提出离婚呈请或离婚申请的唯一理由，是婚姻已破裂至无可挽救。也就是说，在婚姻无可挽救的情况下，当事人可以选择按离婚呈请或离婚申请这两种方式中的任何一种提起。法院是否准予解除一个婚姻，要根据案件具体情况考察该婚姻是否已经破裂到无可挽救的程度。只要有事实显示，该婚姻还有和解的可能，或解除该婚姻是不合理的，法院都将拒绝申请人的离婚请求。

3．诉讼离婚理由的立法内容

关于诉讼离婚理由的具体规定，依香港《婚姻诉讼条例》规定，以“婚姻已破裂至无可挽救”作为准予离婚的法定理由。并且，该条例区分不同情况规定了以下认定“婚姻已破裂至无可挽救”的法定事实（法定情形）。

（1）离婚呈请中法院可以裁定准予离婚的法定理由。根据该条例第11A条规定，婚姻的任何一方可以向法院提出离婚呈请。如果呈请人能使聆讯离婚呈请的法院信纳有法律规定的事实出现时，法院可以裁定该婚姻已破裂至无可挽救。该条规定的法院可以认定婚姻已破裂至无可挽救的法定事实包括：

第一，被告人与人通奸，且呈请人无法再忍受与其共同生活。

第二，因被告人的行为而无法合理期望呈请人与其共同生活。

第三，婚姻双方在紧接呈请提出前，已分开居住最少连续1年，且答辩人同意由法院批出判令。

第四，婚姻双方在紧接离婚呈请提出前，已经分开居住最少连续2年。即只要双方已连续分居2年以上，即使一方仍不同意离婚，亦可推定其婚姻已无可挽救的破裂。

第五，答辩人在紧接呈请提出前，已遗弃呈请人最少连续1

年。原告在提出离婚呈请前至少已连续1年遭被告遗弃。[①]

（2）离婚申请中法院可以裁决准予离婚的法定事实。离婚申请须由婚姻双方共同向法院提出，根据该条例第11B条规定：接受离婚申请的法院认定有以下事项的，可以裁定准予离婚。

第一，婚姻双方在紧接申请提出前已分开居住最少连续1年。

第二，在申请提出前不少于1年，法院接获一份经婚姻双方签署的通知书。该通知书是当事人双方可于任何时间向法院发出的一份经双方签署的书面通知，表示双方拟向法院申请解除婚姻，而该通知书其后并未遭撤回。

4. 诉讼离婚理由的阻却事由及苛刻条款

根据该条例第11A条规定，如果呈请离婚的人能使聆讯离婚呈请的法院信纳有法律规定的事实出现时，法院可以裁定该婚姻已破裂至无可挽救。但又规定了阻却事由及苛刻条款。

（1）如果婚姻一方知道被告与人通奸后仍与其连续或断续共同生活，同居时间总计超过6个月的，该方则丧失以对方通奸的事实请求离婚。[②] 因为，法院可因此认为原告并未因被告与他人通奸而无法忍受，也可因此假定双方已经谅解。

（2）如呈请人指称因答辩人的行为而无法合理期望呈请人与其共同生活，如有证据证明呈请人与答辩人双方仍然共同生活，而且共同生活的期间或该期间总计为6个月或少于6个月，不认为是无法合理期望与呈请人共同生活。凡呈请人指称因答辩人的行为而无法合理期望呈请人与其共同生活，但在呈请人所依赖并获法院裁定为可支持呈请人指称的最后事件发生当日后的一段或多于一段的期间，婚姻双方仍然共同生活，如该段期间或该等期间总计为6个月或少于6个月，则为施行第11A（2）（b）条而裁定是否无法合

---

① 遗弃的构成条件是：夫妻双方处于分居状态；遗弃一方故意所为；被遗弃方不同意此分居；遗弃一方无合理理由不与对方同居。构成遗弃的分居的关键是一方有意识的遗弃、冷落另一方。

② 香港《婚姻诉讼条例》第15A条。

理期望呈请人与答辩人共同生活时，该事实不得列入考虑。[①]

(3) 如果呈请人以在提出离婚呈请前，婚姻双方最少已连续分居1年而提出离婚的，如法庭认为判令离婚将使对方陷入严重经济困境或其他严重困境，则法庭必须驳回该呈请。根据该条例第15B条的规定，即使该离婚理由成立，被告亦可以解除婚姻将令其陷入严重经济困境或其他严重困境，和在所有情况下解除婚姻均属不当为理由，反对批出暂准判令。这时，法庭必须考虑婚姻双方的年龄、健康、行为、谋生能力、经济来源、双方的利益和子女的利益及其他有关人利益等一切所谓的环境情况。如果法庭认为判令离婚将使对方陷入严重经济困境或其他严重困境，且在所有情况下解除婚姻均属不当，则法庭必须驳回原告的离婚请求。同时，该条例第15B条还对困境作出了解释，即“困境包括失去取得任何利益的机会，而该利益是该宗婚姻若未解除则答辩人可能会取得的”。此即苛刻条款的规定。

(4) 在提出离婚呈请前，婚姻双方最少已连续分居满2年。即只要双方已连续分居2年以上，即使一方仍不同意离婚，亦可推定其婚姻已无可挽救的破裂。但是，以该事实为理由请求离婚，被告仍可以提出反对颁发暂准离婚判令的要求。如果法庭认为判令离婚会使对方陷入经济的或其他方面的严重困难，则可以驳回原告的离婚请求。[②]

(5) 原告在提出离婚呈请前至少已连续1年遭被告遗弃。第15A条规定遗弃期具有连续性。如果遗弃期内双方又连续或断续地共同生活，只有该共同生活期总计不超过6个月时，法庭才会将其从遗弃期中扣除。

---

① 香港《婚姻诉讼条例》第15A条。

② 香港《婚姻诉讼条例》第15A条规定，为施行本条而考虑婚姻双方分开居住的期间是否为连续时，双方恢复共同生活的任何一段或多于一段总计不超过6个月的期间，不得列入考虑，但双方共同生活的任何期间，均不得计算为婚姻双方分开居住期间的一部分。

（三）澳门诉讼离婚理由的立法概况

1．诉讼离婚理由的立法结构与立法模式

澳门有专门的民法典，其诉讼离婚法定理由规定在《澳门民法典》[5]第四卷“亲属法”中，在该卷的第2编第11章“离婚”的第3节中第1635～1640条专门对诉讼离婚理由进行规定。在立法结构上，澳门立法，首先规定“婚姻破裂到无可挽救”是判决准予离婚的法定理由，然后对认定婚姻破裂到无可挽救的法定情形作出了规定，最后还对阻却事由作出规定。在立法模式上，是兼采概括主义和列举主义立法模式。其诉讼离婚的法定理由有二：一是一方的过错属于违反夫妻义务；二是夫妻共同生活被破坏。针对前者，该法未规定具体的法定情形，为概括主义立法；针对后者，该法规定了三种具体的法定情形，为列举主义立法。

2．诉讼离婚理由的立法原则

对诉讼离婚理由，澳门采取破裂原则。其诉讼离婚的法定理由有二：一是一方的过错属于违反夫妻义务且严重地导致不可能继续共同生活的；二是夫妻共同生活被破坏的。

3．诉讼离婚理由的立法内容

关于诉讼离婚理由的具体规定及其认定的法定情形，根据该法典第1635～1640条的规定，诉讼离婚理由的具体规定分为以下两种：

（1）一方的过错违反夫妻义务。根据第1635条的规定，夫妻任一方均得因他方在有过错下违反夫妻义务，且该违反之严重性或重复性导致不可能继续共同生活，而声请离婚。

（2）夫妻共同生活被破坏。根据第1637条的规定，诉讼离婚理由还包括夫妻共同生活被破坏。认定夫妻共同生活被破坏的法定情形包括：第一，事实分居连续2年；① 第二，一方失踪且音讯全无满3年；第三，对方之精神能力发生变化逾3年，且因其严重性

① 何为事实分居，该“法典”第1638条规定，夫妻双方不共同生活，且双方或者一方具有不再共同生活之意图时，视为事实分居。

导致不可能继续共同生活。

4．诉讼离婚理由的阻却事由

根据该法典第1636条的规定，如果夫妻一方有下列情况之一，则不能获准离婚：第一，曾唆使对方作出被其援引作为请求离婚理由的事实；第二，曾故意制造有利于该事实发生的状况；第三，在发生有关事实后，从其本身的行为，尤其透过明示或默示的原谅，表现出其不认为对方作出的事实会妨碍共同生活的。

（四）台湾诉讼离婚理由的“立法”概况

1．诉讼离婚理由的“立法”结构与“立法”模式

对于诉讼离婚理由，台湾“民法”[6]第四编“亲属”的第2章第五节“离婚”中第1052～1054条对其予以规定。在“立法”结构上，首先规定判决准予离婚之法定事由，然后规定阻却离婚的法定事由。在“立法”模式上，采取例示主义的立法模式。首先规定向法院提出诉讼离婚的十种法定理由，然后概括规定因前十项法定理由之外的重大事由，难以维持婚姻者，夫妻一方得请求离婚。

2．诉讼离婚理由的“立法”原则

对诉讼离婚事由的“立法”原则，台湾兼采过错原则和破裂原则。其“立法”列举了十种法定情形，其中有七种均属于有过错的情形。同时又规定“有前项以外之重大事由，难以维持婚姻者，夫妻一方得请求离婚”。此为无过错的情形。“其事由应由夫妻一方负责者，仅他方得请求离婚。”此为限制过错方离婚请求权。

3．诉讼离婚理由的“立法”内容

关于诉讼离婚理由的具体规定及其认定的法定情形，根据2007年5月台湾地区修正后的“民法亲属编”第1052条的规定，夫妻之一方，可以向法院请求离婚的情形是：重婚；与配偶以外之人合意性交；夫妻之一方受他方不堪同居之虐待；夫妻之一方对于他方之直系尊亲属为虐待，或受他方之直系尊亲属之虐待，致不堪为共同生活；夫妻一方以恶意遗弃他方在继续状态中；夫妻一方意图杀害他方；有不治之恶疾；有重大不治之精神病；生死不明已逾

3年；因故意犯罪，经判处有期徒刑逾6个月确定。有前十项以外之重大事由，难以维持婚姻者，夫妻一方得请求离婚。但其事由应由夫妻一方负责者，仅他方得请求离婚。

4. 诉讼离婚事由的阻却事由

根据该法第1053～1054条的规定，如有法定事由出现，婚姻当事人丧失离婚请求权。第一，因配偶一方重婚或与配偶以外的人合意性交，而享有离婚请求权的一方于事前同意、事后宥恕或知悉后已逾6个月或自其事情发生后已逾2年的，其离婚请求权消灭，不得再以该理由向法院请求判决离婚。第二，因夫妻一方意图杀害他方或因故意犯罪，经判处有期徒刑逾6个月确定的，有请求权之一方，自知悉后已逾1年，或自其情事发生后已逾5年者，不得请求离婚。

二、当代中国内地与港、澳、台诉讼离婚理由之比较评析

在前述对中国内地与港、澳、台四法域之诉讼离婚理由阐述的基础上，以下我们对四法域诉讼离婚法定理由进行比较评析。

（一）诉讼离婚法定理由的立法结构与立法模式之比较评析

对诉讼离婚法定理由的立法结构，内地将其集中规定在《婚姻法》第4章“离婚”第32条中，但没有规定阻却离婚的事由；香港将其规定在《婚姻诉讼条例》中，将离婚分为离婚申请和离婚呈请，对这两种情形下的诉讼离婚规定了不同的法定理由，并且针对不同的离婚理由分别规定了不同的阻却事由；澳门将其集中规定在《澳门民法典》第四卷亲属法中，其离婚理由分为两种：一方的过错违反夫妻义务与夫妻共同生活被破坏，并且规定了离婚的阻却事由；台湾也将其集中规定在“民法亲属编”中，在对离婚理由进行列举规定后，并规定了离婚的阻却事由。可见，对诉讼离婚的法定理由，内地与港、澳、台四法域立法结构的共同点是，将其或规定在单行法或规定在民法亲属编中。四法域立法的不同点是港、澳、台三地区的立法结构相似，即先规定离婚的法定理由，再

规定离婚的阻却事由；而内地立法与三地区不同，其仅规定有离婚的法定理由，而未规定离婚的阻却事由。

对诉讼离婚法定理由的立法模式，内地与台湾地区的立法有同有异，两地立法共同点是，都采取例示主义的立法模式；两地立法的不同点是，内地首先概括性规定“夫妻感情确已破裂”为判决准予离婚理由，然后仅列举了四项认定“夫妻感情确已破裂”的法定情形，最后以其他导致夫妻感情破裂的情形作为兜底条款。台湾首先列举诉讼离婚的十种法定情形，然后概括地规定“有其他重大事由使婚姻难以维持的，也可请求离婚”作为兜底条款。对诉讼离婚法定理由，港澳两地立法与内地和台湾两地立法的差异较大，香港采列举主义的立法模式，其以“婚姻破裂至无法挽救”作为概括性离婚理由，同时又规定了五种法定情形作为这一概括性离婚理由的认定依据；澳门则兼采概括主义和列举主义立法模式，其诉讼离婚理由有二：一是一方的过错属于违反夫妻义务；二是夫妻共同生活被破坏。对前者未列举具体法定情形，属于概括主义立法；对后者规定了三种具体法定情形，但无兜底条款，属于列举主义立法。

我们认为，对诉讼离婚的法定理由，香港、澳门两地区采取列举主义立法模式，其优点是可操作性强，但其不足是将离婚理由严格限制在列举的情形之内，过于僵化，不能反映多样化的离婚原因，有可能妨碍离婚自由的实现。同时澳门还采概括主义立法模式，其优点是具有灵活性，能克服列举主义过于僵化的弊端，但其给法官“自由心证”的弹性较大，可能发生执法不一的弊端。而内地和台湾地区采取例示主义的模式，既能扬列举主义和概括主义之长，又能避两者之短，使诉讼离婚的法定理由简明、认定情形具体且又有兜底条款而不死板，灵活性与可操作性相统一，更为科学。

(二) 诉讼离婚理由的立法原则之比较评析

对诉讼离婚法定理由的立法原则，内地与港、澳、台四法域的共同点是，均采取破裂原则。四法域的不同点是：内地与香港、澳门地区没有兼采过错原则，而台湾地区则兼采过错原则。此外，内地和台湾地区还兼采目的原则。①

在内地，以“夫妻感情确已破裂”作为判决准予离婚的法定事由，虽然认定“夫妻感情确已破裂”的五种法定情形中，前三种均为有过错的情形，但并非只要有这三项过错情形的就应当准予离婚，而是必须经调解和好无效的，人民法院才能认定为“夫妻感情确已破裂”而判决离婚。并且对有过错方的离婚诉权也无任何限制。所以，内地实质上是采取的单一的破裂主义原则，而非兼采过错主义原则。此外，内地还新设了一个目的原则的离婚理由，即一方被宣告失踪，另一方提起离婚诉讼的，应准予离婚。所以，内地是采破裂原则为主，兼采目的原则。

在香港地区，以“婚姻破裂至无可挽救”作为唯一的判决准予离婚的法定理由，并以法定的五种情形作为认定“婚姻破裂至无可挽救”的依据。在这五种法定情形中，虽有三种情形都属于夫妻一方有过错，但这些过错必须导致他方无法与其共同生活的，才能被认定为“婚姻破裂至无可挽救”。同时该法还规定了提出离婚的阻却事由，并非仅具有法定的过错情形就准予离婚。并且对有过错方的离婚诉权也无任何限制。而其余两种情形包括分居持续1年双方同意离婚的、分居连续2年一方要求离婚的，作为认定“婚姻破裂至无可挽救”的客观依据。所以，香港实质上是采取的单一的破裂原则，而未兼采过错原则。

在澳门地区，以“一方的过错违反夫妻义务，不可能继续共同生活的”或“夫妻共同生活被破坏的”作为判决准予离婚的两种法定理由。在这两种法定理由中，第一种法定理由虽为夫妻一方有违反夫妻义务的过错，但必须严重地导致“不可能继续共同生活的”才能准予离婚。也就是说，并非只要夫妻一方有违反夫妻义务过错的就应当准予离婚，并且对有过错方的离婚诉权也无任何

① 对四法域采取破裂主义原则、台湾还采过错主义原则以及内地、台湾兼采目的主义原则的具体立法内容，详见后面对四法域诉讼离婚理由的立法内容之阐述。

限制。同时还以夫妻他方的原谅、教唆等作为提出离婚的阻却事由。所以，我们认为这两种理由应当都属于破裂原则的体现。

在台湾地区，对准予离婚的法定事由列举了十种法定情形，其中有七种均为有责的过错，并未规定必须因这些过错导致“婚姻破裂至无可挽救”的，且其还规定“其事由应由夫妻一方负责者，仅他方得请求离婚”。即限制过错方的离婚请求权。这些都体现了过错原则。至于其余的三种法定情形，则体现了目的原则。此外，其还规定“有前项以外之重大事由，难以维持婚姻者，夫妻一方得请求离婚”。这体现了破裂原则。所以，我们认为，台湾地区是采过错原则为主、兼采目的原则和破裂原则。

我们认为，为尊重婚姻生活共同体的本质要求，应当根据婚姻关系是否破裂而不能挽回或共同生活能否继续维持，来决定是否应当准予离婚；为尊重婚姻当事人的婚姻自由权利，无论当事人是否有过错，法律均应赋予其离婚请求权，故不宜采取过错原则。在当今世界，对诉讼离婚理由，采取破裂原则已成为离婚法定理由立法的主流趋势。因此，内地《婚姻法》采取破裂原则是科学的、合理的。并且，从保障实现婚姻家庭的功能出发，内地兼采目的原则，也是符合实际的。

（三）诉讼离婚理由的立法内容之比较评析

从诉讼离婚理由的立法内容看，内地以“夫妻感情确已破裂”作为判决准予离婚的法定理由。同时还具体规定了认定“夫妻感情确已破裂”的五种法定情形，重婚或有配偶与他人同居的；实施家庭暴力或虐待、遗弃家庭成员的；有赌博、吸毒等恶习屡教不改的；因感情不和分居满 2 年的；其他导致夫妻感情破裂的。其中，前三种情形均为一方有过错，但必须经调解和好无效的，才能被认定为“夫妻感情确已破裂”，故仍属于破裂主义立法。此外，还规定一方被宣告失踪的应当准予他方的离婚请求，此属于体现目的原则的立法。

香港以“婚姻已破裂至无可挽救”作为诉讼离婚的法定理由，认定“婚姻已破裂至无可挽救”的法定事实有五种：（1）一方通奸致他方无法与其共同生活的；(2) 因一方的行为而无法合理期望他方与其共同生活的；(3) 夫妻分居连续 1 年且双方同意离婚的；(4) 夫妻分居连续 2 年的；(5) 一方遗弃他方连续 1 年的。其中，第一、二、五种情形虽均为一方有过错，但必须导致"无法与其共同生活"，才能被视为"婚姻已破裂至无可挽救"；而第三、四种情形均作为认定"婚姻已破裂至无可挽救"的客观依据，因此其属于体现破裂原则的立法。

澳门诉讼离婚理由的具体规定是"不可能继续共同生活的"和"夫妻共同生活被破坏的"，其认定分为两种法定情形：一是一方的过错违反夫妻义务，且该过错严重地导致他方不可能继续共同生活的；二是夫妻共同生活被破坏的，包括事实分居连续 2 年的、一方失踪且音讯全无满 3 年的、对方之精神能力发生变化逾 3 年而导致不可能继续共同生活的。其中，第一种情形虽为一方有过错，但且该过错须严重地"导致不可能继续共同生活的"，而第二种情形所列举的三个法定事实均是作为认定"夫妻共同生活被破坏的"客观依据，所以其属于体现破裂原则的立法。

台湾诉讼离婚理由的具体规定为，夫妻之一方，可以向法院请求离婚的情形有十种，其中有七种包括重婚的；与配偶以外之人合意性交的；受他方不堪同居之虐待的等，属于一方有过错，导致他方要求离婚。此属于体现过错原则的立法。其余三种法定情形包括：有不治之恶疾；有重大不治之精神病；生死不明已逾 3 年，这些均属于体现目的原则的立法。至于有前十项以外之重大事由，难以维持婚姻者，夫妻一方得请求离婚。此属于体现破裂原则的立法。但其事由应由夫妻一方负责者，仅他方得请求离婚。此对过错方离婚请求权的限制，属于体现过错原则的立法。

由上述可见，从内地与港、澳、台四法域对诉讼离婚理由立法内容的具体规定看，既有共性，也有差异。其共同点是，内地与港、澳、台地区均采取破裂原则立法。其不同点是，台湾还兼采过错原则"立法"，内地与台湾还兼采目的原则立法。我们认为，内地对于诉讼离婚理由的立法，采取破裂原则为主，兼采目的原则，这是较为科学、合理的。如果因夫妻一方有过错就限制其离婚请求权，这是违反婚姻自由原则的，是不可取的。然而，内地将“夫妻感情确已破裂”作为离婚的法定理由却是欠科学的。正如学者指出的，离婚法的调整对象应当是婚姻关系，而不是夫妻感情。并且夫妻感情作为当事人内心的感受是比较复杂的，法院往往难以识别和判断，采用“感情破裂主义”会降低法定离婚理由在司法实践中的可操作性。因此，应当以“婚姻关系确已破裂”作为判决准予离婚的法定条件，这才是科学、合理的。目前，世界上有不少国家都以“婚姻关系确已破裂”（或婚姻关系破裂而无可挽救）作为判决准予离婚的法定条件。[7]所以，香港的“婚姻破裂至无可挽救”的立法值得内地借鉴。

（四）诉讼离婚理由之阻却事由及苛刻条款之比较评析

对诉讼离婚理由，在内地与港、澳、台四法域，除内地未规定阻却事由外，其他三地区均规定有或多或少的阻却事由，其中，香港的规定最为详细，其针对不同的离婚情形规定了不同的阻却事由，包括超过提起诉讼的法定期间、享有诉权一方的原谅等。并且，香港还规定了法院不准予离婚的苛刻条款。其规定“如果法庭认为判令离婚将使对方陷入严重经济困境或其他严重困境，且在所有情况下解除婚姻均属不当，则法庭必须驳回原告的离婚请求”。只要其存在苛刻条款之情形，法院有自由裁量权，就可拒绝申请人的离婚请求。在澳门地区，对诉讼离婚，除以原谅作为提出离婚的阻却事由外，还以一方曾唆使对方作出被其援引作为请求离婚理由的事实、一方曾故意制造有利于该事实发生的状况作为阻却事由。台湾地区则将事前同意、事后宥恕、超过诉讼期限作为丧失离婚请求权的法定情形，即阻却离婚的事由。

我们认为，内地立法可借鉴港、澳、台三地区的立法经验，增设提出离婚的阻却事由及苛刻条款的规定，可将超过诉讼期限、宥恕等作为阻却离婚的法定事由。这对于分清责任，伸张正义，维护合法婚姻严肃性，防止轻率离婚，具有重要的意义。并且，将离婚可能导致夫妻他方或未成年子女陷入严重经济困境或其他严重困境的，作为法院判决不准予离婚的苛刻条款，以体现儿童最大利益原则和保护弱者利益原则的要求。

三、当代中国内地诉讼离婚法定理由之不足及完善立法的建议

（一）中国内地诉讼离婚法定理由之不足

1. 诉讼离婚法定理由的立法结构欠合理

我国诉讼离婚法定理由在立法结构上以离婚诉讼发生发展的时间顺序进行制度安排，第32条第1款规定诉讼前调解程序，第2款规定了诉讼中调解程序，第32条第2款前半段规定了离婚诉讼的程序要求，后半段规定了离婚诉讼的实体标准，这种立法结构不利于突出实体法之离婚标准，冲淡了诉讼离婚法定理由的核心地位。[8]我们认为，鉴于诉讼离婚法定理由的重要性，应当设专门条文进行规定，以突出其重要地位。

2. 以“夫妻感情确已破裂”作为诉讼离婚的法律原则不科学

我们认为将夫妻感情确已破裂作为判决离婚的法律原则欠妥的理由在于：第一，夫妻感情属于意识形态范畴，不能作为法律调整的对象，且感情只能反映离婚的主观原因，不能反映客观原因。第二，内地《婚姻法》没有要求有感情的才能结婚，只要当事人符合结婚条件和法定程序，无论是否以感情为基础，都准予结婚，却将“感情确已破裂”作为是否准予离婚的唯一法定理由，这就造成了结婚时未规定必须要有感情，离婚时却强调感情的矛盾现象。第三，夫妻关系的内容并非仅是感情关系，还包括物质生活关系等，维系夫妻关系的不仅仅是感情。实际上并非只有夫妻感情破裂才是导致婚姻解体的唯一原因。第四，从本质上看婚姻是道德与法律、权利和义务相统一的伦理实体。婚姻一经缔结，当事人双方便产生对配偶、子女、老人及家庭的社会责任和法定义务，这既不是从感情中派生出来的，也不是以感情的有无和深浅为转移的。

3. 对诉讼离婚理由缺乏阻却事由及苛刻条款的限制

对诉讼离婚理由，设立阻却事由的限制，体现了民法的意思自

治原则和自己责任原则的要求。虽然已经认定符合法定的离婚理由，应当准予离婚，但如果离婚当事人一方起诉时已经超过离婚请求权的诉讼时效期间，或其对于他方的过错行为已经表示宽恕的，法律将这些情形作为阻却离婚的事由，可以体现对当事人宽恕意愿的尊重和稳定婚姻家庭关系的意旨。

在现代社会，基于尊重婚姻本质，维护当事人和社会的根本利益原则，绝大多数国家实行自由离婚主义。[9]法律在明确离婚法定理由的同时，基于对当事人利益及社会公共利益的维护，需要增加苛刻条款。[10]因为，离婚不仅涉及夫妻双方的利益，还涉及子女、家庭和社会的利益。基于兼顾个人利益与社会利益的需要，不少国家的自由离婚都不是绝对的，而是实行相对自由的离婚主义。对适用婚姻关系破裂原则规定了例外的苛刻条款。如《德国民法典》第1568条规定："即使婚姻已经破裂，在以下情形仍然不应离婚，即如果并且在此期间，为了该婚姻所产生的未成年子女的利益而存在特别的理由表明作为例外必须维持婚姻，或者如果并且在此期间，因为特殊的具体情况，对于拒绝离婚的申请相对人而言，离婚将成为如此严重的严酷状况，以至于即使考虑到申请人的利益仍然应当作为例外而维持婚姻。"[11]《日本民法典》第770条第2款规定："虽有前款第1项至第4项事由，而法院考虑有关情事，认为继续婚姻为适当时，可以驳回离婚请求。"[12]《法国民法典》第240条规定："如该一方配偶能证明，鉴于其本人的年龄与结婚时间，离婚对其本人与子女均会引起极为严重的物质上与精神上的后果，法官得驳回离婚申请。"[13]相对自由的离婚主义反映了现代社会稳定婚姻家庭关系的要求，体现了现代离婚法既保护请求离婚当事人的离婚自由，又兼顾保障他方配偶及子女利益的立法意旨。

（二）中国内地诉讼离婚理由的完善建议

1. 对诉讼离婚的法定理由设专条规定

我们认为，诉讼离婚的法定理由是判决离婚的核心内容，不应当将之与有关诉讼离婚的适用对象和程序等放在同一条文中加以规定，应当将诉讼离婚的法定理由单独规定为一条。这样使诉讼离婚的法定理由更为醒目，便于人们领会其立法本意。

2．对诉讼离婚理由以"婚姻关系确已破裂"取代"夫妻感情确已破裂"

如前所述，香港以"婚姻破裂到无可挽救"作为诉讼离婚的法定理由。在国外，当代世界上不少国家都把"婚姻关系无可挽回的破裂"作为诉讼准予离婚的法定条件。[14]因此，我们认为，内地可借鉴此立法经验，结合本地实际，以"婚姻关系确已破裂"取代"夫妻感情确已破裂"。即在《婚姻法》中规定：婚姻关系确已破裂，调解无效，应准予离婚。

3．对诉讼离婚理由增加阻却事由和苛刻条款的限制

建议在保留内地现行《婚姻法》列举的认定"婚姻关系确已破裂"的法定情形之后，增加规定以下阻却事由和苛刻条款：第一，在夫妻一方有过错的法定情形出现后，夫妻他方已经对此行为表示宽恕的，或夫妻双方继续共同生活已经2年以上的，不得将其作为提出离婚的理由。第二，在婚姻目的不能达到的法定情形出现时，如果对方婚前知晓或婚后予以谅解、宽恕的，其不能作为提出离婚的理由。第三，虽然有准予离婚的法定情形，但如果目前判决离婚将使夫妻他方或未成年子女的生活陷入严重困境或其他严重困境的，法院可以作为例外，判决不准予离婚。

参考文献

［1］宋豫、陈苇主编：《中国大陆与港、澳、台婚姻家庭法比较研究》，389页，重庆：重庆出版社，2002。

［2］陈苇主编：《婚姻家庭继承法学》，240~242页，群众出版社，2005。

［3］王丽萍主编：《婚姻家庭继承法学》，125页，北京：北京大学出版社，2004。

［4］香港《婚姻诉讼条例》，香港特别行政区人民政府律政司官方网站，http://translate.legislation.gov.hk/gb/www.legislation.gov.hk/09/chi/pdf.htm。访问日期：2010-07-20。

［5］中国政法大学澳门研究中心、澳门政府法律翻译办公室编：《澳门

民法典》，北京：中国政法大学出版社，1999。

［6］王泽鉴主编：《综合六大法精华版》，101 页，台湾：新学林出版股份有限公司，2006。

［7］张贤钰：《婚姻破裂原则应成为离婚的法定理由》，载李银河、马忆南主编：《婚姻法修改论争》，131～136 页，北京：光明日报出版社，1999；陈苇：《中国婚姻家庭法立法研究》，260～264 页，北京：群众出版社，2000。

［8］樊丽君：《中德离婚法定理由比较》，载《法律科学》，84 页，2005（5）。

［9］［10］［14］陈苇：《中国婚姻家庭法立法研究》，236、262、264～265 页，北京：群众出版社，2000。

［11］郑冲、贾红梅译：《德国民法典》，344 页，北京：法律出版社，2001。

［12］渠涛编译：《日本民法典》，163 页，北京：法律出版社，2006。

［13］罗结珍译：《法国民法典》，80 页，北京：中国法制出版社，1999。

当代中国内地与港、澳、台人工生殖立法比较研究*

朱　凡**

目　次

人工生殖技术①改变了人类自然生育的单一模式，作为重大科技进步，给广大患有不孕不育疾病的人带来福音。自然科学的创新和进步，在带来积极社会价值的同时，也引发了若干法律问题。一方面，由于"生殖过程被分割为供卵、供精、受精、移植、妊娠、分娩及抚育等若干互不相属的阶段"，[1] 分别由不同的人完成，子女可能存在遗传学意义上、生物学意义上以及社会学意义上的多个

---

* 本文为司法部"2009 年度国家法治与法学理论研究项目"之专项任务项目："当代中国内地与港、澳、台婚姻家庭法比较研究"（09SFB5019）的阶段性成果。

** 朱凡，女，法学博士，西南政法大学副教授、硕士生导师。

① 人工生殖技术，通常包括人工授精、体外授精—胚胎移植、代孕及无性生殖技术。对人工生殖技术的称谓，我国内地和港、澳、台地区有所不同，内地《人类辅助生殖技术管理办法》称之为"人类辅助生殖技术"，香港《人类生殖科技条例》称之为"生殖科技程序"，《澳门民法典》称之为"医学辅助生育"，台湾"人工生殖法"称之为"人工生殖"。本文称之为"人工生殖技术"。

父母，在传统亲子法领域引起了父母子女身份关系确认的问题。另一方面，人工生殖技术带来生育的若干可能性，如果不加规制地滥用，将对社会伦理道德造成强烈冲击，侵害人权及人类尊严。在我国，内地、香港、澳门和台湾四法域均针对人工生殖中的法律问题予以立法规制，以确保人工生殖技术的合理运用，保障人工生殖过程中各方主体的法律权益。本文拟比较研究我国内地和香港、澳门和台湾地区的人工生殖立法，以期从内地实际出发，借鉴港、澳、台有益的立法经验，提出完善内地立法的建议。

一、当代中国内地及港、澳、台人工生殖立法的现状

（一）中国内地人工生殖立法的现状

我国内地的卫生行政管理部门主管人工生殖技术的运用，卫生部颁布多个规章对人工生殖技术的实施机构和实施程序等进行规制。2001 年 2 月 20 日，我国卫生部以第 14 号和第 15 号部长令颁布了《人类辅助生殖技术管理办法》和《人类精子库管理办法》，同年 5 月 14 日以卫科教发〔2001〕143 号发布了《人类辅助生殖技术规范》、《人类精子库基本标准》、《人类精子库技术规范》和《实施人类辅助生殖技术的伦理原则》。[①] 限于立法权限，我国内地卫生部的上述规章和规范以行政管理的方式调整人工生殖技术的实施，管理对象为人工生殖技术的实施主体和实施行为。

1. 实施人工生殖技术的伦理原则

内地卫生部 2003 年修订的《人类辅助生殖技术和人类精子库伦理原则》，对实施人工生殖技术所须遵守的伦理原则作出明确规定。[②] 除此之外，根据《人类辅助生殖技术规范》“实施技术人员的行为准则”的要求，伦理原则还包括：禁止将异种配子和胚胎

① 内地卫生部于 2003 年 6 月 27 日对上述技术规范、基本标准和伦理原则进行了修订，对人类辅助生殖技术的实施提出了进一步的技术和伦理要求。

② 具体伦理原则包括：有利于患者的原则、知情同意的原则、保护后代的原则、社会公益原则、保密原则、严防商业化的原则以及伦理监督的原则。

用于人工生殖技术；禁止以生殖为目的对人类配子、合子和胚胎进行基因操作；禁止实施近亲间的精子和卵子结合；禁止开展人类嵌合体胚胎试验研究；禁止克隆人等。

2. 实施人类生殖技术的法律原则

根据《人类辅助生殖技术管理办法》第3条，我国内地实施人工生殖技术应符合如下原则：第一，人工生殖技术是治疗不育症的医疗手段，因此只有为治疗的目的方可实施。第二，人工生殖技术的实施受卫生行政部门监管，只有获得批准的医疗机构可以实施；而允许医疗机构实施的人工生殖技术只包括：体外受精—胚胎移植及其衍生技术和人工授精两大类。[①] 第三，实施人工生殖技术必须符合国家计划生育政策。[②] 医疗机构只能对夫妻提供人工生殖技术服务，不得利用人工生殖技术进行非医学需要的性别选择。第四，禁止对配子、合子及胚胎的商业买卖。第五，保密原则，医疗机构和医务人员须对捐赠者和受赠者的有关信息保密。第六，禁止实施代孕技术。“因为这种代孕技术的实施可能对社会、对伦理道德都会产生非常大的影响，而且它与现行的法律法规和社会道德相违背。”[③] 卫生部的态度明确而坚决：“医疗机构和医务人员不得实施任何形式的代孕技术”，如有违反，则面临警告、罚款直至刑事处罚。[④]

3. 人工生殖产生的亲子关系

在内地，现行《婚姻法》对人工生殖而产生的亲子关系立法呈空白。但卫生部的相关文件中规定，受术夫妇是利用人工生殖技

---

① 内地2003年10月1日施行的卫生部《人类辅助生殖技术规范》。

② 在内地，为避免违反计划生育政策，《人类辅助生殖技术规范》要求实施胚胎移植手术时，每周期移植胚胎总数不得超过3个（其中35岁以下妇女第一次助孕周期移植胚胎数不得超过2个）；对于多胎妊娠必须实施减胎术，避免双胎，严禁三胎和三胎以上的妊娠分娩。

③ 内地卫生部新闻发言人毛群安在新闻发布会所言，参见卫生部网站《2006年4月10日卫生部例行新闻发布会内容实录》，访问网址：http://www.moh.gov.cn/publicfiles/business/htmlfiles/wsb/pxwfb/200804/28092.htm，访问日期：2010-06-10。

④ 参见《人类辅助生殖技术管理办法》第3、22条。

术所生育子女的父母亲，负有对子女抚养、监护等职责，而配子的捐赠者对出生的后代既无任何权利，亦无任何义务。[①] 其作为实质意义的婚姻法之内容，应当具有法律效力。但由于父母子女身份关系的确定属于基本民事制度，现行《婚姻法》此方面立法的空白，不利于指导和规范婚姻家庭当事人的相关行为。而今，对此问题的规定在“司法解释”上已有建树。1991 年 7 月 8 日，最高人民法院在《关于夫妻关系存续期间以人工授精所生子女的法律地位的复函》中确定了如下司法原则：同意妻子接受人工授精技术生育的丈夫，是因此而孕育的子女的父亲，而不论妻子孕育的受精卵或胚胎所需之生殖细胞是否由其提供。[②]

（二）中国香港地区人工生殖立法的现状

在我国香港地区，通过1993 年《父母与子女条例》及2000 年《人类生殖科技条例》调整人工生殖行为。前者主要调整亲子关系的确定，后者主要调整人类生殖技术的适用规范。香港地区关于人工生殖之立法主要包括：

1. 实施人工生殖技术的伦理原则

根据社会伦理要求，香港立法禁止在人类生殖科技应用中的如下行为：其一，禁止任何人为“胚胎研究的目的”而促成胚胎的制造。其二，禁止任何人保留或使用已出现原痕的胚胎。其三，禁止将人类及非人类配子或胚胎或其任何部分结合以形成双细胞合子，或将非人类配子或胚胎或其任何部分放置于人体内，或将人类配子或胚胎或其任何部分放置于动物体内，或将胚胎的细胞核以取自其他细胞的细胞核取代。其四，禁止将胚胎进行无性繁殖。其

---

① 关于受术夫妇是子女的父母亲、捐赠人不承担对出生后代的任何义务的说法，规定在卫生部《实施人类辅助生殖技术的伦理原则》中。

② 1991 年 7 月 8 日，内地最高人民法院《关于夫妻关系存续期间以人工授精所生子女的法律地位的复函》称：“在夫妻关系存续期间，双方一致同意进行人工授精，所生子女应视为夫妻双方的婚生子女，父母子女之间权利义务关系适用《婚姻法》的有关规定。”该批复系针对一起离婚案件中丈夫患无精症而采取的异质人工授精所生育子女的抚养问题作出。

五，禁止为生殖科技程序的目的而保留或使用胎儿的卵巢组织或睾丸组织等。①

2. 实施人类生殖技术的法律原则

其一，禁止无牌照的人类生殖技术活动，人类生殖科技管理局是牌照管理机构。其二，禁止性别选择，但基于避免伴性遗传疾病的医学原因除外。其三，禁止向非属婚姻双方的人士提供生殖技术服务，法律另有规定除外。② 其四，禁止某些商业交易，如禁止配子或胚胎或胎儿的卵巢组织或睾丸组织的商业交易等。③ 其五，保密原则，人类生殖科技管理局备存了人工生殖技术实施资料，但除非符合法律规定的条件，不得披露。其六，允许符合法定条件的代孕活动。香港地区是我国四法域中唯一承认特定条件下的代孕活动合法，并立法规范代孕所生子女如何确定亲子关系的法域。根据香港《父母与子女条例》和《人类生殖科技条例》，代孕作为治疗不育症的手段，在符合如下条件时其合法性得到认可：第一，代孕母亲④只能使用夫妻双方的配子。第二，提供配子的夫妻必须已经与代孕母亲达成"代母安排"⑤ ——由代孕母亲通过生殖科技程序怀

① 参见香港《人类生殖科技条例》第15条。

② 在香港，与1993年的《父母与子女条例》相比，2000年《人类生殖科技条例》在人工生殖技术的运用上管制更加严格，如前者认可代母安排中提供配子的可以只是夫妻中的一方，但后者则禁止在代母安排中使用捐赠的配子，即形成胚胎的配子应由夫妻双方提供。

③ 2000年11月17日，香港2000年第327号法律公告《人类生殖科技条例》（由2002年第106号法律公告修订，由2007年第130号法律公告修订）第13、15、16、17条。

④ "代孕母亲"（surrogate mother），也称"代母"，是指符合以下情况的女性：依据一项安排而怀有孩子（怀有的孩子是凭借生殖科技程序而成胎的），而该项安排是在开始怀有该孩子前作出的；并且该项安排的出发点是将依据该项安排而怀有的孩子交予其他人士，并由该等人士在切实可行的范围内行使作为父母的权利。参见《人类生殖科技条例》第2条。

⑤ "代母安排"（surrogacy arrangement），是指关于一名女性的安排，而该名女性如依据该项安排怀有孩子，便会凭借该项安排而成为代母。参见《人类生殖科技条例》第2条。

孕，所生育的子女交予该夫妻，由该夫妻行使作为父母的权利。但法律不认可代母安排的强制执行效力。第三，禁止商业性质的代母安排，但对因生殖科技程序的运用而合理招致的费用作出补偿的不在此限。①

3. 人工生殖产生的亲子关系

对人工生殖技术所生育子女的双亲确认，根据1993年香港《父母与子女条例》规定，一般认为：怀孕生育子女的女性是子女的母亲；② 被确定为母亲的女性在受孕时的配偶（或共同接受助孕服务的男性伴侣）为子女的父亲；但在异质人工授精或异质胚胎移植③的情况下，如其配偶不同意该医疗助孕措施的实施，则该配偶不能被认定为父亲。代孕的情形下，代母安排中的夫妻不能直接依代孕协议成为子女的父母，必须申请法院发出"供应配子的人获判定为父母的命令"。④ 根据《父母与子女条例》，代母安排中提供配子的夫妻，可以在代孕母亲依据代母安排生育子女后的6个月内向法院提出申请，法院可根据情况发出"供应配子的人获判定为父母的命令"，判该子女在法律上被视为该夫妻双方的子女。关于死后生殖的问题，香港法认为，男子的精子或由其精子而受胎的胚胎在其死亡之后才被使用的，则该男子不能被视为继承法上的父亲。而关于配子捐赠者的法律地位，立法明确规定捐赠者不会仅仅

---

① 所谓"禁止商业性质的代母安排"，主要是禁止任何人从以下事项中获取收益：提出或参与任何以作出代母安排为出发点的商议；要约或同意商议作出代母安排；以将资料使用于作出或商议作出代母安排为出发点，而搜集该资料。同时禁止任何人安排公布或分发，或明知而公布或分发关于代母安排的广告。《人类生殖科技条例》第17条。

② 1993年香港《父母与子女条例》（第429章）第9条："（1）任何正在或曾经怀有子女的女子，若是因胚胎或精子和卵子被放置其体内而怀孕的，则除她以外，别无其他女子被视为该子女的母亲。（2）若任何子女因被领养而被视为只属其领养父母的子女，则在此程度上，第（1）款对其并不适用。（3）不论该女子在胚胎或精子和卵子放置于其体内时是否身在香港，第（1）款一概适用。"

③ 即女性受孕并未使用其配偶的精子或由其配偶精子形成的胚胎。

④ "供应配子的人获判定为父母的命令"来源于《父母与子女条例》第12条，申请人在向法院申请上述命令时均需年满18周岁，夫或妻必须以香港为其居籍，或者在提出申请及发出命令当日之前的1年期间一直惯常居于香港，或与香港有密切联系。

因为捐赠配子而被认定为父母亲。①

（三）中国澳门地区人工生殖立法的现状

在我国澳门地区，通过《民法典》规定的"母亲身份及父亲身份之确立"、"辅助生育"的相关条文，以及1999年12月13日的第111/99/M号法令《设立在生物学及医学应用方面保障人权及人类尊严之法律制度》② 调整人工生殖行为。[2] 该《民法典》第四卷第三编第一章第二节"母亲身份及父亲身份之确立"以及第三节"辅助生育"对利用医学辅助生育技术生育子女的亲子关系确定以及代孕合法性作出规定。

1. 实施人工生殖技术的伦理原则

澳门第111/99/M号法令是以"在生物学及医学应用方面保护人类之尊严及身份，并保证不带歧视地尊重所有人之完整性及其他基本权利与自由"为目的的法律，规定了医学辅助生育技术运用的主要伦理原则：③ 第一，禁止利用无性生殖技术复制人类；第二，禁止为研究目的培育人类胚胎；第三，禁止非医疗目的改变后代基因组等。④

2. 实施人类生殖技术的法律原则

其一，保密原则。与孩子之医学辅助生育有关人士的姓名资料必须保密（法律另有规定除外）。⑤ 其二，禁止利用医学辅助生育技术选择性别，但为防止严重遗传病的除外。其三，禁止将人的整体或者人的部分作为利润的来源。⑥ 其四，代孕合同无效。《澳门

① 参见1993年香港《父母与子女条例》（第429章）第10条。

② 《设立在生物学及医学应用方面保障人权及人类尊严之法律制度》即根据欧洲理事会于1997年4月4日通过的《在生物学及医学应用方面保障人权及人类尊严公约》而订立。公约提出了在生物医学方面保护人类之一般原则：尊重人权，保障人身的完整（不受侵犯），肯定生物医学应用的公共责任，禁止所有有关人体及器官的商业性协定，禁止各种形式的歧视。

③ 参见我国澳门地区第111/99/M号法令第1条。

④ 参见我国澳门地区第111/99/M号法令第12、17、18条。

⑤ 参见《澳门民法典》第1727条。

⑥ 参见我国澳门地区第111/99/M号法令第13、19条。

民法典》第 1726 条（为第三人生育或妊娠之协议）直接规定："任何为第三人生育或妊娠之协议均属无效。"但澳门法律并未禁止为非商业性的代孕实施医学辅助生育技术，订立代孕协议的双方虽不可依协议强制对方履行协议，但在自愿履行的情况下，代孕母亲可以通过收养将子女的亲权转移给不孕的夫妇。

3. 人工生殖产生的亲子关系

在澳门，依照《民法典》有关亲子关系确定的一般准则，分娩子女的女性是子女的母亲，而该母亲的丈夫推定为该子女的父亲。① 在人工生殖生育情形下，若子女母亲的丈夫不同意进行人工生殖生育，或子女并非从其所同意进行的人工生殖生育而出生，则被推定为父亲的人可以提出父亲身份的异议。上述规定，对事实婚姻的伴侣也适用。与我国香港的立法相同，对于死后生殖及捐赠者的法律地位，澳门法律规定在提供生育物质的人死后才使用其生育物质而生育子女，已故的人不能成为子女继承法上的父母；而生育物质的捐赠人并不因其捐赠行为而与子女产生亲子关系。②

（四）中国台湾地区人工生殖"立法"的现状

在人工生殖技术实施的早期，我国台湾地区仅将其视为普通医疗行为，并未特别管制。1986 年台湾地区"卫生署"出台了立场保守的"人工生殖技术伦理指导纲领"，[3] 认为人工生殖技术在使用目的上应严格控制在不孕症的治疗上，而代孕技术的事实则被原则禁止。③ 1994 年台湾地区"卫生署"又颁布了"人工协助生殖技术管理办法"，对人工生殖技术的实施主体、受术对象等作出规定。至 2007 年 3 月，我国台湾地区出台"人工生殖法"，调整人

① 《澳门民法典》第 1657 条（分娩之重要性、法律推定及确认）："一、母亲与子女之亲子关系因出生之事实而产生，并按照第 1658 条至第 1684 条之规定而确立。二、推定母亲之丈夫为孩子之父亲；如属非在婚姻关系中所产生之亲子关系，则父亲身份须透过确认而确立。"

② 参见《澳门民法典》第 1723 ~ 1728 条。

③ "人工生殖技术伦理指导纲领"在代理孕母（surrogate motherhood）问题上"原则禁止，例外开放，由个别医师专业决定"，1989 年 10 月 20 日修正后则"完全禁止"。

工生殖的实施以及因其而产生的亲子法律关系。

1. 实施人工生殖技术的伦理原则

其一，接受生殖细胞捐赠的人工生殖，不得导致直系血亲、直系姻亲以及四亲等之内旁系血亲间的精卵结合。其二，实施人工生殖技术，不得有如下情形：使用专供研究用途之生殖细胞或胚胎；使用培育超过7日之胚胎；无性生殖；使用混合精液等。①

2. 实施人类生殖技术的法律原则

其一，能够接受人工生殖手术的只能是夫妻双方，而且受术夫妻必须有一方具有正常生殖细胞，且妻子能以自身子宫孕育。其二，禁止以营利为目的的生殖细胞、胚胎买卖和居间行为，生殖细胞捐赠亦是无偿的。其三，互盲保密原则，捐赠人不能指定受赠人，受术夫妻也不能要求使用特定捐赠人的生殖细胞。其四，人工生殖实行行政许可：相关机构实施人工生殖、接受生殖细胞捐赠、储存及提供捐赠生殖细胞必须取得台湾"行政院卫生署"的许可。其五，实施人工生殖技术禁止选择胚胎性别，但因遗传疾病之原因不在此限。②

关于代孕活动，依据上文可知是禁止医疗机构实施的代孕技术的。2007年台湾地区"人工生殖法"的出台，宣布了台湾地区代孕"立法"与"人工生殖法"的脱钩。2000年，台湾地区"卫生署"提交"行政院"审议的"人工生殖法草案"明文禁止代孕。2002年，"立法委"出台的"人工生殖法草案"则开放代孕，而且将委托人的范围扩大为因病不能或不宜怀孕者均能适用。面对公然叫板的"立法委"草案，卫生署决定把代孕问题交由"公民共识会议"解决。2004年9月"代理孕母公民共识会议"召开，并作出"有条件开放代理孕母"的结论。"卫生署"遂改变立法模式，决定对代理怀孕单独"立法"。2005年"代孕人工生殖法草案"首次开会讨论，确定无偿代孕、禁止商业中介的原则。2007

① 参见台湾"人工生殖法"第15、16条。

② 参见台湾"人工生殖法"第2、6、11、13、16及31条。

年3月“人工生殖法”在“立法院”三读通过并公布实施。代孕问题则将采取单行“立法”的方式另行规制。[4]但在所谓“代孕人工生殖法”实施生效前，依照“人工生殖法”规定的人工生殖实施的条件，人工生殖机构不得对夫妻以外人士提供人工生殖技术服务，受术人也不能选择捐赠人，也即代孕实际上是不可实施的。如有违反，人工生殖机构将被处以新台币10万~50万的罚金，而实施手术的医师依台湾“医师法”规定移付惩戒。① 立法亦未涉及代孕协议以及代孕生育亲子关系确认问题等。

3. 人工生殖的亲子关系

“人工生殖法”以专章规定了人工生殖子女之父母身份确认。接受人工生殖手术并生育子女的妻子是孩子的母亲，同意妻子使用他人捐赠之精子受胎所生子女的丈夫是子女的父亲，由人工生殖所生子女为夫妻的婚生子女。但如果妻子孕育的胚胎系由丈夫的精子与捐赠的卵子结合，则应事先得到妻子的同意，否则妻子在发现被欺诈或被胁迫后6个月内可以提出婚生子女否认之诉；同样，如果丈夫所作的同意系受诈欺或被胁迫的，丈夫亦得以上述期限提起否认之诉。但对婚生子女得否认之诉以子女出生后3年内为限。在妻子受胎后，受术夫妻的婚姻撤销或无效对子女的婚生地位无影响。② 依上述亲子身份确认法则，生殖细胞捐赠人不会因为捐赠行为而被视为法律上的父母。但在死后生殖的问题上，台湾地区的“立法”则欲从源头上避免之：对于受术夫妻提供的生殖细胞，在受术夫妻中生殖细胞提供人死亡后，人工生殖机构应予以销毁；或对受术夫妻为实施人工生殖而形成的胚胎，在受术夫妻任何一方死亡后，人工生殖机构应予以销毁。③

---

① 参见我国台湾地区“人工生殖法”第11、33、35条。

② 参见我国台湾地区“人工生殖法”第五章“人工生殖子女之地位”以及台湾地区“民法”第1063条。

③ 参见我国台湾地区“人工生殖法”第21条。

二、当代中国内地及港、澳、台人工生殖立法的评析

(一)中国四法域人工生殖的立法模式之比较评析

在内地，目前卫生部出台了行政规章和规范性文件调整人工生殖技术的实施；与行政管理的高效率相比，我国内地民事立法的步伐则相当缓慢，其是我国四法域中唯一没有对人工生殖产生的亲子关系立法的地区。总的来说，内地卫生部对人工生殖技术实施的态度保守，意图全面调整人工生殖行为（其所颁行的规范中多次提及亲子关系的确认），而民事立法则明显滞后。

在香港，受英国法律的影响，[①] 有关人工生殖的立法较为完备，分别通过《父母与子女条例》和《人类生殖科技条例》调整所涉亲子关系和人工生殖技术的实施。虽然各自调整对象不同，但后者相比前者，在实施人工生殖技术时要求更为严格。[②] 总体上看，我国香港在立法态度上也是四法域中最为开放的，立法并未回避代孕问题，而是通过严格的实质条件和程序来确保各方当事人的利益。

在澳门，通过《民法典》调整人工生殖所涉亲子关系。在我

---

① 英国是世界上第一例试管婴儿的诞生国，也是生殖技术开放程度较高的国家。1985年即通过《代孕协议法》（Surrogacy Arrangements Act 1985）承认代孕为治疗不孕症的法定手段，容忍非商业性代孕。1990年通过《人类受精和胚胎法》（Human Fertilisation and Embryology Act 1990），调整包括代孕在内的利用人工生殖技术的法律原则以及相关亲子关系的确认。除此之外，英国2001年通过《人类克隆繁殖法》，2003年通过《人类（已故父亲）受精卵和胚胎法》，2009年通过了对《人类受精和胚胎法》的修订，其有关人工生殖生育问题的立法很丰富，而且立法对生殖技术运用的态度比较开明。参见蒋月等译：《英国婚姻家庭制定法选集》，298、353页，北京：法律出版社，2008。

② 在香港，与1993年《父母与子女条例》相比，2000年《人类生殖科技条例》在人工生殖技术的运用上管制更加严格：例如，前者认可代母安排中提供配子的可以只是夫妻中的一方，但后者则禁止在代母安排中使用捐赠的配子，即形成胚胎的配子应由夫妻双方提供；前者认可异性伴侣共同接受人工生殖技术生育，而后者认为除法律另有规定外，"任何人不得向并非属婚姻双方的人士提供生殖科技程序"。上述区别参见《父母与子女条例》第10、12条，2000年《人类生殖科技条例》第14、15条。

国四法域中，澳门是唯一没有对实施人工生殖技术单独立法的法域，医学辅助生育技术的利用只受到法律原则的约束。[①] 在立法上，既未要求医疗机构须单独获取实施人工生殖技术的执照，也未积极禁止代孕技术的实施。

在台湾，将人工生殖技术实施的法律规制与因人工生殖而出生子女的法律地位等合并规定在一部“法律”中，一方面使“卫生署”规制人工生殖技术的条款获取了较高的规范效力，另一方面也避免了对其“民法典”的修法程序，“立法”的实用性倾向明显。其是我国四法域中唯一对人工生殖所涉医疗行为管理和亲子身份确定等统一“立法”的。

综上，笔者认为，我国香港、台湾地区的立法模式值得内地学习，不论是香港式的按照法律调整对象不同分别立法，还是台湾式的针对人工生殖所涉法律问题统一“立法”，都能够较好地调整人工生殖问题。我国内地和澳门地区的立法模式则均存在不足。

（二）中国四法域实施人工生殖技术的伦理原则之比较评析

在实施人工生殖技术的伦理原则上，我国四法域均立法要求实施人工生殖技术必须遵循一定的伦理原则。由于四法域均将人工生殖技术视为医疗手段，因此人工生殖技术的实施均须符合相应的医学伦理，除此之外，通常还包括如下伦理原则：禁止人类的无性繁殖，禁止近血亲的精卵结合，禁止将异种配子和胚胎用于人工生殖技术等。四法域在伦理原则上也有些差别，如我国内地禁止以生殖为目的对人类配子、合子和胚胎进行基因操作，澳门禁止非医疗目的的改变后代基因组，香港和台湾两地区则没有禁止。再如我国香港和澳门均禁止任何人为“胚胎研究的目的”而促成胚胎的制造，而我国内地和台湾地区则均没有禁止。

综上，笔者认为，虽然伦理原则也具有时间性和地域性，但公

---

① 这些法律原则规定在澳门第111/99/M号法令《设立在生物学及医学应用方面保障人权及人类尊严之法律制度》、《澳门民法典》、《澳门刑法典》以及澳门第6/94/M号法律《家庭政策纲要法》之中。

认的伦理原则应当予以保留，我国现有的实施人工生殖技术的伦理原则也存在与时俱进的空间。

（三）中国四法域实施人工生殖技术的法律原则之比较评析

我国四法域有关实施人工生殖技术共同的法律原则包括：第一，配偶受术原则，人工生殖技术应运用于夫妻生育，澳门的事实婚姻夫妇也可适用。第二，保密原则，人工生殖所使用生殖物质的捐赠人和受赠人互盲，人工生殖实施机构必须保守秘密。第三，禁止商业化原则，如禁止有偿提供配子、合子及胚胎。第四，禁止性别选择，但因遗传疾病原因除外。我国四法域在法律原则上也存在差异。例如，除澳门地区外，我国内地、香港和台湾地区均立法规定人工生殖技术的实施须接受行政管理，内地卫生部、香港人类生殖科技管理局及台湾"卫生署"是人工生殖的行政管理部门。再如，除香港外，其他三法域不承认代孕活动合法，但即使是香港，也只承认一定条件下的代孕活动合法，且只能经由法院判决代孕母亲所生育子女为代母安排他方的子女。此外，我国内地是唯一要求实施人工生殖必须符合计划生育政策原则的法域，而我国台湾地区则是唯一禁止实施生殖细胞均为捐赠的胚胎移植的法域。

综上，笔者认为，在实施人工生殖技术的法律原则上，我国内地立法比较完备，并且从规范性文件的数量和条文的数量看，也是最丰富的。但内地卫生部立法目标却表现出强烈的管制味道——对实施人工生殖技术"追求更高、更规范、更具体的技术和伦理要求"，[①] 不孕不育症患者期望通过代孕等手段实现生育权的愿望，似乎并不在卫生部的考虑之内。

（四）中国四法域人工生殖产生的亲子关系立法之比较评析

我国四法域中，我国内地是唯一没有通过法律的形式规范人工生殖之亲子关系的。从有关行政规章、规范性文件以及最高人民法院的司法解释可以看出，接受人工生殖手术的夫妻是孩子的父母

---

① 参见内地卫生部《关于修订人类辅助生殖技术与人类精子库相关技术规范、基本标准和伦理原则的通知》（卫科教发〔2003〕176号）的修改说明部分。

亲，同意妻子接受异质人工授精的丈夫是因此而出生孩子的父亲，配子的捐赠者与孩子之间不产生权利义务关系。这些主张，与我国香港、澳门、台湾三地区的立法精神是一致的。该三地区的立法均规定，捐赠生殖物质的人并不因其捐赠行为而与其后代产生法律上的权利义务关系；孕育子女的女性才是子女的母亲；母亲的丈夫是子女的父亲，但以丈夫对人工生殖技术实施的同意为前提，如果未取得丈夫同意，则丈夫可以提出父亲身份否认之诉。如果丈夫或者妻子在异质胚胎移植中的同意，是受到欺诈或胁迫而作出，台湾“立法”还规定丈夫或妻子在发现被欺诈或被胁迫后6个月内可以提出婚生子女否认之诉。关于死后生殖的问题，香港、澳门的立法认为，在提供生育物质的人死后才使用其生育物质而生育子女，已故的人不能成为子女继承法上的父母，而台湾“立法”则从源头上避免死后生殖的出现，受术夫妻任何一方死亡，其提供的配子、合子或胚胎都予以销毁。

综上，笔者认为，我国内地卫生部和最高人民法院对人工生殖产生的亲子关系的规定具有合理性，与我国港、澳、台三地区的立法相一致，故其可通过立法程序上升为法律。立法时还应关注亲子身份关系推定后的救济问题，谁可以提起亲子关系否认之诉，在什么期间内提出，法官在处理人工生殖生育时应掌握什么原则等。同时，立法应考虑死后生殖对后代的影响。笔者认为，我国港、澳、台的立法可资借鉴，一方面可以规定禁止医疗机构实施死后生殖技术，另一方面可规定被继承人死亡后受胎生育的子女不具备继承人的资格。

三、中国内地人工生殖立法之不足及其完善建议

（一）中国内地人工生殖立法之不足

通过上文的叙述和比较评析，笔者认为我国内地有关人工生殖的立法有如下不足：

1. 立法层级低

人工生殖技术的运用可以通过行政规章和规范性文件规范之，

但亲子法律关系不行。内地现在行政规章和规范性文件，代立了类似亲子关系认定准则、捐赠者法律地位等规范，但毕竟效力级别低，不便于群众知晓。根据我国《立法法》第8条第7款，民事基本制度只能制定法律。亲子身份确定制度是婚姻家庭法重要的组成部分，属于民事基本制度的内容，因此理应由法律规定，不论是规定在《婚姻法》中还是另立《人工生殖法》都是符合《立法法》的。而《婚姻法》在2001年修正时对此呈空白，司法实践中仍一直沿用最高人民法院1991年的批复，人工生殖的立法目前也没有排入立法议程，短时间内卫生部对人工生殖问题的规范性意见还将继续沿用。虽然在内地，行政法规规定基本民事制度是行政机关立法过去的惯例，[①] 但严格执行《立法法》，消除此现象也是基本的立法趋势。

2. 强调管制而忽视权利救济

面对可能被滥用而导致伦理道德危机的人工生殖技术，卫生部谨慎的态度完全可以理解。但仅仅是对人工生殖技术的实施主体和实施行为予以管制并规定了罚则，不能说尽到了职责。因为行政管理的目的既是为了管制，也是为了更好地实现公民的权利。例如，代孕，禁止内地医疗机构实施代孕手术，并不能禁绝代孕活动，更不能消除地下代孕带来的负面效果。[②] 并且，违法实施人工生殖，其行为后果必然殃及因此出生的无辜子女。那些因违法实施人工生殖技术而出生的子女最关心的是，他们的父母是谁，谁应该承担对他们的抚育职责？现行法对此没有明确规定，其结果是父母们犯下的过错，却由子女承担不利的后果。因此仅有管制是不够的，民事权利救济必须跟上，在民事基本法中设立亲子关系确认的规定不能

---

① 例如，在内地，2002年的行政法规《医疗事故处理条例》，规定了大量医疗损害赔偿的规则；再如，2007年的行政法规《铁路交通事故应急救援和调查处理条例》，也专章规定“事故赔偿”。

② 某些地下代孕机构带领委托人和代孕母亲转战香港接受代孕手术，受孕后回到内地分娩履行代孕协议。其间获利的只有“代孕黑中介”，不但极大增加了委托人的经济负担，也令地下代孕母亲的利益无法得到保障，代孕协议纠纷不断。

拖延。

3．对人工生殖中的问题存在调整盲点

我国内地现行法以及卫生部的规章、规范性文件以及最高人民法院的司法解释均并未涉及人工生殖中父母亲身份异议、死后人工生殖等问题。现有规范仅规定了亲子身份的推定，却缺乏推定错误时如何救济、如何在救济时既要考虑双亲的利益，更要考虑子女的利益等规定。又如，在因医疗机构过错而导致错误的异质人工授精或异质胚胎移植时，亲子关系如何确定，夫妻是否有权否认婚生关系等，都是实践中急需解决的。此外，如果丈夫在签署人工生殖所需法律文件之后死亡，而妻子决意利用丈夫精子受孕生育，则可能引发诸如子女是否能够作为死者的继承人、孩子孕育前就面临父亲已故的困境等法律和伦理问题。

（二）中国内地人工生殖立法的完善建议

关于我国内地相关立法的完善，需要首先解决立法模式问题。我国内地是采取亲子关系民事立法、人工生殖技术管理行政立法，还是采取单独对人工生殖生育问题统一立法？笔者认为，亲子关系是婚姻家庭法的重要内容，人工生殖所生的亲子关系理应放入《婚姻法》，徐国栋先生的《绿色民法典草案》也持相同观点。[5]这样的好处是，只修改一部法律，卫生部行政管理的现行规定可以全盘保留或以后单独修改，相对可行。而单独制定《人工生殖法》，所需考虑的因素太多，存在不能立项、立法难产甚至流产的可能性。另外，要不要规定代孕也是一个问题。笔者认为，由于代孕问题争议较大，即使在对人工生殖生育观念相当开放的英国，立法承认代孕也经历了20年的历程。[6]因此，内地修改《婚姻法》时承认代孕合法可能将成为修法的重大阻碍，故宜暂时保持禁止的主张。但应在立法中对代孕协议无效的后果作出规定，以保护未成年人的利益。

1．在《婚姻法》中增加“人工生殖子女的法律地位”条款

在现行《婚姻法》第25条后增加1条共三款。

“第　条　夫妻在婚姻关系存续期间中，共同同意通过人工生

殖技术，使用他人捐赠的生殖细胞受胎所生子女，视为夫妻双方的婚生子女。上述情形，如夫妻任何一方并未作出有效的同意，则该方可以在子女出生之日起两年内向人民法院提出亲子关系否认之诉。

实施人工生殖技术，因第三人过错误用他人生殖细胞或者胚胎，同意接受人工生殖技术生育的夫妻是所生子女的父母。本款的适用，不影响夫妻向第三人提起损害赔偿之诉。

捐赠人与所生子女之间不存在父母子女关系。使用已故配偶留存的生殖细胞受孕生育的，子女与已故者之间无继承法上的亲子关系。"

2．在《婚姻法》中增加"代孕协议无效"条款

在"人工生殖子女的法律地位"条款之后，增加一个条款。

"第　条　代孕协议不具有法律效力。因代孕协议无效而发生的未成年子女抚养纠纷，人民法院应根据照顾未成年子女利益的原则妥善处理。"

参考文献

[1] 杨芳：《人工生殖模式下亲子法的反思与重建——从英国修订〈人类受精与胚胎学法案〉谈起》，载《河北法学》，117页，2009（10）。

[2] 许国平：《生命伦理学发展的新趋势——欧洲生命伦理公约》，载《学术月刊》，113页，1995（9）。

[3] 潘荣华、姜柏生：《台湾人工生殖技术管制之回顾与前瞻》，载《医学与哲学（人文社会医学版）》，39页，2006（7）。

[4] 杨芳、张昕、潘荣华：《台湾地区"代孕"立法最新进展及其启示》，载《医学与哲学（人文社会医学版）》，26页，2008（4）。

[5] 徐国栋：《绿色民法典草案》，205页，北京：社会科学文献出版社，2004。

[6] 潘荣华、杨芳：《英国"代孕"合法化二十年历史回顾》，载《医学与哲学（人文社会医学版）》，49页，2006（11）。

当代中国内地与港、澳、台收养要件比较研究*

李 俊**

目 次

一、当代收养法的立法价值取向

所谓收养，是指通过法律拟制的方法而在本无父母子女关系的人之间创设该关系的法律行为。收养法一般包括以下内容：其一是收养法的基本原则，或称原则性规定；其二是收养的要件，包括实质要件和形式要件两个方面，这些要件的设置可以从一定角度反映

---

* 本文为司法部“2009 年度国家法治与法学理论研究项目”之专项任务项目：“当代中国内地与港、澳、台婚姻家庭法比较研究”（09SFB5019）的阶段性成果。

** 李俊，男，法学博士，西南政法大学民商法学院副教授、硕士生导师。

出公权力在收养制度中的介入程度；其三是收养的效力，主要规定收养成立后在法律上所产生的效果，以及收养的无效和撤销；其四是收养关系的终止，主要规定终止收养关系的条件以及收养终止的法律后果。限于篇幅，本文仅就我国四法域收养法中收养要件之规定展开比较评析。

当代收养法的立法价值取向主要体现在以下三个方面：

第一，强调弱者利益的保护。在现代民法的发展过程中，摒弃了传统民法中过度强调“平等”而忽视社会现实中个体差异的做法，转而肯定在制度上对弱者利益提供特殊保护的深刻意义。所谓弱者保护原则，即承认社会上、经济上弱者的存在，抑制强者，保护弱者，维护社会公平。[1]当代收养法作为民法的一个组成部分自然也在制度设计上体现出这一趋势。收养关系中作为被收养人的未成年人一方无疑是整个收养制度保护的重点之一，当今世界许多国家及地区的收养立法无不从收养制度的各个环节中强化对未成年被收养人的保护，如对收养程序的严格要求，对收养人资格的认真审查乃至对收养关系解除的有条件禁止等。同时，收养人在尽到抚养义务的情况下，即使收养关系解除也不影响其对成年养子女提请赡养，因为，在这一特殊阶段，收养人和被收养人曾经的“强弱”关系已经发生了倒转，老年收养人的利益也就理当成为法律关照的对象了。

第二，尊重当事人的意志自由。“意思自治”是整个私法领域中的基本原则之一，收养制度也不例外。我国澳门地区收养法为保证收养关系的确立，专门就“收养的同意”作出了十分完善的规定，从主体、方式以及效力等多个方面对收养关系各方意志的准确表达提供制度性保障。此外，在收养法律关系的三方主体中，收养人和送养人的意见一致固然对收养关系的确立影响重大，而就算对于意思表示能力有所欠缺的未成年被收养人，也应从制度上给予适当保障，如我国内地《收养法》不仅规定了平等自愿的基本原则，而且要求收养10周岁以上的未成年人时“应当征得被收养人的同意”。

第三，维护社会的公序良俗。收养是在现代社会中除婚姻外建立家庭的另一种形式，而家庭关系的构建作为社会系统正常运转的基本保障之一，自然不能背离社会公共秩序和善良风俗之要求，而且，从一定意义上说，其还应为社会公共秩序的形成和善良风俗的发展起到积极的作用。例如，晚辈通过对长辈提供经济支持的事实就试图借助收养制度来实现身份关系上的颠倒，该类做法在任何一个国家的收养法中都无法得到认可，无论其对长辈所提供的经济支持力度多大、效果多好。又如，我国内地《收养法》中对单身男性收养异性于年龄方面的特殊要求也是对公序良俗的遵循和维护，一方面我们并未从制度上将单身男性收养异性被收养人的行为拒斥在法律大门之外，另一方面我们也通过特殊条件的设置使该类行为更符合民众一般的情理认知，减少其对未成年被收养人产生侵害的可能，从而也使收养制度更能适应社会生活各个方面的要求。

二、当代中国内地收养要件之规定

在我国内地，收养制度具备较为完善的法律形式始于1992年4月1日《中华人民共和国收养法》的正式实施，此后又根据社会实际及完善收养制度的需要于1998年11月4日通过了《关于修改〈中华人民共和国收养法〉的决定》，对其进行了修改，修订后的内容于1999年4月1日起施行。修改后的现行《收养法》共6章，计34条，其中关于收养要件的规定主要包括：

（一）实质要件

1. 被收养人

从内地《收养法》的规定来看，一般情况下丧失父母的孤儿，查找不到生父母的弃婴和儿童及生父母有特殊困难无力抚养的子女并为不满14周岁的未成年人时可被收养，如果为三代以内同辈旁系血亲的子女，则可不要求满14周岁的被收养人须以其生父母有特殊困难无力抚养为条件，甚至可不要求被收养人须不满14周岁。也就是说，在此条件下可以允许收养成年人。

2. 收养人

内地现行《收养法》第6条明确规定："收养人应当同时具备下列条件：（一）无子女；（二）有抚养教育被收养人的能力；（三）未患有在医学上认为不应当收养子女的疾病；（四）年满30周岁。"第8条进一步规定收养人只能收养一名子女，第9条则明确了单身男性收养女性须以年龄相差40周岁以上为条件。第10条对有配偶者收养子女须夫妻共同收养亦作出了规定。此外，还有一些例外性规定，具体而言则是指：华侨收养三代以内同辈旁系血亲的子女及收养孤儿、残疾儿童或者社会福利机构抚养的查找不到生父母的弃婴和儿童可不受收养人须无子女的限制，后者还可不受收养一名子女的限制，收养三代以内同辈旁系血亲的子女时对单身男性收养女性不作年龄差的限制，而在经继子女生父母同意下的继父或继母收养继子女的则不受限于上述第6条四个条件及只能收养一名子女的限制。

3. 送养人

内地现行《收养法》第5条规定，送养人为孤儿的监护人、有特殊困难无力抚养子女的生父母以及社会福利机构。同时，该法第10条还规定，生父母送养子女须双方共同送养，仅在一方不明或查找不到时方可单方送养。

4. 收养须经双方同意

收养人是夫妻的，应共同收养；送养人是夫妻的，应共同送养；被收养人是10周岁以上未成年人的，需征得其同意。

（二）形式要件

1998年修改后的内地现行《收养法》规定，凡收养一律以向县级以上人民政府民政部门登记为形式要件，而收养关系当事人各方或一方要求公证的应当办理收养公证，但这种公证毕竟是以登记的前置为条件的，因此仅具有补充性，同时却又因涉及国家公证机关的介入使收养成立中的国家监督作用更加强化。

三、当代中国香港地区收养要件之规定

在香港地区，调整收养关系的主要法律是《领养条例》及其附属法例《领养规则》。根据香港《领养条例》的规定，香港地区对1972年以前依中国传统习惯收养的子女的法律地位予以承认，而在1972年12月31日以后则只可按照该条例在香港进行领养，其收养要件被规定如下：

（一）实质要件

1. 被收养人

该条例要求被收养人是“幼年人”，而幼年人具体是指18岁以下的人，但不包括已婚或曾结婚的人。[①] 同时，该法要求该幼年人已在紧接作出命令日期前最少连续6个月一直由申请人实际管养，或申请人或申请人之一为该幼年人的亲生父母，而该幼年人已在紧接作出命令日期前最少连续13个星期一直由申请人（或申请由两人共同提出者，则由他们）实际管养，或申请人根据第（1）（c）款（即该申请人是该幼年人的父或母）提出申请，而该幼年人已在紧接作出命令日期前最少连续13个星期一直由申请人及该款所提述的亲生父母实际管养。

2. 收养人

根据该条例第5条规定，收养人条件主要包括：第一，如一人申请收养，如其为被收养人的父或母，或者与该幼年人的父或母有婚姻关系则无年龄限制。如其与被收养人间有亲戚关系则须满21岁。而其他无亲属关系的收养人则必须年满25岁。第二，如果以一对配偶身份共同提起收养，则其中一名收养人必须是被收养人的父亲或母亲，或一方年满25岁（如是被收养人亲属则只需年满21岁）而另一申请人年满21岁。如仅配偶中一方提起收养则必须取得配偶的同意。第三，单身男性一般不得收养未成年女性为养女，除非有特殊情况，让法庭相信批准该项收养申请是正确的。第四，

---

① 香港《领养条例》第2条。

收养人与被收养人均居于香港境内（公约领养除外）。

3. 收养的同意[①]

收养必须得到被收养人生父、生母或监护人以及因任何命令或协议而有责任分担该幼年人赡养费的每一人的同意，且一般在三种情况下经法院许可才能免除其同意权，即第一，在涉及幼年人的父母或监护人的个案中，该父母或监护人曾遗弃、疏忽照顾或持续虐待该幼儿。第二，在涉及因一项命令或协议而有责任分担该幼年人的赡养费的人的个案中，该人曾持续忽略或拒绝分担。第三，在任何个案中，需要取得其同意的人不能找到，或该人无行为能力给予同意，或该人不合理地不给予同意，或如法院有鉴于有关个案的所有情况，认为此项同意应予免除。此外，针对上述的同意，可在不知道领养令申请人身份的情况下给予；凡如此给予同意的人其后又仅以不知道申请人身份为理由而撤回同意者，则就本条而言，须当做该人不合理地不给予同意。

如在需要领养令申请人的配偶作同意的个案中，法院如信纳不能找到申请人的配偶或申请人的配偶无行为能力给予同意，或该对配偶已分居并正分开居住，而分居相当可能属永久者，又或法院有鉴于该个案的所有情况，认为此项同意应予免除，则法院可免除该申请人的配偶的同意。

（二）形式要件

在香港地区，以法院专门颁发的有固定格式的“领养令”作为收养关系成立的形式要件，其具体程序如下：

1. 收养人向社会福利署提出收养申请并进行试收养

试收养期一般为6个月，如收养人为被收养人父母的情况下为13个星期。在此期间内，凡有人就某幼年人根据第5（7）（b）条（即规定试收养期的法条）向署长发出通知，署长本人或为施行本条而获其授权的任何公职人员，可探访及审视该幼年人，以及可进入及视察署长或该公职人员有理由相信是该幼年人所留处的处所，

---

① 香港《领养条例》第6条。

除非有关通知被撤回或已就该幼年人作出领养令。反之，如果任何人拒绝容许署长或获其授权的人员按照第（1）款的规定探访或审视幼年人或进入或视察处所，即属犯罪，可处第6级罚款。

2. 向地方法院申请批准颁发收养令

该类申请一般应由区域法院受理，但在下列情况下可由原讼法庭受理：其一，应有关的法律程序中任何一方的要求；其二，区域法院法官主动提出。

3. 登记

登记官须在登记总处保存一份名为领养子女登记册的登记册，还须安排编制领养子女登记册的索引，并安排将之备存于登记总处。每项领养令均须载有给予登记官的指示，并要求其以专门化表格的形式，在领养子女登记册内登记。此外，作出某领养令的法院可应领养人或受领养人的申请，修订领养令以更正其中所载详情的任何错误。

四、当代中国澳门地区收养要件之规定

在澳门地区，现行《民法典》在第四卷“亲属法”中专设“收养”一编对收养制度进行了全面的规定。在收养关系的设定上，奉行法院判决原则和坚持收养的不可废止性。特别值得一提的是，《葡萄牙民法典》中就简单收养和完全收养是分别予以规定的，而《澳门民法典》仅承认了完全收养的效力，[①] 而对新法典生效日前已存在的不完全收养，依据澳门政府第39/99/M号法令，仍可适用《葡萄牙民法典》的有关规定。其关于收养要件的规定主要包括：

---

① 第1838条中规定：“通过收养，被收养取得收养人子女之地位，其本人及其直系血亲卑亲属均成为收养人家庭之一分子，而在被收养人与其直系之自然血亲尊亲属及旁系之自然血亲间之亲属关系即告消灭……”

（一）实质要件

1. 被收养人

根据该法第1830、1831条的规定，被收养人的要件包括：未满16岁的未成年人，未满18岁且亲权尚未解除且其在未满16岁时已在法律或事实上由收养人或其中一名收养人照顾，因精神失常而被禁治产或是收养人配偶子女成为与收养人在事实婚姻状况下共同生活之人之子女不论年龄，只要在未满16岁时已在法律上或事实上由收养人或其中一名收养人照顾都可被收养，而上述主体又必须满足一定的条件，如父母身份不明或均已死亡；父母就其被收养已有事实同意；已被父母遗弃；被父母透过作为或不作为，置于在安全、健康、道德培养或教育上受威胁之境况，且其严重程度足以损害父母子女间之感情；由个人或机构照顾，且在交托予个人或机构照顾之请求提出前至少6个月内，父母明显表现出对子女漠不关心，以致足以损害父母子女间之感情等。在此须明确的是，对于被收养人的年龄，《澳门民法典》作了弹性规定，一定程度上允许了成年人收养的存在，但以其未满16岁时已有被收养照顾之事实为前提。

2. 收养人

依该法第1828条及第1829条规定，收养人的要件具体分为三种：一是夫妻共同收养，须夫妻均年逾25岁且结婚逾3年，还要求其无事实分居或年逾25岁的两人维持事实婚姻状况逾5年。二是个人收养，一般要求收养人年逾28岁，如果待被收养人为收养人配偶子女或待被收养人为与收养人在事实婚姻状况下生活逾3年之人的子女，则须年逾25岁，另外收养人在获交托待被收养人时还须未满60岁。总的来说，收养人与被收养人的年龄差距一般在18年以上50年以下，除存在可予考虑的理由外。三是监护人或法定财产管理人收养受监护人或财产被管理人，这时须监护人或法定财产管理人提交的有关监护报告或财产管理报告获得核准且已偿还其债务后方才作出。

3. 收养的同意

该法第1833、1834条及第1835条对收养的同意从主体、方式、效力等方面进行了规定。具体而言，有权就收养表示同意的人包括12岁以上之待被收养人，与收养人未事实分居之配偶，另外还包括待被收养人之父母，但如法院已就待被收养人作出司法交托的裁判或其已被父母遗弃及被父母透过作为、不作为置于在安全、健康、道德培养或教育上受威胁之境况且其严重程度足以损害父母子女间之感情，以及待被收养人由个人或机构照顾，且在交托予个人或机构照顾之请求提出前至少6个月内，父母明显表现出足致损害父母子女感情的漠不关心时则无须取得该待被收养人父母的同意，另外，规定了待被收养人的亲属或监护人有权同意的情况及法院在某些条件下如有权当事人神志不清或难以表达其意思时免除其同意的情况。

在同意的方式上，同意必须在法官面前作出，而该法官应向表示同意之人解释该行为之意义及效力。而且，即使并无提起收养程序，收养的同意仍可作出，且亦无须指出未来收养人之身份，但待被收养人之同意除外。另外，母亲对收养的同意，须在分娩后满6个月始可提出。

关于同意的效力，在收养程序未提出前所作之同意得在2个月内废止；如期间届满，则以待被收养人是否已由拟作出收养之人照顾为限，若已受其照顾则不可废止；如果在同意作出后3年内，待被收养人未被收养也没有为未来收养而作出的司法或行政交托，有关同意即告失效。

（二）形式要件

在澳门地区，收养关系只能通过司法途径设立，且程序上深受葡萄牙的《未成年人监护组织法》的影响，要求以申请状的提交作为启动收养司法程序的开始。申请人不仅要在申请中说明其申请理由及对法律规定之要件的符合情况，并写明事实根据，而且必须至少在申请提出的同时与被收养人居住地的有关社会机构联系，表明其收养意向。然后，按法官指示进行的专案调查，要求对收养人及待被收养人之人格及健康状况、收养人照顾及教育待被收养人之能力、收养之家庭及经济状况以及申请收养之理由展开全面调查并形成书面报告，以便于法官了解收养双方当事人的基本情况，从而判断是否符合有关收养法律法规的要求。而后，法官须进一步听取收养人和同意收养之人的意见，特别是《澳门民法典》第 1836 条规定之人的意见（包括 7 岁以上 12 岁以下之待被收养人和收养人及被收养人 12 岁以上之女子且须其不属神志不清或有困难难以表达意思之状况），最后作出裁定，必要时，法院还可直接根据法律裁定。

五、当代中国台湾地区收养要件之规定

1930 年，国民政府公布的《民法亲属编》中有关收养的规定是台湾地区调整收养关系之主要依据。台湾"民法研究修正委员会"于 1977 年开始对该"民法"的亲属编与继承编进行修改，在对亲属编的修订中增设了收养应经法院审查认可的规定，[2] 从而一改台湾地区旧有的相关规定对收养行为契约性的强调，强化了公权力对收养行为的监督。2007 年 5 月，其收养制度又根据第 09600064111 号令进行了再次的修改，对收养的条件、收养的同意和收养的效力等内容加以了补充完善，如区别单人收养和夫妻收养来规定收养人年龄、放宽被收养人的范围、明确肯定收养成立对被收养人生父母及其近亲属的解消效力等，使收养制度得到进一步的发展。

（一）实质要件

台湾"民法"对收养实质要件的规定集中在第 1073 ~ 1076 条，主要内容包括：

1. 被收养人

被收养人与收养人之间不得是直系血亲、直系姻亲（除夫妻一方收养对方子女外）关系或旁系血亲在六亲等以内或旁系姻亲在五亲等之内且辈分不相当。此外，还要求除夫妻共同收养外，一人不得同时为二人之养子女。

2. 收养人

区别单人收养与夫妻共同收养而规定了不同的年龄限制，前者要求收养者之年龄长于被收养者20岁以上，后者则要求夫妻一方长于被收养者20岁而另一方只需长于被收养者16岁。此外，如夫妻之一方收养他方之子女，则应长于被收养者16岁以上。同时，还规定了收养人有配偶时，则除一方收养他方子女以及夫妻之一方不能为意思表示或生死不明已逾3年外都须共同作为收养人。

3. 收养的同意

子女被收养时，应征得其父母之同意（该同意不得附条件或期限），除非父母之一方或双方对子女未尽保护教养义务或有其他显然不利子女之情事而拒绝同意，或父母之一方或双方事实上不能为意思表示。同意应作成书面并经公证。但已向法院声请收养认可者，得以言词向法院表示并记明笔录代之。

同时，被收养者未满7岁时，应由其法定代理人代为并代受意思表示。7岁以上之未成年人被收养时，应得其法定代理人之同意。被收养者之父母已依前两项规定以法定代理人之身份代为并代受意思表示或为同意时，得依前条规定为同意。

另外，对于成年人收养，如夫妻之一方被收养时，应得他方之同意，除非他方不能为意思表示或生死不明已逾3年。

（二）形式要件

台湾“民法”对收养实质要件的规定集中在第1079条，根据该条之规定，收养应以书面为之，并向法院申请认可收养，如有无效、得撤销之原因或违反其他法律规定者，法院应不予认可。如被收养者为成年人，则在意图以收养免除法定义务，或依其情形足认收养于其本生父母不利，以及有其他重大事由足以认定违反收养目的这三类情况下，法院不予以认可。

此外，台湾“民法”还规定，收养自法院认可裁定确定时，溯及于收养契约成立时发生效力。但第三人已取得之权利，不受影响。

综上可见，在台湾，当事人间应首先通过书面收养契约来确认彼此间的权利义务关系，然后还须获得法院认可，方可建立收养关系。

六、当代中国四法域收养要件异同之评析及完善内地立法的建议

（一）当代中国四法域收养要件异同之评析

1. 实质要件

（1）被收养人的要件。综观四法域收养法对被收养人条件的规定，对未成年人收养都持肯定态度，都力求更好地维护未成年被收养人的利益，并希望通过拟制血亲家庭的建立弥补该类未成年子女因种种情况而缺失的家庭关爱，以期促进其健康的成长。但在对未成年被收养人年龄的规定上，四法域立法存有一定的差异，其中对年龄放得最宽的是台湾地区，20 岁以下的未成年人均包括在内；而内地对未成年被收养人的年龄规定得最小，要求在 14 岁以下。由于收养制度特别强调未成年被收养人对收养家庭的全面融入，因此其年龄越大，要实现这一目的的难度越大，从这个角度看，内地收养法之规定并无不妥，特别结合其对成年人收养的有条件许可，则更可在一定程度上消减由于对被收养人年龄限制过窄而产生的不利影响，如对 14 岁以上未成年人有收养之必要者的利益保护。

而于成年人收养则采有不同态度，除台湾地区明确予以肯定外，内地及澳门地区只是有条件地予以承认，而香港地区的收养制度则是泾渭分明地将成年人收养排除在外。这一情况的出现自然是由于地区间经济、文化、民族、宗教等种种因素综合作用的结果，但若具体地加以分析，则中国内地的收养制度中似乎更有必要进一步放宽对成年人收养的限制。人口学的研究表明，成功的生育政策对一个国家的年龄构成有着重要的影响。鼓励生育的政策趋于产生年轻人口，而抑制生育政策则产生年老人口。[3]我国内地一直以抑制人口为生育政策的主流，在使人口生育率得以控制的同时也不可避免地带来了人口老龄化问题，根据我国内地民政部颁布的《2008 年民政事业发展统计报告》提供的数据，截至 2008 年年底，

全国65岁及以上人口10956万人，占全国总人口的8.3%，比上年上升了0.2个百分点。60岁及以上人口15989万人，占全国总人口的12%，比上年上升了0.4个百分点，内地人口老龄化的趋势已属“严重”。因此，我国除通过进一步加强社会保障体系以求保障老年人口的正常生活外，在收养制度上对成年人收养条件的放宽亦可在一定程度上有利于“老有所养”目的的实现。随着老年人口绝对数量的增多，因种种原因丧失子女而在生活上缺乏照顾的老年人势必有所增加，对于这部分老年人虽然可以通过一些政策上的优惠或社会保障机构的帮助而使其得到生活上的扶养，然而经双方当事人合意而形成的收养家庭的建立则不仅仅从经济上、生活上而且可以从精神上使该类老年人享受到更为全面的照料。当然，对成年人收养条件的放宽仍要以有利于这部分确有收养成年子女必要的老年人合法权益的保障及不悖于社会伦理道德为基准，在具体的内容上还需要认真考量，但中国内地的收养立法确有尽快从法律上为收养成年人“松绑”的必要。

另外，香港地区规定生父母可收养非婚生子女也有一定的进步意义，其理由在于，这可使非婚生子女不经准正或认领即可进入生父母的家庭。这既可避免生父母因不愿公开其过去非婚生育事实的情况下而被迫放弃对该婚生子女身份的承认，又使非婚生子女事实上享有了同生父母共同生活的权利，从而有利于维护非婚生子女的合法权益。但值得注意的是，这一保护仍是不够完善和全面的。从现代民事立法的最新发展来看，步子迈得最大的非德国莫属，如德国1997年12月16日的《子女身份改革法》、《非婚生子女在继承法上的平等法》和1998年4月6日的《未成年子女生活费统一法》的先后出台使非婚生子女的法律地位得到重大改善，彻底消除了其与婚生子女的差别。值此，《德国民法典》更是彻底抛弃了“非婚生子女”的提法，在“收养”一编中对原来规定了生父母可收养非婚生子女的第1741条第3款，完全加以删除，仅将对未结婚者收养子女的规定保留在现行《德国民法典》的第1741条第2款中。[4]可见，随着非婚生子女法律地位的逐渐提高，“非婚生子女"这一提法的科学性受到了很大的质疑。为了更全面有力地保护该类子女而选择与旧有称谓的彻底分离并不仅仅是语言文字上的改变，更有其实际意义。使在为保护该类子女力求实现的法律地位之平等冲破了最后一道藩篱。因此，如果中国内地的收养法借鉴德国的做法，完全摒除以婚姻为界来区分子女种类的旧有观念，抛弃"非婚生子女"这一旧有称谓似乎更为可行，也更有利于进一步加强对此类子女合法利益的保障。

(2) 收养人的要件。四法域收养法对收养人条件的几个基本问题仍保持了相当的一致。一是关于有配偶者收养子女，四法域的有关规定都强调夫妻共同收养的原则，即一个被收养人不得被两个或两个以上的人收养，除非这两人系夫妻。二是尽管对收养人年龄的限制不一，但基本上确定了收养人必须是成年人这一主旨。香港地区的收养制度对生父母收养其非婚生子女及与被收养人生父或生母结婚者收养这两种情况并没有对收养人年龄作出限制。而根据香港地区结婚制度的相关规定，16岁以上者即可结婚，故可认为在上述两种收养中即使收养人尚未达到法定成年年龄也可收养。进一步地来分析，澳门地区的收养制度不但确定了最低年限，还对最高年限亦作出了规定。内地《收养法》虽无最高年限之规定，但其强调收养人必须具有抚养教育被收养人的能力，应该说这一规定与澳门地区确定最高年限的出发点不无重合之处，从效果上看都可避免因收养人年事过高而无力抚养被收养人这一情况的出现，可谓是异曲同工。

除上述两个主要共同点外，内地和香港都对独身男性收养女性作出了限制性的规定。相对而言，香港的规定尤为严格，基本上禁止这一情况的出现，以特殊情况的存在为例外。而内地则是有条件的允许，且对收养三代以内同辈旁系血亲之子女的独身男性与女性被收养人间的无年龄间距限制，在维护女性被收养人特别是未成年女童的利益和维护一定范围内亲属间的扶助这一传统习俗两者间谋取平衡的结果，且是权衡社会伦理的要求。应该说无论是香港地区的严格限制还是内地的有条件允许，对独身男性收养女性问题所持的谨慎态度不啻为女性被收养人特别是未成年女童利益又建造了一道“防护墙”。至于两者相较哪种方法更优，我们认为这要根据一定时期一定范围内社会伦理的具体要求而定。

在收养人条件上，内地的收养制度较之其他三法域收养制度最大的不同是在对收养人有无子女及可收养子女的数量的规定上，内地的收养法不但一般要求收养人无子女且收养子女数也只能是一个，而在其他三法域中却无类似之规定。这一差别是中国内地收养法中“不违反计划生育”这一基本原则在收养人条件方面得以具体贯彻的结果。

另外，《澳门民法典》第四卷亲属法的第一编中对“事实婚”设了专章予以规定，在澳门的收养制度中对事实婚“夫妻”收养亦作出了详细规定。而反观其他地区，从1930年民国时期的民法亲属编到1985年台湾“民法”的修正案中都不承认事实婚姻的效力，而根据内地婚姻制度的相关规定，1994年2月1日以后未经结婚登记即以夫妻名义同居的，如此后未能补办结婚登记的，一律按同居关系对待，即不承认其具有事实婚姻之效力。尽管存有这一差异，但总体上看四法域的收养制度对夫妻收养所持的基本意见都是一致的，都强调了夫妻双方的共同合意这一条件，其主旨不外乎是为确保收养成立后家庭的和谐。

（3）收养的同意要件。关于收养的同意，澳门地区的规定最为完备，香港地区的规定则显简略，港、澳两地的规定都着重强调法院所起的作用，而台湾的规定则独具特色地将被收养人配偶列为同意权的主体。

反观内地《收养法》，虽然也从范围上对同意权的主体作出了界定，但对同意的效力等并无涉及。就世界范围而言，对收养的性质问题虽一直存有争议，但就算强调收养的契约性质也应在同意权问题上作出较为详细的规定，只有这样才可保证有权当事人真实意思得以体现，也唯有如此才能保证契约之合意的形式真实有效。因此，中国内地的收养制度似有对收养的同意作出进一步具体规定之必要，包括对同意作出的方式、同意作出后可否撤销、是否有效等具体问题作出规定。此外，在同意权主体上是否如台湾一样将成年被收养人的配偶列入都尚值得考量，就肯定成年人收养从而有利于收养制度"养老"功能的发挥这个角度出发，在收养的同意中作出这一具体规定是必要的。[①] 因此，中国内地如果在收养制度中放宽对成年人收养的限制，则在对收养之同意的规定中亦应增加须成年被收养人配偶的同意。

2. 形式要件

如前所述，现代收养立法日益强调国家公权力的介入，而这种"介入"的最直接表现形式即是对收养成立在程序上的严格规定。在这一方面，尤以澳门和香港的收养制度最可彰显浓厚的国家监督主义色彩。而内地在 1998 年对《收养法》修改后则规定，凡收养一律以向县级以上人民政府民政部门登记为形式要件，而收养关系当事人各方或一方要求公证的应当办理收养公证，但这种公证毕竟是以登记的前置为条件的，因此，从性质上看主要是具有补充性，又因涉及国家公证机关的介入使收养成立中的国家监督作用更加强化。因此，中国内地《收养法》的这一重大变更亦使国家监督主义的色彩渐趋浓厚，其进步意义自不待言。然而，中国内地系以国家行政机关而不是司法机关来发挥这一监督作用的规定仍与港、澳、台地区的收养制度存有差异。从实际情况看，如果要求中国内地的法院也如港、澳、台三地强调法官的直接参与并裁定以确定收养的成立的话，那么因此而增加的工作量和经济负担是各级法院不堪承受的。因此，现阶段内地以民政部门作为发挥国家监督作用的主要机关，是符合国情的。

（二）完善内地收养要件立法的建议

通过四法域收养制度的分析比较，我们认为中国内地《收养法》经过 1998 年的修改后虽较之以往有明显进步，但在收养要件

① 因为对已有配偶的成年被收养人而言，不征得其配偶的同意而试图建立拟制血亲的家庭以达到扶养老人的目的显然难以成功，可以说在成年人收养中，被收养人配偶的同意是该收养关系成立之合意中必需的一项内容。

的设置上依然存在一些不足之处，主要表现在以下方面：

一是收养登记时限过短，内地《收养法》规定的收养登记的审查时限过短，不足以全面了解未成年养子女是否适应在养亲家庭中生活，在一定程度上不利于未成年被收养人利益的保护；二是收养实质要件中存在缺漏，内地《收养法》规定的收养实质要件并不完备，还存在一些需要进一步补充的内容，如对收养成年人的条件需加以更明确规定以有利于收养制度“养老”功能的充分发挥，又如对监护人是否可以担任收养人的规定不明确，还有对收养的同意缺少比较全面的统一性规定等。

针对上述不足，我们建议借鉴我国港、澳、台的相关立法经验并结合我国内地实际，在以下几个方面进一步加以完善：

1. 建议增设“试收养期”

《澳门民法典》第1827条第1款规定，“为作出收养宣告，待被收养人应由收养人照顾一段足以评估是否适宜设定收养关系之时间”。香港收养制度中也确定了6个月的试收养期。国外的收养制度中也有类似规定，《德国民法典》第1744条规定收养子女通常应在对子女已有适当时期的养育时，始得予以宣告，养育期间依惯例为1年。日本民法也规定，为了养子女利益，在收养特别养子女时须在提出申请后关系成立前由养亲监护、养育养子女至少6个月以上作为试验同居期。英国、美国和拉丁美洲国家的法律规定收养应分为两个阶段。在第一阶段，由法院决定儿童是否适合于收养。如果适合收养，法院应终止儿童与原出生家庭的关系或宣告儿童为弃儿，然后指定预期养父母作为儿童的监护人或者像英国一样将儿童托付给收养机构。第二个阶段便是试养期或收养磨合期，儿童与预期养父母共同生活一段时间后便可最后成立收养关系。[5]

我们认为，保护未成年被收养人利益是内地《收养法》的基本原则之一，而试验同居期间的设定恰以此为出发点。因此，建议中国内地规定自申请收养登记提起之日起一定期限后，才可以对符合收养条件且养父母、未成年养子女相处融洽的收养人发放收养登记证。申请收养书递交后，即由登记机关对收养关系当事人提交的有关材料进行审查，且观察了解收养人与被收养人在试收养期内的共同生活情况，最后根据具体情况确定收养登记证是否予以发放。至于该期限的长短，一般可以6个月为限。

2. 增补收养的实质要件

内地《收养法》对收养的实质要件规定尚有缺漏，有待补充的内容大致包括：

（1）适当放宽收养成年人的条件，在确有需要成立收养关系且不违背社会公序良俗的情况下，建议收养成年人不再以三代以内同辈旁系血亲的子女和继子女为限，以利于收养制度“养老”功能的实现。

（2）明确被收养人不得同时被两个以上的人收养。建议在现行《收养法》第10条第2款的基础上，增补收养人为两人的必须是合法夫妻且须共同收养。

（3）应明确监护人在法定条件下可以收养被监护人。内地《收养法》只对监护人作为送养人时作了相应规定，而没有明确监护人是否可以收养被监护人。实际上从内地收养法看，监护人系被收养人生父母之外的人，在此情况下为保护被监护人利益可规定不允许监护人收养被监护人，也可规定监护人在法定条件下可以为收养。如《澳门民法典》第1829条规定：“监护人或法定财产管理人，仅在有关监护报告或财产管理报告获得核准且已偿还债务后，方可收养受被监护人或财产被管理人。”不过，监护人一般与被监护人之间存有一定血缘上或法律上的联系，如其有收养被监护人之意愿似不应一并予以拒绝，故建议采取后一种立法模式为好。

（4）增补收养同意权的主体。内地《收养法》对同意权的主体规定过窄。随着成年人收养条件的逐步放宽，建议将成年被收养人的配偶列为同意权主体之一，从而有利于平等自愿这一基本原则的贯彻。

参考文献

［1］宋豫、陈苇主编：《中国大陆与港、澳、台婚姻家庭法比较研究》，

289 页，重庆：重庆出版社，2002。

［2］信春鹰、李湘如主编：《台湾亲属和继承法》，5 页，北京：中国对外经济贸易出版社，1991。

［3］［美］D. M. 赫尔普：《人口社会学》，138 页，昆明：云南人民出版社，1989。

［4］陈苇：《中国婚姻家庭法立法研究》，47 页，北京：群众出版社，2000。

［5］蒋新苗：《比较收养法》，85 页，长沙：湖南人民出版社，1999。

当代中国内地与港、澳、台扶养法比较研究*

江先文**

目　次

亲属间的扶养制度是婚姻家庭法的重要组成部分。扶养是指一定范围的亲属间相互供养和扶助的法定权利义务。由于各国和地区的历史和现实国情不同和立法体例的差异，其亲属扶养法的内容不尽一致，从总体上说，大体应有以下基本内容：扶养的主体、扶养的顺序、扶养的要件、扶养的程度和方式以及扶养的变更和终止。中国内地与香港、澳门、台湾四法域扶养法主要依据各地区的民族文化传统、道德伦理观念、地理环境、社会习俗等制定，其扶养法的立法结构和具体内容既有共性也有差异。通过评析比较其异同，可以吸取有益的立法经验，为四法域结合本地实际，完善相关立法提供借鉴。

---

* 本文为司法部"2009 年度国家法治与法学理论研究项目"之专项任务项目："当代中国内地与港、澳、台婚姻家庭法比较研究"（09SFB5019）的阶段性成果。

** 江先文，女，法学硕士，成都医学院人文信息管理学院副教授。

一、当代中国内地与港、澳、台扶养法的立法结构之评析

（一）当代中国内地与港、澳、台扶养法的立法体例之评析

1. 当代中国内地与港、澳、台扶养法的立法体例

在内地，现行扶养制度没有在《婚姻法》中作出专章或专节的系统规定，而是分散在《婚姻法》和司法解释等法律法规之中，其内容为一定范围亲属间依法发生法定的扶养权利义务。内地对扶养主体和要件有规定，但对扶养顺序、程度、方式没有明确专门的规定，关于扶养的变更、消灭和期限在《婚姻法》中有一定反映，但仍不完善，大部分内容依靠司法解释处理。

香港地区由于受英国法影响较大，其扶养制度也没有系统的法例，香港的亲属扶养制度是香港家事法的一部分，有关扶养制度的法律规范未作统一的规定，其相关内容分别散见于各种单行法规之中。例如，香港《婚姻条例》、香港《婚姻法律程序与财产条例》、香港《未成年人监护条例》、香港《分居令及赡养令条例》、香港《赡养令（交互强制执行）条例》、《父职鉴定诉讼条例》[①] 等，规定了夫妻间的扶养和父母对子女的抚养。

《澳门民法典》[②] 将"扶养"作为单独一编规定在亲属法中，这是澳门亲属扶养法的特色之一。《澳门民法典》第五编"扶养"包括两章，即"一般规定"和"特别规定"，共计20条。一般规定中，涉及扶养的概念、程度、义务人顺序和终止等事项；特别规定中，对配偶间、亲子间特殊情形下的扶养义务及终止作了分别

---

① 香港第181章《婚姻条例》、第192章《婚姻法律程序与财产条例》、第13章《未成年人监护条例》、第16章《分居及赡养令条例》等，第188章《赡养令（交互强制执行）条例》等，参见香港双语法例资料系统 http://translate.legislation.gov.hk/gb/www.legislation.gov.hk/chi/home.htm，访问日期：2010-05-28。

② 《澳门民法典》可参见中国政法大学澳门研究中心、澳门政府法律翻译办公室编：《澳门民法典》，北京：中国政法大学出版社，1999；或参见澳门印务局下澳门特别行政区法例，http://cn.io.gov.mo/Legis/record/2200.aspx，访问日期：2010-05-29。

规定。

台湾"民法亲属编"的第五章设有"扶养"专章。① 扶养的内容涉及互负扶养义务的亲属、扶养义务人之顺序、受扶养权利者之顺序、夫妻间扶养、受扶养的要件、扶养义务之免除、扶养之程度、扶养之方法及扶养程度方法之变更。

2. 对立法体例的比较评析

由于特定的历史背景，中国四法域的法制建设走过了各不相同的道路，受世界两大法系的影响也不相同。台湾和澳门两地区的立法属大陆法系，香港地区的立法受英国影响，而属英美法系。内地立法属于大陆法系，并受苏联影响较大。

立法结构上的这一差异，直接影响到扶养制度在基本内容上的不同。这一差异的形成主要原因在于历史背景的不同。在内地，1950 年《婚姻法》主要参考借鉴苏联婚姻家庭法的内容；1980 年《婚姻法》在立法指导思想上主张宜粗不宜细，因此，婚姻法总体内容具有概括性的特点，对于基本制度的细化相对欠缺；2001 年修正后的《婚姻法》旨在解决当时婚姻家庭领域出现的疑难和争议问题，对扶养制度并未作专门规定。香港地区属英美法系没有专门的成文的民法典。由于《澳门民法典》本地化前实行的《葡萄牙民法典》颁行于 20 世纪 60 年代中期，70 年代又着重对家庭婚姻法律作了一些修改，使它能较多地反映现代西方社会的一些先进法律思想与制度。澳门地区受葡萄牙民法典影响，设专编规定扶养制度，并有一般规定和特别规定两章来规定扶养制度，在亲属扶养的法律规定中，不仅考虑了个别家庭成员的利益，而且考虑了全部家庭成员的整体利益，使相关当事人的利益能得到充分保护。台湾

---

① 参见杨与龄：《民法概要（担保物权及亲属编修正版）》，461 ~ 467 页，台北：五南图书出版股份有限公司，2007；高凤仙：《亲属法——理论与实务》，467 ~ 489 页，台北：五南图书出版股份有限公司，2008。

最新的台湾"民法亲属编"及其施行法，参见维基文库：http://zh. wikisource. org/w/index. php? title = % E6% B0% 91% E6% B3% 95% E7% AC% AC% E5% 9B% 9B% E7% B7% A8% E8% A6% AA% E5% B1% AC&variant = zh - cn，访问日期：2010 - 05 - 29。

地区则借鉴《德国民法典》、《日本民法典》的体例，其“扶养法”的主要内容包括：扶养的主体与顺序；要件；程度与方式；变更与终止。因此，澳门和台湾两地区对“扶养”作了专编或专章的具体规定，在亲属扶养制度的立法技巧和体系完整上较其他两地区更为科学。目前，内地为适应制定统一民法典的需要和协调四法域的法律冲突，有必要改革现行立法模式，在以后的民法典之“婚姻家庭编”中制定“扶养”专章或专节。2000 年 4 月公开发表的《中华人民共和国婚姻家庭法》（法学专家建议稿）已经对此作出了宝贵的尝试。①

（二）当代中国内地与港、澳、台扶养法的“扶养”内涵之评析

在内地，现行《婚姻法》“扶养”包括物质上的供养、精神上的慰藉和生活上的扶助。根据近亲属间不同的辈分身份，把法律内涵相同的亲属间的权利义务关系分别用抚养、赡养和扶养来规定，即亲属间的“扶养”，婚姻法具体化为抚养、赡养和扶养，对于夫妻和兄弟姐妹之间经济上的供养使用“扶养”一词；对于父母对子女及祖父母、外祖父母对孙子女、外孙子女的供养义务使用“抚养”一词；对于子女对父母及孙子女、外孙子女对祖父母、外祖父母的供养义务使用“赡养”一词。但在《刑法》、《继承法》中，又采用“扶养”一词，这就造成概念的不一致。

在港、澳、台三地区，均从广义上采用“扶养”一词。例如，在香港，扶养是指夫妻间、父母子女间在物质上和经济上的供养责任。在澳门，《澳门民法典》第 1844 条明确提出了“扶养是指为满足受扶养人生活需要之一切必要供给，尤指在衣、食、住、行、健康及娱乐上之一切必要供给”，在使用“扶养”这一法律概念时，是从广义来理解的，即包括扶养、赡养和抚养三方面的内容。

---

① 参见婚姻家庭法专家试拟稿起草组、中国法学会婚姻法学研究会立法研究组、中国法学会研究部：《中华人民共和国婚姻家庭法》（法学专家建议稿），载梁慧星主编：《民商法论丛》第 14 卷，794 ~ 795 页，北京：法律出版社，2000。

在台湾，扶养是指一定亲属间，有经济能力者本于身份关系应扶助无力生活者。

内地《婚姻法》在以后的婚姻家庭编中宜采用广义的“扶养”这一概念，以使法律术语统一，也便于与国际上相关立法接轨。

二、当代中国内地与港、澳、台扶养法的具体内容之评析

扶养法的基本内容主要有扶养的主体、扶养的顺序、扶养的要件、扶养的程度与方式，以及扶养的发生、变更与终止。在扶养法基本内容上，四法域立法既有共性又有各自的特色。

（一）当代中国内地与港、澳、台扶养法的扶养主体之评析

1. 当代中国内地与港、澳、台的扶养主体立法

根据内地现行《婚姻法》的规定，扶养关系的主体只能是一定范围的近亲属。法定范围的近亲属，即扶养关系的主体包括：夫妻间；父母子女间；祖父母、外祖父母与孙子女、外孙子女间；兄弟姐妹间；公婆儿媳、岳婿间的扶养（当事人自愿）。公婆儿媳、岳婿间属直系姻亲关系，内地现行《婚姻法》没有对直系姻亲间的扶养作出明确规定。在内地《继承法》第12条中规定了“丧偶儿媳对公、婆，丧偶女婿对岳父、岳母，尽了主要赡养义务的，作为第一顺序继承人”，内地《妇女权益保障法》第35条中规定了“丧偶妇女对公、婆尽了主要赡养义务的，作为公、婆的第一顺序法定继承人，其继承权不受子女代位继承的影响”。可见，公婆与儿媳，岳父母与女婿间的扶养关系，是根据丧偶儿媳对公婆、丧偶女婿与岳父母是否事实上尽了扶养义务来确定的。这种事实上的扶养关系听凭当事人的自愿，不得强制形成。

香港地区主要是夫妻之间、父母对子女间的扶养。

《澳门民法典》亦未对扶养主体作列举规定，从其有关内容反映主要有夫妻之间（配偶或前配偶间）、直系血亲之间、兄弟姐妹之间。

台湾“民法亲属编”对扶养的主体在第1114条作了规定具体

列举，在第1116条中增设了夫妻相互间负扶养义务。台湾地区的扶养主体为直系血亲相互间、夫妻一方同居住的他方父母间、兄弟姊妹间、家长家属间、夫妻相互间。

2. 对扶养主体立法的比较评析

关于扶养的主体，四法域立法都规定了夫妻间、父母对子女间为扶养主体。内地、澳门和台湾地区还规定了直系血亲相互间和兄弟姊妹间的扶养。台湾地区的扶养主体范围最广，还包括了直系姻亲间和家长家属间的扶养。但由于亲属法的制定受各国、各地区习俗、文化背景影响较大，相同的亲属扶养范围在具体规定上也有如下差异：

夫妻间的扶养。依内地现行《婚姻法》规定，夫妻有互相扶养的义务。离婚时，如一方生活困难，另一方应给予适当经济帮助。内地离婚时的经济帮助不以无过错为条件，但带有特定的时间性，指离婚时存在的困难；在经济帮助的方式上，有短期的或一次性经济帮助，也有长期给予经济帮助。依台湾“民法亲属编”规定，夫妻负互相扶养义务。离婚时，夫妻无过失一方，因判决离婚而陷于生活困难者他方纵无过失亦应给予相当的赡养费。澳门地区和香港地区的夫妻扶养都包括夫妻关系正常期间的扶养、司法分产分居下的扶养和离婚后的扶养。澳门地区离婚后的扶养按过错原则来确定。据香港《婚姻法律程序与财产条例》规定，离婚扶养的法定情形未考虑过错，凡具有法定离婚扶养情形的，法院可依法判决夫妻一方向他方给付赡养费，直至受养人再婚或死亡为止。

我们认为，离婚扶养费（赡养费）主要是解决离婚后夫妻一方的生活困难。因此，内地、香港两地均不按是否有过错来决定夫妻一方是否有权请求给付离婚扶养费，这样似乎更能体现离婚扶养费制度的立法旨意。如果离婚夫妻一方有过错的，可以通过离婚损害赔偿制度予以救济。[①]

---

① 参见陈苇、冉启玉：《中俄离婚扶养制度研究》，载王利明、郭明瑞、潘维大主编：《中国民法典基本理论问题研究》，316～335页，北京：人民法院出版社，2004。

父母子女间的扶养。四法域立法都规定了父母对子女的扶养义务，且香港的一系列法例尤为重视对子女利益的保护。但香港地区没有子女扶养父母的规定，这是其不同于其他地区的地方，主要原因是香港近现代以来，受西方现代家庭的单向“接力式”供养模式的影响，赡养老人的职责主要是社会保障制度承担。依内地现行《婚姻法》规定，继父母和受其抚养教育的继子女关系为拟制血亲父母子女关系，适用《婚姻法》父母子女权利义务的规定，即此类继父母与生父母的权利义务没有差别，但如未形成抚养教育关系，继父母与继子女则在法律上互无抚养和赡养义务。且内地相关司法解释还规定，继父或继母与生母或生父离婚后，仍有权要求已与其形成抚养关系的继子女履行赡养的义务。在澳门地区，扶养顺序强调生父母的扶养义务先于继父母，并没有区分继父母与继子女是否已形成抚养关系。在台湾地区，继父母子女除了家长和家属关系外，不负扶养义务。对于继父母子女间是否有扶养义务的规定，我国内地现行《婚姻法》考虑了权利与义务的一致，更符合公平原则，也有利于家庭的稳定。

直系姻亲间的扶养。在扶养范围中包括直系姻亲的，我国四法域中只有台湾地区。我国内地目前直系姻亲间的扶养以当事人自愿为原则，而非法定义务。内地《继承法》规定，如丧偶儿媳或女婿尽了主要扶养义务，可作为第一顺序法定继承人。而台湾“民法亲属编”则规定儿媳与公婆同住的，为家长家属关系，相互为法定权利义务；非共同居住的则无相互间扶养义务，岳婿间也根据是否共同居住来确定扶养义务的有无。在国外，依《法国民法典》规定，直系姻亲之间互负扶养义务，且不以同居一家者为限。① 我们认为，公婆与儿媳或岳婿之间互负法定扶养义务具有合理性。这

---

① 《法国民法典》第206条规定：“女婿和儿媳也应当并且在相同情形下，对岳父、母和公、婆负扶养义务。但是，在产生姻亲关系的夫妻一方及其与另一方配偶的婚姻所生子女均已死亡时，此种义务即告停止”。第207条规定：“依这些规定而产生的义务为相互义务。”根据这两条的规定，儿媳与公、婆；女婿与岳父、母之间有着子女与父母之间相同的权利和义务。法国并未限于同居一家的直系姻亲之间才负扶养义务。

符合我国伦理道德的要求和传统习惯。在我国内地，现阶段的社会保障体系还不够完善，人口老龄化问题突出，独生子女家庭较多，台湾地区的此规定值得借鉴。但是，我国内地应当结合本地实际，立法宜将直系姻亲无论是否同居一家的均纳入法定扶养主体的范围。直系姻亲互负扶养义务，这有利于保障老年人的福利，建立良好的家庭关系。[1]诚然，在我国内地，有学者主张，直系姻亲被列入扶养主体的范围以一起共同生活的为限。[2]另有学者则反对将直系姻亲纳入扶养主体的范围。后者的主要理由为：一是现实生活中同居一家的直系姻亲较少；二是有妨碍婚姻自由之嫌；三是不符合权利与义务相一致的原则；四是如果以同居一家的直系姻亲互负扶养义务，有人结婚时会人为地选择不与配偶的父母同居生活。[3]对此，我们认为，的确，直系姻亲被纳入扶养主体的范围，不应当区分是否同居一家共同生活。这样，就可将无论是否同居的直系姻亲均纳入扶养主体的范围。至于，直系姻亲互负扶养义务是否会妨碍婚姻自由？如果某些人因为害怕承担对配偶父母的扶养义务而不结婚，这本身就是不正确的思想，是不符合我国传统的"养老"道德习惯的，也是与我国内地政府正在倡导的尊老、养老的精神相违背的。并且，婚姻家庭关系具有伦理性，并非近亲属间的权利与义务都是完全对等的。儿媳、女婿承担了对配偶的父母的主要扶养义务，如果属于丧偶者，其是享有法定继承权的。相反，如果将无论是否同居的直系姻亲均纳入扶养主体的范围，既符合内地司法解释对婚后夫妻的共同债务包括夫妻对父母的赡养义务之规定，也符合内地《继承法》第12条有关尽了主要赡养义务的丧偶的儿媳、女婿被列为第一顺序法定继承人的立法精神。所以，内地应当结合本地实际，立法将直系姻亲无论是否同居一家的均纳入法定扶养主体的范围。

（二）当代中国内地与港、澳、台扶养法的扶养顺序之评析

1．当代中国内地与港、澳、台的扶养顺序立法

对扶养顺序，根据内地现行《婚姻法》第20、21、28、29条的规定，大体可以推出两个顺序：第一顺序为夫妻间和父母子女间

的扶养；第二顺序为祖孙间和兄弟姐妹间的扶养。

香港地区的扶养规定了夫妻扶养和父母对子女的扶养，二者为同一扶养顺序。

澳门地区关于扶养顺序的规定，侧重单向规定扶养义务人的顺序。依据《澳门民法典》第1850条的规定，下列之人依顺序负有扶养义务：（1）配偶或前配偶；（2）直系血亲卑亲属；（3）直系血亲尊亲属；（4）未处于事实分居状况之继父或继母，对由其配偶负责生活之未成年继子女，或对在其配偶死亡时由该配偶负责生活之未成年继子女；（5）在受扶养人未成年期间，其兄弟姐妹。在（2）、（3）项所指之人中，扶养义务应按法定继承之顺序承担；如扶养义务人中之一人不能提供扶养或不能完全履行该责任，则其负担由后一次序之义务人承担。在澳门扶养义务人的顺序中后两个顺序有条件限制，即受扶养人需为未成年人。扶养义务严格按顺序来履行，只有在第一顺序的扶养人都没有扶养能力时，才发生第二顺序的亲属承担扶养义务。在直系血亲卑亲属、尊亲属的自身顺序中，实行近亲等优先原则，即子女的扶养义务优先于孙子女，父母的扶养义务优先于祖父母。同一顺序或同一亲等内，有多人负扶养义务时，扶养义务人并不是平等地分配扶养义务，而是根据他们作为受扶养人的继承人时，其应继份额的比例承担扶养额责任。

台湾“民法亲属编”第1115条第1款规定了负扶养义务者有数人时，履行义务之人的顺序：（1）直系血亲卑亲属；（2）直系血亲尊亲属；（3）家长；（4）兄弟姊妹；（5）家属；（6）子妇、女婿；（7）夫妻之父母。依据台湾“民法亲属编”第1116条之1的规定，夫妻互负扶养义务时，因夫妻之间关系密切，其负扶养义务的顺序与直系血亲卑亲属相同，即与直系血亲卑亲属同为第一顺序之扶养义务人。当扶养义务人同系直系卑亲属或直系尊亲属时，以亲等近者为先；如负扶养义务者有数人而其亲等同一时，应各依其经济能力分担义务。顺序在先的人有充分资力足以扶养时，受扶养权利人不得请求顺序在后的人履行扶养义务；顺序在先的人资力不足时，仅能够请求次一顺序的人就不足部分，履行扶养义务。[①]台湾“民法亲属编”第1116条规定了扶养权利人的顺序：（1）直系血亲尊亲属；（2）直系血亲卑亲属；（3）家属；（4）兄弟姊妹；（5）家长；（6）夫妻之父母；（7）子妇、女婿。依据台湾“民法亲属编”第1116条之1的规定，夫妻受扶养权利之顺序与直系血亲尊亲属相同，即与直系血亲尊亲属同为第一顺序之受扶养权利人。受扶养权利人同为直系尊亲属或直系卑亲属时，以亲等近者为先。当扶养权利人有数人而其亲等同一时，应按其需要状况的不同，酌情确定扶养。

2. 对扶养顺序立法的比较评析

在内地，现行《婚姻法》和相关法律没有对扶养顺序作出明确规定，但依据立法精神，可以推出有两个顺序，在实践中通常认为由当事人协议决定其顺序，协议不成，引起扶养纠纷时，由法院决定。这种方式虽灵活，但却不易操作，随意性大。如在未成年人的父母均已死亡或丧失劳动能力时，该子女的祖父母、外祖父母以及兄姐等扶养义务人有多人时，由谁来承担，理解不一致有时不免发生当事人之间相互推诿的现象，使扶养权利人的利益得不到切实保护，即使诉诸法院，因法无明文，也可能造成适用上的不一致。

香港地区的扶养主体比较单一，夫妻扶养和父母对子女的扶养二者为同一扶养顺序。澳门地区规定了扶养义务人的顺序，并且要求扶养义务严格按顺序来履行。台湾地区则采用列举的方式对扶养义务人和扶养权利人的顺序作了详细明确的规定，既利于当事人知晓，也有利于执行，并且强调尊亲属的权利第一，卑亲属的义务第一，这是其他三地区所未规定的。究其原因在于我国传统伦理认为“百善孝为先”，子孙奉养父母、祖父母为孝之本。因此，在扶养义务方面，以直系血亲卑亲属为第一顺序；在享受权利上，以直系血亲尊亲属为第一顺序，赋予尊亲属优先受赡养的地位，但相对而

---

① 参见杨与龄：《民法概要（担保物权及亲属编修正版）》，462页，台北：五南图书出版股份有限公司，2007。

言，在重视卑亲属受扶养的权利、长辈的义务方面显得较为薄弱。

对扶养顺序，当今世界各国在立法上大致采用概括主义或列举主义的方式。① 我们认为，根据联合国倡导的“儿童最大利益”原则，和家庭的养老职能，结合我国“尊老爱幼”的传统观念，在我国内地养老保障尚不完善的条件下，我国内地《扶养法》可把儿童的受抚养权与老年父母的受扶养权置于同一顺序不变。我国从现实国情和执法需要看，宜明确规定扶养的顺序，以协调当事人之间的权利和义务关系，避免推诿义务。

（三）当代中国内地与港、澳、台扶养法的扶养要件之评析

1. 当代中国内地与港、澳、台的扶养要件立法

扶养的要件，是扶养关系成立的法定条件，它是扶养法中的重要内容。我国四法域都有此规定。

（1）内地的扶养要件。在内地，现行扶养法没有抽象出扶养应具备的成立条件，而是根据扶养主体的不同对扶养的要件做了相应规定。

第一，夫妻扶养的要件。在内地现行《婚姻法》第 20 条规定：“夫妻有互相扶养的义务。一方不履行扶养义务时，需要扶养的一方，有要求对方付给扶养费的权利。”但其没有明确规定夫妻扶养的要件。夫妻扶养通常在婚姻共同生活中自觉履行。当夫妻一方没有固定收入和缺乏生活来源，或者无独立生活能力或生活困难，或因患病、年老等原因需要扶养，另一方不履行扶养义务时，需要扶养的一方有权要求对方承担扶养责任。内地现行《婚姻法》

---

① 根据《德国民法典》（第 1604、1606～1608 条）规定，扶养义务人的顺序分别是卑亲属次于尊亲属承担扶养义务，在卑亲属之间和尊亲属之间，近亲先于远亲承担义务，同亲等的亲属有数人时，按其收入和财产状况分担义务。《德国民法典》规定的扶养义务人的顺序可排列如下：配偶、直系卑亲属、直系尊亲属、近亲先于远亲承担义务；同亲等的扶养义务人有数人时，依收入和财产状况分担义务。法国对扶养的顺序无明文规定，在扶养义务人为数人时，其扶养义务的履行，主要依据财产及其他具体情况，当事人自行协商承担，或由法院决定。《日本民法典》第 878 条规定，受扶养权利人为数人，义务人经济能力不足以扶养其全体时，关于应受扶养者的顺序应采用由当事人协议的办法解决，协议不成或不能协议时，由家庭法院确定。

规定，离婚时，如一方生活困难，另一方应从其住房等个人财产中给予适当帮助。具体办法由双方协议；协议不成时，由法院判决。该条规定明确了夫妻在离婚时，当一方具备生活困难的条件时，另一方应通过提供经济帮助的方式来履行相应的扶养义务。

第二，父母子女间扶养的要件。父母对未成年子女的抚养是无条件的，对成年子女的抚养是有条件的。内地现行《婚姻法》将不能独立生活的成年子女作为抚养对象。2001 年 12 月施行的最高人民法院《关于适用〈中华人民共和国婚姻法〉若干问题的解释（一）》（以下简称《婚姻法解释（一）》）第 20 条规定："婚姻法第 21 条规定的'不能独立生活的子女'，是指尚在校接受高中及其以下学历教育，或者丧失或未完全丧失劳动能力等非因主观原因而无法维持正常生活的成年子女。"这里的子女包括婚生子女、非婚生子女、养子女和形成了抚养教育关系的继子女。根据内地现行《宪法》、《婚姻法》规定，成年子女对父母的赡养是有条件的：一是父母无劳动能力或生活困难；二是子女已成年并能独立生活有赡养扶助能力。对于有劳动能力、生活不困难的父母，子女自愿扶助孝敬父母，法律是鼓励提倡的，但不强制。

第三，祖孙间扶养的要件。根据内地现行《婚姻法》第 28 条的规定，祖父母、外祖父母抚养孙子女、外孙子女的条件：祖父母、外祖父母有负担能力；孙子女、外孙子女的父母已经死亡或父母一方死亡另一方确无抚养能力或父母均丧失抚养能力。若父母有一方具有抚养能力，则不能由祖父母、外祖父母抚养；孙子女、外孙子女尚未成年。但需注意，已满 16 周岁不满 18 周岁的未成年人，能够以自己的劳动收入为主要生活来源且具有独立生活能力的，不适用此规定。孙子女、外孙子女赡养祖父母、外祖父母的条件：孙子女、外孙子女是有负担能力的成年人；祖父母、外祖父母需要赡养；祖父母、外祖父母的子女已经死亡或无力赡养。孙子女、外孙子女对祖父母、外祖父母赡养义务关系的产生，并不以祖父母、外祖父母是否对孙子女、外孙子女尽过抚养义务为条件。

第四，兄弟姐妹间扶养的要件。根据内地现行《婚姻法》第

29条的规定，兄姐对弟妹扶养的条件：弟妹未成年；弟妹之父母已经死亡或无力扶养；兄、姐有负担能力。弟妹对兄姐扶养的条件：兄姐缺乏劳动能力又缺乏生活来源，确需扶养；弟妹由兄姐扶养长大；弟妹有负担能力。

关于公婆儿媳、岳婿间扶养的要件，内地现行《婚姻法》没有对直系姻亲间的扶养作出明确规定，前面扶养主体部分已经做了介绍，此不赘述。

（2）香港地区的扶养要件。依香港法规定，在婚姻期间，夫妻的任何一方可以依据香港《婚姻法律程序及财产条例》第8条的规定，在婚姻另一方没有为申请人提供合理的赡养费时，向法院请求颁令对方负担供养责任。根据权利人是丈夫还是妻子，其扶养条件不同。丈夫提出扶养请求，需同时满足下列条件：丈夫因年老、生病或者身心上的残废而失去谋生能力。妻子有负担能力且故意不负担丈夫生活费用。妻子提出扶养要求，其条件是只需证明丈夫故意不负担她的生活费用，即当妻一方因丈夫有能力供养而故意不负担其合理生活费时，可请求法院责令丈夫承担扶养责任。

根据《分居及赡养令条例》的规定，分居状况下的夫妻，夫有供给妻合理生活费用的责任，故意不供给的，妻有权向地方法院请求发出赡养令。地方法院应根据夫妻双方的经济情况，确定夫支付妻分居后的生活费。

父母对子女的扶养责任，包括父母对婚生子女的扶养责任、对非婚生子女的扶养责任以及对养子女的扶养责任。对婚生子女的扶养主要体现在：第一，子女享有受扶养权，负供养责任的家长根据具体情况，每周提供孩子的扶养费。一般而言，扶养费支付到子女年满18周岁为止。如果子女正在或将会就读于某一教育机构，或正在或将会接受某一行业、专业或职业的训练，又或倘若法庭作出该项命令或规定，该子女即会就读于某一教育机构，或接受某一行业、专业或职业的训练，而且不论该子女是否正在或将会受雇从事有报酬的工作；或出现其他特别情况，如疾病、残废等没有独立谋生的能力，法庭都有权作出命令或规定，要求父母对已年满18周岁的子女继续履行扶养义务。[①] 第二，对子女扶养的保证。当父母对子女的扶养及在婚姻诉讼中对子女的监管发生分歧，法庭可以发布命令让未获监管权的父或母一方或双方，定期向享有监管权的一方支付未成年人的扶养费。扶养费数额的多少，根据负担方的经济能力而定。对养子女的扶养适用对婚生子女扶养的有关规定。对于私生子女，依据《非婚生子女获得合法地位条例》、《父职鉴定诉讼条例》的规定，非婚生子女的合法权益受法律保护。非婚生子女的生母有扶养子女的责任。被确认身份的非婚生子女的生父须付扶养费。《未成年人监护条例》中也授权法院颁令私生子女亲生父母之一死后，尚存的父或母如无监管权，须付合理扶养费给孩子的监护人。非婚生子女的生父应支付子女扶养费的期限一般至子女18周岁为止，在特殊情况下，可延长支付扶养费。

（3）澳门地区的扶养要件。根据《澳门民法典》第1845条的规定，确定扶养应遵循两个原则：一是所提供之扶养应与扶养人之经济能力及受扶养人之需要相称；二是扶养程度，亦应考虑受扶养人能否自我维持生活。澳门地区的扶养要件有下列两个方面：一是受扶养人由于无谋生能力也无其他生活来源而需要由他人提供其生存的费用；二是扶养人除自身必需的生活需要外，还有财富节余，有能力提供扶养。

（4）台湾地区的扶养要件。台湾"民法亲属编"第1117条规定："受扶养权利者，以不能维持生活而无谋生能力为限，前项无谋生能力的限制，于直系血亲尊亲属，不适用之。"第1118条规定："因负担扶养义务而不能维持自己生活者，免除其义务，但受扶养权利者为直系血亲尊亲属或配偶时，减轻其义务。"扶养义务，以扶养权利人有受扶养之必要、扶养义务人有扶养能力为要件，两者缺一不可。

2. 对扶养要件立法的比较评析

内地现行《婚姻法》对扶养依不同的亲属关系规定了不同的

---

① 参见香港《婚姻法律程序与财产条例》第10条。

条件，以保障不同亲属身份主体的利益。香港地区因扶养范围较小，对扶养要件是区分规定的。澳门和台湾两地区对扶养要件作了统一规定，从扶养权利人和扶养义务人角度规定了扶养义务成立需具备的两个要件，即扶养权利人不能维持生活而无谋生能力需他人扶养，扶养义务人有扶养能力。这与大多数国家的法律规定相一致。[4]此外，台湾"民法亲属编"还根据扶养对象的不同，从扶养为生活保持义务或生活扶助义务，对"有扶养能力"作了相对性规定，以有利于义务人更好地履行扶养义务，此值得内地立法借鉴。

（四）当代中国内地与港、澳、台扶养法的扶养程度与方式之评析

1. 当代中国内地与港、澳、台的扶养程度立法之评析

（1）当代中国内地与港、澳、台的扶养程度立法。

对扶养的程度，在内地，现行《婚姻法》对此有概括性规定，该法第37条规定："离婚后，一方抚养的子女，另一方应负担必要的生活费和教育费的一部或全部，负担费用的多少和期限的长短，由双方协议；协议不成时，由人民法院判决。"内地《婚姻法解释（一）》第21条规定："婚姻法第21条所称'抚养费'，包括子女生活费、教育费、医疗费等费用。"内地1993年最高人民法院《关于人民法院审理离婚案件处理子女抚养问题的若干具体意见》（以下简称：《子女抚养意见》）第7条规定："子女抚育费的数额，可根据子女的实际需要、父母双方的负担能力和当地的实际生活水平确定。"可见，对扶养的程度之确定，涉及子女抚育费的数额，内地要求考虑子女的实际需要、父母双方的负担能力和当地的实际生活水平这三个因素。

在香港，对扶养的程度之确定，可依当事人协议确定扶养的程度，必要时由法院最后裁决。对于不同的受扶养人，其受扶养的程度之确定，香港法规定了不同的考虑因素。

第一，对夫妻的扶养程度之确定应考虑的因素，根据香港《婚姻法律程序与财产条例》第7条的规定及实践，法庭在更改或

核准或裁断某一夫妻赡养关系时，必须考虑以下情况：（1）婚姻双方各自拥有的或在将来相当可能拥有的收入、谋生能力、财产及其他经济来源；（2）婚姻双方各自面对的或在可预见的将来相当可能面对的经济需要、负担和责任；（3）该家庭在婚姻破裂前所享有的生活水平；（4）婚姻双方各自年龄和结婚时间的长短；（5）婚姻的任何一方在身体上或精神上的无能力；（6）婚姻双方为家庭的福利而作出的贡献，包括由于照料家庭或照顾家人而作出的贡献；（7）如属离婚或婚姻无效的争讼，还应考虑婚姻的任何一方因解散或废止婚姻而将会丧失机会获得的任何利益的价值。这里所指的利益，包括退休金、养老金或夫妇离异导致家族式生意分解所造成的损失。

第二，对子女的扶养程度之确定应考虑的因素，根据《婚姻法律程序与财产条例》第7条的规定，法庭在确定子女扶养费时应考虑下列因素：该子女的经济需要；子女的收入、谋生能力（如有的话）、财产及其他经济来源；该子女在身体或精神上无能力；该家庭在婚姻破裂前所享有的生活水平；该子女当时所受到的和婚姻双方期望子女所受到的教育方式。

根据《澳门民法典》第1844条的规定，扶养是指为满足受扶养人生活需要之一切必要供给，尤指在衣、食、住、行、健康及娱乐上之一切必要供给。如果受扶养人未成年或虽已成年或亲权解除时仍未完成学业或其他专业培训的，扶养亦包括对其所提供之培育及教育。该条具体列举了扶养费的范围。即扶养包括供给全部生活的必需费用；学会某项职业所必需的培训费用以及需要受教育者的教育费用等。

台湾“民法亲属编”第1119条规定：“扶养之程度，应按受扶养权利者之需要，与负扶养义务者之经济能力及身份定之。”

（2）立法的比较评析。

由上述可见，对于扶养程度，我国内地与港、澳、台四法域都是作出概括性的规定，即主要是根据受扶养人的需要与扶养义务人的负担能力。而内地与香港地区对扶养的程度之确定，还规定了确定扶养费数额应当考虑的因素，其中内地要求考虑三个因素，即“被扶养人的实际需要、扶养人的负担能力以及当地的实际生活水平”。而香港则分别针对夫妻间的扶养、父母对子女的扶养，对确定扶养费数额应当考虑的因素作出不同的规定。其规定更为详细，可操作性更强。我们认为，对于扶养程度的确定，内地立法应当从本地的实际出发，可将现行司法解释的规定上升为立法，在《婚姻法》中规定确定扶养费应考虑的因素：除内地《子女抚养意见》已经规定的前述三个因素外，可增加以下考虑因素：（1）扶养双方当事人的经济状况包括收入水平、谋生能力、财产及其他经济来源；（2）被扶养人的实际需要以及过去所享有的生活水平；（3）被扶养人在身体上或精神上的健康状况包括身体能力与智力能力的有无；（4）扶养义务人现有的或将来可能有的其他经济负担。此外，对于扶养费，建议内地可采取以例示式规定模式。即在保留现行概括性规定的基础上，增加列举扶养费包括生活费、教育费、医疗费等。[5]

2. 当代中国内地与港、澳、台扶养法的扶养方式之评析

（1）当代中国内地与港、澳、台扶养法的扶养方式立法。

对扶养的方式，内地现行《婚姻法》无专门的规定，只规定对不履行扶养义务的义务人，权利人有要求其履行义务的权利。依内地 1993 年《子女抚养意见》第 1 ~ 4 条、第 6 条与第 7 ~ 9 条的规定，有与子女共同生活的父母一方与子女共同生活的直接抚养方式；以及非与子女共同生活的父母一方给付抚育费的间接抚养方式。

香港地区，申请人向法院提起赡养责任争讼，法庭在认为其申请有理时，可颁令对方按以下方式付给赡养费：定期付赡养费，直到任何一方死亡；具保定期付赡养费，直到收款人死时为止；具保或不具保一次或分期付出整笔款项。上述几种方式中，法庭可同时下令定期付款和整笔付款。法庭未作出最后颁令之前，可颁出中途或临时命令作为紧急救济，颁出最后命令之后，可依当事人申请斟酌情况更改命令或中止付款责任。关于子女扶养费的给付方式，在

夫妻婚姻关系正常期间，未成年子女与父母共同生活，扶养费用的支付一般不会引起争讼，在其他如离婚、推翻婚姻、制令分居等婚姻诉讼里，法院可判令定期付款或整笔付款，或者要求具保付款。在《婚姻法律程序与财产条例》第6条的规定中，法院还有权下令夫妻任何一方转移财产于指定受益人，将财产交付于信托基金和更改婚前或婚后所订立的财产信托基金。在诉讼期间，法庭也可颁下中途或临时命令规定任何一方付扶养费作为紧急救济。

根据《澳门民法典》第1846条的规定，所提供之扶养应以按月作出金钱给付之方式给付，但另有协议或法律另有规定，又或有理由采取例外措施的除外；如果负扶养义务之人证明不能以定期金方式提供扶养，而仅能以提供其住所及陪伴受扶养人之方式为之，则可命令依此方式提供扶养。在澳门，扶养方式主要有：支付金钱和共同居住扶养两类。

台湾“民法亲属编”第1120条规定：“扶养之方法，由当事人协议定之；不能协议时，由亲属会议定之。但扶养费之给付，当事人不能协议时，由法院定之。”“民法”对扶养方法，没有予以限制，由当事人先以协议确定；如当事人不能协议时，关于扶养费之给付，依据“民法”第1120条但书的规定，由法院确定，故未先与他方协议，不能请求法院确定。关于扶养费给付以外的其他扶养方法，当事人不能协议时，则由亲属会议确定；如果亲属会议仍不能确定时，参酌判例，由法院以裁判定之。关于扶养方法，可以分为扶养义务人迎养扶养权利人在家和定期或不定期给养两种。定期或不定期给养可分为现金给付和现物给付两种。如属给付生活资料时，其为定期给付、不定期给付或为设定赡养财产由受扶养权利者自行收益都可。

(2) 对扶养方式立法的比较评析。

对扶养方式，四法域立法的共同点是，依据我国内地与港、澳、台有关夫妻扶养和父母对子女扶养的立法精神，扶养方式均包括两种：共同生活的直接扶养方式与给付扶养费的间接扶养方式。至于扶养费的数额，首先由当事人协议确定，协议不成时，由法院判决。并且，对不履行扶养义务的，可通过诉讼程序提起扶养费给付之诉。四法域立法的不同点是，内地《婚姻法》没有明确规定扶养的具体方式，而以司法解释的规定为补充，其规定了共同生活的直接扶养与给付扶养费的间接扶养两种方式；《澳门民法典》规定，对于扶养诉讼，原则上首先应以支付金钱扶养，其次采取共同居住扶养，并允许当事人协议确定。台湾"民法亲属编"没有列举具体扶养方法，而是概括规定由当事人协议确定，并给亲属会议很大的权利。因此，内地在完善扶养制度时，可以规定扶养方式为：共同生活扶养、支付现金或实物的扶养，至于具体选择何种方式，由当事人自行协商确定，协议不成时，由法院判决确定。我们认为，四法域的扶养方式立法精神是一致的，内地的现行规定是可行的，但宜将现行司法解释的规定上升为立法，这样便于当事人知晓，更具有可操作性。

（五）当代中国内地与港、澳、台扶养法的扶养变更与终止之评析

1. 当代中国内地与港、澳、台的扶养变更之评析

（1）当代中国内地与港、澳、台的扶养变更立法。

中国内地的扶养变更包括扶养关系的变更和扶养费的变更。

关于扶养关系的变更，内地现行《婚姻法》没有作出具体规定。在内地《子女抚养意见》中规定了扶养关系的变更包括双方协议变更和一方要求变更。内地《子女抚养意见》第16条规定了一方要求变更子女抚养关系有下列情形之一的，应予支持：与子女共同生活的，一方因患严重疾病或因伤残无力继续抚养子女的；与子女共同生活的一方不尽抚养义务或有虐待子女行为，或其与子女共同生活对子女身心健康确有不利影响的；10周岁以上未成年子女，愿随另一方生活，该方又有抚养能力的；有其他正当理由需要变更的。内地《子女抚养意见》第17条规定："父母双方协议变更子女抚养关系的，应予准许。"关于扶养费的变更，内地现行《婚姻法》第37条第2款中规定，关于子女生活费和教育费的协议或判决，不妨碍子女在必要时向父母任何一方提出超过协议或判

决原定数额的合理要求。内地《子女抚养意见》第18条规定子女要求增加抚育费有下列情形之一，父或母有给付能力的，应予支持：原定抚育费数额不足以维持当地实际生活水平的；因子女患病、上学，实际需要已超过原定数额的；有其他正当理由应当增加的。

在香港地区，夫妻扶养费的确定方式有协议约定和法院裁决两种。夫妻扶养（赡养）费可以在婚前或婚后双方自行协议约定，在原协议决定时的情况发生变化后，双方可另定协议。协议有效期间，任何一方有权依法向法院申请更改协议，法庭也可在协议一方死后更改协议。离婚诉讼时，双方仍可协议有关赡养费，但该协议须经法庭核准并以赡养令形式颁布。法庭在更改某一赡养协议或核准某一赡养协议或裁断某一赡养关系时，根据香港《婚姻法律程序与财产条例》第7条的规定及实践，考虑扶养费的确定因素。

根据《澳门民法典》第1853条的规定，扶养给付经过法院确定或经过利害关系人协议确定后，扶养当事人应遵照履行；但如果导致确定有关给付的实际情况发生变化，则可以将已确定的扶养给付加以变更，包括增加或减少给付或者使其他人提供扶养给付。

台湾“民法亲属编”第1121条规定“扶养之程度及方法，当事人得因情事之变更，请求变更之。”明确规定了当事人可因情事之变更，请求变更扶养的程度及方法。关于扶养方法的变更，应先由当事人协议变更，不能协议时，应召集亲属会议请求变更，不能径向法院请求为变更之裁判。关于扶养程度的变更，应先由当事人协议，不能协议时，应请求亲属会议或径向请求法院确定。扶养的程度及方法，当事人得因情事变更而请求变更，是针对在继续扶养过程中有所变更者而言；若其扶养费已经一次给付，扶养关系业已终了，则不能再以情事变更而请求全部或一部之返还。

（2）对扶养变更立法的比较评析。

关于扶养的程度和方式，不论以何种形式履行，当双方情况发生变化时，当事人均得请求变更。中国四法域对扶养的变更都有规定，但规定的方式有所不同。内地现行《婚姻法》没有对变更情事作出具体规定。但该法第37条第2款规定，"关于子女生活费和教育费的协议或判决，不妨碍子女在必要时向父母任何一方提出超过协议或判决原定数额的合理请求"。内地《子女抚养意见》规定了子女的抚养关系、抚养费变更的法定条件。香港地区规定夫妻扶养费可以自行协议确定，在原协议决定时的情况发生变化后，双方可另定协议，任何一方有权依法向法院申请更改。澳门地区规定了如导致确定有关给付的情况发生变化，可以将已确定的扶养给付加以变更，包括增加或减少给付，或使其他人提供扶养给付。台湾"民法亲属编"概括规定当事人可因情事变更对扶养程度及方法请求变更，并对情事变更作了解释。从前述四法域的规定看，对扶养的变更采用的是概括性规定，但内地最高人民法院1993年的司法解释列举了抚养变更的具体情形，具有可操作性，在今后内地补充、完善《婚姻法》之扶养法时，应把这一合理内容纳入其中，确定扶养当事人一方或双方在经济状况发生变化时，当事人双方均享有变更扶养顺序、扶养协议或判决的权利。何种变化可申请变更，参照司法解释在法条中加以明确化，以利于当事人知晓和法官操作。

2. 当代中国内地与港、澳、台扶养法的扶养终止之评析

(1) 当代中国内地与港、澳、台的扶养终止立法。

关于扶养的终止，内地现行《婚姻法》无明确规定。根据内地现行《婚姻法》的精神和内地《子女抚养意见》，扶养的终止原因包括：当事人死亡；当事人亲属身份关系不存在；扶养要件消灭。例如，在内地，现行《婚姻法》第20条第1款规定："夫妻有互相扶养的义务。"第42条规定："离婚时，如一方生活困难，另一方应从其住房等个人财产中给予适当帮助。具体办法由双方协议；协议不成时，由人民法院判决。"《收养法》第23条第2款规定："养子女与生父母及其他近亲属间的权利义务关系，因收养关系的成立而消除。"这些规定都包含了当事人亲属身份关系消灭或转移为扶养终止的原因。又如，内地《子女抚养意见》第11条规定："抚育费的给付期限，一般至子女18周岁为止。"内地现行

《婚姻法》第 25 条第 2 款规定：“不直接抚养非婚生子女的生父或生母，应当负担子女的生活费和教育费，直至子女能独立生活为止。”这些规定都包含了扶养要件消灭为扶养终止的原因。

在香港法例中，夫妻扶养包括夫妻关系正常期间的扶养、分居时的扶养、离婚后的扶养。扶养的终止时间依不同情况而定：离婚的夫妻扶养最长至夫妻任何一方死亡而终止，若离婚后一方再婚，则终止赡养；未离婚的夫妻扶养，不因一方死亡而消灭，生存一方可以从死者遗产中获得赡养费，若死者将遗产全部留给他人，未留一份给妻子，则有赖丈夫维持生活的妻子可请求法庭酌情划拨部分遗产以作赡养费。根据香港的社会习惯和《分居及赡养令条例》的规定，分居分为协议分居、司法分居、颁令分居。多数分居协议中是丈夫同意定期付赡养费给妻子，夫妻分居后又有短暂复合，可能使赡养条款失效，一方再嫁或再娶也可能使赡养条款失效。而协议分居时，除非协议明文规定妻子在分居期间须守节，否则丈夫不能因妻子和别人姘居而终止赡养。① 分居令发出后，丈夫付给妻子生活费用，但如果分居令所涉及的已婚女子及其丈夫仍同住在一起，则该分居令不得执行，也不能根据该分居令产生法律责任；如在命令发出后的 3 个月期间，该已婚女子继续与其丈夫同住在一起，该命令即停止生效。② 父母对子女扶养的终止是一方死亡或扶养要件消灭。

根据《澳门民法典》第 1854 条的规定，扶养义务在下列任一情况下或期间终止：义务人或受扶养人死亡；扶养人不能继续提供扶养之期间，或受扶养人不再需要扶养之期间；扶养权利人严重违反其对扶养义务人之义务。扶养义务人死亡或不能继续提供扶养时，不导致受扶养人丧失其对其他同一顺序之扶养义务人，或后一顺序之扶养义务人拥有的权利。扶养关系在一定条件下（如被扶养人死亡，或基于婚姻关系而产生的扶养因被扶养人与他人结婚）

---

① 参见香港《分居令及赡养令条例》第 7 条。
② 参见香港《分居令及赡养令条例》第 6 条。

可以自动解除；在一定条件下还可以通过诉讼解除，如扶养人丧失扶养能力，受扶养人没有受扶养需要或受扶养人有通奸、故意对扶养人或其近亲属的侵权行为时，可提起终止扶养的诉讼，取得司法准予终止的判决而解除扶养关系。

台湾“民法亲属编”关于扶养义务的消灭原因，在“扶养”一章中无规定。根据该“民法”规定的精神以及学理和判例，扶养义务的消灭原因有三：当事人死亡；当事人身份关系消灭，如夫妻身份因离婚消灭，父母子女关系因收养而权利义务终止；扶养要件消灭。

（2）对扶养终止立法的比较评析。

四法域的扶养法都包含了扶养终止的三大原因：当事人死亡、当事人身份解除和扶养要件消灭。但我国内地《婚姻法》对扶养的终止没有明确规定，尽管有部分法律条文涉及扶养终止的内容，但在婚姻法中规定得不够完善，大部分靠司法解释处理。香港地区对于夫妻扶养和父母对子女的扶养分别规定了扶养义务消灭的条件。《澳门民法典》作出了扶养义务终止的规定，并且还提出了如果受扶养人有故意对扶养人或近亲属的侵权行为，可以司法判决终止。台湾“民法亲属编”在“扶养”一章中没有对此作出规定，但该法规定的精神以及根据学理及判例，包含了上述三方面内容。我国内地婚姻法在完善亲属扶养制度时，应对这个问题予以明确规定：扶养权利人或义务人死亡时，扶养义务消灭；当事人身份解除时，扶养义务消灭；扶养要件消灭，扶养关系随之解除，但扶养义务可根据扶养要件的再发生而重新恢复。

三、完善中国内地扶养立法的启示

进入21世纪以来，社会经济迅速发展，人们的思想观念、婚姻家庭伦理观随之发生变化。在家庭核心化和亲属关系多样化，男女平等和自由发展，公共福利和社会保障体系等各种因素的作用下，随着社会竞争压力的加剧、救济制度和社会保障制度的完善和加强，有的人开始质疑亲属扶养制度的发展前景。但是，在现在和将来很长的历史时期，由于中国内地将继续处于社会主义初级阶段，家庭成员间的扶养权利和义务将仍是婚姻家庭法的重要内容，并将随着内地婚姻家庭法的不断完善而被充实。尤其是“儿童最大利益原则”在婚姻家庭领域的应用，以家庭中的未成年人受扶养权保护为首要考虑，以保障家庭中的弱者之受扶养权的实现为核心的发展趋势要求内地扶养法不断地发展和完善。

(一) 内地扶养法的不足

总体上看，我国内地现行扶养制度反映了中华民族的传统和现实国情，但内地现行《婚姻法》的扶养制度在立法技术和立法内容等方面还存在一定的不足。

1. 立法技术上的不足

现行法将“扶养”针对不同的主体进行规定，比较分散，缺乏统一整合性，没有形成一个系统全面的扶养法规范体系。

现行法采用“抚养”、“扶养”、“赡养”三种称谓来分别表达不同亲属间的扶养关系，而其他法律部门或法律规范中使用“扶养”作为总称，从而发生概念使用上的不统一，不便于在实践中操作适用。

2. 立法内容上的不足

在通过对内地与港、澳、台的扶养法之比较，我们注意到内地的扶养法，只规定了扶养的主体和要件，且扶养的主体范围较窄，未将直系姻亲列入扶养主体的范围。此外，对扶养的顺序、程度、方式及扶养的变更和终止等均未规定或规定得相当笼统、简略。现行法过于简略、抽象，对有扶养关系的亲属及其发生扶养的条件缺乏周密把握和严谨的规范，存在一些疏漏，以致在实践中需要通过司法解释来补充。而扶养绝大多数情况下依赖于指导人们自觉履行，司法解释存在效力和适用范围的狭窄性，难以为民众认知和遵行。

在现实生活中，随着经济的发展，人们生活观念的变化，亲属扶养制度也面临着无法有效解决扶养制度新问题的困境，如不履行扶养义务问题、扶养案件中执行难问题、人口年龄结构老龄化引起的养老问题等。

(二) 完善中国内地扶养立法的建议

我国内地立法机关，应借鉴港、澳、台三地区的立法经验，结合我国实际，增补专章规定“扶养”制度，其主要内容应包括扶养的主体和顺序、扶养的要件、扶养的程度和方式、扶养的变更和终止以及不履行扶养义务的法律责任等。近年内地有学者已提出了完善扶养制度的立法建议。① 作者拟在《中华人民共和国婚姻家庭法（法学专家建议稿）》[6] 和学者们研究成果的基础上，就内地扶养制度应包括的基本内容提出以下补充、完善建议：

1. “扶养”一词在法律用语上应统一化

从国外的立法看，绝大多数国家均采用广义的扶养一词，建议修改立法时将“抚养”、“扶养”、“赡养”三种称谓统一用“扶养”这一概念，以使法律术语统一，也便于与国际上相关立法接轨。

2. 增补扶养主体

内地现行《婚姻法》中规定的扶养主体范围为夫妻、父母子女、祖孙、兄弟姐妹。直系姻亲间是听凭当事人自愿。建议增加直系姻亲为扶养主体。直系姻亲之间互负扶养义务，且不以同居一家共同生活为条件，但未形成扶养关系的继父母、继子女除外。[7]

3. 增补扶养的顺序

建议采取列举主义和概括主义相结合的方式作出规定。

(1) 扶养义务人的顺序。扶养义务人有数人时，应按下列顺序确定履行扶养义务的人：配偶、成年子女、父母；成年的孙子女、外孙子女、儿媳、女婿；成年的兄弟姐妹、祖父母、外祖父母、夫妻之父母。

(2) 扶养权利人的顺序。在扶养权利人有数人，扶养义务人

---

① 陈苇：《中国婚姻家庭法立法研究》，401～406页，北京：群众出版社，2000；宋豫、陈苇主编：《中国大陆与港、澳、台婚姻家庭法比较研究》，499～503页，重庆：重庆出版社，2002。

经济能力不足以扶养其全体时，应按下列顺序确定接受扶养的权利人：未成年的或不能独立生活的子女、配偶、父母；祖父母、外祖父母、夫妻之父母；未成年的孙子女、外孙子女，未成年的兄弟姐妹，儿媳、女婿。

（3）当同一顺序的扶养义务人有数人时，应由扶养义务人协商解决履行扶养义务，协商不成或不能协商的，由人民法院根据扶养义务人的扶养能力确定；当同一顺序扶养权利人有数人而扶养义务人经济能力不足以扶养其全体时，应首先扶养最需扶助、经济最困难者。[8]

4. 明确扶养的程度和方式

（1）扶养的程度，应与扶养义务人的扶养能力和扶养权利人的需要相适应。通常应当达到扶养权利人所在地的一般生活水平。

（2）扶养的方式，可由权利人与义务人协商，或采取共同生活的扶养，或采取定期给付扶养费、定期提供劳务帮助等方式。

5. 规定扶养的变更和终止

（1）扶养的变更。扶养当事人一方或双方在经济和生活状况发生变化时，当事人双方均有权提出请求变更原扶养协议或判决。

（2）扶养的终止。凡有下列情形之一者，扶养关系终止：扶养当事人死亡；扶养当事人身份关系解除；扶养要件消灭。

扶养可以根据扶养要件的再发生而重新恢复。

6. 设立专门机构帮助当事人化解扶养纠纷[9]

建议借鉴外国立法经验，在我国设立一个专门性质的机构——婚姻家庭心理咨询及法律服务中心，指导和帮助夫妻协商解决有关子女抚养、教育和监护的纠纷，以期保障当事人受扶养权益的实现。

7. 设立儿童抚养费代理机构[10]

为保障儿童抚养费的给付，建议借鉴外国立法经验，在我国民政部门中，设立儿童抚养费代理机构，由其负责审查、登记离婚夫妻有关子女抚养的协议，评估子女抚养费的数额，监督执行儿童抚养费协议。并且，儿童抚养费代理机构应根据儿童抚养费权利人的申请，依法代为收取、转交儿童抚养费。法院判决确定离婚父母给付子女抚养费的数额和方式后，给付义务人应当依法履行给付义务。如果儿童抚养费权利人提出协助收取儿童抚养费申请的，儿童抚养费代理机构应依法代为收取、转交儿童抚养费或抚养儿童一方直接到儿童抚养代理机构领取抚养费。并且规定，儿童抚养费代理机构有权到税务部门查阅儿童的父母双方的纳税记录，从而确定儿童父母的工作地点及收入情况，以确保子女抚养费数额的确定和收取。

参考文献

[1] 陈苇:《中国婚姻家庭法立法研究》，404～406页，北京：群众出版社，2000。

[2] 杨大文主编:《亲属法》（第四版），306页，北京：法律出版社，2004。

[3] 高留志:《扶养制度研究》，116～120页，北京：法律出版社，2006。

[4] [5] 陈苇主编：《外国婚姻家庭法比较研究》，555～556页、564页，北京：群众出版社，2006。

[6] 婚姻家庭法专家试拟稿起草组、中国法学会婚姻法学研究会立法研究组、中国法学会研究部：《中华人民共和国婚姻家庭法（法学专家建议稿）》，载梁慧星主编:《民商法论丛》第14卷，794～795页，北京：法律出版社，2000。

[7] 杨大文主编:《亲属法》（第四版），306页，北京：法律出版社，2004。

[8] 陈苇、王鹍:《澳大利亚儿童权益保护立法评介及其对我国立法的启示》，载《甘肃政法学院学报》，2007（3）。

[9] 陈苇、胡苷用:《离婚诉讼前处理子女抚养纠纷的一种机制——澳大利亚“家庭关系中心”评介及其启示》，载《吉林大学社会科学学报》，2007（4）。

专题研究

论忠实是否为夫妻的法定义务

——兼议最高人民法院《婚姻法解释（一）》[①]第3条

蒋　月*

目　次

夫妻一方不忠于婚姻，是引发婚姻冲突的常见原因之一，是导致离婚的重要事由。忠实，狭义上是指夫妻互守贞操，配偶在性上

---

① 《婚姻法解释（一）》为最高人民法院《关于适用〈中华人民共和国婚姻法〉若干问题的解释（一）》的简称。

* 蒋月，女，厦门大学法学院教授，博士生导师，中国法学会婚姻家庭法学研究会副会长。

忠于对方，不为婚姻外之性行为。从广义上来理解，忠实，不仅是指夫妻在性生活上互守贞操，而且包括夫妻不得恶意遗弃配偶他方，不得为第三人利益而牺牲、损害配偶他方的利益。在当代社会，夫妻忠实成为一个社会热点问题，不仅因为生活中，配偶一方不忠于婚姻的情形较普遍发生，而且在婚姻立法和司法审判实践中，对此问题的认识也存有较大争议。一方面，学界对忠实是否为夫妻的法定义务争论不休；另一方面，部分婚姻当事人或者即将结婚的人们订立“忠实协议”约定夫妻之间应当信守忠实，违者应当承担一定违约或赔偿责任，因而有发生此类纷争而诉诸法律的案例。现行《婚姻法》第 4 条规定：“夫妻应当互相忠实，互相尊重……”然而，最高人民法院《关于适用〈中华人民共和国婚姻法〉若干问题的解释（一）》（以下简称《婚姻法解释（一）》）第 3 条规定：“当事人仅以婚姻法第 4 条为依据提起诉讼的，人民法院不予受理；已经受理的，裁定驳回起诉。”对于夫妻、婚姻而言，忠实究竟是什么性质的问题？婚姻法应当如何评鉴忠实与婚姻之关系呢？看来，很有必要再作讨论。本文的讨论仅限于贞操忠实之狭义理解。

一、性自由权是否可以被限制

性自由权，是指一个人能够自主地决定本人与性有关的所有事项或问题的权利。性权利是一种天赋的权利。任何权利自诞生之时起，其天生就受到了约束。

（一）凡权利天生即受到限制

人类通过各种制度建立起作为人类社会赖以存续和发展基础之社会秩序，从而维持、保障和促进人类自身发展。法恰恰是人类社会生活中一种最重要的秩序安排方式。与法律永相伴随的基本价值，便是社会秩序。[1]性自由权作为一种类型的权利，必须受到法律约束。

（二）性自由权应当受到限制

性自由权既要受到限制，也应当受到约束。禁止成年人与未成年人发生性关系，是人类普遍的价值观。当一个人行使性权利时，只能限于合理范围内。任何人不得以行使或实现性权利为由侵犯另一个人的性自由意志。婚姻制度正是对性权利的普遍约束。

（三）当事人是否可以处分本人的性自由权

原则上，权利人均有权处分其权利，这是权利与义务的重要区别之一。但是权利人对其权利的处分不得以损害他人利益、损害公共利益为代价，简而言之，应限制在法律许可范围内。在不侵害他人利益的前提下，当事人有权处分其性自由权。事实上，性自由权的行使，更加直接关乎社会善良风俗，法律和道德对其均有诸多限制。

二、夫妻忠实与婚姻的关系

在婚姻关系存续期间，配偶相互忠实，是一夫一妻制的根本要求；若无夫妻相互忠实，一夫一妻制也不复存在。

忠实是对一夫一妻制的最简洁的恰当解释。性交的排他性是夫妻关系最基本的要素，是婚姻关系区别于其他家庭关系或社会关系的标志。“对于多数夫妻而言，性生活上的忠诚是婚姻存续中至关重要的要素，并构成了婚姻的生命基础。通奸等行为，不仅完全可能毁灭婚姻，而且由于性行为内在地涉及生育，通奸又会引起子女父系确定问题，进而影响家庭结构。”[2] 婚内性生活的意义和忠实的立足点，不在于运用这种方式能做什么，而在于不能以这种方式干什么。婚姻当事人不能强制对方履行性生活义务，但彼此有权禁止对方在婚姻关系以外与他人实施性行为。“如果说强制婚姻配偶实施性活动能够构成奴役行为，但禁止他方实施婚外性行为则无此之嫌。”[3] 婚姻关系的稳定性在很大程度上依赖于性生活上的忠实。如果性生活没有排他性，则该如何认识和理解一夫一妻制呢？在20 世纪 80 年代初，美国第 10 巡回上诉法庭针对挑战一夫一妻制的诉讼时表示：“一夫一妻制不可分离地被编织进了我们的社会结构中，这是我们文化建立的基石。”[4] 在婚姻生活中，夫妻一方偶然不愿意发生性关系，虽可能消极地影响婚姻和谐，但它对婚姻关系的损伤远不及一次被发现的婚外性行为。配偶一方不忠始终是破坏婚姻稳定的致命伤，其对婚姻的伤害几乎可以与配偶一方死亡相提并论。在实际生活中，通奸往往引发伤害、杀人等严重事件的发生，说明性忠实对于夫妻和婚姻的重要性，是婚姻的其他任何要素所不能相提并论的。

三、关于忠实是否为婚姻义务的论争

2001年前后，在《婚姻法》修正讨论过程中，针对夫妻是否应负有忠实义务，学界曾经有过激烈争论。2001年修订后的《婚姻法》采纳了夫妻有相互忠实负担的学术观点，其第4条规定“夫妻应当互相忠实”。然而，法学界和司法实务中对该条的理解存有很大的分歧，有肯定与否定两种截然不同的意见。肯定者认为，这是对夫妻法定义务的要求；有人则认为这仅仅是一种道德提倡。对于一夫一妻而言，忠实究竟是夫妻关系的基本要求和底线，还是别的什么？

（一）关于夫妻负有忠实义务的观点

这种观点认为，根据现行《婚姻法》第4条，“夫妻应当互相忠实”，夫妻互负有法律上的忠实义务。

1. 夫妻相互忠实是落实一夫一妻制的根本要求

现行《婚姻法》第2条规定，“实行婚姻自由、一夫一妻、男女平等的婚姻制度”。所谓一夫一妻，是指由一男一女组成夫妻的婚姻制度，任何人在特定时期内，均只能有一个配偶；一夫多妻或者一妻多夫均属违法。因此，单一性伴侣是一夫一妻制的根本特点。两性关系限于合法婚姻之内，是个体婚姻的本质要求，是一夫一妻制区别于其他婚姻形态的最大区别。在一夫一妻制下，婚姻的稳定和家庭和睦，很大程度上取决于配偶双方是否互相忠实。婚外性关系乃至不洁性生活，将危及婚姻存亡及后代健康。自人类实行一夫一妻制以来，调整两性关系的立法普遍规定夫妻应当相互忠实。在父权家长制时代，出于维护男系血统的需要，法律对妻子的贞操要求极其严格，严厉惩处失去贞操的妇女；宽容丈夫的通奸行为，甚至承认男子纳妾。资本主义早期法律虽规定贞操为夫妻双方义务，通奸、重婚作为离婚的法定理由，不允许相奸者结婚，但法律对贞操的要求严于妻而宽于夫。① 直到第二次世界大战后，资本主义国家修订婚姻家庭法，才渐渐废除旧有的不平等法律，普遍将夫妻置于平等地位，忠实为对夫妻双方的平等要求，并将其视为维护夫妻关系的特质及其婚姻稳定的要素。《法国民法典》、《瑞士民法典》、《意大利民法典》、《瑞典婚姻法》及美国许多州立法都明文规定相互忠实是夫妻的义务。相反，世界各国立法不规定夫妻忠实的不多见。

首先，夫妻互相忠实，是一夫一妻制婚姻基本之义。夫妻不忠是足以破坏一夫一妻制的严重情形之一。为贯彻一夫一妻制，现行《婚姻法》第4条增列夫妻应当互相忠实，明确要求已婚者将性关系限制在婚姻之内，将一夫一妻的婚姻制度贯彻落到实处。其次，夫妻互相忠实是婚姻当事人共同一致的强烈要求，而非法律的创造。将性关系限制在夫妻之间，并且给予配偶的利益与自己的利益同等注意，不为第三人损害配偶，这是绝大多数婚姻当事人的共同意愿。如果没有夫妻互相忠实的信念和要求，一夫一妻制将形同虚设。法律向所有已婚者提供统一标准和公力救济途径，节省了社会成本，避免婚姻当事人、婚姻、家庭付出沉重代价，有利于维护社会公平。再次，夫妻互相忠实，是子女血缘清白的保证，是保护配偶身心健康的需要。尽管生物科学技术的发展已经使人类对自身或个体的认识达到了前所未有的程度，但是就整个社会而言，通常情形下人们认识或识别后代，主要通过判断不同社会关系的组合来完成，而不能完全依赖于诸如DNA之类的技术。夫妻双方的性关系限制在婚姻内部，所生育后代的血源来源单一、清楚。这不仅是社会公共利益的要求，也符合婚姻当事人个体的利益及婚姻整体的利

---

① 例如，1804年《拿破仑民法典》第229规定，“夫得以妻通奸为理由，诉请离婚”。第230条规定，“妻亦得以夫通奸且于婚姻共同住所实行姘度的理由，诉请离婚”。李浩培、吴传颐、孙鸣岗译：《拿破仑民法典》，30页，北京：商务印书馆，1983。

益。最后，明确夫妻有互相忠实的法定义务，为调整婚姻关系的其他具体制度提供了法理依据。婚姻受宪法保护，侵害合法婚姻的行为就是违法，应当承担相应的法律责任。法无禁止不违法。法律不要求夫妻互相忠实，认定不忠实配偶他方的行为违法源于何处？

2. 现行《婚姻法》明文规定“禁止重婚”

重婚是指有配偶者再行结婚的行为，即两个或更多婚姻关系重叠。重婚有两种形式：一是法律上的重婚；二是事实上的重婚。无论是法律上的重婚还是事实上的重婚，都是法律禁止的行为。改革开放30余年来，中国内地一些地方重婚现象呈增多趋势。它严重破坏了一夫一妻制，违背社会主义道德风尚，导致家庭破裂，诱发严重的治安事件，影响了社会安定和计划生育政策的执行。因此，对于重婚问题，既要加强婚姻法的宣传教育，抵御腐朽思想的侵蚀，积极预防重婚现象发生，同时必须完善法制，加大遏制重婚的力度，依法追究重婚当事人的法律责任。

重婚行为当事人必须承担相应的法律后果。首先，违反一夫一妻制所缔结的婚姻无效。重婚，无论是经过婚姻登记管理机关的婚姻登记，还是基于事实上以夫妻关系相处，均不受法律保护。法律只承认和保护前婚，否认后婚。重婚的后婚是违法的、无效的。重婚当事人不具有夫妻的权利和义务。其次，重婚是构成离婚的法定理由之一。《婚姻法》第32条第3款规定，当事人有重婚情形之一，一方要求离婚，调解无效的，应准予离婚。最后，重婚是构成无过错一方请求离婚损害赔偿的法定情形之一。根据现行《婚姻法》第46条规定，夫妻一方重婚导致离婚时，无过错一方享有离婚损害赔偿请求权。此外，从刑法论，有配偶而重婚，或者明知他人有配偶而与之结婚的，构成重婚罪，应依法承担刑事责任。另外，行为虽然构成重婚，但当事人主观上没有重婚故意的，则不以重婚罪论处。

3. 现行《婚姻法》明文规定“禁止有配偶者与他人同居”

婚外同居，亦称姘居，是指已有配偶的人与婚外异性持续稳定地共同居住，但不以夫妻名义相称的行为。一夫一妻制要求已婚者只能有一个配偶，故现行《婚姻法》第3条第2款规定，“禁止有配偶者与他人同居”。这是针对我国改革开放以来较为突出的婚外同居现象所作的规定。据此，有婚姻在身者，与配偶以外异性同居是非法行为，受到法律禁止。姘居虽与重婚有别而不构成刑法上的重婚（明知是现役军人的配偶而与之同居除外），不是犯罪行为，却是不正常的男女两性关系，破坏了一夫一妻制，因而是违法的。配偶一方有婚外同居行为，除应受到道德、舆论的谴责外，构成离婚的法定理由时，无过错的配偶一方依法享有离婚损害赔偿请求权，过错配偶一方依法应承担侵权民事责任。

4. 禁止通奸

通奸，是指婚姻配偶的任何一方与婚外之人自愿发生性关系的行为，且不以夫妻相称或共同生活。只要婚姻关系尚未合法解除，即使是已经达成分居协议的夫妻，在分居期间有此行为仍构成通奸。通奸是传统的离婚理由之一，从古代到当代的离婚法，无一例外。我国现行《婚姻法》仍将通奸纳入“其他原因造成感情破裂的”情形之一。美国有28个州将通奸作为离婚理由予以适用。[5]为何通奸是离婚事由呢？皆因其违背了夫妻忠实要求！

5. 禁止嫖娼和卖淫

有配偶者应当将性关系限制在合法婚姻之内，在婚外与他人发生性关系即违背了忠实要求，是非法的。嫖娼、卖淫行为之所以受到禁止，不仅因为其有损社会道德风俗，也基于其是对一夫一妻制的严重冲击。

6. 违背忠实的各种情形是法定离婚事由

现行《婚姻法》第32条规定了判决离婚的法定事由，其中明文涉及违背夫妻忠实之数种情形。首先，重婚不仅是对夫妻感情的践踏，而且是对另一方尊严的无视。另一方因此认为婚姻关系的维持毫无意义，转而要求离婚，实属情理之中。法律也允许有重婚行为的过错一方本人提出离婚。其次，有配偶者与他人同居。这里的同居是指有配偶者与婚外异性在一起共同生活，但不以夫妻名义相称，俗称姘居。婚外同居因不是以夫妻名义共同生活，其行为不构成重婚，但仍是对一夫一妻制的破坏。姘居对合法婚姻的损害一目了然，社会上要求遏制这种现象的呼声很高。允许有此情形的夫妻离婚，实有必要。最后，夫妻因感情不和分居满二年的，也包含了夫妻一方违背忠实导致婚姻失和，以致夫妻长期分居的情形。“其他导致感情破裂的情形”可以涵盖所有前述规定中没有列举到但实际生活中确实导致夫妻感情破裂的情形。结合以往的司法实践，“其他原因”的情形有：一方被依法判处长期徒刑，或者其违法、犯罪行为严重伤害夫妻感情的；夫妻一方或双方有通奸行为；夫妻一方有生理缺陷难以治愈的；双方办理结婚登记后尚未同居生活，已无和好可能的等。

7. 严重违背忠实的行为构成离婚损害赔偿之事由

离婚损害赔偿是指由于夫妻一方的过错行为导致离婚时，无过错的另一方有权要求过错方给予损害赔偿的民事法律制度。根据《婚姻法》第46条规定，因一方有过错导致离婚的，离婚时，无过错方有权请求具有法定过错情形的另一方损害赔偿。离婚损害赔偿责任的法定事由有五种，其中两种情形为配偶不忠于婚姻。首先，夫妻一方重婚的。重婚违背了夫妻之间互相忠实的义务，是对一夫一妻制的最为严重的破坏。夫妻另一方因此要求过错方承担损害赔偿责任，合情合理。现行《婚姻法》将其列入损害赔偿事由中，要求责任者承担民事赔偿，是对重婚行为的处罚。其次，夫妻一方与他人同居的。夫妻一方不论以何种名义与他人同居，均应纳入此处所称同居之列。有配偶者负有与配偶对方共同生活的义务，即使因某种正当理由免除同居义务，已有配偶者均不得与他人同居，否则该行为构成违法。因此，已有配偶者与他人同居是对婚姻义务的违背，应该承担相应民事责任，构成损害赔偿事由。

现实生活中，第三者插足、通奸、姘居、非法同居等已造成了大量婚姻的破裂。法律根据什么要求具有重婚、有配偶者与他人同居的当事人承担离婚损害赔偿责任？是因为这些行为侵害了合法婚姻，侵害了配偶另一方的利益。此时的离婚损害赔偿，是法律对有婚外性关系等过错配偶一方过错行为的制裁。试想，一张照片，未经本人同意被人摆上橱窗招徕顾客，受害人可以控告业主侵权，要求赔偿损失；一个手指被切，除了可以要求赔偿医疗费外，还可以要求侵权人赔偿精神损害，一桩合法婚姻被人为破坏，配偶所受伤痛可能终身无法抚平，为什么无权要求违法行为人予以赔偿？对多数已婚姻者而言，保护婚姻胜过保护其他个人利益。要求破坏合法婚姻者承担侵权责任，是十分必要和合理的。而法律之所以赋权受害配偶请求离婚损害赔偿，其实质在于忠实是一夫一妻制婚姻的基本价值观，配偶另一方负有忠实义务，其违背忠实要求之行为，既突破了婚姻的约束，又严重损害了信守忠实的配偶另一方之利益。

（二）主张忠实不构成夫妻法定义务之观点

否定夫妻负有忠实义务的意见，有四个方面的理由。首先，性权利是人权，任何理由不可剥夺或限制。规定夫妻有忠实义务意味着一纸婚书出卖了一个人终身的性权利，或者将一个人的性权利赋予另一个人支配，这是荒诞的。其次，忠实义务规定不利于现实生活中易受损害的妇女权益保护。由于历史传统、经济等因素影响，妇女更容易受到“忠实义务”的束缚，不利于保护妇女权利。再次，规定夫妻负有忠实义务，是一种封建的贞操观，不合乎现代社会价值观。21 世纪修订婚姻法，若还规定夫妻互负忠实义务，则是一种历史倒退。最后，即使法律要求夫妻相互忠实是出于“好意”，实际上却是行不通的。生活中，总有部分当事人不忠实配偶。如果法律规定夫妻之间应相互忠实，一方违背此义务，他方就有权寻求法律的帮助和救济。不论是自行捉奸，还是请求公安机关帮助或者寻求其他途径的救济，均可能演出捉奸闹剧。如果公安机关介入其中，还可能造成“人民警察不打犯罪，专管他人床上事”的恶果。夫妻关系靠警察强力维持，是当事人和社会的悲哀。

（三）忠实是约定俗成的婚姻义务

还有一种观点认为，夫妻忠实，作为婚姻义务，是人们普遍所能接受的、约定俗成的规则。它是社会“既有道德”之一。所以，婚姻法没有必要进行规定，且规定了也无妨。

（四）本文观点

考察否定夫妻互负忠实义务的主张，总感觉其有失偏颇，语焉不详，似是而非。若夫妻无相互忠实义务，结婚的法律意义是什么？一方与婚外之人有性关系，何来过错之有？对当事人不忠实于婚姻的行为加以惩罚，更无凭无据。通奸不构成犯罪，非传统的两性关系也正在发展。但是，谁也不能否认占主流的仍是传统婚姻关系。按照“倒退说”，已婚者无须忠于配偶，可以跟着感觉走。男女婚后仍有与其他异性发生性关系的自由，夫妻有多个性伴侣不足为患。如此婚姻，与人类历史上的对偶婚并无异样。这种论调，会混淆了两性关系的道德评价，诱使人不分是非、不讲责任，一味追究个人感觉和利益，视违法为合法。客观而论，这种主张者不赞成规定夫妻有互负忠实义务，针对的是他人而非自己。试问已婚人士，何人在遇到配偶不忠时能够轻松一笑，愿悉听尊便？即使在法律承认和保护非婚同居、同性结合等非传统性关系的国家和地区，不仅一夫一妻制婚姻及其当事人的权利与义务仍受到法律保护，而且同居伴侣关系的法律模式及当事人的权利与义务设置，或者完全适用于夫妻关系，或者参照夫妻关系而设置。迄今为止，在传统婚姻构成的传统家庭，父母双方共同养育子女，仍是未成年人成长和发展的最好环境。“倒退说”完全没有考虑子女的利益。夫妻不忠实于婚姻，受害的不仅是双方，还有未成年子女。

忠实作为法定义务，存在于民事法的其他领域，且很少受到批评或质疑。诚实信用，被视为民法的帝王规则，该原则贯彻在具体民事法律制度中，都有明确体现。例如，缔约过失责任；先合同义务等。最典型的莫过于信托关系中，忠实是受托人对委托人承担的主要义务之一。现行信托法制下，多数信托法未直接规定受托人负有忠实义务，但根据受托人义务的内涵，仍可以导出受托人负有忠实义务的结论，并且该忠实义务的内涵大抵理解为以下三项原则内容：一是受托人不得置身于信托财产利益与受托人个人利益彼此冲突的地位；二是受托人处理信托事务时，不得为自己谋利；三是受托人处理信托事务时，不得使第三人获得不当利益。[6] 难道能说该

“忠实”要求无法强制执行吗？

众所周知，自我国改革开放以来，由于多方面的因素，夫妻违背忠实义务的社会现象有愈演愈烈之势。婚姻法作为调整包括性利益在内的利益之工具，将“忠实”明定为夫妻义务，理所当然。

四、评议《婚姻法解释（一）》第3条、《婚姻法》第4条规定是否具有可诉性

夫妻忠实，是婚姻立法和司法裁判不可能回避的问题。尽管1980年《婚姻法》原规定未明确提出夫妻忠实的法定要求，但20世纪80年代末，我国司法政策已将婚姻当事人一方有通奸等不忠行为视为判断夫妻感情破裂的情形之一，[①] 认定构成他方诉请离婚的法定理由，不忠于婚姻的当事人应当承担相应的法律后果。1989年11月，最高人民法院《关于人民法院审理离婚案件如何认定夫妻感情确已破裂的若干具体意见》第8条规定，“一方与他人通奸、非法同居，经教育仍无悔改表现，无过错一方起诉离婚，或者过错方起诉离婚……确无和好可能的”，视为夫妻感情确已破裂，可依法判决准许离婚。实践中，人民法院根据该条规定裁决了因夫妻一方有通奸、与他人非法同居等行为而引发的大量离婚诉讼。直至2001年，现行《婚姻法》明确规定“夫妻应当互相忠实”。既体现了法律介入夫妻身份利益分配的干预，又反映了婚姻立法风格的某种变化——向具体化方向发展。最高人民法院《婚姻法解释（一）》第3条规定：“当事人仅以婚姻法第4条为依据提起诉讼的，人民法院不予受理；已经受理的，裁定驳回起诉。”最高人民法院将夫妻忠实争议排除在司法管辖之外的这一立场，实际上“修正”了现行《婚姻法》第4条规定。该司法解释使得《婚姻法》第4条关于“夫妻应当互相忠实”之规定，不具有可诉性。笔者认为，最高人民法院的这条解释值得商榷。

---

① 1989年11月最高人民法院《关于人民法院审理离婚案件如何认定夫妻感情确已破裂的若干具体意见》第5条、第7条、第8条。

（一）法律上可能存在仅仅为无约束力的倡导性法条吗

“夫妻应当互相忠实”究竟属倡导性规定还是强制性规定？法律上，有可能存在某些仅仅具倡导性而不具法律效力的条款吗？

第一，笔者认为，任何法律条文，均是有法律效力的，而不会仅仅是倡导性，不约束人们的行为。仅仅属于倡导性规定，而不具有法律强制约束力的法律条文，是不存在的。何谓“倡导性规定”？某个条款，因为不具有救济性规定，就可以将其理解为倡导性规定？

第二，若该条文可诉将导致当事人滥用诉权，不应该成为不赋予其可诉性的理由。有一种观点提出，夫妻一方违背忠实，不应成为另一方提起诉讼的理由。如果违反忠实义务可诉，同一个婚姻的当事人一方，可能因另一方配偶反复多次违反忠实义务，不断提起诉讼，既不能解除申请人的痛苦，又浪费了司法资源。例如，某男每月都发生违背夫妻忠实义务要求之行为，其妻子每发现一次，就起诉一次，要求保护其合法权益。法院该如何作为？又能够做什么？笔者认为，违背忠实，就是违背一夫一妻制度，法律应当干预。例如，小偷偷窃，不论其窃取他人财物的价值大小，其行为均属违法。法律不因为其偷盗的财产小而否认其行为的违法性，不因为小偷是个惯窃，经常窃取他人财产，且次数多、数量大，而“嫌麻烦”不予干预。

（二）最高人民法院是否有权剥夺公民依法提起诉讼的权利

无论是原则性规定还是具有较强操作性的法律规范，都是人们行为的准绳和依据。任何人违反法律明文规定的，均可以被诉之法律，使受害人获得相应救济。然而，最高人民法院的该司法解释，直接剥夺了公民根据现行《婚姻法》第4条规定提起诉讼的权利。这其中的法理或依据，迄今没有释明。

如何解决婚姻当事人一方违背忠实引起的争议？目前人民法院可因最高法院的这一解释，一推了之，不受理当事人的起诉。然而，生活仍在继续，争议客观存在。当事人应该如何自助？又如何寻求公助？笔者不禁焦虑不已。

从价值取向看，该条司法解释的立场有待斟酌。法院不受理“当事人仅以婚姻法第 4 条为依据提起诉讼”，对哪些人有利呢？答案是不言自明的。真如某些在婚外养情人、公开通奸关系的当事人在遇到配偶另一方反对、抗争、控诉、愤怒时无所畏惧地告诉对方，“你可以去法院告我呀！”因为法院不受理此类诉讼，受害人“告状无门”。

（三）解决争议的路径

常说每个生命总会找到自己的出路。由于夫妻不忠造成的损害是严重的，夫妻忠实争议容易引发种种严重冲突，司法救济不介入，对有关婚姻当事人、对家庭、对社会都只会是有百害而无一利的。既然有现行《婚姻法》第 4 条明文规定，法院是应当允许当事人“进门”的。司法是最后的公正，司法不提供救济，听凭当事人自我救济，只会使强者更强，弱者更弱，更加偏离正义。

五、“忠实协议”是否有效

现行《婚姻法》自 2001 年生效以来，当事人在婚前或者婚后签订由某种人身关系协议引起的诉讼时有发生，“忠实协议”效力诉讼是其中涉及人身关系的典型争议。所谓“忠实协议”，是指婚姻当事人双方签订的相互忠实于对方并在一方发生违约情形时给予对方约定赔偿金或补偿金的协议。夫妻通过订立“忠实协议”来预防和惩罚婚外性行为的情形。这种夫妻“忠实协议”约定了夫妻忠实义务和违反忠实义务的赔偿金。例如，“若一方在婚期内由于道德品质问题，出现背叛另一方的不道德行为或者婚外情，要赔偿对方名誉损失及精神损失费 30 万元”。[①] 诸如此类约定，在一部分婚姻当事人中已经客观存在。然而，当事人一方发生约定情形，导致另一方要求违约者履行承诺时，违约方可能又寻借各种理由拒不承担约定责任。该类协议的效力一直备受争议。有人认为，当事

① 《为“忠诚协议”付出 30 万元代价》，载《中国妇女报》，2002－12－31，第 2 版。

人签署的“忠实协议”是对现行《婚姻法》相关法律条款的具体化，符合婚姻法的原则和精神，具有法律效力。也有学者不赞成赋予“忠实协议”法律效力。两种观点都从法律行为构成要件、社会效果等方面提出了具有说服力的理由。还有学者不赞成利用法律手段调整婚姻忠诚问题。司法实践中，审判人员对这类协议效力的认识也存有很大分歧。[①] 对“忠实协议”效力的司法确认或否认，在法学理论上引起了激烈争论。

（一）关于“忠实协议”的学术争论

1. 肯定观点

肯定观点认为，“忠实协议”具备民事法律行为生效的所有要件，应当具有法律效力。其理由：首先，“忠诚协议”具备合同的有效要件。“忠诚协议”是由婚姻当事人在自愿的前提下，经过平等协商达成的意思表示；当事人对该意思表示的一致，经历了充分讨论甚至争论，最终自愿地签署的。当事人签署该类协议的动机可

---

① 2002 年，上海相关人民法院审结的案件：2002 年 5 月，原告向上海市闵行区人民法院提起离婚诉讼，要求与丈夫离婚。被告以原告违反“夫妻忠实协议”为由提起反诉，要求法院判令原告支付违约金 30 万元。同年 6 月，法院查明，原、被告于 1999 年相识并登记结婚，双方均系再婚。2000 年 6 月，夫妻俩经过平等协商，签署了一份“忠诚协议”。该协议约定，夫妻婚后应互敬互爱，对配偶、子女、家庭有道德和责任；若一方在婚姻关系存续期间由于道德品质问题，出现背叛另一方的不道德行为，要赔偿对方名誉损失及精神损失费 30 万元。协议签订后，被告发现原告与其他异性之间关系不正常。法院认定原、被告双方的“忠诚协议”有效，判决被反诉人（即原告）支付反诉人（即被告）违约金 30 万元。上诉期间，被反诉人不服判决，向上海市第二中级人民法院提起上诉。在上诉审查期间，上诉人与被上诉人达成了调解协议，上诉人同意向被上诉人支付违约金 25 万元。2005 年，江苏省溧水县人民法院审结的离婚案件：1999 年，原、被告结婚。双方婚后育有一子。2000 年，原告因发现被告与另一妇女通奸，提出离婚要求。因被告表示欲痛改前非，夫妻和解，并签订一份“忠诚协议”。协议约定，如果被告再发生婚外情，自愿与妻子离婚，并赔偿妻子 10 万元。2005 年，原告撬开被告放置文件的抽屉，发现了被告记录了与第三人发生性行为情况的日记本。原告遂向法院起诉，要求离婚，并请求判决被告支付 10 万元赔偿金。同年 4 月 12 日，溧水县人民法院开庭审理此案。法院判决准许双方离婚，并驳回了原告要求被告支付 10 万元赔偿金的请求。引自智敏：《法官判定：10 万元违约金“忠诚协议”无效》，载《法制生活报》，2005 - 06 - 20。

能不尽相同，但目的都是一致的：约束当事人双方的行为，维护婚姻关系的稳定。“忠诚协议”的内容表达明确、清楚，当事人约定的是财产赔偿或补偿责任，而非强行维持人身关系等其他内容，没有损害他人利益，没有违反婚姻法基本原理和民事法律基本原则，应该有效。其次，“忠诚协议”不仅没有违反法律禁止性规定，而且还有明确的婚姻法依据。现行《婚姻法》第 4 条规定，“夫妻应当互相忠实”；第 46 条规定，重婚、有配偶者与他人同居构成离婚损害赔偿的法定事由之一，无过错方有权请求损害赔偿。协议没有违反法律禁止性规定，且是在双方平等自愿的前提下签订的，协议的内容也未损害他人利益，因而当然有效，应受法律保护。再次，从社会效果看，“忠诚协议”将促进当事人约束婚姻关系存续期间的行为，有利于维护婚姻关系的稳定。还有法律人士以婚姻本身即契约为依据，肯定这类协议对维系婚姻稳定将起到积极作用。认为在没有具体协议约束的情况下，双方承担的是道德义务；而道德成本对于个人而言是隐性的、不确定的。一旦签订了协议，就将这种隐性化的道德成本显性化了，一方在背叛对方之前，就得考虑违约所要付出的成本。最后，从司法审判角度分析，“忠诚协议”要件完整，发生争议时利益指向明确，适用的法律条款具体，能够满足司法裁判的需要。法院判定“忠诚协议”有效，体现了司法维护法律权威和基本婚姻道德精神的正确立场，通过追究过错者的法律责任否定现实生活中的婚外情行为和做法；肯定守法行为，有利于教育督促全体婚姻当事人信守法律，忠于婚姻，减少婚姻中性利益的冲突；有利婚姻和谐和家庭稳定。

2. 否定观点

有些学者主张“忠实协议”不应具有法律效力，认为夫妻订立“忠实协议”由于缺乏民事法律行为生效的效果意思，不受法律调整；“忠实协议”是对性自由的限制，有损人身自由；“忠实协议”很难执行等。司法判定不忠赔偿超越了现行法律规定。其一，夫妻没有忠实的法定义务。有些学者认为，现行《婚姻法》规定“夫妻应当互相忠实”，而非“必须忠实”；“应当”意在提倡，只有“必须”才是法定义务。现行《婚姻法》规定的过错方四种损害赔偿情形并不包括婚外情，判定“不忠赔偿”显然扩大了对法律的解释。① 其二，“忠诚协议”限制了当事人的人身权利。人身自由是法定权利而非约定权利。通过约定方式限制公民的人身自由，是违法行为，当然不能产生法律效力。其三，损害赔偿金预先约定而非根据实际损害大小而定，与损害赔偿法基本法理不符。损害赔偿是以损害事实的发生为要件的，赔偿金额系根据损害结果大小来确定，并应依照现行提供的计算标准或原则确定赔偿金额。“忠诚协议”所定的赔偿金，无论名称是什么，都是对损害赔偿责任的确定。损害尚未发生就凭空确定了赔偿金额，是不妥的。其四，即使“忠诚协议”不违法，仍不能被赋予强制执行效力。如果“忠诚协议”具有法律效力，则司法诉讼必须查明当事人是否实施了违反约定的行为。随着举证、质证等司法程序的开展，无异于暴露或者公开当事人的隐私。这种做法是否妥当值得怀疑。其五，从社会效果看，赋予“忠诚协议”法律效力客观上会鼓励捉奸等行为，破坏社会人际关系。

此外，针对持肯定观点论者认为“忠实协议”是合同之主张，持否定观点论者提出“忠诚协议”不是合同，不具有合同的法律效力。持否定观点论者认为，“忠实协议”所约定的权利义务关系原本就是法定要求，属于夫妻之间的法定义务，即使当事人没有约定，夫妻相互之间依法负有忠实义务。对法定义务的约定，不构成合同。他们认为，“忠诚协议”也不符合合同的要求。首先，他们质疑当事人订立“忠诚协议”的意思表示的真实性。“忠诚协议”通常是在夫妻之间出现信任危机的情况下订立的，为避免夫妻关系恶化，当事人似乎显得别无选择。例如，学者朱凡甚至将“忠诚协议”类比为恋人之间的海誓山盟，未兑现时须承担高额违约金，显得不合情理。其次，他们认为，“忠诚协议”中“忠实义务”语

---

① 《为“忠诚协议”付出30万元代价》，载《中国妇女报》，2002-12-31，第2版。

焉不详。夫妻忠实义务是一个不具确定性的概念，什么情形属于违背夫妻忠实，可能存在理解不一。当事人约定的忠实义务往往没有简单指明是婚外性关系，而是使用比较模糊或隐约性表述，诸如“背叛婚姻”、“不道德行为”、“婚外情”等，比较笼统地约定内容，使人难以界定当事人所约定的违约行为的内涵和外延，自然无法赋予该类约定以法律效力。最后，合同期限和合同的解除均存在问题。“忠诚协议”适用于婚姻关系存续期间，一方面可以理解为该约定适用直到离婚或一方死亡，合同的履行期限长得惊人；另一方面也可以说合同履行期限不明确或者没有履行期限。因此，有违合同自由原则。由于当事人没有就“忠实协议”的解除作出约定，当出现违反约定情形时，履行了赔偿或违约责任的一方，并不能因此解除该类协议。此外，在举证责任上，如果肯定“忠诚协议”可以执行，将弊大于利，甚至可能助长当事人利用各种手段获取他人隐私的行为；证明配偶一方违反忠实义务时势必涉及第三人隐私，这不符合现代法治精神。因此，可以将“忠实协议”视为“自然债”，如果当事人承认有违约行为并自愿支付违约金，可以允许；如果一方拒绝履行，则法律不得强制其履行。[7]

还有学者不赞成利用法律手段调整婚姻忠实问题。认为“忠实协议”属于道德义务范畴，不具备法律效力。婚姻是以爱情为基础的，法律只能止步于卧室之外。“别以为有了一纸‘忠诚协议’，婚姻就有了保险。”①

3. 本文观点

首先，笔者对“忠实协议”持肯定观点。忠实是我国婚姻法律术语，无论如何理解《婚姻法》第4条规定“夫妻应当互相忠实”之性质，毫无疑问，夫妻均应当互相忠实。婚姻当事人进一步约定双方应当互相忠实于婚姻或对方配偶，这没有任何可质疑的。所谓法定义务无约定之必要的观点，不能构成对“忠实协议”

---

① 《为“忠诚协议”付出30万元代价》，载《中国妇女报》，2002-12-31，第2版。

的否定，因为当事人不是通过签订协议免除或转移法定义务，而是愿意采取具体措施落实法定义务，这是应当受到鼓励而不是受到批评的行为。“忠实协议”是要维护婚姻关系而不是破坏婚姻关系，这种约定更无碍婚姻自由，不违反公共政策或公序良俗。因此，也不应认定其为无效契约。有人提出“忠实协议”无执行力之说，但并没有充分理由论证其观点。所谓约定违约金金额过大的批评，也并无针对性。因为信守忠实约定，是当事人整个人生计划中至关重要的一环；一旦婚姻当事人一方违反约定，极有可能导致婚姻破裂乃至离婚，当事人的人生因此而改变。从这个意义上讲，数十万元赔偿金又何以构成“巨额”之说呢?

婚姻当事人在平等基础上自愿签署了“忠实协议”，就应当受到承诺的约束。一旦配偶一方出现了协议约定的情形，就应当自觉承担相应的法律后果。上述两方争议观点虽各有道理，但是似乎明显都没有切中“忠实协议”的要害。婚姻当事人一方不忠于婚姻，不是思想或者感情，而是行为，法律是行为规则，调整的是当事人的行为。违约行为人必须承担违约后果，这仅仅是因为当事人有诺在先，承诺必须信守。即使婚姻法没有夫妻应当互相忠实的规定，并不妨碍守约当事人一方向违约当事人一方主张赔偿。这涉及司法的价值追求。司法提倡什么？支持什么？鼓励什么？对这些问题的回答，决定着疑难案件的审理结果。社会应当提倡和坚持诚实、守信，司法应当支持和鼓励公民遵纪守法的行为。这种违约赔偿责任的确定与婚姻本身是否是契约无关。不能说，婚姻是契约，违约就须赔偿；也不能说，如果不把婚姻视为契约，就可以信口开河，对自己的言行不负责任。

“忠实协议”并没有剥夺婚姻当事人的性自由，而是使性自由权受到一定约束，或者说提高了婚姻当事人行使性自由权的代价——违背婚姻的性自由，将付出一定的金钱代价。

同理，同居男女之间，如果签订了相互“忠实协议”，则其同样应当具有约束力。

（二）司法保护“忠实协议”是否会促成捉奸之风

一夫一妻制婚姻是受我国《宪法》保护的重大公共利益。《宪法》第49条第1款规定，“婚姻、家庭、母亲和儿童受国家的保护”。为了维护宪法观点，司法对于“忠实协议”这类符合宪法立场的约定，不予承认需要非常谨慎为之。有种观点主张，司法承认“忠实协议”的效力，将催生捉奸之风盛行。其理由是因为诉讼需要证据，当事人为了能够举证，将不得不频繁捉奸。按照诉讼规则，谁主张谁举证，故这种担忧是有依据的。但是，司法不承认“忠实协议”，捉奸的故事仍然时常上演。一方是受法律保护的合法婚姻的配偶一方，另一方则是超越法律之外实施违法行为之人。客观分析，当事人寻求自救，阻止违法行为，保护自己的合法权益，这难道不是最正当不过的事吗？

两害相权取其轻。任何规则，都可能存在好与不好两面，差别仅在于何者为大。司法承认和保护“忠实协议”，可能会产生某些消极影响，但是与积极效果相比较，消极影响是次要的。

（三）夫妻约定“互允通奸”的协议有效吗？

毫无疑问，如果夫妻双方约定“许可通奸”条款，肯定该约定是无效的。因为该条款明显违背了婚姻法关于一夫一妻制的原则。这如同婚姻当事人约定可以把对方禁闭起来，当然无效。以此反推，夫妻约定互相忠实，遵守一夫一妻制，这样的协议为什么应该无效呢？

（四）夫妻“忠实协议”是什么性质之协议

夫妻互相忠实的约定，究竟属于身份协议抑或是财产约定？它是应归入合同法调整还是归属侵权法范围？或者涉及合同法与侵权法的竞合？“忠实协议”是否属于法律调整对象？对此学术争论颇为激烈，说明各方观点都有其合理成分。笔者认为，这些问题值得进一步研究。“忠实协议”是属于婚姻当事人在法律允许范围内对性自由的合理约束，其赔偿责任是当事人对违反配偶义务时财产责任的约定。

遗赠扶养协议与“忠实协议”有类似之处。但是，遗赠扶养协议作为财产协议，在法学理论中并无争议。那么，“忠实协议”是什么性质的约定呢？夫妻“忠实协议”的效力是否要对协议中的身份约定和财产约定区别认定效力呢？

笔者认为，法律既引导社会变迁，也受社会变迁之影响，法律与社会在变革中相辅相成，彼此发展，各臻成熟，共同为人们享有优质的生活提供条件，作出贡献。

参考文献

［1］［英］彼得·斯坦、约翰·香德：《西方社会的法律价值》，王献平译，郑成思校，38页，北京：中国人民公安大学出版社，1990。

［2］［3］［美］威廉·J. 欧德纳尔、大卫·A. 琼斯：《美国婚姻与婚姻法》，顾培东、杨遂全译，82、84页，重庆：重庆人民出版社，1986。

［4］［美］哈里·D. 格劳斯：《美国家庭法精要》45页，北京：法律出版社，1999。

［5］夏吟兰：《美国现代婚姻家庭制度》，155页，北京：中国政法大学出版社，1998。

［6］赖源河、王志诚：《现代信托法论》（增订三版），132～135页，北京：中国政法大学出版社，2002。

［7］朱凡：《夫妻“忠诚协议”效力研究》，载陈苇主编：《家事法研究》（2005年卷），79～86页，北京：群众出版社，2006。

协议离婚制度研究

杨晋玲*

目 次

一、问题的提出

随着我国新的《婚姻登记条例》（以下简称：新《条例》）于2003年10月1日起在全国的正式施行，其简化的婚姻登记程序，因方便了人们的结婚、离婚过程，而受到了很多好评，"很多人称赞有加，认为其充满了人性关怀，反映了时代的进步"。[1] 但不可否认的是，程序的简化一方面固然方便了结婚、离婚的人们，另一方面也使其在实施中产生了一些问题，其中就包括近年来不断见诸报端的为了达到某种特定目的而假离婚的群体性离婚事件。例如，

* 杨晋玲，女，云南大学法学院教授，硕士生导师，中国法学会婚姻家庭法学研究会理事。

2005年在重庆市人和镇有1795对夫妻突击离婚，732对闪电再婚。“对于一个人口只有两万多的小镇来说，这样的婚姻剧变，或许可以申报吉尼斯世界纪录了。”[2]而导致这场集体“婚变”的动因乃是该镇集乐村被划为重庆市高新区北部开发用地，根据拆迁补偿规定，拆迁的村民统一分配安置房。按照安置政策，一对夫妻只能分一套房，但离了婚单独立户，就可以各分一套，并以优惠的价格购买；配偶为城镇户口且无住房，还可以申请多分配一间。于是该镇的众多夫妻为了多分到房，不惜通过假离婚、假结婚以达到其目的。[3]类似的事例在全国其他省市也曾上演过，如发生在四川省宜宾革坪村和上海浦东的群体离婚是为了多得拆迁补偿费。而发生在河北省华北油田的群体离婚则是为了上岗再就业。此外，还有为暖气补助费、吃低保等各式各样的原因而群体离婚的。[4]尽管导致上述群体离婚的原因各不相同，但是有一点却是完全相同的，即全部选择了以协议离婚的方式来解除婚姻关系以实现其各自的目的。

一部以体现人文关怀为其立法宗旨的法规，在实施过程中这样地被滥用，已完全超出了立法者的预期。对这种做法，人们从不同的角度发表了各自的看法，有指责现行政策不科学的，有指责当事人见利忘义的，也有对其给予同情而认为当事者是出于无奈而选择的。[5]虽然以上评论都有其一定的道理，钻政策法律漏洞者在各个时代、各个地区也都屡见不鲜，但仅利用单一的方式就可使如此众多之人的目的迅速达成，则应该说在中外法制史上都不多见。因此，我们有必要在比较外国相关立法的基础上，对我国现行的协议离婚制度重新进行一番理性的审视与反思。

二、外国有关协议离婚的规定

协议离婚又称两愿离婚，是指婚姻关系因双方当事人的合意而解除。在离婚制度中，协议离婚的出现可以追溯至古罗马时代，而近代的协议离婚制度乃是法国大革命的产物。[6]在协议离婚制度的产生、发展过程中，早期的法律对协议离婚的限制比较严格，而到了现代，由于人们对待离婚观念的变化，承认协议离婚的国家日益增多，条件逐渐放宽，程序也趋向简化。就协议离婚的条件要求来看，各国法律规定不尽相同，但一般均分为必要性条件和限制性条件两类。必要性条件主要涉及协议离婚的当事人是否具有完全的民事行为能力、双方是否有协议离婚的合意、双方是否就离婚所引起的其他后果作出一致的安排等内容；而限制性条件也即协议离婚的排除性条件，也就是双方当事人不得协议离婚的法定事由，这些事由一般包括双方不得有未成年的子女、双方结婚必须届满一定的时间、双方必须达到一定的年龄、提出离婚申请后必须经过一定时期的考虑期等。协议离婚的程序即协议离婚的形式要件，各国的规定也各不相同，概括起来主要有以下几种形式：户籍登记制，即按户籍法的规定进行离婚登记，采用的国家主要有日本、俄罗斯、韩国、蒙古等国，我国的台湾地区也采用这种方式；行政登记制，即当事人达成离婚协议后还必须通过行政官员或民事登记官员批准才能产生离婚的法律效力，如丹麦、挪威、墨西哥等国即采用这一方式；司法裁决制，即当事人的离婚协议必须经过法院审批或裁决后，才能发生法律效力，如法国、瑞典、比利时等国即采用这种方式。由于在现代，当事人双方自愿的离婚也必须经相应机构的认可才能产生法律效力。因此，协议离婚应定义为“婚姻当事人双方自愿离异并就离婚的后果达成一致协议，经有关部门认可而解除婚姻关系的一种离婚方式”[7]更为确切。

尽管协议离婚制度的实行充分尊重了当事人的意愿，简化了离婚的程序，减轻了当事人的诉累，但迄今为止，对于这一离婚形式在离婚制度中的利弊一直存在见仁见智的看法。“持否定说者认为，如果法律承认协议离婚制度，就等于把婚姻视为可以规避应尽义务的普通契约，不利于婚姻关系的稳定和社会的利益；而且在宪法原则和普通观念中，婚姻被视为男女双方以终身共同生活为目的的结合，实行协议离婚就否定了婚姻的定义，容易造成对离婚权利的滥用。持肯定说者则认为，从法律上为婚姻观念作辩护，并不能以牺牲当事人的一生幸福做代价；一个经久不渝的结合，只有来自配偶双方自己的决定在道德上才有价值；没有任何理由强行维系那些已经不能继续的婚姻关系，也没有任何理由认为承认协议离婚就是放宽离婚尺度，鼓励轻率离异。相反，实行协议离婚可以使那些确实认为应该解除婚姻关系的当事人在没有外来压力的情况下和平静的感情环境中妥善处理婚姻纠纷，友好分手，摆脱旧有的痛苦，寻求新的幸福。”[8]正是因为长期以来人们对协议离婚一直存在不同的看法，因此，时至今日，协议离婚并不像裁判离婚那样在允许离婚的国家被普遍采用，一些国家和地区（如德国、瑞士、美国的部分州等）至今仍不承认协议离婚在离婚制度中的法律地位，而即便是采用了这一制度的国家，也大多通过相应规范的设立以防止该制度被人们滥用。

三、我国法律关于协议离婚制度的规定

在双方自愿的基础上解除婚姻关系的形式在我国古已有之，如我国古代离婚制度中的“合离”，在形式上即是一种协议离婚的方式，只是因为当时男女双方所处地位的不平等，协议离婚并不能真正体现双方当事人的真实意志。而现今所实行的协议离婚制度则是由我国第一部婚姻法——1950 年《婚姻法》所确立的。为便于对这一制度的发展脉络有一个清晰、全面的了解，有必要对其立法过程进行一番历史的回顾与梳理。

（一）1950 年《婚姻法》和相关法规对协议离婚的规定

在 1950 年《婚姻法》中，协议离婚和裁判离婚被规定在同一条款中，该法第 17 条 1 款规定：“男女双方自愿离婚的，准予离婚……”第 2 款规定：“男女双方自愿离婚的，双方应向区人民政府登记，领取离婚证；区人民政府查明确系双方自愿并对子女和财产问题确有适当处理时，应即发给离婚证……”该条款的规定虽然简略，但明确了我国协议离婚的实质要件和形式要件。就其实质要件而言，1950 年《婚姻法》侧重于对必要性条件的规定，而未涉及限制性条件。其规定的必要性条件有两点：其一，双方完全自愿；其二，对离婚所引起的后果已作出一致的安排，这些后果包括子女由谁抚养、财产如何分割等内容。而其形式要件指明我国对协

议离婚采用的是行政登记制，办理离婚登记的行政机关是区人民政府。从1950年《婚姻法》对协议离婚的实质要件和形式要件作出上述规定后，这一立法体例基本保持不变，一起沿用至今。

为了保证婚姻登记工作的有序开展，1955年《婚姻登记办法》（以下简称：1955年《办法》）。在《办法》中，除进一步明确了办理离婚登记的机关和程序外，还对协议离婚的限制性条件有所涉及。根据《办法》的规定，办理离婚登记的机关在城市是市辖区人民委员会和不设区的市人民委员会；在农村是区公所，没有区公所的是县人民委员会。街道办事处和乡人民政府虽然有权办理结婚登记，但无权办理离婚登记。《办法》之所以对结婚和离婚登记的机关作出不同的规定，按照《内务部关于婚姻登记若干问题的解答》的解释是因为“离婚问题比较复杂，由乡处理容易发生偏差，因此，乡办理离婚登记是不适宜的”。同时也是为了与婚姻法的规定保持一致，“因为婚姻法规定，办理离婚登记的机关是区人民政府（县是区公所，市是区人民委员会）”。而登记离婚的程序则分为三个步骤：其一，申请。离婚的男女双方或者一方，要亲自到所在地的婚姻登记机关填写离婚申请书申请登记。如果当事人不会填写，可以口头申请，由登记人员代为填写。其二，审查。当事人提出申请后，登记机关应查明申请离婚的男女双方是否确系自愿，是否对子女和财产问题确有适当处理。为了保证审查的真实性，《办法》规定，对于离婚登记必须予以了解的情况，离婚当事人应当忠实地告诉登记机关。登记机关如果发现当事人有违反婚姻法的行为而故意隐瞒的，应当予以批评教育，情节严重的，应当提请当地人民法院依法处理。其三，登记。以上两个问题一经查明，登记机关就应准予离婚，并发给离婚证。而对于一方提出离婚他方坚决不愿意离婚，或者一方确因不愿意离婚避而不到的，登记机关只能转请当地人民法院处理。

（二）1980年《婚姻法》和相关法规对协议离婚的规定

关于协议离婚的规定，1980年《婚姻法》与1950年《婚姻法》的规定两者基本一致，只是在语言表述与条文规定上作了适当调整，在新法中协议离婚单列一条，与裁判离婚分开规定。该法第24条规定："男女双方自愿离婚的，准予离婚。双方须到婚姻登记机关申请离婚。婚姻登记机关查明双方确实是自愿并对子女和财产问题已有适当处理时，应即发给离婚证。"该法实施后，为了保证婚姻登记工作的有章可循，国务院先后发布了两部登记办法和一部登记管理条例，它们分别是1980年、1986年的《婚姻登记办法》和1994年的《婚姻登记管理条例》。1980年《办法》对离婚登记的规定除登记机关变为"在城市是街道办事处或区人民政府；在农村是人民公社管理委员会，镇人民政府"外，有关离婚的条件要求没有变化，而且其规定的内容比1955年《办法》还简略。另外，没有规定协议离婚的限制性条件。而在1986年的《办法》中，除在形式要件上增加了申请离婚时应持有的证件（居民身份证或户籍证明和结婚证）外，还明确规定了限制性条件："男女一方要求离婚，或双方要求离婚但对子女抚养和财产处理未达成协议的，离婚登记机关不予受理。"（第7条2款）另外，就是离婚登记机关再次发生变化，而变化的主要原因是由于在农村，人民公社不再是一级基层政权，而恢复了原来的乡一级建制。为了加强对婚姻登记工作的管理，1994年2月1日民政部发布了《婚姻登记管理条例》（以下简称《条例》），《条例》对协议离婚的规定与以往的三个《办法》相比，内容更详尽，要求更明确、严格。这些变化主要体现在以下几个方面：其一，是关于应提交的证件和证明的规定。申请离婚时，当事人双方应持有以下证件和证明：户口证明，居民身份证，所在单位、村民委员会或者居民委员会出具的介绍信（这是我国首次在法律中规定离婚需要开具单位的介绍信，1986年的《办法》只对结婚规定过类似要求），离婚协议书，结婚证。其二，是关于离婚协议书的内容的要求。《条例》第15条规定："离婚协议书应当写明双方当事人的离婚意思表示、子女抚养、夫妻一方生活困难的经济帮助、财产及债务处理等协议事项。协议的内容应当有利于保护妇女和子女的合法权益。"其三，是关于协议离婚审查期的规定。《条例》第16条规定："婚姻登记管理机关对当事人的离婚申请进行审查，自受理申请之日起1个月内，对符合离婚条件的，应当予以登记，发给离婚证，注销结婚证。当事人从取得离婚证起，解除夫妻关系。”其四，是关于限制协议离婚的规定。申请离婚登记的当事人有下列情形之一的，婚姻登记管理机关不予受理：一方要求离婚的；双方要求离婚，但是对子女抚养、夫妻一方生活困难的经济帮助、财产及债务处理等事项未达成协议的；一方或者双方当事人为限制民事行为能力或者无民事行为能力的；未办理过结婚登记的。虽然《条例》的立法宗旨更多立足于对婚姻登记工作的管理而非服务——这也是其被人们诟病的原因所在，但不可否认的是《条例》所确立的离婚协议的内容应当有利于保护妇女和子女的合法权益以及对协议离婚审查期的规定等是符合现代协议离婚的发展趋势的。

（三）2001年修正后的《婚姻法》和相关法规对协议离婚的规定

2001年修正后的《婚姻法》（以下简称：新《婚姻法》）关于协议离婚的内容规定在第31条中，该条规定：“男女双方自愿离婚的，准予离婚。双方必须到婚姻登记机关申请离婚。婚姻登记机关查明双方确实是自愿并对子女和财产问题已有适当处理时，发给离婚证。”从其条文规定可以看出，有关协议离婚的内容保持了与前两部婚姻法的一贯精神，在条文安排和用语上与1980年《婚姻法》也基本一致，只是把“应即发给离婚证”一语中的“应即”去掉，改为“发给离婚证”。对于这一变化，有学者解读为“主要是避免造成歧义，让当事人理解成‘应即’就是‘应当马上’发给离婚证，从而使婚姻登记机关不能进行适当的调解”。[9]但在2003年由国务院发布的《婚姻登记条例》（以下简称新《条例》）中，对离婚登记的规定却有很大变化。这些变化主要体现在以下几个方面：其一，立法目的的变化。为适应政府转变职能、服务社会的需要，新《条例》的有关规定淡化了政府对个人婚姻生活的管理，而强化了其服务的职能，这从新《条例》的名称上就可以反映出来，原来的《婚姻登记管理条例》现改为《婚姻登记条例》，立法目的也由“加强婚姻登记管理工作”改为“为了规范婚姻登记工作”，且删除了原《条例》中关于“依法处理违法婚姻行为”的提法。其二，立法体例上的变化。新《条例》由总则、结婚登记、离婚登记、婚姻登记档案和婚姻登记证、罚则和附则六章组成，其中“离婚登记”单列一章，而不再与“结婚登记”合为一章。其三，离婚登记机关的变化。为了提高婚姻登记的质量，保障当事人的合法权益，新《条例》对婚姻登记实行集中管理，离婚登记的机关改为县级人民政府民政部门或者乡（镇）人民政府。其四，离婚登记条件上的变化。在协议离婚的必要性条件方面，变化体现在对协议内容的要求上，没有将对“夫妻一方生活困难的经济帮助”列为协议应当写明的事项，取消了“协议的内容应当有利于保护妇女和子女的合法权益”的要求；在限制性条件方面，修改了婚姻登记机关不受理离婚登记的情形，这些情形包括：未达成离婚协议的；属于无民事行为能力人或限制民事行为能力人的；其结婚登记不是在中国内地办理的。其五，离婚手续和离婚程序上的变化。在离婚手续上，取消了离婚当事人须持有所在单位开具的介绍信的规定；在离婚程序上，取消了原《条例》规定的一个月审查期的规定，经审查符合离婚登记条件的，“应当当场予以登记，发给离婚证”。

四、我国现行协议离婚制度的缺失及成因

通过以上对我国协议离婚制度的介绍，可以看出，这一制度与外国的协议离婚制度相比所具有的不同特点及其缺失之处表现为：

其一，协议离婚的实质要件不完备。协议离婚的实质要件是国家对其进行审查和监督的依据，因此，在实行协议离婚制度的国家，立法都需要对其作出明确的规定。在实质要件中，就其必要性条件而言，我国的法律规定与外国立法例的规定基本一致，如在意思表示要件方面，都要求当事人必须就离婚达成一致的协议；在内容要件方面，都要求双方必须就离婚所引起的其他后果作出一致的安排。但对协议离婚的主体要件，我国婚姻法却没有作出规定，只

是在登记办法或条例中，作为不受理离婚登记的情形而进行了限制性的规定。而“当事人是协议离婚的主体。主体资格是否合法决定协议离婚是否有效。故各国法律均要求，提请离婚的双方必须具有完全民事行为能力。这是当事人进行离婚意思表示的基础”。[10]而就限制性条件而言，我国的法律规定与外国立法例的规定却有很大差异。以新的《婚姻登记条例》的规定为例，其第 12 条所列举的三种婚姻登记机关不受理离婚登记的情形实际应属于当事人本身，即不具备协议离婚必要性条件的情形（如未达成离婚协议的，属于意思表示要件不适格；无民事行为能力或者限制行为能力人的，属于主体要件不适格；其结婚登记不是在中国内地办理的，属于管辖地不适格），而外国立法例关于协议离婚的限制性条件指的是协议离婚的排除性条件，即当事人不得协议离婚的法定事由。这些限制性条件的存在是“为了防止轻率离婚、假离婚现象的发生，保持婚姻家庭的稳定”。[11]例如，《俄罗斯联邦家庭法典》第 19 条规定，夫妻协议离婚时必须没有共同的未成年子女，从提交离婚申请之日起满 1 个月才能在户籍登记机关办理离婚；《法国民法典》规定，“夫妻双方在结婚之后 6 个月内，不得相互同意离婚”。（第 230 条 3 款）“如夫妻双方坚持离婚的意愿，法官应当指出，他们应在 3 个月的考虑期限之后再提出离婚申请。”（第 231 条 2 款）《澳门民法典》第 1630 条第 1 款规定：“结婚逾一年之夫妻，方得申明两愿离婚。”

其二，办理离婚登记的机关不固定。在协议离婚的形式要件上，我国采用的是行政登记制，这一立法体例从 1950 年《婚姻法》颁布即沿用至今，但在办理离婚登记的具体机构的规定上，却处于不断地变动当中，三部《办法》和两部《条例》所规定的登记机关都有所不同，这不仅给当事人的婚姻登记带来了不便，而且造成了婚姻登记工作的不规范、登记人员的不专业。

其三，协议离婚的审查环节形式化。在婚姻登记机关对协议离婚的审查要求上，虽然所颁布的办法或条例都规定应当进行审查，但所进行的审查是形式审查还是实质审查，历来的规定都不明确，学界的理解也各不相同。以1980年《婚姻法》和为配合该法的实施而先后颁布过的两部《办法》和一部《条例》的规定为例，由于婚姻法使用了“应即发给离婚证”的用语，所以从法律的规定来看，登记机关对双方是否确实是自愿等问题的“查明”工作只能依据当事人提供的材料和陈述进行，也就是说，只能进行一些形式上的审核工作。前两部《办法》的规定也基本上维持了这一做法。而在1994年的《条例》中，其第16条给予了婚姻登记管理机关对当事人的离婚申请以1个月的审查期，并赋予了该机关依法处理违法婚姻行为的职责，因此，婚姻登记机关对离婚申请的审查应不限于形式审查，“必要时，婚姻登记管理机关还可进行调查走访”。[12]但《条例》的这一规定并未得到很好贯彻，“实践中，由于我国婚姻登记机关人力及物力的限制，加之婚姻登记主管人员业务素质和法律水平的差异，使得婚姻登记机关对于当事人协议离婚的申请只做形式上的审查，协议离婚往往是‘速办速决’”。[13]而新的《条例》在新《婚姻法》已取消“应即”两字后，却作出了“应当当场予以登记，发给离婚证”的规定，这样不仅导致了与新《婚姻法》所作规定的不协调，而且也使登记机关的审查工作更加形式化。

其四，缺乏考虑期的设立，不利于对轻率离婚行为的防止。由于离婚的意思表示存在变动性，因此，世界上许多设立了协议离婚制度的国家都在规定当事人协议离婚行为的同时，设立有相应的考虑期限，如法国规定的考虑期是3个月，俄罗斯是1个月。而我国只在1994年的《婚姻登记管理条例》中对登记机关规定过审查期限，却没有对当事人的离婚行为设立过考虑期限。虽然也有学者认为，“该条例将审查期规定为1个月，此期间不仅仅是婚姻登记机关就协议离婚申请的审查期间，同时也应理解为当事人重新审视自己婚姻前途的考虑期间”。[14]但因立法立足点的不同，导致了实际运行中的矛盾。登记机关由于条件的限制既无法进行实质意义上的审查，又无法依据法律的规定要求离婚当事人在这一期限内重新审视离婚问题；离婚当事人无从理解审查期限设置的初衷，而只会把其视为是对自己离婚的阻挠。

那么既然如此，新《条例》为何不仅不对协议离婚作出必要的限制，而且还要作出“应当当场予以登记，发给离婚证”的规定呢？从上述关于我国协议离婚立法沿革过程的介绍中，我们可以看出，这一规定源于1950年的《婚姻法》，而当时立法之所以这样规定是由于立法之初我国所处的社会环境和人们对待离婚的落后观念所决定的。1950年《婚姻法》制定时，我国尚处于半封建半殖民地社会向新民主主义社会的转变时期，“在新民主主义中国社会内，以法律保障男女离婚自由，正和保障男女结婚自由一样，首先是作为反对和废除旧的封建主义婚姻制度的必要手段，是使那些受封建主义婚姻制度深重痛苦而坚决要求离婚的男女——尤其是那些最受旧婚姻制度迫害迫不得已而坚决要求离婚的妇女，得到肉体上和精神上的解放，以增进人民的幸福和提高社会的生产力”。[15]因而，“为避免某些区人民政府留难男女双方提出离婚案件的处理（这种事情过去在好些地方曾经发生过的），所以规定在区人民政府查明系合于本项规定的离婚，‘应即发给离婚证’”。[16]基于这样的立法意图，1950年《婚姻法》也没有对协议离婚的限制性条件作出任何规定，以免在实施中由于理解的差异而造成对离婚自由的阻挠。

而在1980年《婚姻法》制定时，虽已时隔30年，我国社会环境已发生了很大变化，但人们对待离婚的观念并无多大改变（这从发生在同一年的轰动一时的遇罗锦离婚案即可反映出来），在“保障离婚自由，防止轻率离婚”的离婚指导思想中，立法需要更多的立足于对离婚自由的保障，因而这一规定得以保留。加之“宜粗不宜细”的立法指导思想的影响，导致了离婚立法条款的简略与不完备，许多应在立法中加以规定的内容都被忽略。到2001年修订婚姻法时，离婚自由的观念已在我国得到普遍认可，且在当时离婚率已呈现出逐年上升的趋势,① 需要国家在立法时实现“保障离婚自由，防止轻率离婚”指导思想的衡平。而“应即发给离婚证”的提法，不仅会造成理解上的歧义，而且也会使婚姻登记机关的审查程序形同虚设，不利于对假离婚、轻率离婚等行为的防止，因此，新的婚姻法取消了“应即”的提法。在新《婚姻法》对协议离婚的立法已呈现出由单纯的保障离婚自由向既要保障离婚自由也要防止轻率离婚以实现两者的衡平的转变之际，新《条例》无视婚姻法的这一变化，作出了比“应即发给离婚证”更为激进的“应当当场予以登记，发给离婚证”的规定，结果造成了离婚指导思想在协议离婚上再度向单纯的“保障离婚自由”的倾斜。

五、我国协议离婚制度的完善

“我国现行离婚制度中，登记离婚的行政程序与诉讼离婚程序相比，在衡平当事人利益与保护未成年子女方面，显得较为薄弱。新近颁布的婚姻登记条例又简化了当事人在民政部门办理离婚登记的条件和审查程序。当前离婚率大幅攀升和登记中存在的损害女方和子女利益的现象说明，如果不从离婚协议的实质要件和离婚登记的审查程序两方面，对当事人的离婚自由予以适当限制，势必造成两种离婚程序在体现公平与正义方面的失衡，使当事人不得不放弃自身利益，选择较为简便的登记离婚程序，从而损害女方与未成年子女利益，增加轻率离婚，影响社会的稳定与发展。”[17]

（一）加强国家对协议离婚的适度干预

协议离婚是最能体现当事人意思自治的一种离婚方式，但因婚姻的解除不仅涉及当事人双方的利益，而且还会牵涉子女以及其他第三人的利益，因此，“鉴于婚姻关系的特殊性，不应对协议离婚

① 虽然已有专家指出，由于计算错误，中国离婚率18年来被高估1倍，但离婚率逐年上升却是不争的事实。相关内容见《婚姻研究专家称中国离婚率18年来被高估1倍》，《学者发现离婚率统计纰漏，中国离婚率数字减半》，载中国法律教育网民商专题，访问日期：2007－12－05。

采取放任态度。只有将协议离婚置于国家权力的监督之下，加强审查的环节，才能保证法律规定的登记离婚的实质要件真正得以贯彻”。[18]

由于在我国，办理婚姻登记的机构多年来一直处于不断地变动当中，造成了登记人员专业化程度较低。新《条例》第 3 条第 1 款规定：“婚姻登记机关的婚姻登记员应当接受婚姻登记业务培训，经考核合格，方可从事婚姻登记工作。”为配合新《条例》的实施而由民政部发布的《婚姻登记工作暂行规范》进一步规定：“婚姻登记员应当熟练掌握相关法律法规，文明执法，热情服务，讲求效率。”（第 20 条 1 款）但现实的情况却不容乐观，婚姻登记机关不仅在人员编制、经费、办公场所等方面达不到要求，而且从业人员的业务能力和综合素质也差强人意，“部分登记机关工作人员的业务知识欠缺，处理疑难问题的能力较差……”[19] 所以民政部《关于“十一五”期间深入推进婚姻登记规范化建设的意见》（民发〔2007〕56 号，2007 年 4 月 18 日）才明确要求要“力争 2010 年，全国县级以上（含）民政部门婚姻登记机关中达到大专以上学历的婚姻登记员占总人数的 85%”。但即便是达到了民政部规定的这一目标，其从业人员的素质仍普遍低于从事诉讼离婚中的审判人员。

而为了保证法律规定的审查环节不至于流于形式，登记人员在进行审查时，除通过当事人提供的材料和陈述了解情况外，还应享有必要的调查取证权，在发现当事人有假离婚、骗离婚的情形时，可以通过实地调查走访了解真实的情况。为配合登记员的审查工作，审查期的设立就显得尤为必要。

（二）实现“保障离婚自由，防止轻率离婚”指导思想在协议离婚中的衡平

“保障离婚自由，防止轻率离婚”是我国离婚立法的指导思想，“这一指导思想的贯彻，要求在两者之间达成一种衡平，既要减轻婚姻失败给当事人造成的痛苦，又要考虑离婚法对婚姻家庭和子女的影响，引导当事人努力克服暂时困难，达成和解，促进婚姻

的稳定”。[20]在诉讼离婚中，离婚立法通过一系列制度的设置，基本实现了两者的平衡。而在协议离婚中，由于一系列相关制度的缺失，立法的天平长期向“离婚自由”倾斜。因此，要实现离婚指导思想在协议离婚中的衡平，相关制度的完善是必须的，特别是其中对协议离婚起规范作用和监督作用的实质要件和形式要件。

（三）完善协议离婚的实质要件

协议离婚的实质要件包括必要性条件和限制性条件两个方面。在梁慧星教授主持的《中国民法典草案建议稿——亲属编》中，第1695条是关于协议离婚的必要性条件的规定，其条文规定如下：“夫妻双方合意离婚，符合下列条件的，适用登记离婚程序：（一）双方具有完全民事行为能力；（二）离婚的意思表示真实；（三）婚姻关系为合法缔结；（四）双方已经就离婚后的子女抚养、财产分割、债务清偿、对生活水平明显下降一方的经济帮助，以及对一方家务劳动补偿等问题达成书面协议；（五）协议内容有利于保护妻和子女的合法权益，并不损害国家、集体或者第三人的利益。”[21]这一规定基本涵盖了协议离婚的全部必要性条件，特别是其中关于协议离婚的意思表示要件，不只要求双方自愿，而且要求离婚的意思表示必须真实，这样就为婚姻登记机关进行实质意义上的审查提供了法律的依据。

但该草案没有对协议离婚的限制性条件作出规定，只是在登记程序中为登记机关设置了一个月的审查期。前已述及我国有学者将法律规定的审查期视为考虑期，但笔者认为，考虑期和审查期各有其不同的设立目的，彼此不能互相取代。虽然两者在功效上都有“防止轻率离婚”的作用，但考虑期是从人文关怀的角度出发来要求当事人慎重处理离婚问题的，而审查期是从国家规范、管理婚姻家庭关系的角度出发来防止违法离婚现象的发生的。前者是当事人意思自治的必然要求，而后者是国家干预婚姻家庭关系的体现。另外，从立法体例上讲，考虑期的规定属于协议离婚的实质要件中的限制性条件，而审查期的规定属于形式要件中的程序要求。因此，婚姻立法在对必要性条件作出规定的同时，仍然需要对限制性条件作出规定，特别是考虑期的规定。

对轻率离婚而言，经过一段时间的认真考虑，离婚当事人有可能改变初衷；而对假离婚、特别是群体性的假离婚而言，其所欲达成的目的往往具有时效性，故其婚姻的解除必须速战速决。而考虑期的存在，使离婚必须经过一定时日的等待。这不仅使通过离婚钻法律政策空子的可能性降低，而且更主要的是维护了法律的尊严。此外，考虑期的存在不仅可在一定程度上弥补我国婚姻登记机关审查能力的不足，而且也可在一定程度上弥补意思表示的审查标准的不确定性所可能导致的误判。因为离婚当事人意思表示的真实性问题，目前在世界各国都没有客观的判断标准，因此，就像许多国家以分居一定时日作为夫妻感情破裂的判定标准一样，一定时间的考虑期的经过也可作为当事人确实是自愿离婚的判断标准。考虑期届满后当事人仍坚持离婚的，登记机关在完成相应的审查工作后，可准予离婚。限制性条件除规定考虑期外，在我国目前离婚率不断攀升的形势下，还有必要对结婚时间等提出要求。在湖南省长沙市的芙蓉区，曾发生过一件当事人在7个月里与其妻子先后办理了6次离婚、结婚登记的典型事例。[22]这虽然只是一个极端的个案，但也足以表明没有结婚时间的限制，离婚自由的权利仍然会被当事人滥用。

（四）强化婚姻登记机关对协议离婚的审查职能

审查环节的存在是协议离婚的实质要件和形式要件能够被认真遵守的必要保障，但由于我国法律规定的缺失，导致了审查环节的虚设，出现了诸如重庆市人和镇婚姻登记处“登记一对大概只需10分钟。最多的一天，我一个人登记了60多对”的不正常现象。[23]因此，有必要强化婚姻登记机关对协议离婚的审查职能。而审查职能的加强除前已述及的需要配备专业的登记人员和提供必要的审查手段外，还需要对几个一直困扰离婚登记工作的问题加以明确：

其一，婚姻登记机关对当事人意思表示的真实性所进行的审查是实质审查还是形式审查？协议离婚不审查离婚原因而只审查当事人的意思表示是否真实，这是实行协议离婚制度的国家的立法通例，如《法国民法典》规定，“夫妻双方共同请求离婚，无须说明离婚原因；夫妻双方仅需向法官提交确定离婚后果的协议草案，请以批准”。(第 230 条 1 款)“如法官确信夫妻双方的离婚意愿是真实的，并且双方均属自由同意离婚，法官得宣判离婚；法官得以同一裁判决定，认可处理离婚后果的协议。”（第 232 条 1 款）但在对意思表示真实性的审查上，历来存在“实质意思说”与“形式意思说”的分歧。“实质意思说”认为，所谓离婚意思，乃实质的永久解消婚姻关系之意思，如无此意思而践行离婚之形式要件者，其离婚应为无效；而“形式意思说”认为，所谓离婚意思，乃践行离婚形式要件之意思，苟有此意思，则不问其实体意思之有无，其离婚应为有效。[24]“依前说，假装离婚及为特定目的之方便而离婚，均为无效。反之，依后说，为特定目的之方便而离婚固勿论，即假装离婚亦恒为有效。”[25]台湾学者陈棋炎等认为，“从身份关系存在与否须以身份共同生活事实存在与否为前提之立场而言，‘实质意思说’，委实有其根据，然夫妻离婚后，其生活关系不一，法律上已解消婚姻关系，而实际上仍继续夫妻一般之共同生活者，亦所在多有，且未必可以非难，故就离婚意思，似宜采‘形式意思说’。”[26]对此，我国法律规定不明确，学者的看法也不确定，这从其有关假离婚、骗离婚及领取离婚证后一方反悔的论述中可以看出。① 而从民政部有关规定看，在实务中采用的是“形式意思说”。只要当事人作出了自愿离婚的意思表示，不管其离婚目的为

---

① 假离婚、骗离婚的行为是否有效是以离婚后，离婚一方是否已与第三人结婚或第三人是否明知一方有欺骗行为而仍然与其结婚来确定的，如未结婚或明确，则无效；反之，则有效。参见滕蔓、丁慧、刘艺：《离婚纠纷及其后果的处置》，57～64 页，北京：法律出版社，2001。

何，都不影响离婚的法律效力。① 就我国目前婚姻登记机关的设置情况及登记人员的业务能力及业务量②看，采“形式意思说”比较符合我国婚姻登记的实际，容易得到贯彻。但这不能有效防范假离婚、骗离婚的情形发生，因此还应辅之与其他配套措施。这一方面可通过考虑期的设置，以一定时期的经过来推断当事人意思表示的真意；另一方面应取消“应当场予以登记，发给离婚证”的规定，赋予登记机关不少于一个月的审查期限。同时明确规定，如协议内容不利于保护子女和配偶一方的合法权益，并可能损害国家、集体或者第三人的利益，婚姻登记机关可不予登记。这样，当发生群体性假离婚事件时，登记机关可以通过以上措施加以制止，并对违反者加以一定的制裁，而不致像现在这样只能束手无策，听任当事者无视法律。

其二，感情是否确已破裂应否列为审查的内容？虽然民政部曾在1986年1月28日发布的《关于印发〈婚姻登记办法宣传提纲〉和〈婚姻登记问答〉的通知》（〔86〕民字第12号）文件“附二：婚姻登记问答”中解释说，婚姻登记机关受理离婚申请后，要查明是否确属双方自愿，是否感情确已破裂，是否对子女或财产问题已达成协议。[27] 但学界普遍认为感情是否破裂不是协议离婚的审查内容，“在协议离婚中，如果一味强调当事人‘感情确已破裂’，并将之作为是否终结其婚姻关系的特殊要求，显然违背婚姻法的立法本意”。[28] 在登记实务中，虽然要求当事人填写离婚原因，但这也只是形式上的要求，登记机关并不对此进行严格审查。在这方

---

① 民政部办公厅《关于能否撤销李某与张某离婚登记问题的复函》：“河北省民政厅：你厅《关于能否撤销李某与张某离婚登记问题的请示》（冀民请〔2003〕29号）收悉。现答复如下：从你厅的请示和所附材料看，李某与张某办理离婚登记时，离婚意思表示明确，证件证明齐全，程序合法。当事人李某以假离婚、离婚的目的是为了逃避债务为由，请求宣布其解除婚姻关系无效，没有法律依据……”

② 婚姻登记机关每年需面对近两千万的婚姻登记当事人。民政部基层政权和社区建设司司长张明亮认为：“深化认识，转变观念，开创婚姻登记工作新局面……”，载中国民政网，访问日期：2008-08-05。

面，登记机关在实务中的做法是符合法律法规规定的。

其三，婚姻登记机关在办理离婚登记时能否进行一定的调解工作？在前述民政部发布的《婚姻登记问答》中，曾解释说婚姻登记机关审查离婚协议的过程，就包含着必要的调解工作。[29]但学界对此却有不同看法。赞同者认为，"在查明情况的基础上，婚姻登记管理机关应视不同情况进行处理，对有和好可能的当事人应进行调解和好工作，尽量防止轻率离婚和假离婚"。[30]反对者则认为，"这种观点是没有法定根据的，是对现行立法理解和认识上的一种误区。首先，我国《婚姻法》和《婚姻登记管理条例》并未赋予婚姻登记机关调解义务和调解职能，婚姻登记机关的职责在于对当事人的离婚协议的完备性、真实性和合法性进行审查，从而作出依法准予登记或不予登记的决定……"[31]笔者认为，对此不应一概而论，在审查过程中如发现当事人是因一时的冲动而离婚的，其夫妻感情一直很好，则完全可以做适当的劝解工作；而对假离婚、骗离婚等则很难奏效。所以在审查实务中，是否有必要进行调解，登记人员应视情况而定，法律法规可不作硬性规定。

参考文献

[1] 李勇：《理性看待〈婚姻登记条例〉》，载《检察日报》，2003-09-03（5）。

[2][3][23] 曹筠武：《集体离婚》，载《南方周末》，2006-05-25（9、10）。

[4] 参见《解密"中国式群体离婚"：为多获补偿钻政策漏洞》，中国经济网，访问日期：2007-12-10。

[5] 曹筠武：《放大的离婚之刀，忽略的失地之苦》，载《南方周末》，2006-05-25（10）。

[6] 林秀雄：《台湾地区离婚制度之矛盾》，载《婚姻家庭法之研究》，244～245页，北京：中国政法大学出版社，2001。

[7] 曹艳芝：《港、澳、台与大陆离婚制度比较》，载《河北法学》，49页，2001（2）。

[8] 杨大文主编：《亲属法学》（第四版），170页，北京：法律出版

社，2005。

［9］［27］［29］杨遂全：《新婚姻家庭法总论》，224、222页，北京：法律出版社，2001。

［10］［12］［30］马原主编：《新〈婚姻法〉疑难释解》，110页，北京：人民法院出版社，2002。

［11］汪金兰：《协议离婚制度比较评析及其借鉴》，载《安徽大学学报》（哲社版），52页，1997（2）。

［13］［14］［28］［31］滕蔓、丁慧、刘艺：《离婚纠纷及其后果的处置》，35、37、44页，北京：法律出版社，2001。

［15］［16］中国人民大学法律系民法教研室、资料室编：《关于中华人民共和国婚姻法起草经过和起草理由的报告（1950年4月14日）》，中华人民共和国婚姻法资料选编（一），44、51页。

［17］［18］［20］［21］梁慧星：《中国民法典草案建议稿附理由——亲属编》，95、100、94、98页，北京：法律出版社，2006。

［19］民政部政权司关于印发《婚姻登记规范化建设座谈会会议纪要》的通知，中国民政网，访问日期：2005－08－06。

［22］罗荣娇：《浅析离婚率上升原因》，中国民政网：基层政权和社会建设司，访问日期：2008－08－14。

［24］［25］［26］陈棋炎、黄宗乐、郭振恭：《民法亲属新论》，197～198页，台北：三民书局印行，1995。

军婚特殊保护制度探析

李 爽*

目 次

一、军婚特殊保护制度概述

军婚，是指现役军人与非现役军人、现役军人与现役军人之间婚姻关系的简称。由于我国现行法律只对一方为现役军人的婚姻实行特殊保护，所以笔者讨论的军婚仅指定义中现役军人与非现役军人的这种婚姻，即夫妻一方为中国人民解放军现役军人的婚姻。我国军婚特殊保护的立法内容，主要有以下两个方面：

（一）结婚方面的规定

第一，关于结婚年龄：要求未婚的军队干部、战士和职工，响应晚婚的号召，不要过早结婚；第二，关于军队干部配偶的条件：必须是历史清楚、思想进步、政治可靠、作风正派的无严重传染病的公民；现役军人一般不准与外国人或居住在香港和澳门两地区的

* 李爽，女，硕士，广东商学院实习研究员。

人员结婚；第三，营以下干部结婚的程序：必须申请团级政治机关审查同意，团以上干部结婚，必须申请上一级政治机关审查同意，然后由所在单位团以上政治机关出具证明，才能到婚姻登记机关办理结婚登记手续；第四，现役军人办理结婚登记的要求：按照《军队贯彻实施〈婚姻法〉若干问题的规定》和《婚姻登记条例》的规定，现役军人办理结婚登记的要求是：提前一个月向所在单位党组织或政治机关提出书面的结婚申请，经审查同意后，由政治机关出具《婚姻状况证明》，作为登记结婚的依据。办理现役军人婚姻登记的机关，可以是现役军人部队驻地所在地，或户口注销前常住户口所在地的婚姻登记机关，也可以是非现役军人一方常住户口所在地的婚姻登记机关。① 因此，可以在上述婚姻登记机关中选择一个来办理结婚登记。办理结婚登记时应当出具下列证件和证明材料：军官证或士兵证、婚姻状况证明和与对方当事人没有直系血亲、三代以内旁系血亲关系的签字声明。

（二）离婚方面的规定

我国现行法律体系中，对军人婚姻特殊保护离婚方面的规定主要是《婚姻法》第33条的规定："现役军人的配偶要求离婚，须得军人同意，但军人一方有重大过错的除外。"即军婚特别保护条款，其包含两层意思：一是在一般情况下，现役军人的非军人配偶一方提出离婚，必须要得到军人一方的同意，法院才能够判决准予离婚；二是在军人一方有重大过错的情况下，无须得到军人的同意，经过调解无效，法院可判决准予离婚。根据2001年12月最高人民法院《关于适用〈中华人民共和国婚姻法〉若干问题的解释（一）》第23条规定："婚姻法第33条所称的'军人一方有重大过错'，可以根据婚姻法第32条第3款前3项规定及军人有其他重大过错导致夫妻感情破裂的情形予以判断。"据此，我们可以认定，这里所说的"重大过错"具体指第32条第3款，即重婚或者有配偶者与他人同居的；实施家庭暴力或虐待、遗弃家庭成员的；有赌

① 参见2004年民政部《关于贯彻执行〈婚姻登记条例〉若干问题的意见》。

博、吸毒等恶习屡教不改的。这些行为首先在主观上必须是故意，其次是严重违背了《婚姻法》的基本原则和立法的基本精神，最后对配偶的身心造成了严重的影响并且后果十分严重、手段十分恶劣。

二、《婚姻法》现行军婚特殊保护制度存废之思考

（一）现行军婚特殊保护制度违背了平等自由的法律价值追求

立法“可以归纳为两大主要目标：即自由和平等。自由，是因为一切个人的依附都要削弱国家共同体中同样大的一部分力量；平等，因为没有它，自由便不能存在”。[1]就实质而言，平等是一种这样的社会关系，即两个或者两个以上的主体之间的相互同等对待关系，以及一个主体对两个或两个以上主体同等对待的关系。[2]

根据《婚姻法》的规定，现行军婚特殊保护制度，实际上在军婚内部建立了一种不平等的关系，违背了人人平等的基本法律原则，也违背了基于此原则而引申出来的《婚姻法》中所规定的夫妻平等和家庭关系平等的原则，整个现行的军婚保护机制就是建立在这样一种不平等的关系之上。同时，这样的规定在实质上限制了军人配偶所享有的离婚自由权，而军人的离婚权利却没有受到相应的限制，反而赋予军人在离婚时依照个人意志决定的特权。笔者认为，军人职业虽然具有特殊性，但是其本质上也是一种职业选择，和其他职业选择并没有实质上的不同，任何职业都具有自身的特殊性。诚然，军人的职业环境是艰苦的，并且具有较大的风险性和牺牲性，与家人聚少离多，与配偶两地分居。但是这并不能成为军人在婚姻关系中享有特权的理由。其他职业，如地质工作者、石油工作者和筑路工作者等也同样面临工作环境艰苦，风险性、牺牲性大，长期与配偶、亲人分离的情况，难道都要去赋予他们离婚的特权？他们的配偶一方提出离婚请求的时候，都要得到另一方的同意吗？

（二）现行军婚特殊保护制度破坏了权利义务的平衡关系

军人的职业往往是和艰苦、奉献联系在一起的。正因为如此，

很多的观点就从权利与义务相平衡的角度出发，认为军人承担了更多的义务，相应的就应要求在婚姻关系中赋予军人特殊的权利，所以我国《婚姻法》对军婚保护的总体思路，就是通过限制军人配偶一方的权利来对军人的额外义务作出补偿。

“权利与义务的一个关系式是一个社会的权利总量和义务总量应该是相等的。该关系原理不仅仅适用于整个社会，而且也应该适用于个人。”[3]正是权利与义务的这种平衡关系为现代立法的利益平衡功能得以实现提供了可能。具体到军婚法律关系中，军人承担了过多的义务和责任，究竟谁才是军人承担义务的受益者？这种权利义务的平衡关系是否存在于军人以及军人配偶之间？这一法律关系中的权利义务关系应当怎样平衡？从法理的角度分析，我们认为谁获得了这种额外的利益谁就应当去承担额外的义务，正如马克思所指出的：“没有无义务的权利，也没有无权利的义务。”[4]

而在军婚中，获得额外利益的绝不是军人配偶一方。相反，在军婚中，作为军人配偶一方同样要作出很大的牺牲，承担相对于普通婚姻中配偶一方额外的义务，常年两地分居的结果必然造成军人家庭的重担，照顾老人和子女都落在军人配偶一方。军人配偶在承担了额外义务的同时，还要去限制她离婚自由的正当权利，显然是很不公平的。要在军婚中实现权利义务的平衡，找出真正的利益受益者是关键。根据经济学原理，国防和国家安全属于公共物品(public good)，也就是说物品的效用扩展于他人的成本为零，因而无法排除他人共享。具体来说，国防保卫的是所有的公民，无论他们是否愿意接受或者是否为这种保护支付了额外的费用。[5]虽然说军人配偶作为一国的国民当然也享有了国防安全的权利和利益，但是他或者她并没有享受到和其他国民相比更多的安全权利，在这一问题上并不具有优越性和特殊性。

笔者认为，军人额外义务的真正受益者应当是国家和全体公民，而军人和军人配偶是这一额外义务的共同承担者，他们所不同的只是分工的不同和形式的不同。应当由受益者——国家和全体公民对承担额外义务的主体进行额外补偿，达到权利义务的平衡。虽然我们的立法也在寻求军婚中的一种权利义务平衡关系，但由于主体发生了错位，限制在军人和军人配偶两方主体之间去寻求利益补偿关系，造成了本该是给予额外补偿的军人配偶一方反而受到权利和自由的限制。

（三）现行军婚特殊保护制度缺乏实际有效性

现行《婚姻法》中对军人实行特别保护的条款，其立法目的是要通过立法的形式尽可能的保护军人的利益，维护军人婚姻的稳定。《婚姻法》第33条规定："现役军人的配偶要求离婚，须得军人同意，但军人一方有重大过错的除外。"这一条款是否能够真正实现其自身的立法目的，有多大的实效性，是否能够有效地维护军人婚姻的长久稳定，保障军人利益，稳定军心，是值得怀疑的。

法律是调整人的行为的规范，也就是说，法律只能调整人们表现于外部的行为而不能调控人们的内心活动。相比其他的社会关系，婚姻关系最大的特点在于它所强调的是感情和心灵的契合性。婚姻关系中，它更强调的是一种男女自愿的结合，不论婚姻关系的本质是什么，它都是以夫妻双方的感情作为基础的，所以我们对一般婚姻采取"感情破裂原则"正是基于对婚姻感情基础的认可，而我们目前的军婚特殊保护制度否定了婚姻的感情基础，过分追求一种军婚稳定的结果，而忽视了达到这种结果的有效方式，混淆了应然和实然的界限，通过法律的强制规定只能是去限制军人配偶一方离婚的意愿，维持名存实亡的婚姻，对婚姻关系的维持和保护并不能起到所想象的作用，无法实现法律所预设的立法目的和期望效益。

（四）"但书"条款与法定离婚标准存在矛盾

军婚特别保护条款规定在1980年《婚姻法》的第26条："现役军人的配偶要求离婚，须得军人同意。"根据全国人大常委委员和一些地方机关部门、团体、专家、群众的意见，2001年修正后的《婚姻法》在保留1980年《婚姻法》第26条规定内容的基础上，增加了一个"但书"条款："但军人一方有重大过错的除外"。此"但书"条款是在平衡各种争论各种利益的基础上立法所采取的一种折中的办法，立法的意图是为了既保留对军婚实行特殊保护的制度，又不能忽视对平等、自由、公正等法律价值的破坏。在军人一方有重大过错的时候，否定其所具有的特殊权利，阻断其主观意志在此种情况下对配偶一方离婚权行使的限制。

我们认为，作为法院是否应当判决离婚，必须以婚姻的“内部”——夫妻“感情”是否存在为出发点。这样的标准符合马克思主义的基本立场，也符合广大人民的意志和利益，具有人性化和进步性的特点。

笔者对于“但书”条款的增加使“须得军人同意”的要求与保障军人配偶的离婚自由权不再矛盾，使军人和军人配偶之间的离婚自由权达到了平衡的观点并不认同。事实上，即使有了“但书”条款的规定，仍然对军人配偶的离婚自由权造成了侵害，因为这一“但书”条款的规定和我们《婚姻法》所采纳的“感情破裂原则”存在着矛盾，从根本上来说甚至是相违背的。在一般婚姻离婚的时候以“感情破裂”为标准，但在军人配偶要求离婚军人一方不同意离婚的时候则是以“重大过错”为标准，这两个标准的层次要求，是不能等同的，感情破裂并不意味着一定要有重大过错。

三、军婚特殊保护制度立法思路之转变

通过前述军人婚姻关系中的利益平衡和主体定位的分析，笔者认为应当通过国家税收的手段由利益的真正受益者，即全体公民去对军人以及军人配偶组成的家庭作出补偿，非军人、非军属的国民获得了安全的利益，从赋税中对军人以及军人家庭作出补偿也是一种应尽的义务。除了这种物质待遇的提高，作为受益者的国家也要积极采取措施，落实好拥军优属的各项措施，降低军人家属随军的条件要求，保障军人探亲休假的时间，解决好军人配偶生活、工作上的困难，增强军人配偶的光荣感和责任感。这样，不仅符合军婚中的权利义务平衡关系，符合公平正义的理念要求，也比用法律的强制手段限制军人配偶的离婚自由权更能保护军婚的稳定，维护军婚的质量。军人也是人，具有人类的共性，必然会有各种各样的需

要，军人有生存发展的需要，不仅自己要生存发展，而且要使家人得到生存和发展。[6]

在激励模式的各种措施中，最重要、最根本的措施，笔者认为应当是提高军人薪酬待遇水平，完善军人社会保障制度。通过这种方式提高军人的物质待遇，增加军人职业的吸引力，使更多的人愿意嫁给军人，而不是害怕嫁给军人，不仅符合法律的基本价值，具有实际有效性，也符合社会发展的趋势和当今世界的客观状况。自我国实行市场经济和改革开放以来，社会在不同层面已经发生了巨大的变化，军队和军人不再和社会完全隔离和脱节，社会形势的变化势必对其产生深刻的影响，我们应当顺应这一历史潮流和趋势，转变思路和方式，废除非人性化的权利限制制度，将提高军人的待遇作为稳定军人家庭关系的一项有力保障并尽快以立法的形式确定下来。有人认为在我国经济水平还不够发达，国民经济收入总体水平不高的情况下，提高军人待遇不具有现实性。但是，我们所建议的提高待遇水平是一种平衡性的补偿方式而不是绝对性的补偿，使这种补偿符合权利义务关系的平衡方式而不是绝对达到权利义务的平衡水平，尽量提高其待遇，增强其吸引力，不管在什么样的经济条件下都是可以实现的。

参考文献

[1] 卢梭：《社会契约论》，何兆武译，69 页，北京：商务印书馆，1996。

[2] 卓泽源：《法的价值论》，424～425 页，北京：法律出版社，1997。

[3] 张文显：《法理学》，67 页，北京：高等教育出版社，2003。

[4] 马克思、恩格斯：《马克思恩格斯全集》（一卷），中共中央马克思恩格斯列宁斯大林著作编译局译，78～81 页，北京：人民日报出版社，2004。

[5] [美] 保罗·萨缪尔森、威廉·诺德豪斯：《经济学》，潇琛译，29 页，北京：华夏出版社，1999。

[6] 南英丽：《正确认识军人利益》，载《政治教育》，22～26 页，2005 (10)。

社会调查

农村妇女土地权益保障现状的社会性别分析

——基于吉林省妇联关于农村妇女失地情况的调查*

李洪祥　王秀玲　王伟**

目　次

一旦把社会性别置入我国农村土地生产关系之中，就会发现：男性角色与农村妇女群体往往也变量为父亲对女儿、丈夫对妻子、儿子与母亲的关系，从而倾向左右女人。而农村妇女的土地权益则

---

* 本文系“第24届国际法哲学与社会哲学大会”入选论文。许多第一手资料来源于吉林省妇联关于农村妇女失地情况的调查。

** 李洪祥，男，吉林大学法学院教授，中国法学会婚姻家庭法学研究会常务理事；王秀玲，女，吉林省妇联妇运史志办公室主任；王伟，男，大连市金州区人民检察院检察长。

往往被湮没在婚姻关系中，在我国家庭联产承包责任制度的大背景下，其土地权利的依附性极其明显，依附于以男性为中心的家庭之中，一旦婚姻关系解体，土地权利的矛盾便会凸显出来。这也就是说，妇女个人的土地权益首先是归于家庭之户主的，而我国的家庭一般男性为户主，这就决定了妇女的土地权益最终实质上仍然归于父亲、丈夫、儿子这些家庭中的男性角色，因此由这条“家庭—户主—男性”的直线链，即见妇女的土地权益是很难得到事实保障的。作为公民权利基本保障的土地权益，农村妇女在享有土地承包权及其相关权益的同时，从社会性别的视角来看，其首先是被作为“女人”，在这个附着弱势色彩的概念里，加之中国农村特有的社会国情，她们其次才被作为家庭某户中的劳动生产者，其实然享有的土地权益势必得不到真正的平等保证，这在客观上加大了性别力量的差距，有意无意地加剧了农村土地承包中性别歧视的客观存在。关于农村妇女土地权益的现状及其权利保障，有诸多方面的多层次原因，我们不妨试以吉林省妇联关于辉南、双阳农村妇女失地情况的调查数据为剖面，深入分析探究并予以妇女土地权益保障方面的建议。

一、农村妇女土地权益保障现状调查及其反映出来的问题

（一）农村妇女土地权益保障现状调查

近年随着工业化、城市化进程的加快，因土地增值和支农惠农等政策的调整而愈加显性化的农村妇女失地引发之土地权益纠纷日益突出。2008年年底，吉林省妇联就会同农经、法院、信访等部门，深入双阳、辉南等市县，针对全省妇女的失地情况，进行了以问卷和座谈为方式的调查。农村妇女失地情况和失地妇女的类型主要有：妇女嫁到外村后其本村土地被收回且在外村也没有分到土地者占28.3%；土地被征用后未获得补偿或未全额获得补偿的占20.5%；由于村规民约等造成妇女失地的占18.9%；因违反计划生育政策而多生育子女未分得土地的占12%；外出打工、离婚、

丧偶、嫁给军人或对方为非农户口、妇女本人户口没迁出等，其承包地被收回的共占 16.6%；其他未与男子平等分得土地的占 2.4%。而在失地后，找村委会和乡政府解决的分别占到 65.5% 和 25.1%，将维权诉诸法律的比例却微乎其微，即便加之农经部门、信访部门，以及妇联这些救济途径，该比例之和仅为 1.2%。调查中另一项数据则进一步显示，最终通过仲裁和法院判决予以解决失地纠纷的仅占 0.3%。

（二）农村妇女土地权益保障现状调查反映出来的问题

上述调查数据无疑是当前我国农村妇女土地权利享有状况的一个剖面缩影，其中的数据实证向我们展现了我国农村妇女失地的真实现状，并揭示了其存在的多方面原因和目前的一些困境。

我国现行法律明确保障着农村妇女的平等土地权益。《农村土地承包法》第 6 条明确规定："农村土地承包，妇女与男子享有平等的权利。承包中应当保护妇女的合法权益，任何组织和个人不得剥夺、侵害妇女应当享有的土地承包经营权。"第 30 条还规定："承包期内，妇女结婚，在新居住地未取得承包地的，发包方不得收回其原承包地；妇女离婚或者丧偶，仍在原居住地生活或者不在原居住地生活但在新居住地未取得承包地的，发包方不得收回其原承包地。"1992 年颁布的《妇女权益保障法》第 30 条第 2 款也规定："妇女结婚、离婚后，其责任田、口粮田和宅基地等，应当受到保障。"这样，主要基于婚姻关系这一要因的土地权益就得到了救济与保障并有了法律依据。然而，由于规定的原则性、滞后性，以及村规民约等非正式因素的介入，甚或传统情感因素的充斥，最终的现实结果是我国农村妇女的合法土地权益距离平等保障的理想效果越来越远。例如，立法并未规定承包给家庭的土地是否可以分割的共有财产，使出嫁女分割娘家土地遇到一定法律障碍；另外土地承包合同和转让合同要件只要求承包方户主的姓名和签字，并未要求有配偶的名字和签字，这亦损害了妇女在土地承包过程中所能够实际获得的土地权益；法律未对"集体"作清晰的界定，从而在现实生活中，村庄内部基层权力机关即为"集体"，这也就意味着村规民约极有可能不同程度地代替法律制度成为分配土地的最终依据。

现实存在的农村妇女失地情况使得妇女在农村经济增长中的贡献与她们在土地这一重要农业生产资源的占有权、控制权和收益权等相关权益之间形成了极大的不对称性，这种现象被法律界等学术界称之为“半边天踩不着半边地”的性别元素的土地权益失衡现象，[1]另外，其尚有种种表现状况：

农村妇女主要表现为随着婚姻关系的变动而丧失其土地承包权及相关权益，吉林省妇联的调查数据就表明直接和间接因婚姻变动而丧失土地权利的就达近70%之多。另外，据有关学者对全国六省1199个农户和2459个村的调查数据显示，其中“娶进媳妇能够立即分到土地的可能性”仅占2%。[2]婚后户口未迁出的“外嫁女”由于农村传统观念以及部分村规民约失范，导致其承包地被收回或者被征用后分不到相应的土地补偿款、安置补偿费的现象屡见不鲜。现实往往存在因结婚、离婚、丧偶等婚姻关系变动而丧失土地承包权，或者由此产生的婚姻关系存续期间的土地增值部分的夫妻财产共有权的保护处于紧缺的状态。这样农村妇女依附的婚姻家庭关系反而成为她们丧失土地权益保障的最主要原因，外嫁女失去在娘家村的耕地承包权，而又更谈不上会出于维护自己权益的考量回娘家索要承包地耕种；嫁入女也因为婆家村没有机动田可供分配而只能“排队”等待或等至“30年不变”的土地承包期满；离婚女则面临承包土地被村集体收回或者其户口不被接收的窘境；丧偶女则有被村集体经济组织收回承包地或者被夫家的兄弟姐妹瓜分承包地的可能性；即便待嫁女也会被“测婚测嫁”，从而剥夺了她们的农村承包土地经营期待权和耕地被国家征用后的征地补偿费或村集体组织将耕地有偿承包所获得的收益分配权。[3]其他几方面的表现亦为典型，包括土地政策滞后与不统一性并存、土地流转市场的不发达、村领导及村委会等村集体组织的责任意识的欠缺和传统观念的腐蚀影响、“对树接皮”等村规民约非正式因素普遍失范、行政手段不合理、司法救济不到位等，均在一定程度上对农村妇女土地承包权造成侵害。

二、农村妇女土地权益未得以全面切实保障的原因分析

（一）强调家庭权利而非个人权利的性别角色迷失

社会主义法治社会保障最广大人民的各项权利，更提倡男女平等地享有不同性别权益，而在中国广袤的农村中，妇女的基本生活保障权益——相关土地权益却独特地与婚姻关系和家庭户紧密联系在一起，从而造成不仅是在家庭中强调父权以及夫权，而且在村集体经济组织中忽略了妇女作为独立主体的个人权利的局面。这样，社会性别意识的迷失给我国广大农村妇女平等地享有同男子一样的土地权益制造了最为实质的障碍。缺少社会性别视角违背了比例原则，没有充分考虑基于不同性别利益之间的差异，忽视了农户内同样作为个体的农村妇女的土地权益问题，其结果是强调了男性户主以及家庭成员权利，不利于增强妇女在家庭内部的地位及其个人权利主张，实质不同程度地剥夺了妇女包括土地权益在内的财产权利。现实情形中，就土地承包经营权及此类土地合同而言，作为合同主体的承包方不是劳动者个人名义而是整个家庭即为佐证。

（二）法规、政策层面的原因

立法上的性别盲点以及固有滞后性和缺乏可操作性并存；政策上，稳定性与不统一性并存。社会性别视角的缺失进一步在法律上和政策上得到强化，带来立法上的性别盲点，加之法律本身既有的滞后性的特点，因此，很多情况下并不能够适应新情势的变更，而法律条文的过于原则化与我国农村现实中参差不齐的具体状况之间的矛盾对比，更使得土地承包法等法律法规在面对各种不同的具体事例时显得无力和缺乏实际有效的可操作性。例如，《妇女权益保障法》明确规定了妇女的土地承包权在结婚、离婚后都受到保障，但并没有相应具体落实的办法和程序，正因为如此，在实际中土地的分配便多由村集体依照男权为中心的财产分配习惯确定。再如，《农村土地承包法》规定了土地的承包期为 30 年，并规定了调整

土地或收回土地的条件和程序，然而也正是由于立法上的种种盲点随之带来了政策上的不统一，根据吉林省妇联的调查，有的地方实行“30年不变”的政策，有的地方坚持“大稳定、小调整”的原则，个别地方还存在“五年大调整、三年小调整”的做法，由村民代表大会表决通过。在30年不变的稳定政策地区，妇女失地情况的多样性与之形成矛盾，不仅因婚姻变动的妇女得不到承包地分配，而且一些几年前放弃土地承包权、在惠农政策下土地增值后又想重新获得土地承包权的妇女，想要解决问题也比较困难。而在其他不同政策地区，无机动田和无补偿储备金的双重窘境也是相当的司空见惯。足见工业化、城市化进程加快的今天，政策的调整变动也紧紧牵系着农村妇女土地权益保障效应，并在当前使之显性化。

（三）相应机制的不健全

在最初的分配机制上就难以保障公平，通过“测婚测嫁”、不平等对待嫁入女、违背比例原则在分配机构中侵害弱势妇女利益等情况时有发生，这种或显性或隐性的不公都是与性别平等的原则不相符的。因此，在分配的源头上农村妇女的土地权益就得不到充分的保障；司法救济机制亦在维护妇女权益的途中路障重重，主要是法院难受理和判决难执行，而农村土地承包仲裁机构和队伍的未完全建立也使得诉诸仲裁解决土地纠纷显得不切实际；信访和妇联在解决土地权益争端的协调机制也并不完善，这些组织在协调解决妇女失地问题时在很大程度上要依靠妇女户口所在地党委或政府，而基层政府在组织村民大会或村民委员会表决土地分配调整问题时，缺乏必要的规范和引导，同时因存在许多障碍而伴随的畏难情绪，于是对妇女反映的失地问题一拖再拖，因此，协调起来难度也很大。

（四）村规民约、传统观念等非正式因素的充斥

传统的文化和偏见以及其带来的情感因素使妇女承包权的保护受阻，“测婚测嫁”、“过路户口”等违背男女平等性别原则的村规民约成为及时有效合理保障农村妇女土地权益的羁绊。传统的伦理道德、风俗习惯等非正式因素在农村土地制度安排上占了很大空

间，其产生的效力有时甚至超过法律法规等正式约束，基于此而形成的村规民约也在思想上和行动上很大程度的禁锢了人们的行为。在这种束缚下，往往出现了在分配方式和程序中夹杂明显妇女歧视倾向，在妇女维权进程中屡屡受阻，甚至即便是农村妇女本身也遭遇了这种非正式因素的思想侵蚀，根本意识不到自己的权利受到了侵害，反而认为这是“理所当然”的，如“对树接皮”（指妇女还没有出嫁前，村集体经济组织就将这些待嫁人员的承包地指定给新增人口家庭，一旦她们出嫁，其土地承包经营权就被强行转移，归至新增人口）、“测婚测嫁”、“过路户口”（为达到一定目的在迁入某村集体组织前约定不要承包地，待迁入后又想要回承包地的情况）等[4]村规民约虽然违背男女平等原则，甚或与有关法律的规定相悖，但却经村民大会或村民委员会表决通过，甚至形成约定俗成的村规民约被得到广泛遵守，侵害了部分妇女的土地权益。

（五）社会性别意识和权利意识的缺失

这包括两类主体和两个方面，是指村干部、基层政府官员等领导以及农村妇女这两类主体的意识欠缺问题。性别差异处处存在，只有在认识该差异的前提下才能在行动上予以注意，结合到农村妇女土地问题上，各领导干部也应在必要的时候以社会性别的视角来审视具体的实际问题，因为这种意识的缺失正是在分配环节和分包机构成员组成参与比例的确定环节中，构成对妇女土地权益保障的威胁的重要原因。例如，石家庄妇女回娘家索要承包地的案例[5]向我们道出农村妇女的权利意识现状，基于舆论和传统思维模式的影响，农村妇女的维权意识极度薄弱，试想连当事人都不主张维护自己的权利了，甚至连自己的权利有哪些，这个是不是自己的权利范围都不知晓的话，又谈何权利的有效保障呢？已婚妇女回娘家要地案例的发生不是因为其意识到要维权，而仅仅是出于经济困难时不得已的考量，众多妇女都碍于情面觉得“犯不着”或认为理所当然，于是“心甘情愿”地将承包的土地留给娘家人使用、收益，亲情和血缘毫无保留地吞噬着农村妇女的土地权益。

三、农村妇女土地权益保障的几点建议

（一）法律法规等公共政策层面上应注入社会性别意识

以性别平等观念为指引，建立健全性别平等的法律保障机制，并明确相应细节规则，以夯实保障农村妇女土地相关权益的法律基石。规定具体、规范的细则，避免空洞、“花架子”式的缺乏可操作性的文字或条款出现，[6]另外在实质层面贯彻落实社会性别意识观念，并在此基础上真正建立起男女两性平等的保障机制。通过法律的示范和指引，从而进一步指导和影响政策，规范相应的土地征用制度、土地调剂制度等具体政策体系。

具体来讲，其主要包括：第一，明确妇女与男子享有平等的承包权、管理权、处分权等土地权益的立法原则。第二，将《土地承包法》中规定的土地承包权明确定性为具有实际占有、使用、收益和部分处置效能的物权。法律上针对农村土地承包权的不同定性，无疑将导致不同的法律后果，试以某女要求返还被收回的承包地为例，如果将承包权定性为债权，那么其仅得向村委会主张赔偿损失或承担违约金，因其与新的承包人之间并没有相对性的合同；但若将承包权明确为物权，那么则可依物权的追及效力追回土地承包权。第三，将土地权益物化为个人权益而非家庭权益，明确集体组织成员认定标准。传统“家庭—户主—男性”链条模式的突破口，无疑是要将妇女个人土地权益从男权中心的家庭关系中剥离出来，分化至个人权利，如在《土地承包法》中规定“家庭承包的承包方是本集体经济组织的农户或者有承包经营能力的个人”，从而使广大农村妇女获得平等的承包经营权的主体资格，摆脱家庭和户主的桎梏，独立地享有个人土地承包权及相关共有权、分割权等权益。[7]第四，规定取得、放弃土地承包经营权的程序和条件，保证村委会、村集体、土地分配机构中妇女的参与比例。法律应将涉及土地权益的相关分配、再分配、收回、转让等程序加以细致规定，同时以立法的形式着力保障农村妇女在其间的参与决策权以示公平，可予以规定相当的妇女参与比例以保证妇女平等地参与土地

分配、流转，并得到同等法律权益保障。第五，规范土地征用制度。对土地被征用后失地的农民特别是妇女进行妥善安置，如农民土地被征用后，取消其农民身份，将其作为城市居民进行管理，使其享受社区居民待遇，特别是在就业待遇方面，要向失地妇女倾斜，将没有劳动能力的失地妇女作为城市低保对象，纳入社会低保范畴，彻底改变其夹于居民与农民之间的“边缘人”身份。第六，建立统一的土地调剂制度。对承包期内妇女在新居住地未取得承包地的，妇女离婚后丧偶仍在原居住地或不在原居住地生活，但在新居住地未取得承包地的问题，要有统一的调剂制度，并且统一执行，以保证妇女享有平等的土地承包权。第七，规范土地市场流转制度。通过规范制度完善土地承包权流转市场的发育，使土地承包权有更多有效实现其价值的途径，这不仅能够更好地维护农村妇女的土地权利，而且还能提高土地利用率、实现土地资源的优化配置，这在深层面上给保障农民土地权益提供了支撑。

（二）在机制制度层面上要进一步健全协调司法、农经、信访、妇联以及其他保障机制

分粥的故事形象地比喻了机制制度的重要性：七个人、一锅粥。规则一，一人负责分粥，总是此人粥多众人粥少；规则二，一人分粥一人监督，两人走向权力合作，唯此两人粥多；规则三，轮流分粥，每人都只有一天吃得饱；规则四，分粥的人最后领粥，终于粥像计量过般的平均。这就是规则，这就是制度，制度的重要性有时甚至胜过技术。因此，放在土地权益保障的领域，相应配套机制制度完善的重要性也不言而喻。

完善土地承包仲裁机制和法院救济中受理及执行环节的制度。尽快建立健全仲裁机构，完善仲裁程序，妥善解决农村失地妇女与村委会之间的土地权益纠纷，同时要就农村妇女土地承包权益落实问题开展调查督查，对在二轮土地承包无法解决承包地、未享受到土地承包权益的人口，在经济补偿、相关政策、税费等方面进行利益调整。各级人民法院则要进一步畅通受理妇女失地案件的渠道，进一步明确和统一案件受理的范围。同时，加大司法救济力度和法

律生效判决的执行，对已生效的法律判决，要站在为广大农村妇女维权的思想高度落实执行。

完善畅通政府、农经、信访、妇联等部门的救济渠道，做好各部门间权限和责任的衔接。发挥党委、基层政府的规范引导和表率作用，协调村自治组织及农经、信访、妇联等部门的关系，利用各配套机制共同来为保障妇女的土地权益服务，以达到保障效应的最大化。

完善健全其他保障和利益弥补制度。如前所述，可通过提高失地妇女的就业待遇、纳入城市低保对象等杠杆手段来予以弥补和调剂，这样可以从不同侧面和角度来共同达到维护农村妇女土地经济利益的平衡圆满状态的目的。当然，也可开拓和发展其他领域的利益弥补和激励机制，如农村妇女最低救助保障、失地适龄妇女的养老及医疗保障措施等。

（三）在意识观念层面上应当通过宣传手段强化社会性别意识和权利意识

社会性别意识和权利意识的宣传和加强，可以从精神层面上更加深入地解决一系列的问题。意识观念改变了，引入立法，法制有了性别视角会更加趋于平等；村民代表、村干部的性别意识改变了，村集体的成员权利益分配会更加公平合理，因之而形成的失范的村规民约也会失去原有的生存土壤；农村妇女自身的意识观念更新了，每个人的权利都会在法治的社会里得到更好的主张和弘扬。

在农村妇女和群众中开展形式多样的法律及意识理念的宣传教育活动，加大宣传力度，使得广大妇女、村干部都知法识法，并深化性别平等的意识和权利意识，这样亦自然促使那些不符合性别平等、违法侵害妇女权益的村规民约被废除，保障了妇女的土地及相关权益。同时，针对村干部、执法公职人员等，也通过宣传教育提升了性别意识和法律意识的水准，从而提高其依法行政、执法从严的能力。而对于农村妇女而言，则提高她们依法维权、依法管理与监督的意识和能力，为自己的土地经济利益的享有和保障加码。

参考文献

［1］［2］张林秀、刘承芳：《从性别视角看中国农村土地调整的公平问题——对全国1199个农户和2459个村的实证调查》，载《现代经济探讨》，2005（10）。

［3］施国庆、吴小芳：《社会性别视角下的农村妇女土地保障状况——基于温州三个村的调查研究》，载《浙江学刊》，2008（6）。

［4］“对树接皮”、“测婚测嫁”、“过路户口”三词均参见苏建强：《农村妇女土地承包中存在的突出问题、原因分析及对策建议》，载《河南农业》，2007（8）。

［5］马彦丽、林坚、杨方：《农村土地承包法与已婚农村妇女土地承包权的保障——基于石家庄地区妇女回娘家索要承包地案例的实证分析》，载《中国农业大学学报》（社会科学版），2006（1）。

［6］［7］王姗姗、赵丽珍：《法律与社会性别平等——以农村妇女土地承包经营权的法律保护为例》，载《云南民族大学学报》（哲学社会科学版），2005（4）。

我国夫妻分居情况调查及其立法构想

陈　苇　罗晓玲*

目　次

目前，我国政府大力倡导落实科学发展观，构建和谐社会。家庭是社会的细胞，家庭的和谐是构建社会和谐的基础，也是构建和谐社会的保证。夫妻是家庭的核心成员，夫妻间的法律关系是婚姻法调整的重要内容之一。夫妻在婚姻关系存续期间的分居状态影响家庭的和谐。对我国夫妻分居情况调查研究，分析其原因，采取适当的立法对策，有利于及时化解夫妻矛盾、帮助夫妻和好，有利于促进和谐家庭与和谐社会的建设。笔者拟在调查了解被调查者对我国夫妻分居相关情况认识的基础上，研究夫妻分居的原因，分析分

* 陈苇，女，西南政法大学民商法学院教授、博士生导师，中国法学会婚姻家庭法学研究会副会长；罗晓玲，女，法学硕士，重庆市巴南区人民检察院民刑科干警。

居制度的功能，考察我国有关立法存在的不足，结合我国实际，提出建立我国夫妻分居制度的立法构想，以供我国立法机关参考。

一、我国夫妻分居情况调查①

（一）本次调查的基本情况概述

1. 调查的目的、方法与地区

关于本次夫妻分居情况调查的目的，在离婚率日益增高的现代社会，为了更好地保护分居期间夫妻、子女及其他的家庭成员的合法权益，对现实生活中有关夫妻分居的情况进行调查，以便为我国《婚姻法》设立分居制度提供参考。

本次“我国夫妻分居情况调查”采取发放调查问卷的方式。共计发放调查问卷2000份，共计回收1973份，其中有效问卷1913份，无效问卷60份，有效率为96.96%。本次调查的地区包括四川、北京、江苏、重庆、浙江、辽宁、湖南、福建、广东、新疆、宁夏、安徽、山西、吉林、西藏、河南、山东、上海、黑龙江、云南、海南、广西、湖北、天津、内蒙古等省、直辖市、自治区。

2. 被调查者的基本情况

经过对有效调查问卷进行统计分析，1913位被调查者的年龄、性别、文化程度、婚姻状况、家庭人口人数、职业及居住地区等基本情况如下：

（1）被调查者的年龄在20～45岁的占七成以上。本次调查对

---

① 本次“我国夫妻分居情况调查”，由西南政法大学外国家庭法及妇女理论研究中心主任陈苇教授主持。陈苇教授在指导设计调查问卷后，为指导学生进行社会调查，她专门为该校民商法学院2007级本科生举办了“社会调查知识讲座”，杜江涌副教授和李俊副教授在讲座现场对如何进行问卷调查进行了模拟演示说明。然后，学生们在2009年7月暑期进行问卷调查。在此，我们特向参加此次社会调查的师生们和协助进行调查问卷统计的姜胜强、管燕燕、唐玉梅、姜万姿、葛慧超、张娇东等同学和朋友们表示衷心的感谢！

象主要针对 20 岁以上的人群，[①] 20 ~ 45 岁的占被调查者总数的 74. 8%。因为，我们考虑到，这些人一般都达到法定结婚年龄，并已具备一定的社会阅历或结婚经历等，对爱情婚姻、夫妻分居等都有一定的社会认知，这将有利于本次调查目的的实现。

（2）被调查者中男女两性的比例，约各占一半。在被调查者总数中，男性有 957 人，占 50. 02%；女性有 956 人，占 49. 98%。

（3）被调查者中以大学专科、本科文化程度者居多。本次被调查者的文化程度涵盖了低、中、高不同程度的文化水平，其中以大学专科、本科文化程度者居多。从文化程度看，调查者中为文盲的有 37 人，占 1. 9%；为小学的有 146 人，占 7. 6%；为初中的有 330 人，占 17. 3%；为高中或中专的有 533 人，占 27. 9%；为大学专科、本科的有 815 人，占 42. 6%；为研究生及以上的有 52 人，占 2. 7%。

（4）被调查者中已婚人士占六成以上。在被调查者总数中，未婚人士为 491 人，占 25. 7%；初婚人士为 1102 人，占 57. 6%；再婚人士为 142 人，占 7. 4%；离婚人士为 99 人，占 5. 2%；丧偶人士为 79 人，占 4. 1%。

本次被调查者中有未婚的、已婚的（初婚、再婚）、离婚的、丧偶的，他们不同的人生经历，对婚姻的不同认识，可以从不同角度反映出各类型人群对夫妻分居的认知情况。

（5）被调查者的家庭结构以核心家庭居多，3 ~ 4 口人的约占七成。在被调查者总数中，从家庭人口总数来看，为 1 人的有 40 人，占 2. 1%；为 2 人的有 177 人，占 9. 3%；为 3 人的有 787 人，占 41. 1%；为 4 人的有 516 人，占 27%；为 5 人的有 277 人，占 14. 5%；为 6 人的有 102 人，占 5. 3%；其他人数的有 14 人，占 0. 7%。

---

① 在 1913 位被调查者总数中，20 ~ 25 岁的有 467 人，占 24. 4%；26 ~ 30 岁的有 326 人，占 17%；31 ~ 45 岁的有 638 人，占 33. 4%；46 ~ 60 岁的有 354 人，占 18. 6%；61 岁以上的有 128 人，占 6. 6%。

（6）被调查者中家庭月总收入2000～3000元的占五成以上。在被调查者总数中，从家庭月总收入看，500～1000元的有119人，占6.2%；1000～1500元的有253人，占13.2%；1500～2000元的有296人，占15.5%；2000～2500元的有322人，占16.8%；2500～3000元的有692人，占36.2%；其他的有231人，占12.1%。

（7）被调查者的职业涵盖面广。在被调查者总数中，妇联干部有197人，占10.3%；村委会干部有187人，占9.8%；工人有418人，占21.8%；农民有310人，占16.2%；从事其他职业的有801人，占41.9%；从事其他职业的人员包括商人、学生、公务员、医生、护士、技工、教师、书记员、金融业人员、公司职员、家庭主妇、下岗工人等。本次调查结果反映了从事不同职业的人对夫妻分居问题的看法，具有一定的代表性。

（8）被调查者中的居住地在市、区、县、镇、农村的人口均占一定比例。在被调查者总数中，居住在市的有494人，占25.8%；居住在区的有385人，占20.2%；居住在县的有398人，占20.8%；居住在镇的有295人，占15.4%；居住在农村的有341人，占17.8%。

综上所述，本次调查对被调查者的选取具有一定的代表性，这有利于了解他们对夫妻分居相关情况的认识，对笔者进一步研究我国夫妻分居的原因具有一定的参考价值。

（二）被调查者对我国夫妻分居基本情况的认识

1. 被调查者对法定离婚理由之一——分居的认识

关于被调查者对法定离婚理由之一的夫妻分居的认识，从调查的统计结果看，按所占比例高低依次为：因夫妻感情不和、无法共同生活而导致分居满2年的选择率为57.60%；因夫妻感情不和、无法共同生活而导致分居满1年的选择率为19.15%；因工作、学习等客观原因短期或长期外出而导致的夫妻分居满2年的选择率为9.95%；因工作、学习等客观原因短期或长期外出而导致的夫妻分居满1年的选择率为5.41%；因夫妻间的矛盾或纠纷，一方闹情绪而导致夫妻分居1年以下的选择率大约为4.90%；其他为1.92%；为调和婚后生活，保持夫妻间亲密感觉（保鲜）而分居1年以下的选择率为1.06%。可见，被调查者们对作为法定离婚理由之一的夫妻分居的认识并不统一，其中认为因夫妻感情不和、无法共同生活而导致分居满2年占近六成。这说明大部分被调查者对夫妻分居作为法定离婚理由原因之认识与现行法的规定是一致的。（见图1）

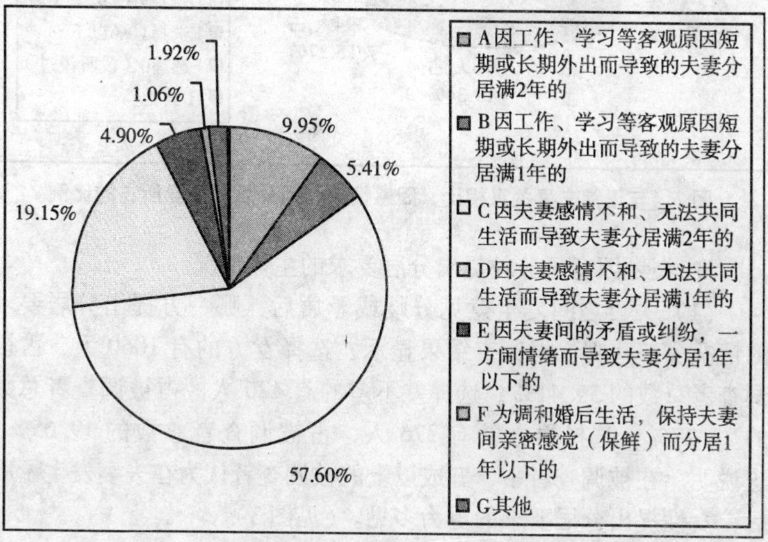

图1　被调查者对《婚姻法》中分居原因的认识

2. 被调查者所了解的因感情不和而分居的夫妻所占的比例

据被调查者的了解，与正常夫妻关系相比，因感情不和而分居的夫妻所占的比例选择50%以下的有218人，占11.4%；选择40%以下的有222人，占11.60%；选择30%以下的有294人，占15.37%；选择20%以下的有370人，占19.34%；选择10%以下的有614人，占32.10%；选择0（没听说过）的有177人，占9.25%；选择其他的有18人，占0.94%，这18人中部分被调查者表示在其身边，因感情不和而分居的夫妻所占比例高于50%。这表明，在被调查者中，五成以上（合计为51.44%）的被调查者认为因感情不和而分居的夫妻所占的比例为20%以下和10%以下。(见图2)

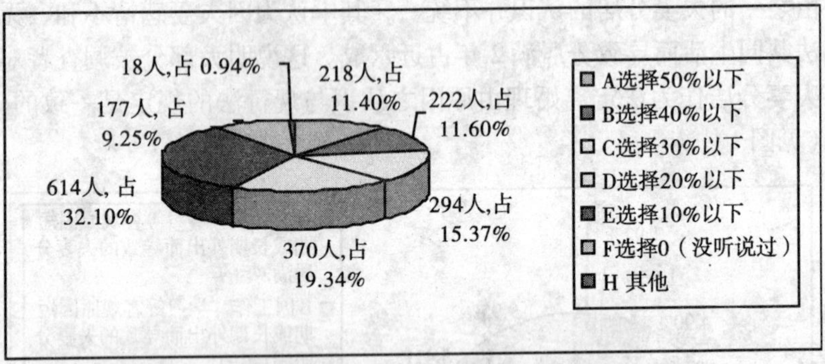

图2　与正常夫妻关系相比，因感情不和而分居的夫妻所占的比例

3. 夫妻因意见分歧提出分居要求的主体情况

（1）夫妻之间发生意见分歧或矛盾后，哪一方提出分居要求的情况多一些呢？据调查结果显示，选择女方的有1060人，占被调查者总数的55.41%；选择差不多的有426人，占被调查者总数的22.27%；选择男方的有376人，占被调查者总数的19.65%。这说明，在被调查者中，五成以上的被调查者认为在夫妻发生矛盾后，女性提出分居要求的更为多见。(见图3)

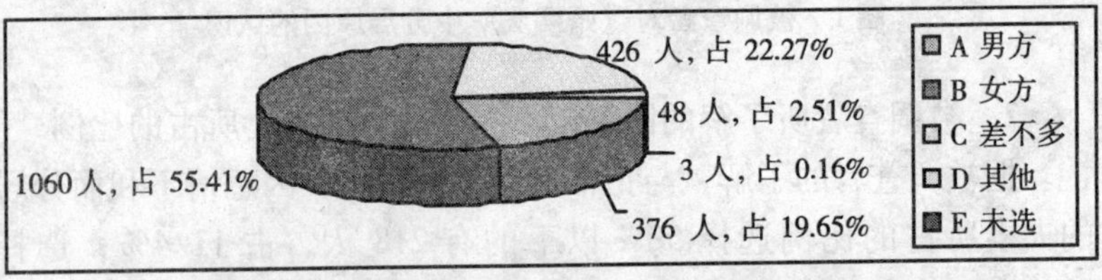

图3　夫妻发生意见分歧，哪一方提出分居要求的情况

（2）夫妻发生意见分歧或矛盾后，部分当事人选择离家去亲戚（如父母家等）或朋友家居住以缓解夫妻矛盾或避免夫妻纷争。调查结果显示，79.82%的被调查者认为，夫妻发生矛盾后，女方离家去亲戚或朋友家居住的情况更多；10.93%的被调查者认为，夫妻发生矛盾后，男方和女方离家去亲戚或朋友家居住的发生概率差不多。这表明，在被调查者中，近八成的被调查者认为在夫妻发生纠纷后，女方更愿意寻找亲友的支持。（见图4）

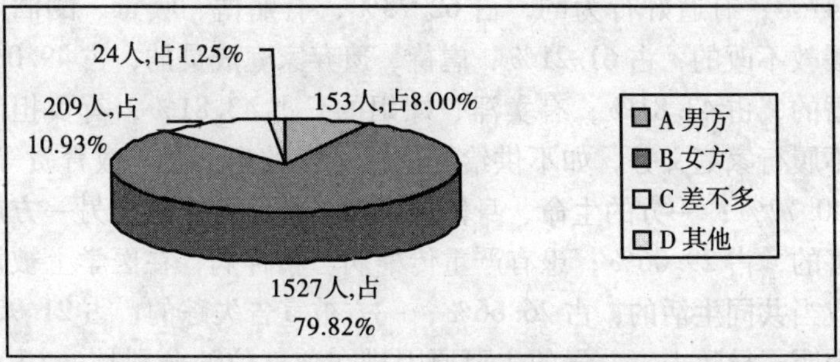

图4　夫妻发生意见分歧，哪一方离家去亲戚或朋友家居住的情况

（三）被调查者对认定夫妻分居相关因素的认识

1. 夫妻分居的居所情况

夫妻在分居后，他们的居住及相互关系情况如何？据调查的统计结果显示，在被调查者总数中，选择夫妻一方外出另外找住所的为57.55%。选择夫妻双方同在一个家庭住所里分室而居，互不理睬，且不履行夫妻义务的为35.91%。这表明，有三成以上的被调查者认为我国夫妻分居中存在“同室分居”的情况。（见图5）

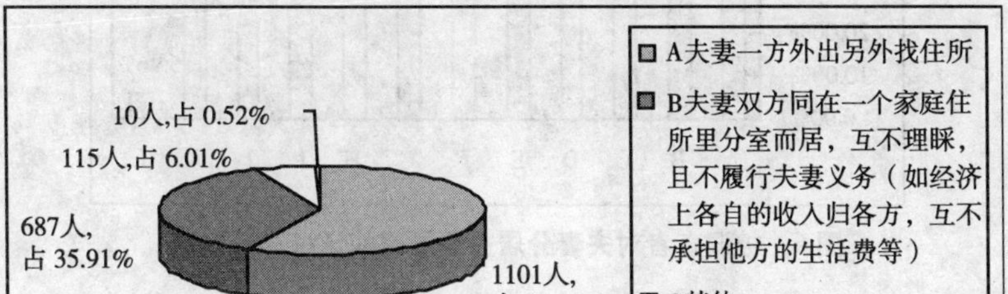

图5　夫妻在分居后，他们的居住及相互关系情况

2. 夫妻分居的主要原因

从供多选的各选项之统计数据来看，被调查者认为导致夫妻分居的主要原因按所占被调查者总数的比例由高到低依次为：有妇之夫或有夫之妇与他人同居的，占73.5%；实施家庭暴力的，占70.47%；有通奸行为的，占62.73%；有赌博、吸毒、酗酒等恶习屡教不改的，占61.21%；虐待、遗弃家庭成员的，占49.03%；重婚的，占43.81%；有卖淫、嫖娼的，占43.81%；有负担能力而不履行家庭义务，如不供给配偶或子女的生活费、教育费等的，占40.72%；一方的生命、身体健康和名誉等可能遭受另一方严重侵害的，占29.06%；患有严重传染病、精神病，在医学上被认为不应当共同生活的，占26.66%；一方被宣告失踪的，占21.96%。这表明，导致夫妻分居的主要原因排在前五位的分别是：（1）有妇之夫或有夫之妇与他人同居的；（2）实施家庭暴力的；（3）有通奸行为的；（4）有赌博、吸毒、酗酒等恶习屡教不改的；（5）虐待、遗弃家庭成员的。（见图6）

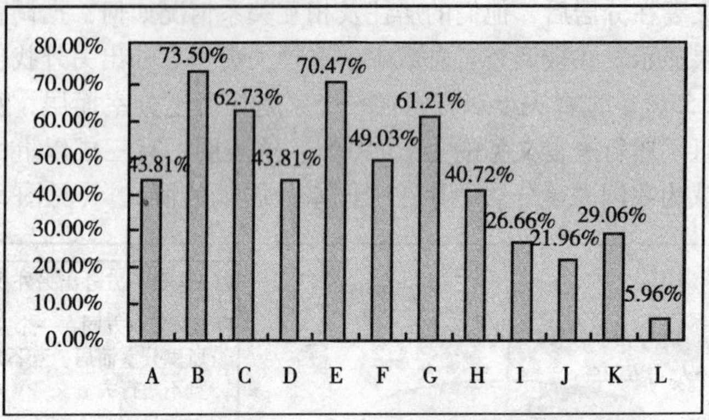

图6 被调查者对夫妻分居主要原因的认识（可多选）

A 重婚的
B 有妇之夫或有夫之妇与他人同居的
C 有通奸行为的
D 卖淫、嫖娼的
E 实施家庭暴力的
F 虐待、遗弃家庭成员的
G 有赌博、吸毒、酗酒等恶习屡教不改的
H 有负担能力而不履行家庭义务，如不供给配偶或子女的生活费、教育费等的
I 患有严重传染病、精神病，在医学上被认为不应当共同生活的
J 一方被宣告失踪的
K 一方的生命、身体健康和名誉等可能遭受另一方严重侵害的
L 其他

3. 夫妻分居的认定

（1）离婚时，夫妻对是否已经分居时常发生分歧，此时法院是否有必要依职权进行调查呢？据统计数据显示，69.26%的被调查者认为夫妻离婚时对是否已经分居发生争议的法院有必要依职权进行调查；27.91%的被调查者则认为法院没有必要依职权调查。可见，对于夫妻是否已经分居的争议，近七成的被调查者认为应当由法院依职权进行调查。（见图7）

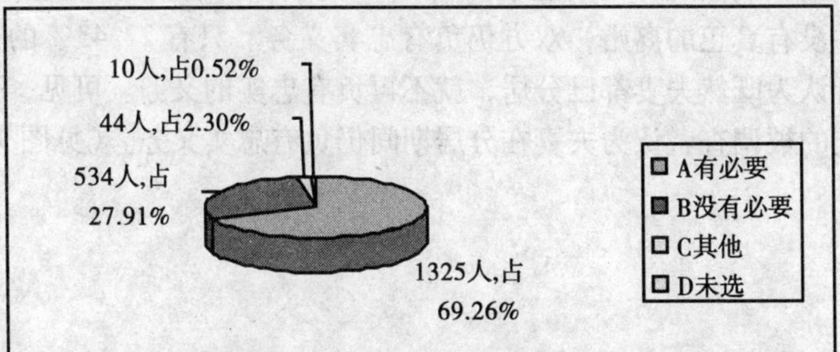

图7 离婚时，夫妻对是否已经分居发生争议时，法院有无必要依职权进行调查

（2）离婚时，夫妻对在同一个家庭居所内居住是否构成分居发生争议的，法院有无必要依职权进行调查？据调查统计结果显示，离婚时，夫妻对在同一家庭住所内居住是否构成分居发生争议时，43.39%的被调查者认为，法院在此时有必要依职权进行调查，53.69%的被调查者则认为法院没有必要依职权进行调查。可见，对在同一个家庭居所内居住的分居，五成以上的被调查者认为法院无必要依职权进行调查，持否定观点的略高于持肯定观点。（见图8）

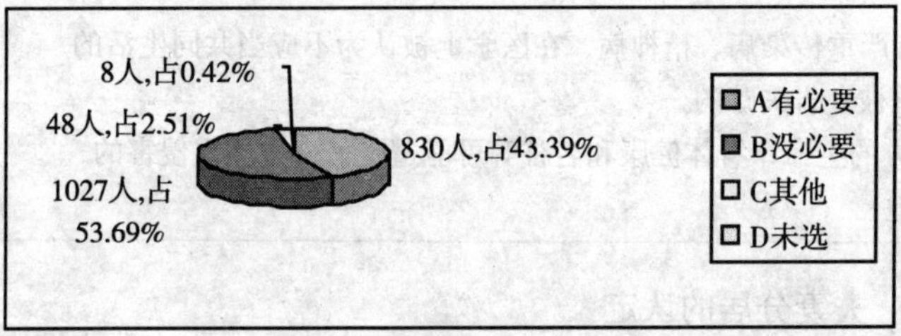

图8　离婚时，夫妻对在同一家庭居所内居住是否构成分居发生争议时，法院有无必要依职权进行调查

（四）被调查者对分居期间权利义务的认知

1. 夫妻分居期间的忠实义务

夫妻分居后，夫妻是否仍应互相忠实而不与他人发生婚外性行为？此次调查统计结果显示，72.09%的被调查者认为夫妻分居期间并没有真正的离婚，双方仍负有忠实义务。只有22.43%的被调查者认为既然夫妻都已分居，就不再负有忠实的义务。可见，七成以上的被调查者认为夫妻在分居期间仍负有忠实义务。（见图9）

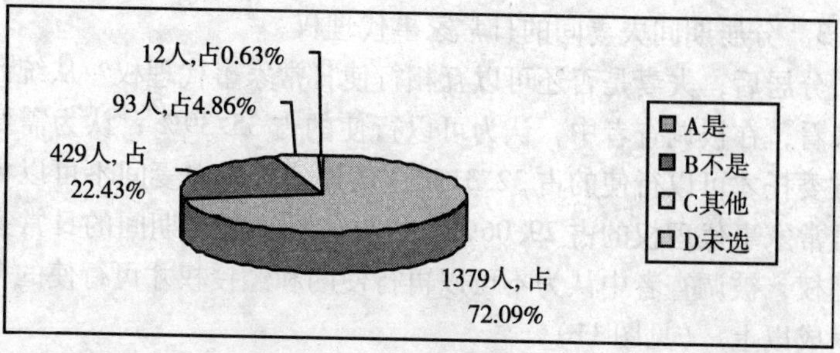

图9　分居后，夫妻是否应当互相忠实而不与他人发生婚外性行为

2. 在分居期间夫妻违反忠实义务的离婚损害赔偿请求权

夫妻分居后，如果夫妻一方与他人通奸或与他人公开共同生活，另一方在离婚时是否可以要求赔偿？本次调查结果显示，32.26%的被调查者直接认为可以要求赔偿；30.15%的被调查者认为分居期间，如果夫妻一方与他人通奸，无过错方可以要求赔偿；28.48%的被调查者认为分居期间，如果夫妻一方与他人公开共同生活，无过错方可以要求赔偿；只有8.31%的被调查者认为不可以要求赔偿。可见，有九成以上的被调查者认为，在分居期间夫妻一方违反忠实义务的，无过错方可以要求赔偿。（见图10）

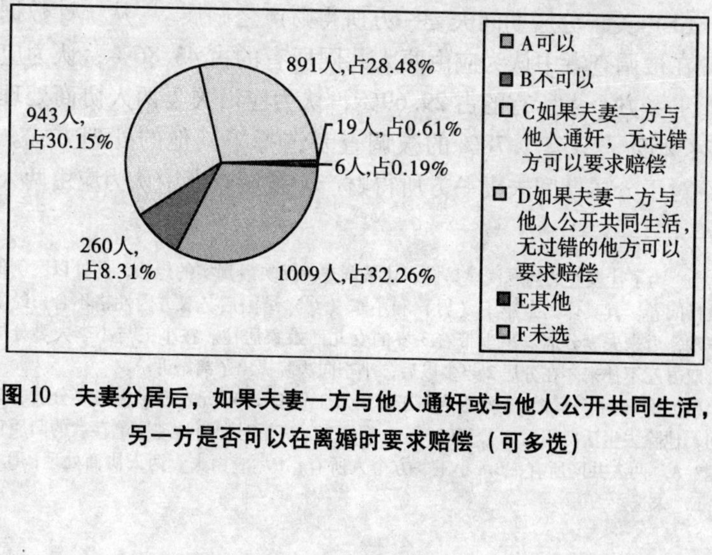

图10　夫妻分居后，如果夫妻一方与他人通奸或与他人公开共同生活，另一方是否可以在离婚时要求赔偿（可多选）

3. 分居期间夫妻间的日常家事代理权

分居后，夫妻是否还可以互相行使日常家事代理权？从统计数据来看，在被调查者中，认为可以行使的占 35.39%；认为需要经对方委托才可以行使的占 32.31%；认为分居后夫妻间不可以再行使日常家事代理权的占 29.06%。可见，对于分居期间的日常家事代理权，被调查者中认为不可以再行使的和经授权才可行使的合计占六成以上。（见图 11）

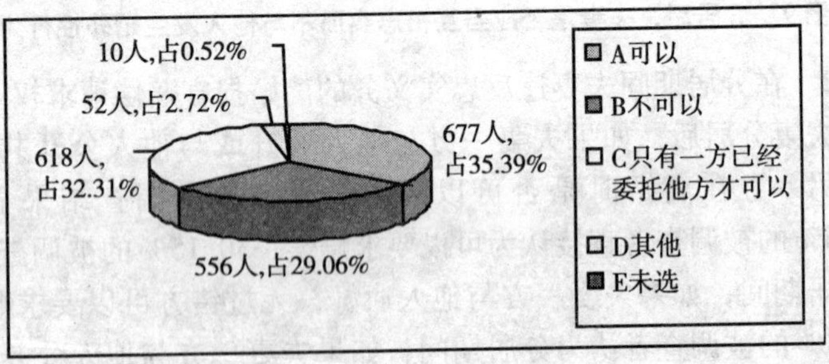

图 11　分居后，夫妻一方是否可以代替对方处理一些与日常生活有关的经济事务

4. 分居期间夫妻一方所得财产的归属

（1）关于分居期间夫妻一方所得财产之归属。① 从统计数据来看，在被调查者中认为应由两人共同所有的占 43.86%；认为应当为小王一方个人所有的占 29.69%；认为应由夫妻两人协商处理的占 24.26%；只有 1.78% 的被调查者选择了其他的处理方式。可见，对于分居期间夫妻一方所得财产，被调查者中认为应由两人共

---

① 为了让调查的问题浅显易懂，让被调查者反映最真实的想法，此处以案例的形式设计问卷。其具体为：小王（男）和小李（女）结婚后，双方因性格不合，经常发生争吵，后来夫妻分居。小李带着 3 岁的女儿回娘家居住。在小王与小李夫妻分居期间，双方互不往来。在分居 2 年多以后，小李向法院提出了离婚诉讼。

（1）分居后，小王到一家饭店打工，每月工资有 1500 元左右。在夫妻分居的 2 年期间，他除去生活费用后存了 15000 元。您认为，离婚时如何处理这笔存款的归属比较合理？A. 两人共同所有；B. 小王一方个人所有；C. 应由夫妻两人协商处理；D. 其他；E. 未选。

同所有的或应由夫妻两人协商处理的合计约占七成。(见图12)

再从分性别的统计数据来看，男女两性对分居期间一方取得财产的归属的认识上差别不是很大。两人共同所有、应由夫妻两人协商处理两项的选择率合计为男性占63.01%，女性占73.22%，即女性高于男性10个百分点。(见表1)

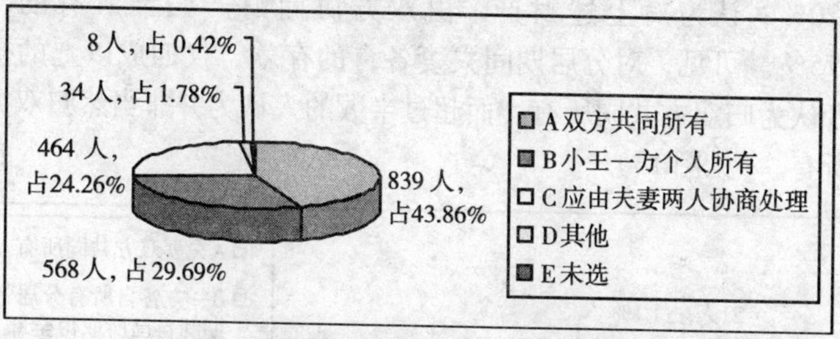

图12　分居期间夫妻一方所得财产的归属

表1　分居期间夫妻一方所得财产的归属选项人数及比例

选项 / 人数及比例	A. 两人共同所有	B. 小王一方个人所有	C. 应由夫妻两人协商处理	D. 其他	E. 未选
男（人）	383	321	220	25	8
百分比（%）	40.02	33.54	22.99	2.61	0.84
女（人）	456	247	244	9	0
百分比（%）	47.70	25.84	25.52	0.94	0
合计（人）	839	568	464	34	8
百分比（%）	43.86	29.69	24.26	1.78	0.42

（2）关于分居期间，夫妻各自的存款或者一方中大奖而用此

款购置的房屋等归属。[①] 从统计数据来看，在被调查者中，认为上述存款或一方购买的房屋应当由夫妻双方共同所有的，占 43.34%；认为一方各自所有分居期间自己所取得的全部财产的，占 24.62%；认为上述财产中，部分共有（如一方购买的房屋归共同所有），部分归各自所有的（如各自的存款归各自所有），占 17.20%；认为对上述财产，由双方协商财产归谁所有的，占 13.75%。可见，对分居期间夫妻各自的存款，仅四成以上的被调查者认为归双方共同所有，而超过半数的人认为并非当然归双方共同所有。(见图 13)

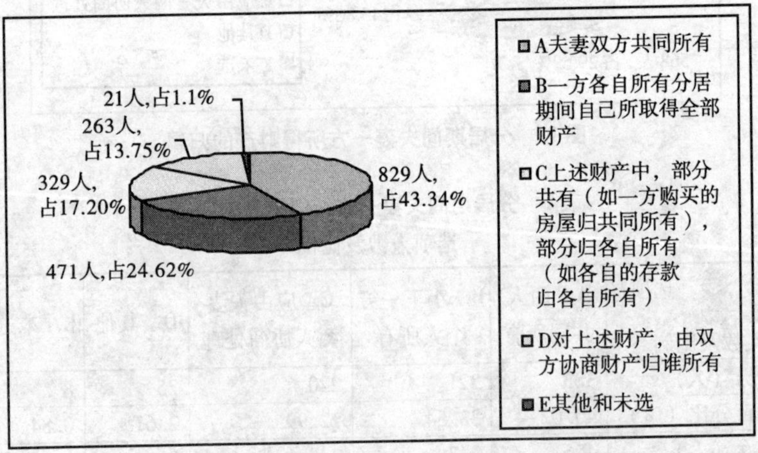

图 13　分居期间夫妻各自所得财产的归属

再从分性别统计的数据来看，总体上男女两性对分居期间各自取得财产的归属在认识上比较一致。只是在一方各自所有分居期间

---

① 在分居期间，如果夫妻各方都有工作且收入都能满足其生活所需，两人各自都有部分存款或者一方在此期间中了大奖而用此款购置房屋等，您认为，离婚时各自的存款或一方购买的房屋应当归谁所有比较合理？A. 夫妻双方共同所有；B. 一方各自所有分居期间自己所取得全部财产；C. 上述财产中，部分共有（如一方购买的房屋归共同所有），部分归各自所有（如各自的存款归各自所有）；D. 对上述财产，由双方协商财产归谁所有；E. 其他。

所得的全部财产这一项上的选择比例女性略低于男性，其他项上选择比例都高于男性。(见表2)

表2　分居期间夫妻各自所得财产的归属

选项 人数及比例	A. 夫妻双方共同所有	B. 一方各自所有分居期间自己所取得的全部财产	C. 上述财产中，部分共有（如一方购买的房屋归共同所有），部分归各自所有（如各自的存款归各自所有）	D. 对上述财产，由双方协商财产归谁所有	E. 其他和未选
男（人）	407	264	159	116	11
百分比（%）	43.53	27.59	16.61	12.12	1.15
女（人）	422	207	170	147	10
百分比（%）	44.14	21.65	17.78	15.38	1.05
合计（人）	829	471	329	263	21
百分比（%）	43.34	24.62	17.20	13.75	1.1

5. 分居期间债务的承担

(1) 分居期间因抚养子女所生之债的偿还责任。① 从统计数据来看，对分居期间因抚养子女所生之债的偿还责任认识比较统一。在被调查者中，认为应当由小王、小李共同偿还的，占72.19%；认为小李自己借的应由其自己偿还的，占8.83%；认为小王有经济能力且未支付女儿生活费应由他单独偿还的，占16.31%。可见，七成以上的被调查者认为，夫妻对子女的抚养责任不因分居而变化。即使夫妻分居，抚养子女所生之债务也应由夫妻共同偿还。(见图14a)

---

① (1) 分居期间小李因女儿生病住院向亲戚借款2000元，您认为，这个债务由谁偿还呢？A. 小李自己借的应由其自己偿还；B. 小王有经济能力，且未支付女儿生活费，因此应由他单独偿还；C. 小王、小李应共同偿还；D. 其他。

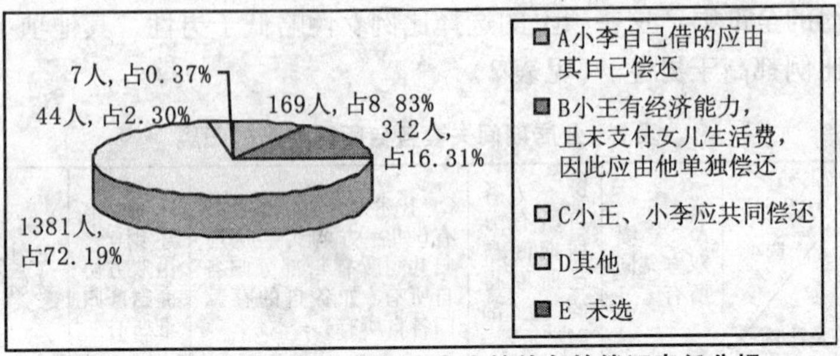

图 14a 分居期间因抚养子女发生的债务的偿还责任分担

（2）分居期间一方因经营所负债务的偿还责任。[①] 从统计数据来看，59.44%的被调查者认为应当由小王自己本人偿还；34.08%的被调查者认为还是应当由小王、小李共同偿还。由此可见，对分居期间一方因经营所负债务，近六成的被调查者认为应当由其本人偿还。（见图 14b）

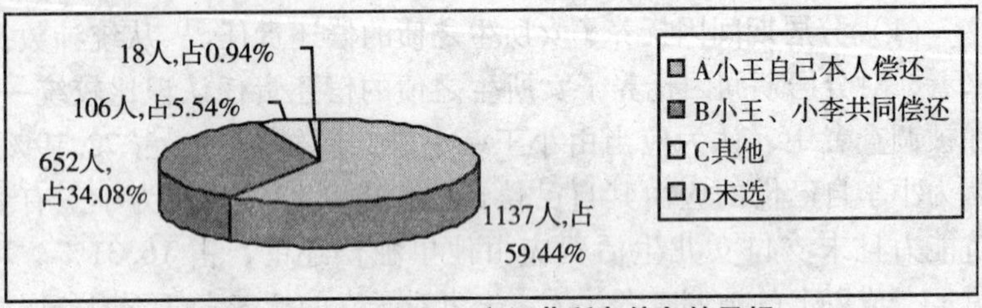

图 14b 分居期间一方经营所负债务的承担

（3）分居后，夫妻一方处理与日常家庭生活有关的经济事务所生之债的偿还责任。从统计数据来看，在被调查者中，认为应当由夫妻双方共同偿还的，占 45.43%；认为只有一方已委托他方的，才可由双方偿还的，占 28.54%；认为由借钱一方偿还的，占 23.47%。也就是说，对分居期间夫妻一方因日常家务所欠债务，近一半的被调查者认为应由夫妻共同偿还。（见图 15）

---

① 在分居期间，如果小王将其在此期间的存款用来自己做生意，并向小张借款 3 万元，但是不料生意亏损，血本无归。您认为，应当由谁负责偿还该借款？A. 小王自己本人偿还；B. 小王、小李共同偿还；C. 其他。

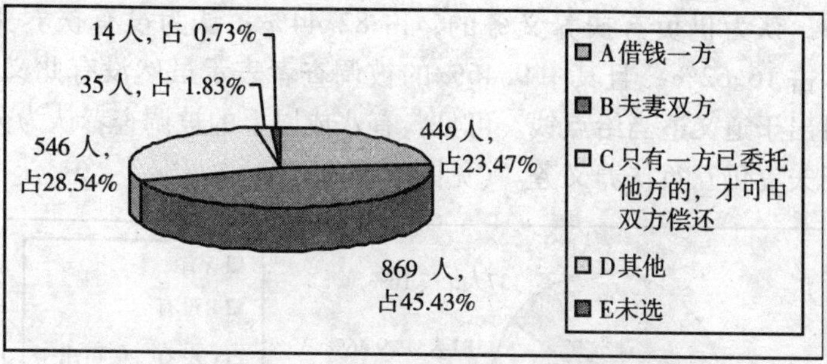

图15　分居后，夫妻一方处理与日常家庭生活有关的经济事务所发生的债务，应由何方偿还

6. 分居期间夫妻间的继承权

从统计数据来看，在被调查者中，认为夫妻分居期间，如果夫妻一方死亡，另一方可以继承对方的遗产的占59.62%；认为分居期间的夫妻关系不同于正常夫妻关系，另一方不可以继承对方的遗产的占14.86%；认为只有无过错方，才可以继承对方的遗产的占23.25%。可见，对于分居夫妻间的继承权，有近六成的被调查者认为不应当受到分居的影响。（见图16）

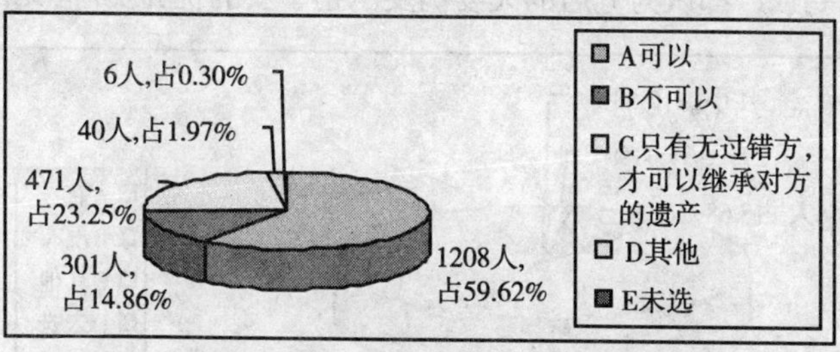

图16　分居期间，如果夫妻一方死亡，另一方是否可以继承对方的遗产

7. 分居期间夫妻间的扶养义务

关于分居期间夫妻间是否应当继续履行扶养义务？① 在被调查

① 在分居期间，如果妻子小李因抚养年幼的女儿不能参加工作，生活比较困难，您认为，丈夫小王对妻子小李有扶养（即给付生活费）义务吗？A. 有；B. 没有；C. 没有，但出于道义适当给点钱；D. 其他。

者中，认为仍负有扶养义务的，占 82.44%；认为没有扶养义务的，占 16.62%，且其中 9.46% 的被调查者表示虽然没有此义务，但可出于道义适当给点钱。可见，有八成以上的被调查者认为分居期间夫妻仍互负扶养义务。(见图 17)

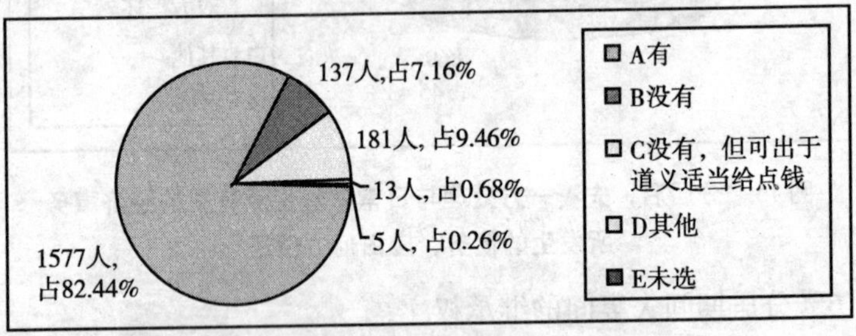

图 17　分居期间，夫妻间的扶养义务

8．分居期间父母对子女的抚养义务

在分居期间，母方是否有权向父方请求支付子女抚养费?① 在被调查者中，持赞同态度的，占 89.23%；持否定态度的，仅占 8.68% 的。可见，近九成的被调查者对分居期间父母对子女抚养义务的认识比较一致，都认为分居的夫妻仍要承担子女的抚养费。(见图 18)

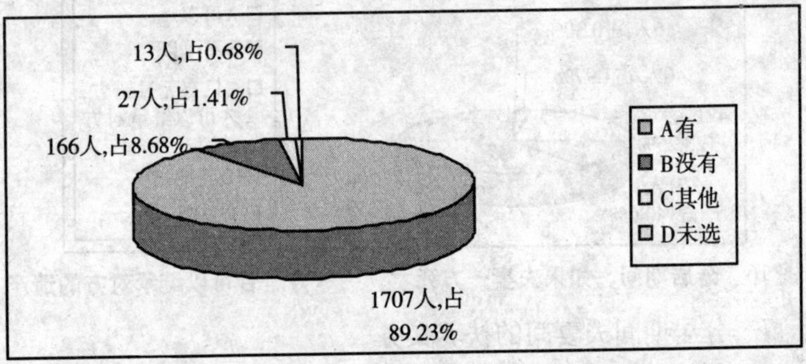

图 18　分居期间，父母对子女的抚养义务

---

① 在分居期间，小李向小王要求给付女儿的抚养费。小王认为，小李是自己回的娘家，故其应当独自抚养女儿，她无权向其讨要女儿的抚养费？您认为？A. 有；B. 没有；C. 其他。

9. 分居期间子女对老人的赡养义务

在夫妻分居期间，儿媳对共同生活的公婆是否负有赡养义务？① 在被调查者中，认为如果夫妻没有分居，小李有此义务的，占 38.32%；认为如果夫妻已经分居，小李没有此义务的，占 17.35%；认为无论夫妻是否分居，小李都没有此义务的，占 29.17%；选择其他的，占 14.53%。可见，有近四成的被调查者认为共同生活的儿媳有赡养公婆的义务。（见图 19）

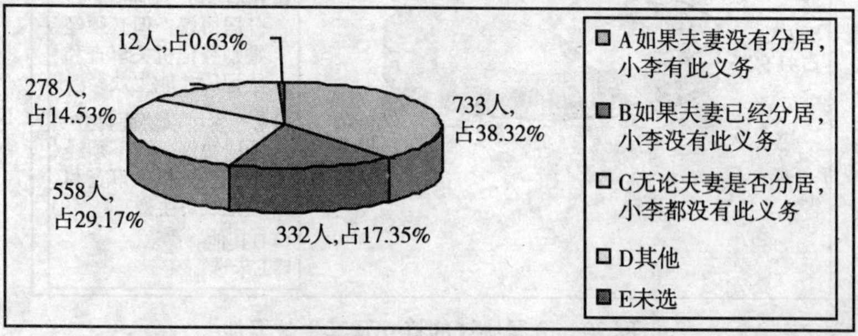

图 19　分居期间，子女对老人的赡养义务

（五）被调查者对夫妻分居纠纷处理方式的认知

1. 分居协议的订立及其生效要件

对夫妻能否自行协商订立分居协议，其生效要件如何？从调查统计的数据来看，82.38%的被调查者表示夫妻可以协商订立分居协议，但对分居协议生效要件即是否需要婚姻登记机关审查和登记后生效存在不同的认识。在被调查者中，认为分居协议必须经婚姻登记机关审查登记后才生效的，占 40.46%；认为分居协议一经签订既可生效，不需要另行规定特别的生效要件的，占 41.92%；认

---

① 在结婚后，小王的父母来到小王家与他们一起共同生活，帮助照料他们的女儿。您认为，小李对小王的父母负有赡养（如给付一定的生活费）的义务吗？A. 如果夫妻没有分居，小李有此义务；B. 如果夫妻已经分居，小李没有此义务；C. 无论夫妻是否分居，小李都没有此义务；D. 其他。本案例中，小李是儿媳，与小王父母之间的赡养关系不同于小王与其父母之间的法定赡养关系。

为夫妻不可以协商订立分居协议，因为这需要很强的专业知识的，占 14.06%。（见图 20）可见，有八成以上的被调查者表示夫妻可以协商订立分居协议，且其中认为夫妻分居协议，不需要有关部门审批即可生效的占四成以上。

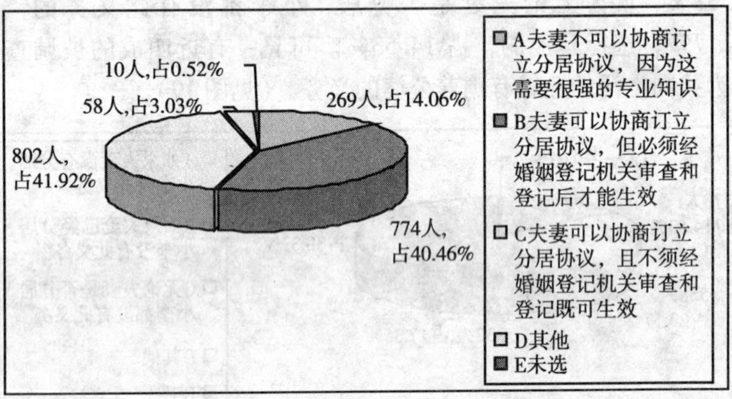

图 20　分居协议的订立及其生效要件

2. 分居协议中子女抚养和财产分割条款之效力

离婚时是否可以按夫妻协商达成的分居协议处理子女抚养和财产分割等问题，公众如何认识？在被调查者中，认为离婚时可以按照夫妻分居时达成的分居协议处理子女抚养和财产分割等问题的，占 84.89%，但其中 43.65% 的被调查者认为这种许可是有条件的，即只有在不损害子女和第三人利益的前提下才可以按照分居协议的相关内容来处理；认为夫妻离婚时不能按照分居协议来处理子女抚养和财产分割等问题的，占 13.59%。可见，有八成以上的被调查者认为夫妻可以在分居时达成协议处理子女抚养和财产分割问题，且对双方具有约束力。（见图 21）

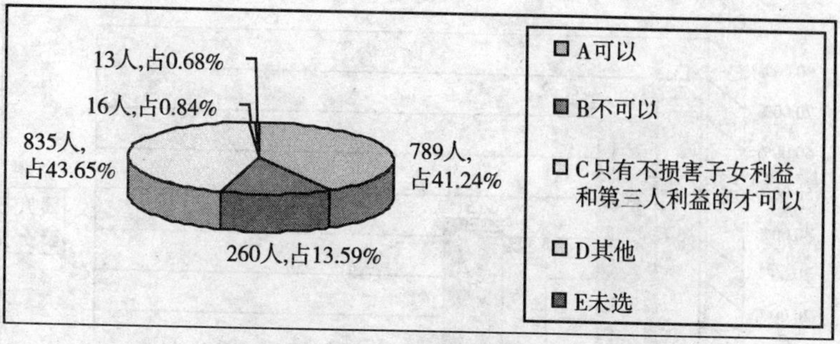

图 21 离婚时是否可以按夫妻协商达成的分居协议处理子女抚养和财产分割等问题

（六）被调查者对夫妻分居立法的认知

是否需要对夫妻分居进行立法?[①] 从统计数据来看，在被调查者中，认为对夫妻分居有必要用法律进行规制的，占 65. 81%；认为没有必要的，占 32. 51%；选择其他选项的，占 1. 25%。可见，有六成以上的被调查者认为对夫妻分居需要用法律进行规制。(见图 22a)

再从分性别统计的数据来看，在被调查者中，70. 11% 的男性和 61. 51% 的女性认为法律应当对分居期间夫妻之间的人身关系和财产关系等给予具体的规定；而认为夫妻分居没有必要用法律进行规制的男性占 28. 53%，女性占 36. 51%。(见图 22b)

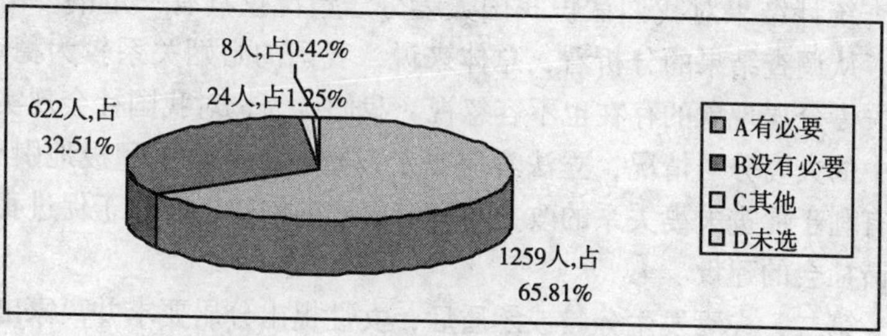

图 22a 被调查者对分居立法的认知

---

① 问卷设计的题目是，您认为，法律有必要对分居期间夫妻之间的人身关系（如夫妻忠实义务、家事代理权等）和财产等关系（如夫妻扶养义务、子女抚养义务及财产制）等给予具体的规定吗？A. 有必要；B. 没有必要；C. 其他。

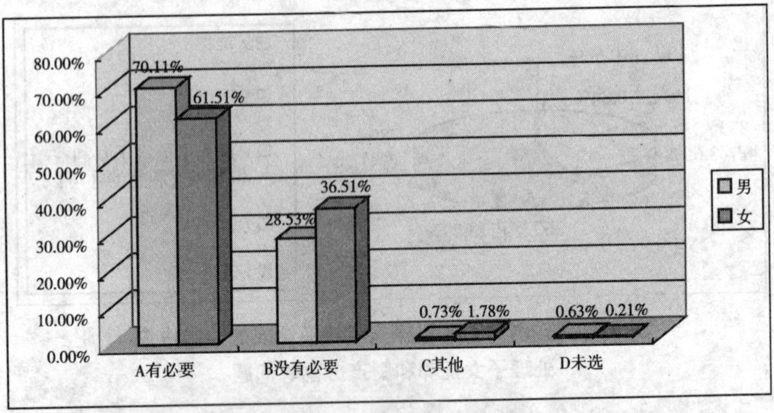

图 22b 男女两性被调查者对分居立法的认知

（七）总结与评论

通过上述对夫妻分居情况调查的统计分析，我们了解到被调查者对我国夫妻分居的基本概况及相关问题的看法。总体来说，可概括为以下几个主要方面：

第一，据被调查者了解的情况，一般因感情不和而分居的夫妻所占比例在20%左右。由于夫妻分居涉及当事人的隐私，具有隐蔽性的特点，被调查者不可能详细知悉夫妻分居的情况。因此，此调查统计结果对我们认识我国夫妻分居情况仅具有一定的参考价值。从调查结果的分析看，总体来说，我国的婚姻关系较为稳定，但夫妻分居现象的存在也不容忽视。我们认为，对我国社会现实生活中的夫妻分居情况，立法者应当予以重视，并给予积极地引导。这有利于促进夫妻关系的改善与和谐家庭的构建，有利于促进我国和谐社会的建设。

第二，夫妻发生分歧或矛盾后，女性提出分居要求并离家出走的情况居多。从调查中可以看出，五成以上的被调查者认为提出分居要求以女性居多；近八成的被调查者认为，女性离家去亲戚或朋友家居住以缓解夫妻矛盾的居多。

第三，“分室分居”与“同室分居”并存。近六成的被调查者认为夫妻分居一方会选择另找住所，但是也有三成以上被调查者认为存在“同室分居”的现象。因此，在制定分居立法时必须包括“同室分居”，不能将其排除在分居范畴之外。

第四，对夫妻分居的原因的认识具有多样性。七成以上的被调查者认为“有妇之夫或有夫之妇与他人同居的”、“实施家庭暴力的”是夫妻分居的原因；六成以上的被调查者认为有“通奸行为的”、“有赌博、吸毒、酗酒等恶习屡教不改的”是夫妻分居的原因；四成以上的被调查者认为“虐待、遗弃家庭成员的，重婚的，卖淫、嫖娼的，有负担能力而不履行家庭义务的”也是夫妻分居的原因；二成以上的被调查者认为“一方的生命、身体健康和名誉等可能遭受另一方严重侵害的，患有严重传染病、精神病，在医学上被认为不应当共同生活的”以及“一方被宣告失踪的”也是夫妻分居的原因。可见，大多数被调查者认为“有配偶者与他人同居”和“实施家庭暴力的”是分居的最主要原因。

第五，对分居期间的忠实义务及一方违反忠实义务离婚时另一方的离婚损害赔偿请求权的认识比较一致。七成以上的被调查者认为分居期间夫妻应当互负忠实义务。并且，九成以上的被调查者认为，分居期间如果夫妻一方违反忠实义务的，离婚时另一方可以请求离婚损害赔偿。

第六，对分居期间夫妻间的扶养义务、父母对子女的抚养义务的认识比较一致。八成以上的被调查者认为分居期间夫妻仍互负扶养义务。近九成的被调查者认为夫妻分居期间对未成年子女仍负有抚养义务。

第七，关于分居夫妻间的继承权，近六成的被调查者认为分居期间夫妻仍互有继承权；有约二成的被调查者认为只有无过错方才可以继承对方的遗产；约一成的被调查者认为分居期间夫妻不能互相继承对方的遗产。

第八，对分居期间夫妻间有无日常家事代理权存在不同的认识。在被调查者中，持肯定意见的占三成半，而认为不可以行使以及必须经对方委托才可以行使家事代理权的，即持否定见解或有条件肯定的合计占六成以上。由于分居期间，夫妻间的婚姻生活发生了转变，共同生活的信任基础缺失，被调查者不同的意见正反映了现实的需求，需要对分居期间夫妻间的日常家事代理权如何立法进行反思。

第九，对分居期间夫妻一方所取得财产的归属的认识存在分歧。对分居期间，一方或双方各自所取得的财产，近六成的被调查者认为应当为“夫妻共同所有”或双方协商处理；近三成的被调查者认为取得的财产归各自所有。

第十，对分居期间债务承担，因债务性质不同而区分不同的偿还责任。对于因抚养子女等而产生的法定债务，七成以上的被调查者认为属于夫妻共同债务，应当共同偿还。对于分居期间，一方用于经营等其他未用于共同生活所发生的债务，近六成的被调查者认为应当由行为人自己单独偿还。对于分居期间，一方处理与家庭生活有关的经济事务所生之债的偿还责任亦存在不同的认识，四成以上的被调查者认为应该共同偿还；近三成的被调查者认为只有在委托的情况下才会共同偿还；二成左右的被调查者认为应该由行为人自己偿还。由此可知，夫妻一方在分居期间所为日常家事代理行为关系到偿还责任的分配及第三人利益保护，因此有必要对其加以明确。

第十一，认同分居协议的订立，但对分居协议的生效要件存在不同的认识。在被调查者总数中，近八成都表示夫妻可以自行协商订立分居协议，但是对分居协议是否需要婚姻登记机关审查和登记后才能生效存在不同的看法。认为需要审查登记和不需要审查登记的被调查者约各占一半。这反映了有些被调查者强调对夫妻自身主体权利的尊重，而有些被调查者基于公众利益考虑，表示对权利的行使婚姻登记机关应予以一定的限制。

第十二，离婚时，对于分居协议处理子女抚养和财产分割等问题，八成以上的被调查者持肯定态度。这表明公众的权利主体意识增强，要求法院对分居当事人的意思自治给予尊重。对离婚时，夫妻对是否分居发生争议时，近七成的被调查者认为法院有必要依职权进行调查，以查明事实，正确进行裁判；而对离婚时，夫妻对是否构成“同室分居”发生争议的，五成左右的被调查者认为法院没有必要依职权进行调查。因为，后一种情况涉及当事人的隐私，法院并不是万能的。

第十三，对分居是否应当立法，大部分被调查者持肯定态度。近七成的被调查者认为对分居期间夫妻间的人身和财产等关系给予具体的规定是有必要的，期待着通过法律的完善，来有效规制分居期间夫妻间特殊的婚姻关系。

综上所述，由于人力、物力所限，本次调查虽不能全面地反映我国夫妻分居的现状，但是通过部分地区的调查，了解被调查者对我国夫妻分居情况及分居原因等的基本认识，可以在一定程度上反映目前我国现实生活中夫妻分居的状况。此次调查的统计分析数据所显示的被调查者对分居期间夫妻间的扶养义务以及债务清偿责任等的认识，既反映了他们对现实生活中夫妻分居后权利义务的认识情况，也在一定程度上反映了现行法对相关问题的规制存在不足，这对构建我国夫妻分居制度具有一定的参考价值。并且，大部分被调查者对夫妻分居立法持肯定态度，这表明被调查者认为我国分居立法是必要的。

二、分居制度的功能分析

分居制度或称“别居”制度，它作为一种法律制度产生于中世纪的欧洲。在当时教会法对婚姻的立法采取禁止离婚主义的情况下，分居制度是对不堪共同生活的夫妻的一种补救手段，其主要的法律效力是夫妻双方暂时或永久地解除同居义务。[1]深受教会法影响的一些国家，如意大利早期的法律不准离婚而只许别居，后来才发展为离婚制度与别居制度两者并存。必须注意，近代、现代国家的别居（或分居）制度不同于中世纪教会法的别居制度，它不是对禁止离婚立法的补充，而是为婚姻关系恶化的夫妻提供的一种“缓和夫妻矛盾”的救济措施。[2]在国外，分居制度作为离婚制度的组成部分，它主要具有以下三个方面的功能：

（一）为夫妻纠纷提供缓和与修复的期间

首先，分居制度为因夫妻纠纷导致婚姻关系恶化的夫妻提供了一个冷静考虑的缓冲期，可以缓和夫妻矛盾，防止矛盾激化。它为介于完整婚姻与破裂婚姻之间婚姻状态的婚姻当事人提供一种分居的选择方式。在现代社会，分居制度是离婚制度的必要补充，它体现了婚姻自由原则的要求，反映了法律对婚姻当事人自主自愿决定其婚姻未来的尊重。正如我国学者所言，自由离婚主义的发展趋势不会是走向无限制的自由，而应当是逐渐从追求离婚自由发展到在保障离婚自由的前提下支持婚姻制度的回归。[3]其次，分居制度为婚姻关系恶化的夫妻提供了一个修复期，使当事人在分居期间可以以实际行为努力争取夫妻关系的修复和好，有利于化解婚姻矛盾、稳定家庭关系，防止轻率离婚。例如，《瑞士民法典》第146条规定，离婚原因一经证实，法官须或宣告离婚或宣告分居。仅诉请分居的，不得宣告离婚；诉请离婚的，仅在尚有和解可能时，始宣告分居。[4]

（二）确定分居夫妻间的权利和义务

夫妻在婚姻关系恶化而难以共同生活时，可以选择实行分居。但对于婚姻家庭，夫妻在分居期间仍依法享有某些权利和应当履行某些义务。分居制度为婚姻当事人在分居期间行使权利和履行义务提供了行为规范，并且具有法律约束力。这有利于减少婚姻家庭纠纷，维护婚姻当事人和其子女以及第三人的合法权益。例如，依《法国民法典》，[5]分居的法律效力①包括：分居不解除婚姻关系，但终止同居义务；分居夫妻有条件地享有配偶继承权；分居引起分别财产制；夫妻分居后仍然互负救助、扶养的义务。[6]

（三）提供法院裁判的司法依据

分居制度为法院确认分居与裁判婚姻关系是否确已破裂，提供了一个客观的标准。分居制度允许夫妻在关系恶化而不能共同生活但尚未到婚姻破裂程度时，依法定的条件和程序，可以在一定期间

---

① 《法国民法典》第299~303条。

内中止夫妻间的同居生活。按照法律对分居法定要件的规定，法院可以依法确认双方当事人的行为是否已构成分居。并且，有些国家把夫妻的事实分居或法院的裁判分居达到一定的时间，作为法定的离婚理由之一。如果分居的夫妻一方起诉离婚，法院经调解和好无效，依据婚姻当事人的分居是否达到法定期间，可以确认是否“婚姻关系确已破裂”、“婚姻已经无可挽回地破裂”或“夫妻感情确已破裂”。如果法院确认其分居符合法定的离婚事由之一，应当判决准予离婚，即分居制度为确认分居与裁判婚姻关系是否确已破裂提供了一个客观标准，有利于实现司法公正。例如，依《德国民法典》[7]有关婚姻破裂的规定，如果婚姻双方已分居1年且双方均申请离婚或被申请人同意离婚的，即不可辩驳地推定婚姻已经破裂。如果婚姻双方分居已逾3年的，虽然双方没有离婚合意或被申请人反对离婚，即不可辩驳地推定婚姻已经破裂。①

三、我国夫妻分居立法的现状与不足

（一）我国夫妻分居立法的现状

我国1950年《婚姻法》和1980年《婚姻法》对分居未予规定。最早规定夫妻分居的是1989年最高人民法院《关于人民法院审理离婚案件如何认定夫妻感情确已破裂的若干具体意见》第7条规定：“因感情不和分居已满3年，确无和好可能的，或者经人民法院判决不准离婚后又分居满1年，互不履行夫妻义务的。”可准予离婚。2001年修正后的《婚姻法》第32条第3款规定因感情不和分居满2年的，调解无效的，应准予离婚。在国外，不少国家规定有分居制度。例如，法国、德国的民法典均对分居的法定事由、分居期间及程序、分居效力、分居的终止等作了具体规定。②

---

① 《德国民法典》第1566条。

② 参见罗洁珍译：《法国民法典》第296～309条，264～267页，北京：法律出版社，2005；陈卫佐译：《德国民法典》第1353、1361、1385、1565、1566、1671、1672条，北京：法律出版社，2006。

虽然我国现行《婚姻法》将符合法定条件的分居作为调解无效、准予离婚的法定理由之一，但这只是对分居的事后确认。对分居的构成要件、分居的程序、分居的效力及终止等都没有作出规定。

(二) 我国夫妻分居立法之不足

在我国，根据现行《婚姻法》的规定，分居只有作为离婚理由时才具有法律上的意义，其对夫妻间的权利义务关系并无任何影响。通过前述实证调查的统计分析情况表明，在我国现实生活中夫妻因各种原因而分居的现象在一定程度上存在，但现行《婚姻法》未确立分居制度，对处于离婚与正常婚姻生活之间的夫妻分居行为缺少明确的、具有可操作性的规范，这不利于调整分居期间的婚姻家庭关系，也给司法审判实践中离婚案件的审理带来了不便。其主要体现在以下几个方面：

1. 分居的构成要件不明确

由于我国现行《婚姻法》对分居的构成要件无规定，因此被调查者们对我国《婚姻法》规定的分居期间、夫妻分居原因等认识不一。约有四成被调查者对法定离婚理由之一的分居存在不同的认识。有的则认为分居期间为1年，甚至几个月等，有的还认为因工作、学习等客观原因短期或长期外出而导致的分居也在法定分居的范围之内。

在有些离婚诉讼中，诉讼当事人和法官对分居的认识也有分歧。其主要表现为：第一，大多数当事人、法官认为，分开居住是构成夫妻分居的必要条件；而有的当事人却认为只要双方没有夫妻性生活即可构成夫妻分居。第二，对分居期间的同居行为是否构成分居期间的中断等也存在不同的理解。有的认为分居期间只要有同居行为即构成分居期间的中断，若再主张分居事实需要重新计算分居期间；有的则认为分居期间为和好而短暂同居后又分居的，只要不超过一定期限（如6个月）就不构成中断，分居期间扣除同居时间继续计算。

2. 对分居当事人的权利义务缺乏规制

(1) 在我国现有法律框架下，因未明确规定分居的法律程序，法院往往难以对当事人分居的请求进行裁决。即使夫妻双方曾自行达成分居协议，但由于有的无书面协议，发生争议时其口头协议的效力往往难以认定。

（2）夫妻分居期间的人身、财产关系、子女抚养以及继承等事项如未作特别约定，则按正常夫妻婚姻关系存续期间的规则处理。然而，分居期间的夫妻关系既区别于夫妻离婚后的法律关系，亦不同于正常婚姻生活中的夫妻关系。忽视这一区别而采取“一刀切”的办法，无疑在现实生活中容易产生纠纷，不利于婚姻家庭纠纷的解决。

对于分居期间取得财产的归属问题，许多被调查者并不完全认同现行法的处理方式。事实上，很多夫妻分居后互不往来，客观上是两个独立的生活和经济主体，所得财产事实上处于分离状态，因此，对分居期间所取得财产的归属有必要确立不同于正常夫妻关系下的财产制形式。

夫妻分居不同于正常的婚姻状况，子女的直接抚养往往是由夫妻一方承担。由于我国《婚姻法》并未就夫妻分居期间子女抚养权、抚养费等问题作出规定，现实生活中分居的夫妻对于孩子随哪方生活或子女抚养费等问题易发生争执。同时很多离婚案件自起诉到判决生效历时较长，在此期间很多夫妻处于分居状态，此期间如果父母对子女的抚养处于一种争执状态，对未成年子女的健康成长极为不利。

同时，按照现有规定，夫妻分居期间仍然互相享有日常家事代理权，这明显不符合夫妻现实生活的需要。正常的夫妻关系存续期间，夫妻双方互有家事代理权，这是因为双方有相互信任的基础。而一旦双方选择分居，如果一方仍对另一方享有家事代理权则缺乏基本的法理基础——信任。[8]在此次被调查者中，约有64%的人明确表示不认同分居夫妻互有日常家事代理权。因此，在实际生活中，夫妻分居期间，时有发生夫妻因一方滥用家事代理权而擅自处理共同财产或恶意举债而损害另一方的合法权益。

3. 现行夫妻分居立法规定可操作性差

由于《婚姻法》对夫妻分居的构成要件等无规定，在司法审判实践中给《婚姻法》第32条第3款第4项的适用带来了困难。(1) 当事人举证难。在一个因分居而请求离婚的案件中，一方需要就是否存在分居的事实向法院举证，但是由于分居涉及双方的隐私，一般外人难以知晓，当事人往往难以举证，分居的事实很大程度上都依赖于夫妻双方的自认。(2) 分居的时间难以确定。在涉及分居的离婚案件中，当事人往往通过租房合同、村委会或居委会的证明等来证明夫妻双方分居的事实。但是在进一步确认分居期间时，对分居时间的计算又是一个难题。何时开始、何时终止、有无中止、中断等情形通常只有婚姻当事人自己清楚，往往没有书面或者其他程序来确认分居开始的时间。分居开始的时间难以确定，分居期间的计算也就存在问题。(3) 是否构成分居缺乏具体认定标准。由于现行《婚姻法》第32条第3款第4项只是笼统地规定因感情不和分居满2年经调解无效，准予离婚，并未明确规定分居的认定标准，这使法官就认定是否构成分居缺乏法律依据。一般而言，一方失踪满2年另一方起诉请求离婚的，法官一般都会认定分居满2年。但对于"同室分居"等其他具有争议的情况是否构成法定分居，由于缺乏统一的认定标准，往往存在不同的认识。因此，这次被调查者中有65.8%的人认为应当对何为分居确立法定标准。

四、我国夫妻分居制度的立法构想

根据对我国分居情况调查了解的实际情况，借鉴外国及我国香港等地区的立法经验，对建立我国分居制度提出以下立法构想。

(一) 分居制度的立法体例

建议采取以分居制度与离婚制度并行的双轨制。由于分居制度的功能和法律效力不同于离婚，分居期间只是变更夫妻权利义务，是介于正常婚姻关系与离婚之间的一种特殊状态，因此，分居标准应当适度宽于离婚。宜采英美法系的立法模式，让分居的标准和程序较离婚简单，但从分居到离婚，条件则相对严格，以维护婚姻的严肃性。在构建分居制度的立法指导思想上，应本着符合中国实际国情，高效便民，维护家庭稳定的宗旨。[9]在立法的原则上，可借鉴美国的立法经验，突出体现当事人意思优先，司法干预为辅。根据分居制度的立法目的及其所处婚姻阶段，并结合我国《婚姻法》的篇章结构，① 宜借鉴法国的立法经验，将分居制度独立成章设立在“家庭关系”章与“离婚”章之间。从整体上确立立法体例后，下面将进一步设计分居制度的具体内容。

（二）法定分居的构成要件

如前所述，在现实生活中，人们对夫妻分居的认识存在着差异，因此，构建分居法律制度的一个基本前提就是要明确夫妻分居的具体内涵，具备什么样的要件才属于分居制度调整下的分居。为了与生活中民众认识的分居相区分，建议将我国分居制度调整的分居界定为“法定分居”，即在婚姻关系存续期间，夫妻双方依据法定的条件和程序，在一定期间内依法免除同居义务，停止家庭共同生活的法律行为。具体来说，构成法定分居的要件如下：

第一，分居双方当事人须有合法的夫妻身份关系。不具备夫妻关系的当事人，如无效婚姻当事人的分居、其他家庭成员之间的分居等都不属于分居制度的调整范围。

第二，主观上须具有分居的意愿，即分居双方当事人具有拒绝同居生活的真实意思表示。这种主观意愿，可能是双方的，也可能是一方的意愿。由于客观原因，如因工作、学习、生病住院、出国等而分居的，没有分居的主观意愿，则不属于法定分居。[10]

第三，客观上须有停止共同生活的事实。其通常表现为夫妻人为中断相互之间的共同经济生活、性生活、相互扶助和精神抚慰。分居是一种全面的分居生活，而不是某一部分或某一方面分开或分离，或断绝某一部分关系。夫妻在一起共同生活，经济各自独立分

---

① 我国现行《婚姻法》的篇章结构分为六章，依次为总则、结婚、家庭关系、离婚、救助措施与法律责任、附则。

开，不属于分居。或者夫妻在一起共同生活，中断或终止夫妻性生活，也不属于分居。[11] 夫妻分居事实的判断以夫妻共同生活全面停止为标准，而非必须以住所之分离来衡量。法定分居包括夫妻双方在不同住所居住的分居状态，同时也应结合我国现实住房情况并借鉴德国的立法经验，① 将夫妻双方虽处于同一婚姻住所，但相互间并未履行同居义务且停止共同生活的“同室分居”纳入法定分居的范围内。

综上所述，对分居的内涵，我们建议界定为：分居是指夫妻在婚姻期间基于双方当事人或一方当事人拒绝同居生活的真实意思表示，在事实上互不履行同居义务并且全部停止夫妻间的共同经济生活、相互扶助和精神抚慰等其他共同生活的行为。

（三）分居的类型

分居制度作为婚姻家庭制度之一，也应当秉承意思自治的原则，鼓励当事人就分居的问题以协议的方式解决。对于分居的类型，可采取以协议分居和司法分居两种分居并行的立法模式。在构建分居制度时，对协议分居可以多运用授权性规范，指导当事人处理协议分居所涉及的法律问题。如果夫妻对分居协议不成的，则可以申请法院司法判决分居。以下我们提出我国分居制度的具体内容设想。

1. 协议分居

协议分居，是指仅由夫妻双方自愿依法订立分居协议而实行的分居。婚姻自由是《婚姻法》的一项基本原则。婚姻是具有身份关系的一种契约，自婚姻的成立、持续至婚姻的解除，都应当尊重当事人的意愿。

第一，分居协议的程序要件。我国的协议分居制度无须规定协议分居的理由，只要夫妻双方都同意分居且对分居协议的内容没有

---

① 参见《德国民法典》1567 条：“在配偶双方之间，已不存在家庭的共同生活且可以看出一方拒绝过夫妻的婚姻生活而不欲恢复家庭的共同生活的，配偶双方即为分居。即使配偶双方在婚姻住宅内分居，家庭的共同生活也不复存在。”

争议，履行相应的法定手续即可。分居协议生效，除需要具备一般法律行为的生效要件之外，还需满足一定的特殊要件。分居协议的订立、变更应当采用书面形式，婚姻双方当事人须亲自到婚姻登记机关申请审查登记后方可生效。由于夫妻分居具有隐蔽性，且分居行为往往涉及夫妻双方及子女等家庭关系的变更，因此，须对分居协议规定严格的形式要件和生效要件。一方面，采用书面形式可以将相关的内容固定下来，以免日后产生纠纷时难以调查取证；另一方面，婚姻登记机关对分居协议在登记前对其内容进行形式审查，在保障当事人意思自治的前提下，公权力可以对当事人的分居行为予以适当的监督。

第二，分居协议的内容。分居协议的内容须经双方协商一致，其内容只要不违反国家强制性法律法规的规定及公序良俗，一般不予限制。由于分居协议涉及分居期间夫妻的权利义务等，如有未成年子女的，还涉及未成年子女的抚养问题，所以协议分居制度应就分居协议所涉及的一般性条款予以列举，并对其中必备条款予以明确规定。凡缺少必备条款的分居协议，登记机关不予登记。如果分居时，夫妻双方有未成年子女需要抚养的，对子女的直接抚养方及子女抚养费的数额及支付方式，以及他方对子女的探望权之行使方式必须予以明确约定，否则，登记机关不予登记。对于其他条款，当事人未约定的，按照法律的规定处理。当事人约定的内容不得排除法律规定的强制性义务，不得损害第三人利益或者社会公共利益。

第三，分居协议的变更、履行与终止。如果情况发生变化，原有的协议内容不能满足需要时，夫妻经协商一致可以对分居协议的内容进行变更。对于分居协议，当事人应当自觉履行。如果夫妻一方不履行协议的财产性义务，夫妻他方可以向法院申请强制执行。在分居期间，如果双方当事人和好而达成终止分居以恢复共同生活书面协议的，可以共同到婚姻登记机关申请办理终止夫妻分居的登记，该协议经登记后立即生效。

2. 判决分居

判决分居，是指夫妻双方同意分居但对分居的相关事项不能达成一致意见，或一方要求分居但另一方不同意而向法院提出申请，请求法院判决分居。

第一，判决分居的理由。分居不同于离婚，并不解除婚姻关系，因此，其适用标准应适当放宽，以便更充分地发挥分居制度的功能。当事人申请分居时，无须证明婚姻已经无可挽回地破裂，只要证明具有分居的法定理由之一即可。具有下列情形之一，一方认为无法共同生活的，向法院申请分居的，应当准予分居：①重婚或有配偶者与他人同居的；②一方有通奸、卖淫、嫖娼等婚姻不正当性关系且另一方不堪与之共同生活的；③实施家庭暴力或虐待、遗弃家庭成员的；④有赌博、吸毒、酗酒等恶习屡教不改的；⑤夫妻双方同意分居，但就分居协议的内容未能达成合意的；⑥夫妻双方正处于离婚诉讼期间的；⑦一方已失踪6个月以上的；⑧法院判决不准离婚，但夫妻双方确实不能共同生活的；一方实施其他不法行为或犯罪行为，严重伤害夫妻感情的；⑨其他导致夫妻不能共同生活的情形。

为了防止夫妻一方滥用分居权利而遗弃对方和子女等，应参考我国离婚制度的相关规定，对申请分居的行为作出限制性规定。有下列情形之一的，不得申请分居：①一方患有重大疾病，如果分居可能对其疾病造成严重后果的，但患病一方提出分居的除外；②女方怀孕期间、终止妊娠后6个月内和分娩后1年内，男方不得提出分居，但女方提出的或法院认为确有必要受理男方分居请求的除外。

第二，判决分居的程序。为了使分居制度对当事人的婚姻关系进行及时、有效地救济，判决分居的具体程序不应过于复杂，诉讼期限也不宜过长。因此，对于分居程序，法院可采取简易程序处理。[①] 首先，当事人诉请分居的，法院不得判决离婚；当事人一方要求分居，另一方要求离婚的，法院应按照离婚程序审理；当事人

---

① 依我国现行《民事诉讼法》第142条的规定，基层人民法院和它派出的法庭审理事实清楚、权利义务关系明确、争议不大的简单民事案件，可以适用简易程序。

诉请离婚的，如有和好可能，法院可以判决分居。其次，对分居申请，实行一审终审制和独任审判制的特别程序。对于分居诉讼，应当在30日内审结。分居判决一经送达双方当事人立即生效，当事人不得上诉，如有新情况可另行起诉。最后，关于判决分居的终止程序，为保证人民法院分居判决的严肃性，判决分居的效力不能因夫妻的自行和解而终止，可借鉴美国的判决分居必须由双方当事人申请经法院判决后才能终止分居效力的立法例。[12]为便于确认判决分居的夫妻是否已经实质上和解，可借鉴澳大利亚对分居夫妻的实质和解以双方恢复同居的期间持续达3个月以上作为认定标准的立法例。[13]对此建议我国规定为：分居的夫妻如果双方已经和解且恢复共同生活已持续达3个月以上的，可以共同向人民法院提出终止分居的申请。人民法院经判决批准其终止分居的申请后，该判决一经送达双方当事人立即生效。

（四）分居的法律效力

1. 分居的时间效力

对于分居期限，我国宜规定采取定期分居的立法模式，即对分居的时间进行一定期限的限制性规定。这有利于促使夫妻谋求尽快和解，并且如果分居时间过长，不利于婚姻关系的修复。建议我国规定分居的最长期限不超过2年。在协议分居的情况下，由当事人在此区间协商确定分居期限；在判决分居的情况下，法官则根据案件的具体情况作出最长不超过2年期限分居的判决。[14]

2. 分居对人的效力

（1）分居期间夫妻的人身关系。第一，夫妻间免除同居的义务。第二，夫妻间仍互负忠实义务。第三，夫妻间的日常家事代理权中止。

（2）分居期间夫妻的财产关系。第一，对分居期间的夫妻财产制，首先由双方当事人进行协商约定；协商不成的，则实行法定的分别财产制。并且对分居前的共同财产，应予登记财产清册，确定共有财产的管理人，以作为今后婚姻关系终止时分割共同财产的依据。[15]第二，分居期间夫妻仍互负扶养义务，但被扶养人有严重危害婚姻关系的过错，致使另一方对其进行扶养或救助有违公平、正义原则时，法院可以免除另一方给付义务的全部或部分。也就是说，“行为人必须对自己故意实施的重大过错行为承担责任”。[16]扶养费的具体数额则根据双方收入和生活状况以及扶养方的实际给付能力，由双方协商确定，协商不成的，则由法院根据具体情况判决。负有扶养义务的一方拒不履行扶养义务的，另一方可以申请法院强制执行。第三，分居前后的债权、债务。分居前的共同债权、债务，由双方协商处理；协商不成的，由法院判决。分居期间的债务，一般推定为个人债务。但为履行抚养（扶养）法定义务所生之债以及确有证据证明为共同债务的除外。第四，分居期间夫妻一方死亡，夫妻另一方有以配偶身份继承遗产的权利。但如果生存一方具有法定过错情形的，可以剥夺其继承权或减少其继承遗产的份额。第五，对于因夫妻一方有法定过错行为致使夫妻分居并最终导致离婚的，则依据法律规定仍可适用离婚损害赔偿制度，对无过错方予以救济。

（3）分居期间父母子女的关系。夫妻分居后，对子女的监护义务依然存在。分居期间，夫妻双方可以就未成年人子女的抚养方式、抚养费的数额及另一方的探视权行使方式等进行协商，达成一致的处理意见写入分居协议书，提交婚姻登记机关登记；协商不成的，由人民法院适用《婚姻法》关于子女抚养的规定，根据父母及子女的具体情况，并征求10周岁以上未成年子女的意见，依据子女最大利益为原则进行判决。

（五）分居的终止

分居终止的法定情形主要如下：一是因一方死亡而终止。分居关系因一方或双方当事人死亡，包括自然死亡和宣告死亡而终止。二是因婚姻的无效或被撤销而终止。三是因双方当事人和好而终止（如前所述，协议分居的婚姻当事人，须双方到婚姻登记机关共同申请办理终止分居的登记；判决分居的婚姻当事人须双方恢复共同生活持续3个月以上后向人民法院提出请求终止分居，由法院判决批准其终止分居）。四是因离婚而终止。五是因分居期限届满而终止。

参考文献

[1] 杨大文主编：《亲属法》（第四版），148 页，北京：法律出版社，2004。

[2][11] 陈苇主编：《婚姻家庭继承法学》，228 页、248 页，北京：群众出版社，2005。

[3] 夏吟兰：《离婚自由与限制论》，32 页，北京：中国政法大学出版社，2007。

[4] 殷生根、王燕译：《瑞士民法典》，40～41 页，北京：中国政法大学出版社，1999。

[5] 罗结珍译：《法国民法典》，265 页，北京：法律出版社，2005。

[6] 陈苇主编：《外国婚姻家庭法比较研究》，398～399 页，北京：群众出版社，2006。

[7] 陈卫佐译注：《德国民法典》，413 页，北京：法律出版社，2004。

[8][14] 王秋荣、王涛：《关于我国建立分居制度的立法构想》，载《延安大学学报》，62～63 页，2007（5）。

[9] 田海：《我国〈婚姻法〉设立别居制度的法律思考》，载《西安石油大学学报》，79 页，2008（9）。

[10] 王礼仁：《婚姻诉讼前沿理论与审判实务》，376 页，北京：人民法院出版社，2009。

[12][美] 哈里·D. 格劳斯、大卫·D. 梅耶：《美国家庭法精要》（第五版，2007 年），陈苇项目负责人主持翻译，234 页，北京：中国政法大学出版社，2010。

[13] 参见澳大利亚《1975 年家庭法》（2008 年修正），第 50 条，载陈苇项目负责人主持翻译：《澳大利亚家庭法》（2008 年修正），111 页，群众出版社，2009。

[15] 罗思荣、马齐林：《分居制度研究》，载《中国政法大学学报》，50 页，2002（2）。

[16] 陈苇、冉启玉：《离婚扶养制度研究——中国大陆法与俄罗斯法之比较》，载《月旦民商法》，153～154 页，2004（6）。

司法解释与律师实务

“最高人民法院关于适用《中华人民共和国婚姻法》若干问题的解释（三）（征求意见稿）专家论证会”纪要

罗　杰*

2010年5月21日上午9点，最高人民法院民事审判第一庭在北京最高人民法院召开“最高人民法院关于适用《中华人民共和国婚姻法》若干问题的解释（三）（征求意见稿）专家论证会”。应邀出席此次会议的有中国人民大学法学院杨大文教授、中国政法大学夏吟兰教授、中国人民大学法学院龙翼飞教授、北京大学法学院马忆南教授、西南政法大学民商法学院陈苇教授、厦门大学法学院蒋月教授、中国社会科学院法学所薛宁兰研究员、中央民族大学法学院雷明光教授。本次会议由最高人民法院审判委员会委员、民一庭庭长杜万华同志主持，程新文副庭长、韩玖审判长、吴晓芳法官等参加会议。

与会的各位法官和法学专家们对最高人民法院《关于适用〈中华人民共和国婚姻法〉若干问题的解释（三）》（征求意见稿）从结构到内容进行了深入的讨论，并提出了各自的修改意见和建

---

* 罗杰，女，西南政法大学2009级民商法博士研究生。

议。为便于大家了解此次会议发言讨论的概况，本人将此会议的发言纪要整理如下：

第一，“第一条婚姻登记瑕疵的处理”。杨大文教授认为，该条援引最高人民法院《关于适用〈中华人民共和国婚姻法〉若干问题的解释（一）》第5条的规定欠缺一定的合理性。因为，《婚姻法司法解释（一）》第5条仅针对未办理结婚登记而以夫妻名义共同生活的男女起诉到人民法院要求离婚的处理，并未涉及已办理结婚登记的当事人。马忆南教授认为，对于婚姻登记瑕疵的处理，1986年《婚姻登记管理办法》有规定，而2003年《婚姻登记条例》却无规定，因此，现在对其无救济的途径，应当考虑规定对其如何处理。蒋月教授认为，若存在冒名顶替办理结婚登记的与实际以夫妻名义共同生活的两种情形，在离婚诉讼时，应当引用《婚姻法》和司法解释分别予以处理。雷明光教授指出，前几天他参加民政部主办的会议，民政部门有些同志认为对于婚姻登记瑕疵不宜由民政部门处理，而应由人民法院处理。并且，应增加对离婚登记瑕疵的处理，应当对善意当事人予以保护。陈苇教授认为，当事人在离婚诉讼中主张自己或对方非结婚证上载明的主体，对结婚证的效力提出异议的，人民法院经审查属实，可以依照《民事诉讼法》第111条第3款之规定，告知原告向原婚姻登记机关申请解决。如果其结婚登记被撤销的，该被撤销婚姻的法律后果可以比照现行《婚姻法》有关可撤销婚姻的法律后果处理。并赞同区分善意当事人与恶意当事人，对于善意当事人可以比照离婚的法律后果处理；对于并非结婚证上的登记人但却实际以夫妻名义共同生活的当事人，可以援引现行司法解释有关事实婚姻与同居关系的规定，分别不同情况给予处理。

第二，“第二条无民事行为能力人作为原告提起离婚诉讼的特殊情形”。蒋月教授认为，该条不应仅针对侵害财产进行处理，还应当包含对无民事行为能力人的人身权侵害之规定。雷明光教授认为，该条罗列的特殊情形并未概括完整，还应当用一弹性条款予以归纳，方显法律之规范。杨大文教授认为，司法解释之用语应当统一，“侵害”和“损害”应当统一规定为“侵害”。陈苇教授认为，“权益”一词包含“权利”和“利益”两种含义，故建议以“权益”取代原条文的“权利”一词，似更为妥当。

第三，“第三条请求离婚损害赔偿的权利人”。夏吟兰教授认为，该条在表述上欠缺规范性，应当明确为“法定过错情形”。陈苇教授认为，最高人民法院《关于适用〈中华人民共和国婚姻法〉若干问题的解释（一）》第29条是对我国现行《婚姻法》第46条内容的细化。因此，在该条文援引的法律依据部分，除《婚姻法》第46条外，宜增补“最高人民法院《关于适用〈中华人民共和国婚姻法〉若干问题的解释（一）》第29条的规定”。

第四，“第四条对‘忠诚协议’纠纷的处理”。杨大文教授认为，该条有可能导致婚姻走向契约化，违背了婚姻的应有之义，应予以删除。马忆南教授认为，对于夫妻一方以婚前或婚后双方所签订的相互忠实、违反予以赔偿的财产性协议主张权利的，人民法院不予受理，已经受理的，应当裁定驳回起诉。龙翼飞教授认为，“忠实”的含义太复杂了，其如何认定关系到该协议能否被执行，还是应与离婚诉讼相联系为好，对于具有《婚姻法》第46条规定的过错情形的，应当依法予以处理。吴晓芳法官回应说，所以目前上海、江苏两地的高级人民法院均认为此类协议属于自然债务，由当事人自愿履行，无法律上的约束力。夏吟兰教授认为，对此条规定以删除为好。程新文副庭长说，目前多数人主张不作此条规定。蒋月教授认为，如果有关夫妻忠实的人身关系和财产关系的纠纷，人民法院均不予处理，可能会造成对《婚姻法》有关规定的“架空”。陈苇教授认为，对于夫妻双方自愿签订的“忠诚协议”，人民法院经审理查明确属夫妻双方的真实意思表示的，应当予以支持。这不仅符合我国现行《婚姻法》第4条的精神，也符合民法的私法自治原则，并且，该协议既未违反社会公共道德，也未破坏社会的公序良俗，因此，人民法院承认该“忠诚协议”有关财产赔偿约定的效力，既符合婚姻法规定的精神，又符合社会主义婚姻道德的要求，也未破坏社会公序良俗，可以保障《婚姻法》有关

“夫妻应当相互忠实”规定的实现，有利于弘扬夫妻相互忠实的道德风尚，有利于维护平等、和睦、文明的婚姻家庭关系，促进和谐社会的构建。雷明光教授认为，该条规定应予以删除。

第五，“第五条生育权纠纷”。龙翼飞教授认为，应当补充修改为“夫妻感情破裂，调解无效”。蒋月教授认为，法律规定不可使用“男方”或“女方”等用语，建议修改为“丈夫”或“妻子”，以避免与同居关系当事人的称谓相混淆。陈苇教授认为，该条“致使婚姻关系难以维持，一方请求离婚的，人民法院应予支持”的用语似不够妥当，应与我国现行《婚姻法》用语一致，故赞同龙翼飞教授的建议，采用我国现行《婚姻法》第 32 条第 2 款的相关用语，修改为“夫妻双方在生育问题上不能协商达成一致，致使夫妻感情确已破裂，难以维持共同生活，一方请求离婚的，经调解无效，人民法院应准予离婚”。夏吟兰教授则认为，如果采用“人民法院应准予离婚”之用语可能会造成一些人都以此为由要求离婚，还是仍采用“人民法院应予支持”的用语更为妥当。

第六，“第六条为解除婚外同居关系的补偿金”。杨大文教授认为，按照该条规定，配偶以侵犯夫妻共同财产权为由主张返还的，人民法院应予支持。但是用夫妻共同财产之一半进行返还极有可能造成其他不必要的纠纷，对此还值得考虑。马忆南教授认为，该条规定“一方”之主体不明确，建议修改为“同居一方”，这样指代明确，较为妥当。蒋月教授认为，该条使用“补偿金”一词欠缺规范性，建议修改为“补偿”。陈苇教授认为，诚然，我国《婚姻法》禁止有配偶者与他人同居，此同居关系不应受到法律的保护。但是，在 21 世纪，其他不少国家鉴于非婚同居关系已经成为与婚姻并行的一种生活方式，专门立法对同居关系当事人的权益给予一定的法律保护。在我国非婚同居也有增多的趋势。因此，对同居关系的善意当事人给予一定保护，应当是具有前瞻性的立法理念。我国《民法通则》明确规定，公民的人身权利受法律保护。如果在此种同居关系中，女方确属为不知对方有配偶的善意当事人，并且她由于男方带欺骗性的结婚承诺，已经进行多次人工流产甚至已丧失生育能力，所以她在男方要求解除同居关系时起诉请求对其身体的严重损害支付适当的补偿金，法律应当予以支持。这既合理，也合法。这样，既能维护善意当事人的权益，又能制裁有配偶者恶意欺骗他人同居的损人利己之违法行为，有利于维护社会秩序的安定。

第七，“第七条拒不配合做亲子鉴定的处理”。杨大文教授认为，该条应当扩大请求权人的范围，应包括生父和生母，在实际生活中往往以生母请求为多，而不仅仅限于非婚生子女本人。并且，“非婚生子女未成年”等限制性规定应予以删除。夏吟兰教授认为，该条关于“非婚生子女一方提供的证据能够形成合理的证据链条证明双方可能存在亲子关系”之用语较累赘，可修改为“非婚生子女一方提供的证据能够证明双方可能存在亲子关系”。雷明光教授亦认为，该条将非婚生子女限定在“未成年人”不妥当。陈苇教授认为，1959 年《儿童权利宣言》和 1989 年《儿童权利公约》等国际公约均作出应当首要考虑“儿童最大利益”的倡导性规定，目前德国、埃塞俄比亚、澳大利亚等国立法均已取消“非婚生子女”之称谓，而我国 1950 年《婚姻法》、1980 年《婚姻法》及 2001 年修正的《婚姻法》均沿用该称谓，这可能造成非婚生子女遭受社会歧视，不利于切实保护“非婚生子女”的最大利益，建议将“非婚生子女”修改为“没有婚姻关系的父母所生子女”较为妥当。蒋月教授认为，该条第 1 款和第 2 款应当换位，才符合逻辑。马忆南教授亦认为，请求权人范围还应当包括非婚生子女的生父母，建议将非婚生子女生父母纳入请求权人范围之内。

第八，“第八条不解除婚姻关系情形下能否主张子女抚养费”。蒋月教授认为，该条不应仅限于“夫妻双方分居期间”，建议修改为“婚姻关系存续期间”。陈苇教授认为，该条文主旨“夫妻分居期间的子女抚养费支付”应当包含三方面内容：一是对夫妻分居的标准进行界定，二是对夫妻分居期间权利义务的规定，三是夫妻分居期间的子女抚养费支付。此外，蒋月教授、陈苇教授和薛宁兰研究员均认为，该条“主张”应当改为“请求”，这样在立法用语上显得更为规范。

第九，“第九条一方贷款所购房屋性质的认定”。夏吟兰教授认为，该条规定“在婚姻关系存续期间由夫妻共同财产还贷部分，应考虑离婚时房屋的市场价值及共同还贷款项所占全部购房款的比例等因素，由登记方对另一方予以补偿”，这是合理的。但是“夫妻一方婚前签订购房合同，以个人财产支付首付房款并在银行贷款，婚后房产登记于首付款支付方名下，离婚时可将该房屋视为登记方的个人财产”，这种不考虑婚姻期间夫妻共同支付房贷时间的长短，有的长达10年、20年，然而该房屋仍然为一方所有，则欠缺合理性。蒋月教授认为，一方贷款购买物不仅只有房屋，还包括诸如汽车、车库等，建议将“房屋”修改为“不动产”；该条限制在“银行贷款”也不尽合理；建议将“登记方”修改为“产权证的所有权人”或“不动产的权利人”。杨大文教授认为，该条规定“应考虑离婚时房屋的市场价值”不妥当，因为市场价值和市场价格在不同时期存在不同，建议修改为“市场价格”；并建议增加夫妻一方婚前财产在婚姻期间所生孳息的规定，他主张依据《婚姻法》之婚后所得共同制的精神，此孳息应当归夫妻双方共同所有。

第十，“第十条夫妻一方以个人名义举债的处理”。吴晓芳法官说明，她已经对该条修改补充为：“夫妻一方在婚姻关系存续期间，因日常生活需要，以个人名义所负债务为共同债务；非因日常生活需要，以个人名义所负债务，一般应认定为一方的个人债务，但有证据证明夫妻双方有共同举债的合意或所负债务用于夫妻共同生活的除外。”与会的法学专家们对此补充修改的意见一致表示赞同。

第十一，“第十一条婚姻关系存续期间能否请求分割夫妻共同财产”。薛宁兰研究员提问：此条规定是有关分割共同财产还是非常法定财产制？吴晓芳法官说明，只是分割共同财产。龙翼飞教授认为，请求分割共同财产的法定事由中的受扶养人的范围太窄，还应当包括父母之外的其他法定“受扶养人”。马忆南教授、陈苇教授、蒋月教授均认为，该条仅规定两种法定情形不够妥当，建议参照申请宣告“非常法定财产制”的法定事由，增补相关法定情形或增加“兜底”的弹性条款。

第十二，“第十二条夫妻一方擅自出卖共有房屋的处理”。薛宁兰研究员认为依据民法原理和现行物权法的规定，应当保护善意当事人的利益，故应当确认此房屋买卖有效，这是合法的。但应当增补一方擅自处分共有房屋，给配偶造成损害的，应当予以赔偿。杨大文教授认为，此条规定只解决了外部关系，而对夫妻的内部关系未予规定，应当增加“夫妻一方擅自出卖共有房屋的价款归双方共同所有”。陈苇教授认为，根据民法原理和现行物权法的规定，应当保护善意第三人的利益，原则上应当确认此房屋买卖有效。但是，根据我国宪法的规定，婚姻家庭受法律的保护。因此，用于婚姻家庭生活的住房应当受到婚姻法的特殊保护，故建议对此条增加“用于婚姻家庭生活的住房除外”的条款。夏吟兰教授、杜万华庭长对此表示赞同。

第十三，“第十三条父母出资购房的认定”。龙翼飞教授认为，父母出资部分应被视为赠与，但应当区分父母是全部出资还是部分出资，不能一概而论。蒋月教授认为，从现实生活来看，仅限定“父母出资购房的认定”涵盖面过窄，建议修改为“一方父母或亲属”比较妥当。雷明光教授认为，如果父母仅是部分出资购房，仍视为赠与欠合理，值得进一步思考。杨大文教授认为，该条文第三句中“明确”二字可以删除。陈苇教授认为，该条文中“双方”、“登记”应当被修改为“夫妻双方”、“被登记”，以使立法用语更为明确，指代更为清晰。

第十四，“第十四条夫妻之间赠与房产的处理”。龙翼飞教授认为，该条应将已经办理公证赠与的进行排除。杨大文教授则认为，现行《合同法》第 186 条已经有除外性条款，因此，不需再在此处进行除外性规定。蒋月教授认为，如果存在欺诈情形又将如何规制，对此未予规定，值得进一步研究。

第十五，“第十五条对养老保险金的处理”。雷明光教授认为，离婚时一方尚未退休，不符合领取养老保险金条件，另一方请求按照夫妻共同财产分割养老保险金的，人民法院应当不予支持。夏吟兰教授则认为，既然最高人民法院《关于适用〈中华人民共和国婚姻法〉若干问题的解释（二)》已经规定养老保险金属于“其他应当归共同所有的财产”之列，因此该条规定纯属多余，应予删除。陈苇教授认为，该条实质是规定的“养老金的期待利益之归属”问题，根据最高人民法院《关于适用〈中华人民共和国婚姻法〉若干问题的解释（二)》第 11 条第 3 款之规定，婚姻期间夫妻一方“应当取得”的养老金属于夫妻共同财产。因此，人民法院首先应对婚姻期间夫妻一方积累的养老金期待利益确认为夫妻共同财产。并且她分别从该养老金期待利益之财产来源、夫妻共享婚姻期间所得财产利益之法理基础以及国外部分国家之立法进行了简要阐述，说明该养老金期待利益应当被确认为夫妻共同财产的理由。至于该期待利益的分割方法，她主张可以采取像澳大利亚家庭法的相关规定一样，先把此养老金期待利益标记为离婚夫妻的共同财产，待一方实际领取时再予以实际分割。龙翼飞教授认为，规定人民法院离婚时不予处理该财产利益比较妥当。雷明光教授则认为，人民法院对养老金利益应当分段计算，分类处理，对以夫妻共同财产支付而积累的部分，应当给予对方补偿。

第十六，“第十六条附登记离婚条件的财产分割协议”。杨大文教授认为，该条指引法律部分为《民法通则》第 62 条，这在法理上不严谨。因为，凡所附条件不能成就的，该协议就不能生效。并且，不能以身份的终止作为所附条件。雷明光教授认为，夫妻就登记离婚达成的财产分割协议，在离婚诉讼中不应当承认其效力，应该让当事人重新再进行协议，若双方仍然一致同意的可按原有协议处理；若一方对原有协议表示异议的，则应按双方新达成的协议处理。夏吟兰教授认为，婚姻期间就登记离婚达成的财产分割协议，离婚诉讼时一方反悔的，法院不应当支持，应当依法审理并确认协议无效。

第十七，“第十七条离婚时对尚未分割遗产的处理”。龙翼飞教授认为，该条应将“人民法院不予处理”修改为“人民法院暂不处理”。

（在会议结束时，陈苇教授在其向吴晓芳法官提交的书面意见中，建议此条被修改为“婚姻关系存续期间，夫妻一方作为继承人依照法定继承之规定可以继承的遗产，但共同继承人之间尚未进行遗产分割，离婚时夫妻另一方请求分割该遗产的，人民法院应当予以支持”。其主要理由有二：一是人民法院不予处理离婚时尚未分割的共有遗产，这不符合民法学有关除法律另有限制性规定外共有权人随时有权请求分割共有财产的基本原理。二是《婚姻法》第 17 条明确规定了夫妻婚姻关系存续期间继承或赠与所得的财产，除遗嘱或赠与合同中确定只归夫或妻一方的财产，应归夫妻共同所有。因此，离婚时夫妻一方对另一方作为法定继承人依法继承的尚未分割的属于夫妻共同财产的遗产份额，享有分割请求权，这是应当受到法律保护的。）

第十八，“第十八条离婚时未处理的夫妻共同财产”。与会的法学专家们对该条均无异议。

第十九，“第十九条购买以一方父母名义参加房改的房屋的处理”。与会的法学专家们对该条规定均无异议。蒋月教授提出该条应放置第十四条之后，其理由在于其与“第十四条夫妻之间赠与房产的处理”同属关于房屋的规定。

第二十，“第二十条离婚案件中的人身保险问题”。杨大文教授认为，该条规定“一方为投保人并以自己或亲属（子女除外）为受益人”中“亲属”用语不当，因为亲属包括配偶。雷明光教授认为，该条“亲属”一词应修改为“其他人”较为妥当。

第二十一，“第二十一条夫妻间借款的处理”。杨大文教授认为，该条对夫妻关系太过契约化，应予删除。陈苇教授认为，建议此条被修改补充为“夫妻财产之间的补偿请求权”，即包括夫妻个人财产与共同财产之间的相互补偿请求权，而此条仅规定了共同财产向个人财产的补偿，建议补充规定“夫妻个人财产向共同财产的补偿请求权”。夏吟兰教授则认为，该条是对夫妻间借款的处理，并非是夫妻个人财产与夫妻共同财产之间的补偿权问题。

最后，杜万华庭长对专家们的修改意见进行简要总结，并对各位专家表示深切的感谢！

股权分割案件之律师实务研究

贾明军*

目 次

美国法学家庞德指出，“在现代商业社会中，大部分社会财富是由合同构成的”。[1]而随着现代市场经济的发展，股权已日益成为社会财富的重要法律表现形式。[2]根据调查，离婚高峰期无论男女均发生在35~49岁的年龄段，占总离婚人数的60.61%。[3]而这一时期，正值人生创业的黄金时期。在经济发达地区，由离婚导致的股权分割及其他涉及股权纠纷案件日益增多。以上海为例，根据2009~2010年抽查案件的统计，100件离婚案件中，已有近21件直接或间接涉及股权的分割，占到所有离婚案件数量的21%。在这21件直接或间接涉及股权的分割的离婚案件中，有限公司股权分割案件13件占61.9%，股份公司（含上市公司）股权分割案件6件占28.6%，股票期权案件2件占9.5%。[4]从司法实践中看，

* 贾明军，男，上海沪家律师事务所律师，中国法学会婚姻家庭法学研究会理事。

离婚引发的股权争议，大部分争议为股权转让纠纷（2008 年 3 月之前为股权转让侵权纠纷），其后分别为股东所有者权益确认纠纷（主要指利用司法会计手段界定配偶一方名下股权价值，不为单独案由）、股东身份确权纠纷（含股权确认纠纷及股东出资纠纷）、股权质押纠纷。

一、离婚时的股权分割概述

（一）离婚时“股权分割”的法律规定

目前，对于夫妻离婚股权分割的相关规定，主要集中在最高人民法院《关于适用〈中华人民共和国婚姻法〉若干问题的解释（二）》（以下简称《婚姻法解释（二）》）第 16 条，但该条规定仅限于对有限责任公司的分割，且同时仅限于夫妻一方为持股股东、另一方并非为持股股东的情况，而对于股份有限公司股权的分割以及夫妻双方持股或一方为隐名股东的股权分割，目前法律并无规定。虽然最高人民法院正在制定《婚姻法解释（三）》，但从该司法解释的征求意见稿来看，对于公司股权的分割，也并未涉及。①

可见，目前我国的法律，仅规定配偶一方持有限公司股权的分割处理，而对于双方在公司持股、股份公司股权分割并没有具体的规定。那么，在司法实践中，法院是如何处理这些股权分割纠纷的

---

① 最高人民法院《关于适用〈中华人民共和国婚姻法〉若干问题的解释（三）（征求意见稿）》第 22 条：

【条文主旨】夫妻一方个人财产在婚姻关系存续期间的收益的性质。在婚姻关系存续期间以一方个人财产投资取得的收益的性质，应根据不同情况区别认定：凡财产所有人的配偶参与财产的经营管理，或以自有个人财产或夫妻共同财产对另一方的个人财产进行了添附、修缮或改造，对收益的取得作出了贡献的，投资收益原则上应认定为夫妻共同财产。凡财产所有人的配偶未参与一方个人财产的经营管理，财产收益是基于原个人财产单纯的自然增值或市场行情变化，投资收益应认定为一方的个人财产。包括但不限于以下情形：1. 当事人以个人财产投资于公司或企业，基于该股权在婚姻关系存续期间的分红是夫妻共同财产；婚姻存续期间出售该公司股份所获增值利益是夫妻共同财产……载中顾网：http://www.9ask.cn/blog/user/jialiu083/archives/2009/91982.html，访问日期：2010－08－09。

呢？根据笔者从事律师业务的经验，目前，我国法院在处理这些类型的股权分割时，往往直接依据或参照《合同法》、《公司法》中的相关条款处理，而不去重点考量夫妻财产分割时的人身属性和特点。例如，对于有限公司中的配偶双方持股，在离婚案件中一般不会直接处理，而告知当事人另案依据《公司法》的相关规定诉讼解决股东争议。而对于股份公司（包括上市公司），由于股东转让股权不涉及优先购买权，故而法院一般直接按当事人的离婚协议或直接裁决分割，由当事人直接持相关裁决书办理非证券交易过户登记手续，再由公司发布公告，而不必征求其他股东的意见。当然，实践中也出现了诸如“股份公司可否在章程中限制股权转让”[5]之类的问题，以直接影响夫妻股权分割，但由于个案数量不多，本文不予阐述。

（二）“股份”、“出资”与“股权”

关于“股权”的概念，有的学者认为，“股权”即为“股东权”（shareholder's right），是指股份有限公司的股东基于股东资格而享有的、从公司获取经济利益并参与公司经营管理的权利。[6]《中华人民共和国公司法》（以下简称《公司法》）第4条规定：“公司股东依法享有资产收益、参与重大决策和选择管理者等权利。”从学者的定义和法律的规定来看，“股权”作为一种权利，具有财产权和人身权的双重属性。而“股份”与“股权”显然不同，有学者认为，“股份是公司持有的、公司资本的基本构成单位，也是划分股东权利义务的基本构成单位”。[7]最高人民法院认为，股权依附于股份而存在，无股份自无股权可言；“股权”与“股份”的关系，类似于“物权”与“物”的关系。[8]

而在有限责任公司中，有的当事人经常混淆“出资”与“股权”的定义，甚至原有《公司法》也将“股权转让”定义为“出资转让”，造成现行《婚姻法解释（二）》与现行《公司法》的不统一。但是无论股权是以股份还是以出资额或者是以盈亏分摊之比例来表现，凡对股份、出资份额、盈亏分摊之比例等拥有权利与义务的所有权人，皆可视为股东之列。[9]

（三）“股权”分割的实质辨析

问题在于，离婚时，配偶之间分割的到底是公司的“股份”、“出资”还是公司的“股权”呢？对于这一问题，实践中当事人往往存在误区，他们往往将注意力集中在配偶一方在公司股权的持股比例或数量上、往往纠葛于股权所体现的股权的经济价值上，而忽视了“股权”所附载的公司经营管理权。换句话说，股权包括“自益权”和“共益权”，离婚时的股权分割当然应当依法包括这两种权力的重新调整与分配，而不仅仅限于股权的实际经济价值。但是，绝大多数的离婚案件，在股权分割时，往往仅衡量“自益权”的权利价值，而对于“共益权”是否有价置于忽略之中。

从另一个角度来看，按此逻辑，在夫妻的婚姻关系存续期间，一方持有公司“股权”，如果配偶共有的是“股权”而非单单共有“股份”，则该“股权”共有，则夫妻双方均对股权的“共益权”和“自益权”享有同等的权利。那是否意味着名下未持股的配偶一方也有权利参与到公司的经营管理之中呢？对于这个问题，目前的法律体系显然没有直接和明确的答案。从司法实践来理解，未持股配偶一方享有的“共益权”则必须通过其财富“代理人”持股配偶一方行使，不能直接以自己的名义向公司主张权利。夫妻双方以一方名义投资公司，这一行为就表明了夫妻之间“家事的委托与代理”，否则，合同交易与公司治理将会变得烦琐不堪，将不利于市场交易与财产流转。再进一步阐述，笔者的观点是，配偶一方名下的“股权”若共有，则对夫妻关系范围之内而言，夫妻双方均享受股权所体现的“自益权”与“共益权”；对夫妻关系范围之外而言，则持股一方配偶基于夫妻之间的“家事代理权”而享有对外表决权与处分权，除非基于合同无效的理由，未持股配偶一方不得主张自己的“股权”受到侵害，或以行使“股东权”为由，参与合同与公司事务中。至于持股配偶一方损害未持股配偶一方的权利，则是夫妻之间内部的法律关系的协调，夫妻可以在婚姻关系存续期间或离婚时主张索赔，而与他人无关。

同样，离婚时，配偶分割的同样是公司“股权”，而不仅是对公司的"出资"及"出资"所体现的财产权益，更非"公司资产"。换言之，不仅分割经济利益，还要分割经营权利，只不过，这种分割，要在法律规定的条件之下，即保障其他股东的优先购买权之下分割。与继承不同，离婚时的股权不能当然分割，而继承时的股权除公司章程另有限制外，当然继承。[①] 若其他股东放弃了优先购买权，即视为同意未持股配偶一方分得经济利益甚至行使公司经营管理的权利。

二、离婚时的股权确认纠纷

离婚时可能产生以下股权确认纠纷：其一，配偶一方实际以隐名股东经营公司并持有公司的股权；其二，配偶一方或双方曾以共有财产向公司投资，但名字并未登记于公司股东名册；其三，虽然配偶一方被登记于公司工商登记中，但该配偶一方声称其仅为"挂名"股东。通常的情况是，配偶另一方主张配偶一方实际投资并经营着公司，只是没有办理工商登记而已（或是出于隐匿财产的目的刻意为之）；而另一方则对此予以否认，或置之不理。

（一）配偶之间的"股权确认"争议及解决途径

关于何谓"隐名股东"，虽然最高人民法院于 2003 年 12 月公布的《关于审理公司纠纷案件若干问题的规定（一）（征求意见

① 我国《公司法》第 76 条："自然人股东死亡后，其合法继承人可以继承股东资格；但是，公司章程另有规定的除外。"

稿)》(以下简称《征求意见稿》)第 19 条作了相关规定,① 但并不能以此推断隐名股东的确立。对于“隐名股东”的定义,有的学者认为,“出资人为了规避法律或出于其他原因,借用他人名义设立公司或以他人名义出资,一般被称为隐名股东。与之相对应记载于工商登记材料上的股东则为显名股东。”[10]

关于配偶一方是否是“隐名股东”的法律确认,目前,部分省、直辖市高级人民法院分别对确认“隐名股东”作了一些规定,以指导司法实践的审判工作。其中,上海市高级人民法院规定:“有限责任公司半数以上其他股东明知实际出资人出资,并且公司一直认可其以实际股东的身份行使权利的,如无其他违背法律法规规定的情形,人民法院可以确认实际出资人对公司享有股权。”②

---

① 第 19 条规定:“出资人与他人约定以该他人名义出资的,其约定不得对抗公司。但有限责任公司半数以上的其他股东明知实际出资人的出资,且公司已经认可其以股东身份行使权利的,如无违反法律强制性规定的情节,人民法院可以认定实际出资人对公司享有股权。一方出资,另一方以股东名义参加公司,双方约定实际出资人为股东或者实际出资人承担投资风险,实际出资人主张名义出资人转交股息和其他股份财产利益的,如无违反法律强制性规定的情节,人民法院应予支持。一方出资,另一方以股东名义参加公司,双方未约定出资人为股东或者出资人承担投资风险,且出资人亦未以股东身份参与公司管理或者以股东名义向公司主张过权利的,出资人仅对以股东名义参加公司者享有债权;其起诉主张享有股权或者享有股东利益的,人民法院不予支持。”转载于中国法院网,http://www.chinacourt.org/public/detail.php? id = 88551,访问日期:2010 - 08 - 09。

② 2003 年 6 月 20 日上海市高级人民法院实施的《关于审理涉及公司诉讼案件若干问题的处理意见(一)》第 1 条第 1 款。

结合北京市高级人民法院及江苏省高级人民法院的相关规定,[①]再结合最高人民法院的相关指导意见,[②]笔者认为，在离婚股权分割中，有以下情况：其一，出资人与他人有出资协议或“代持”协议；其二，半数以上其他股东明知实际出资人的出资；其三，公司已经认可其以股东身份行使权利；其四，无其他违背法律、法规的情景。如果符合以上四点，配偶一方“隐名持股”的股东身份即已符合法律规定的实质要件。问题在于，配偶另一方是否可以以自己的名义提起“股东确认纠纷”?

对此问题，由于至今没有明确的法律规定和最高人民法院的相关司法解释，导致在实践中各地法院观点不一。目前，对此问题的操作主要分两种情况：第一种情况是配偶一方系“隐名股东”，但

① 2004年2月9日，北京市高级人民法院审判委员会第116次会议通过（京高法发〔2004〕50号）北京市高级人民法院《关于审理公司纠纷案件若干问题的指导意见（试行)》第11条规定：如何确认有限责任公司股东资格？股东资格是投资人取得和行使股东权利并承担股东义务的基础。依据《公司法》的相关规定，有限责任公司股东资格的确认，涉及实际出资数额、股权转让合同、公司章程、股东名册、出资证明书、工商登记等。确认股东资格应当综合考虑多种因素，在具体案件中对事实证据的审查认定，应当根据当事人具体实施民事行为的真实意思表示，选择确认股东资格的标准。2003年6月3日，江苏省高级人民法院审判委员会第21次会议通过《关于审理适用公司法案件若干问题的意见（试行)》第26、27、28、29条分别规定：公司或其股东（包括挂名股东、隐名股东和实际股东）与公司以外的第三人就股东资格发生争议的，应根据工商登记文件的记载确定有关当事人的股东资格，但被冒名登记的除外。股东（包括挂名股东、隐名股东和实际股东）之间就股东资格发生争议时，除存在以下两种情形外，应根据工商登记文件的记载确定有关当事人的股东资格：(1）当事人对股东资格有明确约定，且其他股东对隐名者的股东资格予以认可的；(2）根据公司章程的签署实际出资。出资证明书的持有以及股东权利的实际行使等事实可以作出相反认定的。实际出资并持有出资证明书，且能证明是由于办理注册登记的人的过错致使错误登记或者漏登的，应当认定该出资人有股东资格。股东（包括挂名股东、隐名股东和实际股东）与公司之间就股东资格发生争议，应根据公司章程、股东名册的记载作出认定，章程、名册未记载但已依约定实际出资并实际以股东身份行使股东权利的，应认定其具有股东资格，并责令当事人依法办理有关登记手续。认定工商登记文件记载的股东以外的人为股东的，不得违反法律和行政法规有关股东身份的禁止或限制性规定。

② 《征求意见稿》第19条，http://www.chinacourt.org/public/detail.php?id=88551，访问日期：2010-08-09。

并非构成“隐名转显名”的条件。在此情况下，法院一般会本着“离婚案件的处理，一般不涉及第三方实体义务”的原则，就配偶一方与第三人达成的“持股协议”而享有的信托权利义务在离婚案件中不予处理，告之主张方另案诉讼。第二种情况是配偶一方系“隐名股东”，且符合上述的股东身份确认的实体条件，在配偶一方不主动确权分割的情况下，配偶另一方能否直接起诉要求确认配偶一方的股东身份？对此，由于法律无明确的规定，因此，司法实践中又分两种观点：一是认为基于“合同相对方”的原则，由于配偶另一方并非公司股东，公司股东权利义务不及于配偶另一方，因此，配偶另一方无权诉求确认配偶一方的股东身份权；二是认为应基于婚姻法中的夫妻财产共有制，结合公平、正义的法律精神，加之配偶另一方诉求并不对公司股东构架造成直接影响，应允许配偶另一方诉求法院确认配偶一方股东身份。

（二）配偶之间对公司“出资”行为的法律定性

随着理财手段的多样化以及公司融资形式的丰富，当前离婚案件中还出现了配偶一方对公司“出资”的现象。在处理此类情况时，该笔“出资”性质如何认定？是向公司借款，还是缴纳了作为股东的出资义务的费用从而成为公司股东？

1.“出资”或“借款”的性质认定

（1）借款。配偶一方向公司提供钱款后，公司并款向其交付出资证明，也未记载于股东名册，未修改公司章程、进行工商变更登记，配偶一方也未实际参与公司经营管理。这种情况下，配偶一方的钱款给付行为，一般会被认定为“借款”而非“出资”。

（2）出资。配偶一方出资后，公司让其参加股东会并分配利润，可以成为认定是否“出资”的依据。配偶一方交付钱款后，参加股东会、参与公司经营决策、接受利润分配等，则可以认定其对公司的出资不是借款，而不必一定进行公司注册资本和股东变更登记。公司注册资本和股东变更登记是公司资本变更的法定程序，并不是增资协议的生效要件。[11]

2. 认钱款给付性质后的权利救济措施

（1）借款。律师根据现有证据，初步确认配偶一方向公司提供钱款的性质系“借款”后，由于该款项为夫妻共同财产，因此，配偶任何一方均可成为向公司主张还款的权利主体。在配偶一方不积极的情况下，配偶另一方可以自己的名义，以公司为被告、以配偶另一方为第三人，向法院提起返款诉讼。法院在审理时，会根据原告提交的证据，首先确认配偶一方给付公司钱款的性质是否是借款，然后再据以判决。

（2）出资。如果律师初步确认配偶一方向公司提供钱款的性质系“出资”，则不能直接提起欠款诉讼从而追诉权利。配偶一方构成“出资”，具有实质股东身份，该“出资”即转为公司财产，配偶另一方可按配偶一方的股东身份主张分割股东权益。

（三）对股东与“挂名”股东的性质认定

若配偶一方虽然在公司持股，在工商登记中被列为股东，甚至在公司股东名册上榜上有名，但这并非就足以推翻配偶一方“挂名股东”的抗辩理由。

1. 工商登记不能单独确认配偶一方“股东”的身份

虽然工商登记对外具有绝对“对抗力”，但其效力一般只及于与公司进行业务往来或与公司、公司股东交易的第三方，而在公司内部、包括股东身份确认的纠纷中，工商登记的效力则大大降低，工商登记为证权登记效力，而非设权登记效力。因此，在认定股东身份权纠纷中，工商登记作为证据的证明力有限。

2. 配偶一方的出资凭证、验资报告或中介机构的审计报告不足以证明其履行了出资义务

在工商登记的材料中，必然有配偶一方出资的验资报告、出资凭证，这些材料，不必然作为法院认定配偶一方股东身份的绝对依据。因为，上述证据并不具有完全的证明力。股权投资的验资报告，其证据属性为书证而非司法机关委托审计部门出具的鉴定结论。验资报告未能直接、充分地证明出资的事实，因此，不能作为定案依据。[12]

3. 律师在认定“挂名股东”定性问题时应注意的问题

（1）“代持”协议的真实性。若配偶一方主张股权实际为“代持”，自己实际为“挂名股东”，首先必然要有一份“代持”协议，该协议的客观真实性，必然为律师首要考虑的问题。对于该“代持”协议形成的时间、协议内容等均要认真审核，有必要时，可启动司法文检鉴定程序。

（2）结合本案其他情况综合认定。公司内部股东名册的记录，公司章程的签名，其他股东对于“隐名”股东身份是否认可，“挂名股东”是否直接以自己的名义分配利润，是否直接行使公司的经营管理等内容，都是衡量配偶一方是否只是“挂名股东”的参照依据，律师可以围绕以上证据和事实在法庭上进行主张或抗辩。

三、婚姻期间配偶一方对股权转让的效力

股权转让，时下已成为夫妻转移、隐匿共有财产最重要的“合法”形式。特别是对于拥有巨额共同财产的家庭来说，之所以财产“巨额”，大部分是因为拥有公司、企业股权。公司股权转让具有便捷操作性及转让价格的不易确认性，从而使得将股权“合法”地“转让”掉，成为了避免财富被分割的“最佳”方式。故而，在司法实践中，因配偶一方股权转让引发的纠纷，在涉及股东权的离婚案件中最为常见。在最高人民法院公布的涉及离婚与股权分割的典型案例，以及各省法院系统编写的典型案例中，配偶单方转让股权在离婚时引发的争议占了离婚与股权争议的半数以上。

（一）配偶一方单方转让股权的效力

1. 关于股权转让效力的相关法律规定

（1）公司法对股权转让的法律规定。现行《公司法》第三章有“股权转让”的专门规定，而对有限公司股东转让股权应遵守

的规定，主要集中于第72条中。[①] 而就该条而言，其主要基于其他股东的“优先购买权”对股权转让作了限制，并未赋予配偶因股权的“财产共有”这一性质，对于股东转让股权作出任何其他规定。

（2）合同法对股权转让协议效力的规定。《合同法》第44条规定，合同依法成立，自成立时具有效力，股权转让协议也是如此。在配偶一方转让股权的案件争议中，未持股的配偶另一方并非转让合同的主体，也非受制合同权利义务的相对方，不能提起合同“撤销”诉讼，仅能根据《合同法》第52条的规定，[②] 请求提起合同“无效”的诉讼。

（3）婚姻法对共同财产转让的规定。现行《婚姻法》第17条规定夫妻对共同财产有“平等的处理权”。但这一规定通常被视为对夫妻之间具有拘束力，而不得及于善意第三人。

2. 法院对于配偶单方转让股权效力的认定

（1）相对有效论。有些法院认为，只要配偶转让股权，完全依照《公司法》、《合同法》的规定进行，则不论受让人的主体身份（包括配偶转让股权一方的直系亲属），都是有效的。至于转让股权的价格，由根据“契约自由”原则，由合同当事人自行商定。例如，在北京市朝阳区人民法院一审、北京市第二中级人民法院二

---

① 《公司法》第72条规定：“有限责任公司的股东之间可以相互转让其全部或者部分股权。股东向股东以外的人转让股权，应当经其他股东过半数同意。股东应就其股权转让事项书面通知其他股东征求同意，其他股东自接到书面通知之日起满30日未答复的，视为同意转让。其他股东半数以上不同意转让的，不同意的股东应当购买该转让的股权；不购买的，视为同意转让。经股东同意转让的股权，在同等条件下，其他股东有优先购买权。两个以上股东主张行使优先购买权的，协商确定各自的购买比例；协商不成的，按照转让时各自的出资比例行使优先购买权。公司章程对股权转让另有规定的，从其规定。”

② 《合同法》第52条规定：“有下列情形之一的，合同无效：（一）一方以欺诈、胁迫的手段订立合同，损害国家利益；（二）恶意串通，损害国家、集体或者第三人利益；（三）以合法形式掩盖非法目的；（四）损害社会公共利益；（五）违反法律、行政法规的强制性规定。”

审的宋某诉李某等股权转让无效一案中，宋某以其夫李某将股权低价转让给其胞弟为由，向法院提起股权转让无效之诉。但一、二审法院均认为，“李某是飞达公司的合法股东，飞达公司系依法设立的有限责任公司，其股东的权利义务应按照公司法及公司章程的相关规定进行调整。所以，本案所涉股权转让协议，应受公司法调整”。在股权转让的效力上，合议庭也一致认为：“股权是不同于一般权利的一种特殊的权利，只有股东才能享有，股权转让不应该受到限制，也不受婚姻法调整。”[13]

（2）相对无效论。有些法院认为，配偶单方转让股权，出于保护善意第三人的原则，一般应认定为合同有效。但如果配偶另一方有证据证明股权转让合同无效，法院在审查其主张是否符合《合同法》第52条之后，若认为配偶另一方主张成立，即可认定合同无效。并且，在法律适用上，应酌情综合《合同法》、《公司法》与《婚姻法》的相互适用。例如，在浙江省高级人民法院审理的汪建钢上诉陈艳股权转让纠纷一案中，浙江省高级人民法院直接以《婚姻法》第17条为依据，判决汪建钢在婚内单方转让股权行为无效。①

（3）律师处理配偶单方转让股权时应把握的问题。对于离婚时因配偶单方转让股权效力认定争议，律师在处理时，应从以下五个方面掌握：第一，受让方与转让方的关系亲密程度。例如，受让方是否系配偶一方的亲属、同学、朋友，是否知道或应当知道配偶一方与另一方为夫妻的情况。第二，受让方是否支付了合理对价。

① 浙江省高级人民法院认为：“根据《中华人民共和国婚姻法》第17条规定，夫妻在婚姻关系存续期间所得的生产、经营的收益，归夫妻共同所有，夫妻对共同所有的财产，有平等的处理权。根据查明的事实，汪建钢出资988万元于安深公司是在其与陈艳婚姻关系存续期间，故汪建钢在安深公司拥有的股份在转让之前当然属于夫妻共同所有的财产。夫妻共有属于共同共有，如果没有特别约定，对共同共有财产的处分须征得全体共同共有人的同意。汪建钢要处分本案诉争的财产，须征得陈艳的同意。”以上内容摘自（2006）浙民二终字第181号判决书，http://www.panjueshu.com/zhejiang/gaoyuan/m2006090620062181.html，访问日期：2010-08-09。

股权转让的价款，是法院评判此类案件中，股权受让一方是否存在主观恶意、衡量股权交易的真实性的一个参照依据。第三，股权转让合同签订与履行与夫妻关系深化的对比。在配偶一方进行股权转让的签订、履行过程中，是否与夫妻关系的恶化程度相对应，从而间接判断其在转让时主观是否有转移、隐匿财产的可能。第四，股权转让合同是否已履行并办理了相关的工商变更登记手续。股权转让协议虽然已签订，但是否已实际履行或是已办理工商变更登记手续，也是法院衡量股权转让合同签订双方是否具有签约、履约真实意思的一个参照因素。第五，股权转让后，是否再转让。股权转让合同签订后，如果受让方将股权再行转让，将大大增加配偶另一方主张合同无效、恢复股权原始状态的难度，案件的进一步处理，将使涉讼层次增加，给法院审理带来难度。

通常来说，对于配偶单方持股、单方转让的情形，司法实践中，对于受让人受让股权是否存在恶意至关重要，是衡量案件是否符合《合同法》第 52 条“合同无效”的最重要的依据，因此，也是律师在处理此案中的关键所在。

（二）配偶双方持股、但一方将股权转让的效力

配偶双方持股、一方擅自转让股权效力的认定原则如下：

第一，配偶双方持股，在离婚时的法律适用。在离婚案件中，若配偶一方主张分割双方名下在公司的股权，法院一般将夫妻双方均视为公司股东，不强调夫妻之间特定的身份关系。因此，相关股权转让协议，也依照《公司法》与《合同法》的规定，判断股权转让协议的效力。同时，由于配偶双方均具有股东身份，因此，不会着重强调夫妻之间股权分割协议与其他股东优先购买权的冲突。

第二，法院处理配偶双方持股的通常方法。一般法院适用调解解决，在征求双方的意见后，通过出具调解书的形式，将夫妻双方名下股权的处理结果进行固定，并由当事人凭调解书办理相关变更登记手续。但是，在处理时，法院应审查公司章程有无另行规定，对于股东转让股权有无其他合法的限制条件（例如，公司章程设定了股东转让给其他股东的限制条件，而不只是拘泥于“优先购

买权”）；但是，如果配偶双方在离婚案件中，对双方名下的股权分割不能达成一致意见，而公司又存在其他股东，即股东人数不限于夫妻二人的情况下，一般会建议当事人另案依据《公司法》的规定处理股东间内部争议，或建议当事人另案提起离婚后财产纠纷。但是，法院可以在判决书中确认，虽然夫妻双方名下的股权持股比例不同，但仍均属夫妻共同财产（夫妻有另行明确约定除外）。

第三，“家事代理权”制度，在审判实践中的应用。当然，笔者也发现，一些法院（甚至最高人民法院）在处理夫妻双方持股、但单方擅自转让双方名下股权的案件中，以“家事代理权”为由，结合《婚姻法》与最高人民法院《关于贯彻执行〈民法通则〉若干问题的意见》（以下简称《执行民法通则意见》）第 89 条的规定，[①] 认定在股权转让协议上签字的配偶一方冒用“未知情”的配偶另一方（也为股东）的行为，系行使“家事代理权”，从而认定在配偶双方均持股的情况下，使得配偶单方转让双方名下的股权的行为归于有效。例如，在“彭丽静与梁喜平、王保山、河北金海岸房地产开发有限公司股权转让侵权纠纷案”中，最高人民法院就在二审判决书中，明确以“夫妻表见代理”为由，认定配偶一方冒用另一方姓名代为签字的股权转让协议的有效性。因为有最高人民法院公布的案例，因此，即使夫妻双方均持有股权，在单方擅自转让股权的案例中，被冒名的配偶另一方，也切不可大意，证据收集及辩论准备也要多从复杂程度考虑。

四、婚姻期间配偶一方对股权质押的效力

如果作为转移、隐匿夫妻共同财产的手段，股权质押相对股权转让来说，是一种更为隐蔽的手段和方式。

---

① 《执行民法通则意见》第 89 条规定：“共同共有人对共有财产享有共同的权利，承担共同的义务。在共同共有关系存续期间，部分共有人擅自处分共有财产的，一般认定无效。但第三人善意、有偿取得该财产的，应当维护第三人的合法权益；对其他共有人的损失，由擅自处分共有财产的人赔偿。”

(一) 股权质押的法律规定

股权质押是我国《担保法》规定的权利质押的一种。[①] 股份有限公司因注册资金最低要求相对较高，股东以股权对外担保管理严格，特别是上市公司股权担保制度规范，产生配偶一方以“股权质押”为手段的转移财产类型相对不多；而在有限责任公司中则大为不同。很多有限责任公司股东人数不多，甚至股东之间是朋友、亲属关系，容易就配偶一方以股权进行质押达成一致意见。因此，大部分股权质押引发的争议，是有限责任公司股东进行股权质押引发的争议。如果配偶一方在有限责任公司持股质押，只需要征得其他股东过半数同意即可，这里的“过半数”不是指的持股数，而是指的人数。这样，配偶一方要达到自己名下的股权对外出质并不是一件很困难的事。[②]

(二) 配偶一方利用股权出质常见的形式

第一，第三人担保，股权出质。为逃避共同财产的分割，持股的配偶一方与他人串通，唆使他人与第三人达成“借款协议”，配偶一方以自己名下的公司股权作为担保，并办理相关股权质押登记手续。在他人到期“不能”归还债务后，第三人与持股配偶达成书面协议，将配偶名下的股权转让给“第四人”，或以一定的价格直接转让给第三人，做股权转让手续，直接将原本属于夫妻共同财产的公司股权财产予以灭失。

第二，自己借款担保，股权出质。持股配偶一方与他人串通，以自己的名义向其他个人或公司借款，同时，以公司股权出质，进

---

① 《担保法》第78条第3款规定：“以有限责任公司的股份出质的，适用公司法股份转让的有关规定。质押合同自股份出质记载于股东名册之日起生效。”

② 比如，如果公司只有两个股东（包括配偶一方持股），配偶一方以自己名下的股权对外出质，只需要另一方的同意即可。而有限公司中，绝大多数都是一股独大的组成形式，如果配偶一方是控股股东，则很容易做到让另一名股东“屈服”而同意配偶一方出质。理由很简单，如果小股东不同意控股股东出质，按照《公司法》的规定，是要购买出质的股权，否则，将视为同意出质。小股东收购控股股东的股权，出于资金、公司经营渠道等诸多方面的原因，往往是不现实的。再加上很多公司股东之间的朋友、亲属关系，配偶一方以股权出质，往往是一件十分容易的事。

行工商质押登记。对于借款用途和金额，则根据夫妻关系存续期间的大额开支而定。例如，何时购房、何时购车。再根据资金流转的时间、往来确定“出借人”、“借款数目”，倒签借款“协议”，配合以银行转账记录或“收条”来证实借款协议的履行，再补办股权质押登记。这样一来，虽然配偶另一方能无障碍地分割到房产或汽车，但优质的公司股权却因质权人行使质权，而被“合法”地剥夺了分割股权的权利。

(三) 股权质押合同的效力认定

不论是为他人担保，还是为自己担保，股权质押合同生效后的法律后果，就是使得夫妻共有的股权处在一种“担保”状态，从而导致其经济利益的不确定性。就夫妻离婚财产分割而言，股权价值的大小，完全不能与股权本身的价值等同，而是要看主债务的履行情况。如果主债务蓄意不被偿还，则股权价值的实质分割可能难以实现。

(四) 股权质押后对另一方配偶的法律救济

第一，直接分割瑕疵股权。由于质押权是一种“期待权利”，不能直接影响配偶一方持股的分割，因此，股权“被质押”不能成为股权不被分割的理由。因此，即使股权设有质押，但并不影响其被分割的后果，至于股权价值大小，并不影响股权是否能被分割。

第二，引起股权质押合同无效的诉讼。股权质押合同效力的认定，依旧适用《合同法》第52条的规定，即使未持股的另一方配偶不是股权质押合同的相对人，但仍可从合同双方是否存在“恶意”为基础突破口，收集相关的证据材料，在必要时通过“合同无效”诉讼实现维权。

五、结语

离婚引发的股权争议纠纷，还包括股权价值认定争议（审计或评估）、上市公司股权分割或公司期权的分割，都是值得律师关注的问题。笔者认为，作为律师，在处理因离婚而导致的股权争议时，不能人为地将《婚姻法》与其他法律条款割裂开来，更不能仅凭某一法条“说事”，只有将《婚姻法》与《公司法》、《合同法》、《担保法》等法律融会贯通，从立法的本意分析法律适用并及时掌握司法前沿最新的动向，才是法律人的精髓思想所在。

参考文献

［1］蔡世军等：《合同法问题与实务操作》，1页，北京：中国法制出版社，2010。

［2］［8］奚晓明：《股权转让纠纷》前言，4页，北京：法律出版社，2007。

［3］柯云路：《不惑之年，如何走出婚姻的围城》，载《法律与生活》，2006（6）。

［4］上海沪家律师事务所：《2008～2010离婚案件类型分析表》，沪家婚姻律师网。

［5］陈少先：《股份公司章程对股权转让所作限制性规定的法律效力》，http://www.lawcsx.com/product.asp? id=89，访问日期：2010－08－09。

［6］刘俊海：《股份有限公司股东权的保护（修订本）》，45页，北京：法律出版社，2004。

［7］赵旭东：《公司法》，307页，北京：高等教育出版社，2003。

［9］虞政平：《股东资格的法律确认》，http://www.ccelaws.com/shangshifaxue/2010－07－05/7672.html，访问日期：2010－08－09。

［10］王成勇、陈广秀：《隐名股东之资格认定若干问题探析》，载《法律适用》，62～63页，2004（7）。

［11］［12］奚晓明、金剑峰：《公司诉讼的理论与实务问题研究》，180、195页，北京：人民法院出版社，2008。

［13］《彭丽静与梁喜平、王保山、河北金海岸房地产开发有限公司股权转让侵权纠纷案》，http://www.court.gov.cn/qwfb/cpws/cpwsjc/201002/t20100221_1380.htm，访问日期：2010－08－09。

夫妻婚内确认财产所有权之诉讼实务研究

杨晓林　罗　敏*

目　次

一、问题的提出：张某诉李某物权确认纠纷案①

原告张某与被告李某于2004年7月确立恋爱关系，2005年2月两人登记结婚。婚后育有一子。2007年年初，张某发现李某欲将双方婚后购买的、登记在李某一人名下的一套面积为160平方米的住房转卖给第三人。该套住房的市值为250万元人民币，其与第三人欲签订的合同价为100万元人民币，明显低于市值。除了上述住房外，登记在李某名下的还有一套婚前购买并支付首付款、婚后还清部分余款并取得产权证的单位房改房。为明确夫妻共同财产的

---

* 杨晓林，男，北京市岳成律师事务所合伙人、律师，北京市律师协会婚姻与家庭法律专业委员会秘书长，中国法学会婚姻家庭法学研究会理事；罗敏，女，北京市岳成律师事务所律师。

① 该案例为笔者经办的真实案例。

范围，避免李某与第三人达成交易并过户，使夫妻共同财产蒙受损失，张某遂向法院起诉，要求确认这两套房产为夫妻共同财产，同时要求李某协助办理房产变更登记，将自己的名字加到房产证共有权人一栏中，使其无法单方处分共有的房屋。

法院认为，男方婚前购买的房改房为其婚前的个人财产。理由为该房屋的性质为房改房，其本身就带有一定的国家政策属性。男方在婚前已签订了购买意向书并支付了大部分房款，取得了事实上的物权，婚后的取证行为只是物权公示的需要。对于另一套面积为160平方米的房屋，法院则认为，该套房屋为原、被告婚后购买，虽登记在被告一人名下，但应属于夫妻共同财产。最后法院判决认定，房改房为男方婚前个人财产，婚后所购买的160平方米的住房为夫妻共同财产。但因该套房屋是按揭购买的，原告所拥有的并不是完全意义上的所有权。故原告提出的添加共有权人的诉讼请求法院无法支持。只能通过还清贷款或与贷款银行协商同意的方式，方能添加共有权人姓名。

该案例属于我国《物权法》颁布后所涌现出的新型案例。在婚姻关系存续期间，因夫妻共有财产登记在一方名下，在不涉及离婚的情形下，另一方为了明确夫妻共同财产的范围，以避免自己的利益受到登记方不理智行为的损害，所提起的婚内要求确认财产共有权并在房屋产权登记上增加共有权人的诉讼。

笔者拟通过此文，探讨夫妻婚内确认财产所有权诉讼的目的，以及在司法审判实践中立案，诉讼费收取和胜诉后的共有权人产权登记变更等问题，以期最大限度地保护婚姻家庭当事人的合法利益。

二、夫妻婚内确认财产所有权之诉讼目的

（一）区分夫妻个人财产与共同财产的范围

夫妻婚内确认财产的基础应该是对于夫妻共同财产范围的确认。依据2001年修正后的《婚姻法》规定，实行法定财产制的夫妻财产一般为两种性质财产：一是夫妻共同财产，二是夫妻个人

财产。

因此，区分夫妻个人财产和夫妻共同财产意义重大。如果财产权属为一方的个人财产，其享有的应是完全地占有、使用、收益和处分的权利，权利的行使具有对世性，应排除配偶另一方的妨碍行为。一旦财产权属被确定为夫妻共同财产，根据法律规定物权人应为夫妻双方，两人均享有共同管理使用的权利，任何一方无权单方处分共同财产，法律将赋予权利受损害的一方享有物权上追索的权利。在实际的家庭生活中，一旦缔结婚姻关系共同生活，配偶双方往往很难明确地区分出个人财产和夫妻共同财产，夫妻个人财产与夫妻共同财产相混同。因此，夫妻一方在婚内提起财产所有权的确认之诉将起到明确财产状况及性质、为所有权人排除妨碍等法律上的作用。

从法理而言，所有权的确认之诉是法定之诉，是指对权属不明的财产进行确认，当然也应该涵括对夫妻共同财产和一方的个人财产进行确认。婚内提起确权之诉不会使夫妻关系解除，共有基础不会丧失，也不会使财产的状况发生改变。因此，婚内一方提起的财产权确认之诉在法理上应完全被支持。

（二）保护配偶一方对夫妻共同共有财产所享有的权利

法律上的权利和现实上的权利同属权利，却常常包含着不同的权利范围。有时候法律上的权利和现实上的权利是合二为一的，在大部分时候，法律上规定的权利在现实中都无法实际拥有。法律正是通过国家强制力来保障人们能在现实生活中确实享有法律上所赋予的权利。

夫妻婚内共有财产，是指夫妻共有财产制以及夫妻对共有财产形成的权利和义务。夫妻共有财产有如下的法律特征：（1）夫妻共有财产的发生以夫妻关系缔结为前提；（2）夫妻共有财产的权利主体是夫妻二人，夫与妻是两个权利主体，不是一个权利主体；（3）夫妻共同财产的来源为夫妻双方或一方的婚后所得；（4）夫妻共同财产的财产所有性质为共同共有。[1]作为权利主体，夫妻应平等地享有占有、使用、收益、处分财产的权利。但是由于婚姻生活的特殊性，往往夫妻一方掌握着家庭财产，现实上该权利只由一方享有。这种对共同财产的占有、使用、收益、处分的侵权行为往往被婚姻关系的特殊性所掩盖，不为外界所察觉。这种侵权行为使一方法律上的权利不能变为实际中的权利，需要被侵权方起诉，寻求法律的保护。

另外，依照《婚姻法》而取得的夫妻财产共有权，应属《物权法》第9条所规定的“法律另有规定”的情形。[2]史尚宽先生对此也有经典论述：“夫妻之财产及所得，除特有财产外，合并为共同财产，属于夫妻共同共有。此合并为共同共有财产，依法律规定，因概况承受行之，无须动产占有之交付，无须债权或其他权利之让与。不动产亦无须登记于土地登记簿。”[3]夫妻财产对内的效力虽然无须履行物权变动的法定形式，仅凭法律关系即可取得物权，但夫妻财产对外的效力却需要遵循《物权法》的规定，未登记的不动产物权无公示效力，不得对抗善意第三人。在婚姻关系内部，共有权之取得无须公示固然有利于维护双方平等之财产权利，但现代社会，现实生活中大量存在夫妻共有房屋只登记在一方名下的情况，[4]第三人基于对登记簿的信赖，会认为房屋真正的权利主体只有一个。在权利登记人未经配偶同意恶意处分房产的，房屋管理局办理过户手续时既不要求提供配偶签字，也不要求提供户口本显示婚姻状况，房屋很容易就过户到了第三人名下。

《物权法》首次明确规定了不动产善意取得制度，该房屋在过户到第三人名下后，为了维护交易的安全，保护善意第三人的利益，权利受侵害一方请求法院撤销房屋买卖合同的诉讼很难得到支持，家事代理及善意取得的界限在司法审判实践中很难区分。而一般此类房屋交易转让的合同款与房屋的真正市值相差巨大，将使配偶方的利益受到严重损害。而且在笔者所代理以及见诸报端的此类撤销房屋买卖合同案例中，除去转让给自己的直系近亲属有可能被撤销外，其他几乎无一胜诉。

因此，有学者主张，在婚姻存续期间，夫妻一方“为防止不动产登记产权人擅自处分共有不动产，未登记产权人可请求登记产权人协助自己向不动产登记部门申请登记自己的共有权，如登记产权人不协助，未登记一方可请求法院确认自己的登记请求权”。[5]换言之，向法院提起确权之诉来确保自己的权利不受侵犯。

三、夫妻婚内确认财产所有权诉讼实务问题探析

（一）关于房屋异议登记的问题

在现实生活中，当夫妻一方发现另一方具有转移夫妻共同财产的企图，可能采用黑白合同的方式低价出卖房屋时，通常可以采用两种方式阻止对方的过户行为，以确保自己的权利不受侵害。一是向不动产所在地的人民法院申请诉前财产保全，通过法院发裁定冻结财产状态的方式，使房屋过户手续不能办理。由于法院对于诉前财产保全一般会要求提供财产担保，该担保财产在法院账户上占用的时间也会比较长，因此，这种方式对于经济情况不是很理想的当事人，并不是最好的选择。二是异议登记，这是当事人保护己方利益比较切实可行的方法。我国《物权法》规定，权利人及利害关系人认为物权登记簿上的事项有错误时，可以申请房屋产权登记部门进行异议登记。① 根据该规定，未出现在登记簿上的共有权人完全可以向房屋产权登记部门申请异议登记，以阻止另一方擅自的房屋过户行为，以保护财产的安全。在异议登记手续办理完毕后，在不涉及离婚的前提下，异议方可以在 15 日内向不动产所在地的人民法院提起婚内确认财产所有权的诉讼。法院受理后，将法院受理通知书送回房屋产权登记部门，在整个诉讼期间，该项房屋都将处于被冻结过户的状态，从而很好地起到了保护财产安全的作用。

---

① 《物权法》第 19 条规定：“权利人、利害关系人认为不动产登记簿记载的事项错误的，可以申请更正登记。不动产登记簿记载的权利人书面同意更正或者有证据证明登记确有错误的，登记机构应当予以更正。不动产登记簿记载的权利人不同意更正的，利害关系人可以申请异议登记。登记机构予以异议登记的，申请人在异议登记之日起 15 日内不起诉，异议登记失效。异议登记不当，造成权利人损害的，权利人可以向申请人请求损害赔偿。”

（二）夫妻婚内确认财产所有权之诉的立案受理。

根据最高人民法院《民事案件案由规定》（法发〔2008〕11号）的规定，夫妻婚内确认财产所有权之诉的案由应为“物权确认纠纷”。但是笔者及许多律师同行在代理此种案件立案时却经常受阻。

很多地方法院对于夫妻婚内提起的财产所有权确认之诉均是不予立案，甚至认为是当事人抑或是律师“没事找事”。我国《婚姻法》第17条规定，夫妻在婚姻关系存续期间所得的房屋，应当归夫妻共同所有。即婚后夫妻一方所得财产，除法律另有规定或当事人另有约定外，均属夫妻共有。据此，法院认为在共有基础不丧失的情况下，确定夫妻财产的所有权是多此一举，属于司法资源的浪费。

笔者认为，法院不予立案的做法并不可取，而且是错误的。其理由如下：

首先，将夫妻婚姻关系存续期间取得的财产当然认为是夫妻共同财产本身就是错误的。根据我国法律的相关规定：被继承人指定由夫妻一方继承的财产应为一方的个人财产，又如赠与人指定赠与给夫妻一方的财产也应为一方的个人财产。这些财产都是夫妻婚姻存续期间取得，但却都不是属于夫妻共同的财产。因此，不能以取得时间来确定财产的性质，而应在案件审理中根据具体证据来综合判断权属状况。

其次，在所有权不明的情况下，人民法院作为裁判机构，就应受理案件作出公正判决，以便定纷止争。这个所有权纠纷当然也应该包括夫妻婚内财产权属纠纷。

最后，针对不动产登记簿与实际权属不一致的情形，法律规定了通过异议之诉予以救济的途径。婚内的异议之诉也就是婚内确权之诉。如果法院不予受理，将使配偶一方的合法利益得不到保障，使夫妻共同财产处于相对危险的境地，不利于夫妻财产的保护，也不利于交易安全。

最为重要的一点是，婚内确权之诉与婚内要求分割共同财产之诉是两个性质完全不同的诉讼。根据《物权法》第99条的规定："共有人约定不得分割共有的不动产或者动产，以维持共有关系的，应当按照约定，但共有人有重大理由需要分割时，可以请求分割；没有约定或者约定不明确的，按份共有人可以随时请求分割，共同共有人在共有的基础丧失或者有重大理由需要分割时可以请求分割。因分割对其他共有人造成损害的，应当给予赔偿。"所谓重大理由，一般是在共有基础丧失时，才对夫妻共同财产予以分割。共同基础丧失一般包括离婚、配偶一方死亡或实行分别财产制的情况下。在共有基础不丧失的情况下，原则上是不能对共同财产进行分割的，其意义在于保持共有关系的稳定性和基础，保护共有人的合法权益。根据《物权法》的相关规定，对于所有权人不明的财产提起的物权确认之诉，是属于法定诉求之列。婚内确权之诉不会使共有基础丧失，不会使财产的状况发生改变，婚内一方提起的财产权确认之诉在法理上应被完全支持。但在司法审判实践中，对于一方当事人不仅要求确认共有，而且要求明确各自所占具体份额为其所有，法院则不会支持。①

综上所述，笔者认为法院对于夫妻婚内提起的确权之诉应当予以受理。

（三）夫妻婚内确认财产所有权之诉的诉讼费标准

婚内财产确权诉讼的诉讼费到底应该是按件收取还是按涉案财产标的额来收取，这个问题在《诉讼费用交纳办法》（国务院令第481号）（以下简称《办法》）中并无明确规定。所以在实践当中，除了前面谈到的法院立案难外，在诉讼费收取上，法院也经常会给当事人及律师提出难题，就是以高额诉讼费吓退当事人，大大增加当事人维权的成本，亟须纠正。

在该《办法》中将应交案件受理费的案件主要分为六类案件：财产案件、非财产案件、知识产权案件、劳动争议案件、行政案件、管辖权异议案件。其中财产案件是按财产的比例分段累计交

---

① 《无重大理由夫妻共有房产不能分》，载《法制晚报》，2008-11-04。

纳，其他大部分案件包括非财产案件基本都是按件收取的。笔者认为，对夫妻婚内确权的诉讼应依非财产案件按件收取相关的诉讼费用。根据该《办法》的规定，每件应按50～100元收取相关费用。而以北京市为例，北京市发展和改革委员会关于非财产民事案件等诉讼受理费标准的通告（京发改〔2007〕1111号）非财产民事案件诉讼受理费标准，离婚案件每件交纳150元。涉及财产分割，财产总额不超过20万元的，不另行交纳；超过20万元的部分，按照0.5%交纳。其他非财产案件每件交纳70元。

婚内确权之诉应属于非财产的案件，其理由有以下两点：

第一，婚内确权之诉在法理上应属于确认之诉，确认之诉是指，原告请求法院确认其主张的法律关系或法律事实存在或不存在之诉。[6]确认之诉有两个主要特点：一是一方当事人提出确认之诉的目的，不是要求法院判令对方当事人履行一定的给付义务，而是要求法院明确某一争议的民事法律关系是否存在或者存在的具体状态；二是法院对确认之诉进行审理后所作出的判决，没有给付内容，不具有执行性。因此，确认之诉并不像给付之诉那样具有可执行的内容，虽然所争议的标的呈现财产的表象，却无财产的实质。

第二，《诉讼费管理办法》明确规定财产案件是根据诉讼请求的金额或价额来收取相关费用，婚内确权之诉的诉讼请求并不涉及金融或价额的分割问题，按理也不属于财产案件的范畴。

（四）胜诉后的共有权人产权登记的变更

夫妻一方提起婚内确认财产所有权之诉，其目的绝不仅仅在于“确认所有权共有”本身，目的就在于是否能够最终在房屋权属登记部门的不动产登记簿上添加其共有权人的名字，这才能最终起到杜绝风险的关键作用。

但在实践中法院做法不一，以笔者在2007年所代理的“李某诉李某某婚内财产权属纠纷案”为例，北京某基层法院就认为“有关原告要求办理房屋产权变更登记的手续，因涉及房屋管理部门对房屋的专项行政登记管理工作，不属于法院民事案件受理范围，对该请求本院不予支持”。① 而相同性质的案件，2009 年 12 月，上海市静安区人民法院对丈夫叶明（化名）状告妻子蔡翔（化名），要求确认登记在妻子名下房屋属夫妻双方共同共有，并将该房屋权利人添加上叶明的名字案作出判决，“涉案该房屋为叶明与蔡翔夫妇共同拥有；蔡翔应协助叶明办理房屋权利人变更登记”。[7] 此外，有的法院虽然并不排斥判决一方协助变更房屋权属登记的诉讼请求，但却对于现实中最为普遍的按揭购房问题提出“因该套房屋是按揭购买的，原告所拥有的并不是完全意义上的所有权。故原告提出的添加共有权人的诉讼请求法院无法支持。只能通过还清贷款或与贷款银行协商同意的方式，方能添加共有权人姓名”。② 笔者认为，第一家法院的该项判决是不正确的，原告要求对方配合办理房屋产权变更登记的手续与房屋管理部门对房屋的专项行政登记管理是两个范畴的事情；即使对于房屋确权判决中，人民法院在确认权属之后，当然可以依原告诉讼请求判决对方协助办理过户或变更登记手续。诚然，夫妻婚内确认财产所有权诉讼，除非夫妻一方当事人在诉讼请求中要求对方配合办理房屋产权变更登记，法院一般不会主动判决对方协助配合办理权利人的变更登记，而只能判决确认不动产共同共有。但即便如此，对方仍负有协助过户的附随义务，如果不配合的话，原告有依法院判决申请强制执行的权利，法院应予以保护，房产权属登记部门亦应予以配合。

在现实生活中，对于已经付清全款，且已有房产证的房屋，当事人手执判决书及法院协助执行通知书到房屋权属登记部门要求添名的，该部门一般会协助办理，也不存在什么问题。但这里最大的麻烦还是对于尚有银行贷款未清偿的房屋，房屋权属登记部门则需银行同意方能办理，原因同本文开始案例中部分法院所认为的理由。实务中，当胜诉方找到贷款银行商量增加贷款人时，贷款银行经常会嫌变更手续麻烦，而不肯办理。笔者认为，贷款银行的做法

---

① 摘自北京市朝阳区人民法院（2008）朝民初字第 02561 号民事判决书。

② 来源于本文第一部分问题的提出所引用的笔者代理的北京市某区真实案例。

存在认识上的偏差，由此将致使权利人的利益得不到合法保护。其主要理由如下：一是从贷款的流程来看，共有三方当事人，即开发商、购房人和银行。同时有两个合同关系，即开发商与购房人的房屋买卖合同关系和购房人与银行之间的贷款合同关系。当购房人与银行签订合同，提供担保后，银行就将房屋余款支付给开发商。开发商在收到全款后，将房屋交付给购房人实际使用和占有，开发商和购房人的买卖合同项下的义务履行完毕。此时，只剩下购房人与贷款银行之间的以所购房屋作为偿还贷款本息担保的抵押担保关系。二是购房人就已经取得的房屋权属证书向贷款银行抵押贷款，购房人与贷款银行间设定的房屋抵押权，并不影响房屋所有权的归属，抵押期间，抵押财产的所有权不发生转移。《物权法》第186条规定："抵押权人在债务履行期届满前，不得与抵押人约定债务人不履行到期债务时抵押财产归债权人所有。"这一规定也表明法律明文禁止流押，从这个意义上讲，抵押期间按揭房屋的所有权为购房人所有，贷款银行并不享有所有权。因房产商为购房人贷款做保证人，其将按揭房屋的产权证书占有或交付贷款银行占有，只是起到督促购房人按时还贷，限制其处分抵押房屋的作用，待购房人对银行贷款还本付息后，其将房屋产权证书再交还购房人。占有按揭房屋的产权证书，仅仅是为了制约购房人对贷款房屋行使处分权。[8]

此外，对于贷款银行不配合胜诉方添名或者变更贷款合同的做法，从情理上也是说不通的。因为婚内确权诉讼并不同于分割诉讼，其目的不是变更贷款人，而是增加贷款人的名字。事实上，该添名的行为会使法律上可追偿的两个债务人变为现实贷款合同中注明的两个债务人，会使贷款银行的权利得到更充分的保护。因此，很多贷款银行因手续复杂，而不予办理的行为是不合理的。

笔者认为，在实践中，人民法院、贷款银行及房屋权属登记部门三方应当就夫妻婚内确认财产所有权之诉的执行问题达成共识，才能最大限度地保护当事人的利益。

参考文献

[1] 杨立新:《共有权理论和法律适用》, 276 页, 北京: 法律出版社, 2007。

[2] [5] 许莉:《夫妻财产归属之法律适用》, 载《法学》(上海), 48~54页, 2007 (12)。

[3] 史尚宽:《物权法论》, 181 页, 北京: 中国政法大学出版社, 2000。

[4] 刘保玉、孙超:《夫妻财产共有的特性与物权法规则的适用》, 载杨立新、刘德权主编:《亲属法新问题与新展望》, 101 页, 北京: 人民法院出版社, 2009。

[6] 江伟主编:《民事诉讼法专论》, 173 页, 北京: 中国人民大学出版社, 2005。

[7] 李鸿光:《为争房屋权利人　丈夫把妻子告上法庭》, 中国法院网, 2009-12-21。

[8] 孙若军:《离婚时处理按揭房屋的法律问题探析》, 载《法学家》, 135 页, 2009 (3)。

韩国家庭法*

吴宗训**　蒋　月***译

目　次

---

* 在韩国，家庭法被规定在《韩国民法典》第四编亲属中。亲属的韩语意为亲族。韩国并无单行的“韩国家庭法”法案；本译本的标题，是译者添加的。本译本是根据韩国法院网站：www. court. org. kr 上登载的韩文版《韩国民法典》第四编翻译的，访问时间是2010年5至7月。翻译过程中，对于若干不便于中国读者理解的术语，译者在当页页下作了释明。还有些法律术语，为便于中国读者理解，虽按中国法律术语译成中文，但其与韩语用词的含义似乎并非完全吻合，译者在页下也标注了韩语的词意。《韩国民法典》对于修订时新增设的条文，将其编排在原条款之后，编号采用诸如“第839条2”、“第839条3”，来表示该条款之二、之三（更多新增条款，以此类推）；将原条款理解为“之一”，故新增条款直接从“之二”开始编排。为了客观体现韩国亲族法的发展变化，译文中保留了原文有关条款之后以括号加注形式特别标注说明的修订时间。本次翻译时，将其表述为“第839－2条”、“第839－3条”。特此说明。在中国内地，已有中国社会科学院法学所助理研究员金玉珍翻译的中文版韩国民法典（《韩国民法典　朝鲜民法》，北京大学出版社2009年版）。本译本，参考了金玉珍的译本。在此向金玉珍致谢！本译本中的所有注释，均为译者添加；文中不再逐一说明。

** 吴宗训，厦门大学法学院进修生，韩国斧山地方法院公务员。

*** 蒋月，厦门大学法学院教授，博士生导师。

第一章　总　　则

第 767 条　亲属的定义

配偶、血亲[①]及姻亲[②]为亲属。

第 768 条　血亲的定义

自己的直系尊亲属及直系卑亲属为直系血亲，自己的兄弟姐妹及兄弟姐妹的直系卑亲属、直系尊亲属的兄弟姐妹及其兄弟姐妹的直系卑亲属为旁系亲属。(1990 年 1 月 13 日修订)

第 769 条　姻亲的系源

血亲的配偶、配偶的血亲、配偶血亲的配偶为姻亲。(1990 年 1 月 13 日修订)

第 770 条　血亲亲等[③]的计算

1. 直系血亲，从自己到直系尊亲属及自己到直系卑亲属来确定其亲等。

2. 旁系血亲，由从自己到同源直系尊亲属的世数，加上其从同源直系尊亲属至其直系卑亲属的世数的总数，决定其亲等数。

第 771 条　姻亲亲等的计算

姻亲，对于配偶的血亲，从配偶与其血亲的亲等数；对于血亲的配偶，从其血亲的亲等数。(全文于 1990 年 1 月 13 日修订)

第 772 条　与养子女之间的亲系及亲等

1. 养子女与养父母及其血亲、姻亲之间的亲系与亲等数，自收养成立时起视为与婚生子女同等。

2. 养子女的配偶、直系卑亲属及其配偶，以前款养子女的亲系为标准，确定亲等。

---

① 韩语意：血族。

② 韩语意：姻戚。

③ 韩语意：寸。

第 773 条 已废止（1990 年 1 月 13 日）

第 774 条 已废止（1990 年 1 月 13 日）

第 775 条 姻亲关系的消灭

1. 姻亲关系因婚姻的撤销或离婚而终止。（1990 年 1 月 13 日修订）

2. 夫妻一方死亡的，虽生存配偶再婚的，亦与第 1 款相同。（1990 年 1 月 13 日修订）

第 776 条 因收养产生的亲属关系之消灭

因收养产生的亲属关系，因收养的撤销或终止而终止。

第 777 条 亲属的范围

因亲属关系产生的法律效力，本法或其他法律无特别规定的，其效力及于符合下列各项条件之人：

1. 八亲等以内的血亲；

2. 四亲等以内的姻亲；

3. 配偶。

（全文修订于 1990 年 1 月 13 日）

第二章 家族的范围与子女的姓和宗

（1990 年 1 月 13 日修订）

第 778 条 已废止（2005 年 3 月 31 日）

第 779 条 家族的范围

1. 下列亲属为家族成员：

（1）配偶、直系血亲及兄弟姐妹；

（2）直系血亲的配偶、配偶的直系血亲及配偶的兄弟姐妹。

2. 第 1 款第（2）项仅限于共同生活的情形。

（全文修订于 2005 年 3 月 31 日）

第 780 条 已废止（2005 年 3 月 31 日）

第 781 条 子女的姓和宗[①]

1. 子女从父亲的姓与宗。但父母结婚申报时协议约定子女随从母亲的姓和宗的，从约定。

2. 父亲为外国人的，子女可随母亲的姓与宗。

3. 父亲不明的子女，随从母亲的姓与宗。

4. 父亲不明的子女，可经法院的许可创设自己的姓与宗；但创设姓与宗后，父或母确定的，子女可改从父或母的姓与宗。

5. 认领[②]婚姻外子女的，子女可依父母协议继续使用原有的姓和宗。但父母无法协议或协商不成的，可经法院许可继续使用原有的姓和宗。

6. 为了子女的福利有必要变更姓和宗的，父亲、母亲或子女可经法院的许可予以变更。但子女为未成年人，且法定代理人不能请求的，可由第 777 条所定亲属或检察官提出请求。

（全文修订于 2005 年 3 月 31 日）

第 782 条～第 789 条 已废止（2005 年 3 月 31 日）

第 790 条 已废止（1990 年 1 月 13 日）

第 791 条 已废止（2005 年 3 月 31 日）

第 792 条 已废止（1990 年 1 月 13 日）

第 793 条～第 796 条 已废止（2005 年 3 月 31 日）

第 797 条～第 799 条 已废止（1990 年 1 月 13 日）

---

① 韩语中表述为“本”。“本”与汉语中的“宗”最为接近，又与“籍贯”相似。

② 韩语意：认知。

第三章　婚　　姻

第一节　订　　婚[1]

第 800 条　订婚的自由

达到成年者,[2] 可自由订婚。

第 801 条　订婚年龄

年满 18 岁者，可经父母或监护人的同意而订婚。于此情形，准用第 808 条的规定。

(2007 年 12 月 21 日修订)

第 802 条　禁治产人的订婚

禁治产人可经父母或监护人同意而订婚。于此情形，准用第 808 条的规定。

第 803 条　禁止婚约的强制履行

婚约，不得请求强制履行。

第 804 条　解除婚约的事由

当事人一方有下列情形之一的，他方可解除婚约（1990 年 1 月 13 日修订）:

（1）订婚后受资格停止刑以上的刑罚宣告的；

（2）订婚后受禁治产或限定治产宣告的；

（3）患性病、不能治愈的精神病及其他不治恶疾的；

（4）订婚后又与他人订婚或结婚的；

（5）订婚后与他人通奸的；

（6）订婚后生死不明一年以上的；

（7）无正当理由拒绝结婚或推迟结婚日期的；

---

① 韩语意：约婚。

② 在韩国，成年年龄为 20 岁。

(8) 有其他重大事由的。

第805条　解除婚约的方法

婚约的解除，以对相对人的意思表示为之。但无法向相对人实施意思表示时，自知悉有解除原因时起，视为婚约解除。

第806条　解除婚约与损害赔偿请求权

1. 解除婚约时，当事人一方可向有过失的他方，请求赔偿由此所受的损害。

2. 于前款情形，除财产上的损害外，有过失方对受害人精神上的痛苦亦应承担赔偿责任。

3. 精神上痛苦的赔偿请求权，不得转让或继承。但当事人之间就其赔偿已成立契约或已提起诉讼的，不在此限。

第二节　婚姻的成立

第807条　适婚年龄

年满18岁者，可以结婚。(全文于2007年12月21日修订)

第808条　须经同意的婚姻

1. 未成年人结婚，应经父母同意；父母中一方不能行使同意权的，须经另一方同意；父母双方均不能行使同意权时，应经监护人同意。

2. 禁治产人，须经父母或监护人同意始得结婚。

3. 于第1款及第2款情形，无父母或监护人，或不能同意时，应经亲属会议同意始得结婚。

(全文于1977年12月31日修订)

第809条　近亲婚等的禁止

1. 八亲等以内的血亲（包括收亲养子之前的血亲）之间不得结婚。

2. 六亲等以内血亲的配偶、配偶六亲等以内的血亲、配偶四亲等以内的血亲的配偶的姻亲，或曾为姻亲者，不得相互结婚。

3. 曾为六亲等以内养父母系的血亲的人，及曾为四亲等以内养父母系的姻亲的人之间不得相互结婚。

（全文于2005年3月31日修订）

第810条 禁止重婚

有配偶者，不得再行结婚。

第811条 已废止（2005年3月31日）

第812条 婚姻的成立

1. 婚姻依《亲属关系登记法》履行登记，始发生效力。（2007年5月17日修订）

2. 前款申报，应提交当事人双方及两个成年证人共同签名的书面材料。

第813条 婚姻申请的审查

对婚姻申请，该婚姻未违反第807条至第810条、第812条第2款规定及未违反其他法律时，应予受理。（2005年3月31日修订）

第814条 外国的婚姻申请

1. 在外国的本国国民之间的婚姻，可向驻在国的大使、公使或领事申请。

2. 受理前款申请的大使、公使或领事，应立即将其书面申请材料送达管辖本国登记事务所在地区的家庭关系登记官署。

（2005年3月31日，2007年5月17日修订）

第三节 婚姻的无效与撤销[①]

第815条 婚姻的无效

具有下列情形之一的，婚姻无效：（修订于2005年3月31日）

1. 当事人无婚姻合意；
2. 违反第809条第1款规定；
3. 当事人是或曾是直系姻亲；

---

① 韩语意：取消。

4．当事人曾是养父母系的直系血亲关系。

第816条 婚姻撤销的事由

婚姻具有下列情形之一的，可向法院请求撤销（修订于1990年1月13日，2005年3月31日）：

1．结婚违反第807条至第809条（依第815条规定属无效婚姻的情形除外。以下第817条及第820条，亦同）的规定，或违反第810条规定的；

2．结婚时，未知当事人一方有不能继续夫妻生活的恶疾或其他重大事由的；

3．因受欺诈或被胁迫而为结婚的意思表示的。

第817条 因违反法定婚龄等的撤销请求权人

结婚违反第807条、第808条规定的，当事人或其法定代理人可请求撤销；违反第809条规定的，当事人、当事人的直系尊亲属或四亲等以内的旁系血亲有权请求撤销。(2005年3月31日修订)

第818条 重婚等的撤销请求权人

结婚违反第810条规定的，当事人及其配偶、直系尊亲属、四亲等内的旁系血亲或检察官有权请求撤销。（2005年3月31日修订）

第819条 未经同意而结婚之撤销请求权的消灭

违反第808条规定的婚姻，在当事人年满20岁后或自禁治产宣告撤销后，已经过三个月或婚姻中已怀孕的，不得请求撤销。(2005年3月31日修订)

第820条 对近亲婚等的撤销请求权的消灭（2005年3月31日修订）

违反第809条规定的婚姻，但当事人已在婚姻期间怀孕的，不得请求撤销。(2005年3月31日修订)

第821条 已废止（2005年3月31日修订）

第822条 因恶疾等事由产生的婚姻撤销请求权的消灭

符合第816条第2款所定事由的婚姻，自相对人知悉该事由之日起经过6个月的，不得请求撤销。

第 823 条 因受欺诈、胁迫而产生的婚姻撤销请求权的消灭

因受欺诈或胁迫而缔结的婚姻，自知悉被欺诈之日起或自可摆脱胁迫之日起经过 3 个月的，不得请求撤销。

第 824 条 婚姻撤销的效力

婚姻撤销的效力，不溯及既往。

第 824－2 条 婚姻撤销与抚养子女等

婚姻撤销的，子女的抚养责任与探视权,① 准用第 837 条、第 837－2 条的规定。

第 825 条 婚姻撤销与损害赔偿请求权

第 806 条的规定，准用于婚姻的无效或撤销情形。

第四节 婚姻的效力

第一目 一般效力

第 826 条 夫妻之间的义务

1．夫妻应当同居，相互扶养、相互协助。但有正当理由暂时不能同居的，应当相互容忍。

2．夫妻的同居地点，经夫妻协商确定。当事人协议不成的，可请求家庭法院确定。(1990 年 1 月 13 日修订)

3．已废止（2005 年 3 月 31 日修订）

4．已废止（2005 年 3 月 31 日修订）

第 826－2 条 成年拟制

已结婚的未成年人，视为成年人。(本条新设于 1977 年 12 月 31 日)

第 827 条 夫妻间的家事代理权

1．夫妻就日常家事，互为代理人。

---

① 韩语意：面接交涉权。

2．对前款代理权附加的限制，不得对抗善意第三人。

第 828 条　夫妻之间契约的撤销

夫妻之间的契约，在婚姻存续期间双方可随时撤销。但不得损害第三人的权利。

第二目　财产上的效力

第 829 条　夫妻财产约定及其变更

1．夫妻未在婚姻成立前就财产另行约定的，其财产关系遵从本目的规定。

2．夫妻在婚姻成立前就财产另有约定的，婚姻期间不得变更。但有正当理由的，经法院许可予以变更。

3．根据前款约定，由夫妻一方管理另一方的财产，但因管理失当而使其财产处于危急之中的，另一方可请求法院许可改由其自行管理；财产为夫妻共有的，可请求其分割。

4．夫妻就财产另行约定，但在婚姻成立时仍未登记的，不得对抗夫妻的继承人或第三人。

5．根据第 2 款、第 3 款的规定或约定，变更管理人或分割共有财产的，未经登记，不得以其对抗夫妻的继承人或第三人。

第 830 条　特有财产与归属不明财产

1．夫妻一方婚前所有的固有财产，及婚姻期间以本人名义取得的财产，为其特有财产。

2．夫妻间归属不明的财产，推定为夫妻共有。（1977 年 12 月 31 日修订）

第 831 条　特有财产的管理等

夫妻的特有财产，归各自管理、使用、收益。

第 832 条　因家事产生的债务的连带责任

夫妻一方，就日常家事与第三人为法律行为的，另一方对由此所产生的债务负连带责任。但已向第三人明示另一方不负责任的，不在此限。

第 833 条 生活费用

为夫妻共同生活所必需的费用，若当事人之间无特别约定的，由夫妻共同负担。

（全文于 1990 年 1 月 13 日修订）

第五节 离 婚

第一目 协议离婚

第 834 条 协议离婚

夫妻可以协议离婚。

第 835 条 禁治产人的协议离婚

第 808 条第 2 款及第 3 款的规定，准用于禁治产人的协议离婚。（全文于 1990 年 1 月 13 日修订）

第 836 条 离婚的成立及申报方式

1. 协议离婚须经家庭法院的确认，并根据《亲属关系登记法》的规定申请登记，始发生效力。（1977 年 12 月 31 日，2007 年 5 月 17 日修订）

2. 前款申请，需由当事人双方及两名成年证人共同签名。

第 836－2 条 离婚程序

1. 欲协议离婚者应得到家庭法院提供的离婚咨询，必要时，家庭法院可劝告当事人接受具有专业知识和经验的咨询员的咨询。

2. 向家庭法院申请确认离婚的当事人，自接受第 1 款咨询之日起经过下列期间后，其离婚意思得以确认：

（1）有需要抚养之人（包括胎内的子女，以下本条亦同）的，为 3 个月；

（2）不符合第 1 项情形的，为 1 个月。

3. 因暴力将对当事人一方造成无法忍受的痛苦等应予离婚的紧急情形，家庭法院可缩短或免除第 2 项的期间。

4. 有需抚养之人的，当事人应出具第837条所定的子女抚养协议书及第909条第4款所定的子女的亲权人决定协议书，或第837条及第909条第4款所定的家庭法院的审判正本。（本条于2007年12月21日新设）

5. 家庭法院应写明抚养费负担调解书。对此情形，关于抚养费负担调解书的效力，准用家事诉讼法第41条的规定①（2009年5月8日新设）。

第837条　离婚及子女的抚养责任

1. 当事人抚养子女的相关事项，经协议确定。（1990年1月13日修订）

2. 第1款所定协议应当包括以下事项：（2007年12月21日修订）

（1）抚养人的决定；

（2）抚养费的负担；

（3）探视权的行使与否及其方法。

3. 第1款所定协议违反子女福利的，家庭法院可令其补正或依职权斟酌子女的意思、年龄和父母的财产状况及其他情况，确定抚养的必要事项。（2007年12月21日修订）

4. 就抚养事项未达成协议或无法协议时，家庭法院可依职权或依当事人的请求作出裁定。于此情形，家庭法院应参照第3款的规定。（2007年12月21日新设）

5. 为了子女福利，家庭法院认为有必要的，可依父、母、子女及检察官的请求变更抚养事项，或进行适当处分。（2007年12月21日新设）

6. 第3款至第5款的规定，除抚养相关事项外，并不变更父母的权利义务。（2007年12月21日新设）

---

① 《家事诉讼法》第41条规定：金钱的引渡、登记及其他履行义务的裁决是执行的有效依据。

第 837－2 条 探视权

1．未直接抚养子女的父母一方和子女，有相互探视的权利。(2007 年 12 月 21 日修订)

2．为了子女的福利，家庭法院认为有必要的，可依当事人的请求或依职权限制或禁止探视。(2005 年 3 月 31 日修订)

（本条于 1990 年 1 月 13 日新设）

第 838 条 因受欺诈、胁迫所生的离婚之撤销请求权

因受欺诈或胁迫而为离婚意思表示的，可请求家庭法院撤销。(1990 年 1 月 13 日修订)

第 839 条 准用规定

第 823 条的规定，准用于协议离婚。

第 839－2 条 财产分割请求权

1．当事人协议离婚的，一方可请求另一方分割财产。

2．第 1 款所定的财产分割，当事人协议不成或不能协议的，经当事人请求，家庭法院可斟酌当事人双方合作取得的财产之数额及其他情况，确定请求人应分得的财产份额及分割方法。

3．第 1 款的财产分割请求权，自离婚之日起经过两年，归于消灭。

（本条于 1990 年 1 月 13 日新设）

第 839－3 条 以财产分割请求权的保全为目的的诈害行为撤销权

1．夫妻一方明知损害另一方的财产分割请求权而实施以财产权为标的的法律行为时，另一方可准用第 406 条第 1 款的规定①请求家庭法院撤销和恢复原状。

---

① 《韩国民法典》第 406 条第 1 款规定：债务人明知有债权人，仍实施以财产权为标的的法律行为时，债权人可以请求法院撤销债务人的行为或令债务人恢复原状。但因其行为而受益的人，或受让利益之人在实施该行为时或者受让当时不知有害于债权人时，不在此限。

2. 第1款诉讼应于第406条第2款规定[①]的期间内提出。

(本条于2007年12月21日新设)

第二目　判决离婚

第840条　判决离婚的事由

夫妻一方具有下列情形之一的，他方可请求家庭法院判决离婚：(1990年1月13日修订)

1. 配偶有不贞行为；
2. 配偶恶意遗弃另一方；
3. 受到配偶或其直系尊亲属的严重不当对待；
4. 自己的直系尊亲属受到配偶的严重不当对待；
5. 配偶3年以上生死不明的；
6. 有其他难以继续婚姻的重大事由。

第841条　因不贞产生的离婚请求权之消灭

前条第1款规定的事由，自事前征得另一方同意或事后获得宽恕之时起，或自知悉之日起经过6个月、该事由发生之日起经过2年的，不得据之请求离婚。

第842条　因其他原因而产生的离婚请求权的消灭

第840条第6项的事由，自另一方知悉之日起经过6个月或自发生该事由之日起经过2年，不得据之请求离婚。

第843条　准用规定

第806条、第837-2条及第839-2条的规定，准用于判决离婚情形。(1990年1月13日修订)

---

① 《韩国民法典》第406条第2款：本款之诉讼，债权人应于知悉撤销原因之日起1年内，或者债务人实施法律行为之日5个月内提出。

第四章　父母与子女

第一节　亲生子女

第844条　夫的亲生子女推定

1. 妻在婚姻期间怀孕的子女，推定为其夫的子女。

2. 自婚姻成立之日起经过200日或自婚姻终止之日起300日内出生的子女，推定为婚姻期间受孕的子女。

第845条　法院对父亲的确认

再婚妇女分娩，依前条规定无法确定其子女之生父的，法院可依当事人的请求予以确定。（2005年3月31日修订）

第846条　子女的亲生之否认

夫有第844条规定情形的，夫妻任何一方均可提起否认该子女为亲生子女的诉讼。

第847条　否认亲生子女之诉

1. 否认子女亲生之诉，由丈夫或妻子以另一方或以子女为对象，可自知悉该事由之日起两年内提起。

2. 对于第1款情形，对象全部死亡的，自知悉死亡之日起两年内以检察官为对象提起否认亲生之诉。

（全文于2005年3月31日修订）

第848条　禁治产人的亲生子女否认之诉

1. 夫或妻为禁治产人的，其监护人可经亲属会议同意而提起否认亲生子女之诉。（2005年3月31日修订）

2. 关于第1款情形，监护人未提起否认亲生子女之诉的，禁治产人可以自撤销禁治产宣告之日起2年内提起否认亲生子女之诉。（2005年3月31日修订）

第849条　子女死亡后的亲生否认

子女已经死亡的，其直系卑亲属可以以其母为对象，如无母的，则以检察官为对象，提起否认之诉。

第 850 条　遗嘱的亲生否认

夫或妻以遗嘱表示否认之意思的，遗嘱执行人应提起否认亲生子女之诉。(2005 年 3 月 31 日修订)

第 851 条　夫在子女出生前死亡的亲生否认

夫在子女出生前已死亡的，或夫或妻在第 847 条第 1 款所定期间内死亡的，夫或妻的直系尊亲属或直系卑亲属自知悉其死亡时起 2 年内提起否认亲生子女之诉。

(全文于 2005 年 3 月 31 日修订)

第 852 条　亲生子女之否认权的消灭

子女出生后已承认为其亲生子女的，不得再提起亲生子女否认之诉。

(全文于 2005 年 3 月 31 日修订)

第 853 条　已废止（2005 年 3 月 31 日）

第 854 条　因受欺诈、胁迫引起的承认之撤销

第 852 条所定的承认，系因受欺诈或胁迫而为的，可以撤销。(2005 年 3 月 31 日修订)

第 855 条　认领

1. 婚姻外出生的子女，可由其生父或生母认领。父母婚姻无效的，视为婚姻外出生子女。

2. 婚姻外所生的子女的父母结婚的，自父母结婚时起视为婚生子女。

第 856 条　禁治产人的认领

父为禁治产人的，可经监护人同意而认领。

第 857 条　已死亡子女的认领

子女死亡后，如其有直系卑亲属的，亦可认领。

第 858 条　胎儿的认领

父亲亦可认领腹胎内的子女。

第 859 条　认领效力的发生

1. 认领依《亲属关系登记法》申请登记而发生效力。（2007

年5月17日修订)

2. 认领亦可依遗嘱为之。于此情形，应由遗嘱执行人申请。

第860条 认领的溯及效力

认领的效力溯及于其子女出生之时。但不得损害第三人已取得的权利。

第861条 认领的撤销

基于受欺诈、被胁迫或重大错误而认领的，自知悉受欺诈或错误之日起或自可摆脱胁迫之日起6个月内，经法院许可而撤销认领。(2005年3月31日修订)

第862条 认领的异议之诉

子女及其他利害关系人，自知悉认领申请之日起一年内，可就认领提起异议之诉。

第863条 请求认领之诉

子女及其直系卑亲属或其法定代理人，可以父或母为对象，提起请求认领之诉。

第864条 父母死亡与请求认领之诉

关于第862条及第863条所定情形，父或母已死亡的，可在知悉其死亡之日起2年内以检察官为对象，提起认领异议或请求认领之诉。(2005年3月31日修订)

第864-2条 认领子女的抚养责任等

子女被认领的，子女的抚养责任和探视权适用第837条及第837-2条的规定。(本条于2005年3月31日新设)

第865条 以其他情形为事由的，亲生子女关系存在与否的确认之诉

1. 根据第845条、第846条、第848条、第850条、第851条、第862条及第863条的规定，可以提起诉讼之人，可以以其他情形为事由，提起亲生子女关系存在与否的确认之诉。

2. 关于第1款所定情形，当事人一方已死亡的，自知悉其死亡之日起2年内，可以以检察官为对象提起诉讼。(2005年3月31日修订)

第二节　养子女

第一目　收养要件[1]

第 866 条　收养子女的能力

达到成年者，可以收养子女。

第 867 条　已废止（1990 年 1 月 13 日）

第 868 条　已废止（1990 年 1 月 13 日）

第 869 条　未满 15 岁人的收养同意

收养未满 15 岁人为养子女的，可由其法定代理人代为作出接受收养的意思表示；

但监护人的同意，须经家庭法院的许可。（2005 年 3 月 31 日修订）

第 870 条　收养的同意

1. 将成为养子女的人须经父母的同意，父母已死亡或因其他原因不能表示同意的，如有其他直系尊亲属时，须经其同意。

2. 于第 1 款情形，直系尊亲属为数人时，以最近尊亲属为优先顺位，同一顺位者为数人时，以年长者为优先顺位。（1990 年 1 月 13 日修订）

第 871 条　收养未成年人的同意

将被收养者系未成年人的，无父母或其他直系亲属时，须经监护人同意。但监护人的同意，又须经家庭法院的许可。（1990 年 1 月 13 日修订）

第 872 条　监护人与被监护人之间的收养

监护人收养被监护人为养子女的，须经家庭法院许可（1990 年 1 月 13 日修订）。

---

① 韩语称收养为“入养”。

第 873 条　禁治产人的收养

禁治产人经监护人同意，可以收养子女，亦可被他人收养。

第 874 条　夫妻的共同收养

1. 有配偶之人收养子女的，应与配偶共同收养。

2. 有配偶之人被他人收养的，须经另一方配偶同意。

（全文于 1990 年 1 月 13 日修订）

第 875 条　已废止（1990 年 1 月 13 日）

第 876 条　已废止（1990 年 1 月 13 日）

第 877 条　养子女的禁止

1. 尊亲属或年长者，不得收养为养子女。

2. 已废止（1990 年 1 月 13 日）

第 878 条　收养效力的发生

1. 收养依《亲属关系登记法》规定履行登记而产生其效力。（2007 年 5 月 17 日修订）

2. 前款登记，须以当事人双方及两名成年证人共同签名的书面进行。

第 879 条　已废止（1990 年 1 月 13 日）

第 880 条　已废止（1990 年 1 月 13 日）

第 881 条　收养登记的审查

收养登记，如其收养未违反第 866 条至第 877 条、第 878 条第 2 款的规定及其他法律时，应予受理。（1990 年 1 月 13 日修订）

第 882 条　在外国的登记申请

第 814 条的规定，准用于收养的情形。

第二目　收养的无效与撤销

第 883 条　收养无效的原因

具有下列情形之一的，收养无效：

1. 当事人无收养合意；

2. 违反第 869 条、第 877 条第 1 款的规定。

第884条 撤销收养的原因

具有下列情形之一的，可向家庭法院请求撤销收养（1990年1月13日修订）：

（1）收养违反第866条及第870条至第874条规定的；

（2）收养当时不知道养父母或养子女一方有恶疾或其他重大事由的；

（3）因受欺诈或受胁迫而为收养的意思表示的。

第885条 撤销收养请求权人

收养违反第866条规定的，养父母、养子女及其法定代理人或直系血亲，可请求撤销。（全文于1990年1月13日修订）

第886条 撤销收养请求权人

收养违反第870条规定的，享有同意权之人可请求撤销；违反第871条规定的，该养子女或同意权人可请求撤销。（1990年1月13日，2005年3月31日修订）

第887条 撤销收养请求权人

收养违反第872条规定的，被监护人或亲属会议成员可请求撤销；违反第873条规定的，禁治产人或监护人可请求撤销。

第888条 撤销收养请求权人

收养违反第874条规定的，配偶有权请求撤销。（全文于1990年1月13日修订）

第889条 撤销收养请求权的消灭

违反第866条规定的收养，养子女已成年的，养父母不得请求撤销。

第890条 已废止（1990年1月13日）

第891条 撤销收养请求权的消灭

违反第871条规定的收养，自养子女成年后经过3个月或已死亡的，不得请求撤销。

第892条 撤销收养请求权的消灭

违反第872条规定的收养，在监护终止的管理结算完毕后经过6个月时，不得请求撤销。

第893条 撤销收养请求权的消灭

违反第873条规定的收养，自撤销禁治产宣告后经过3个月的，不得请求撤销。

第894条 撤销收养请求权的消灭

违反第870条、第874条规定的收养，自知悉该事由之日起6个月、自该事由发生之日起经过1年时，不得请求撤销。

第895条 已废止（1990年1月13日修订）

第896条 撤销收养请求权的消灭

符合第884条第2款所定事由的收养，自养父母、养子女一方知悉该事由之日起经过6个月，不得请求撤销。（1990年1月13日修订）

第897条 准用规定

第823条、第824条的规定，准用于收养的撤销；第806条的规定，准用于收养的无效或撤销。

第三目 解除收养①

第一分目 协议解除收养

第898条 协议解除收养

1. 养父母与养子女可协议解除收养关系。

2. 已废止（1990年1月13日）。

第899条 不满15岁者的协议解除收养

1. 养子女尚未年满15岁的，应根据第869条规定，由承诺收养的人代替订立解除收养协议。但承诺收养的人死亡或因其他事由不能订立协议时，由生父母家的其他直系尊亲属进行。

2. 依据前第1款，由监护人或生父母家的其他直系尊亲属签订协议时，须经家庭法院的许可。（2005年5月31日新设）

---

① 依韩语可译为“罢养”，也可译为“废养”。

第 900 条　未成年人的协议解除收养

养子女为未成年人的，可经第 871 条所定同意权人的同意，订立解除收养协议。

第 901 条　准用规定

于第 899 条及第 900 条情形，直系尊亲属为数人时，准用第 870 条第 2 款。

（全文于 1990 年 1 月 13 日修订）

第 902 条　禁治产人的协议解除收养

养父母或养子女为禁治产人的，经监护人的同意，可订立解除收养协议。

第 903 条　解除收养申报的审查

解除收养的申报，如其解除收养不违反第 878 条第 2 款、第 898 条至前条的规定及其他法令的，应予受理。

第 904 条　准用规定

第 823 条及第 878 条的规定，准用于协议解除收养。

第二分目　判决解除收养

第 905 条　判决解除收养的事由

具有下列情形之一的，养父母、养子女中的任何一方均可向家庭法院请求解除收养（1990 年 1 月 13 日修订）：

（1）玷污家族名誉或有耗尽财产的重大过失的；

（2）受到另一方或其直系尊亲属严重不当对待的；

（3）本人的直系尊亲属受到另一方的严重不当对待的；

（4）养子女生死不明达 3 年以上的；

（5）其他难以继续养父母子女关系的重大事由发生的。

第 906 条　准用规定

第 899 条至第 902 条的规定，准用于判决上的废养请求。（1990 年 1 月 13 日修订）

第 907 条　解除收养请求权的消灭

第 905 条第 1 项至第 3 项及第 5 项的事由，自另一方知道之日起经6个月、自该事由发生之日起经过3年的，不得请求废养。

第908条　解除收养的损害赔偿请求权

第806条的规定，准用于判决上的废养。

第四目　亲养子

（2005年3月31日新设）

第908－2条　亲养子的收养条件等

1. 具备下列条件的，欲收养亲养子的人，可向家庭法院请求准其收养亲养子：

（1）夫妻结婚3年以上，且共同收养。但夫妻结婚一年以上，一方收养其配偶亲生子女为亲养子的，不在此限。

（2）被收养人未满15岁。

（3）被收养人的亲生父母同意收养亲养子。但父母丧失亲权或死亡及因其他事由无法同意的，不在此限。

（4）应有第869条所定法定代理人的收养同意。

2. 家庭法院为亲养子的福利，可考虑其抚养状况、收养亲养子的动机、养父母的养育能力及其他情况，认为收养亲养子不恰当的，可驳回依据第1款提起的请求。

（本条于2005年3月31日新设）

第908－3条　收养亲养子的效力

1. 视亲养子为夫妻婚姻中出生的子女。

2. 收养亲养子前的亲属关系，在准许依第908－2条第1款收养亲养子之请求确定时终止。但夫妻一方单独收养其配偶的亲生子女的，配偶及其亲属与亲生子女之间的关系，不在此限。

（本条于2005年3月31日新设）

第908－4条　收养亲养子的撤销等

1. 因不可归责于被收养人亲生父亲或母亲的同意，无法作出第908－2条第1款第3项但书所定同意的，自知悉亲养子收养事实之日起6个月内，可请求家庭法院撤销亲养子的收养。

2. 第883条及第884条的规定，不适用于亲养子的收养。

(本条于2005年3月31日新设)

第908-5条 亲养子收养的解除

1. 具有下列情形之一的，养父母、亲养子、生父、生母或检察官有权请求家庭法院解除收养亲养子：

(1) 养父母虐待或遗弃亲养子，或有其他明显危害亲养子福利的行为的；

(2) 因亲养子对养父母实施悖伦行为，难以维系亲养子关系的。

2. 第898条及第905条的规定，不适用于亲养子收养的解除。

(本条于2005年3月31日新设)

第908-6条 准用规定

第908-2条第2款的规定，准用于亲养子收养的撤销或第908-5条第1款第2项所定的解除收养请求。

(本条于2005年3月31日新设)

第908-7条 亲养子收养的撤销、废养的效力

1. 亲养子收养被撤销或解除的，亲养子关系消灭，收养前的亲属关系恢复。

2. 于第1款情形，撤销亲养子收养的效力，不溯及既往。

(本条于2005年3月31日新设)

第908-8条 准用规定

关于亲养子，除本目有特别规定外，在不违反其性质的前提下，准用养子的相关规定。

(本条于2005年3月31日新设)

第三节 亲 权

第一目 总 则

第 909 条 亲权人

1. 父母为未成年子女的亲权人。于收养之情形，养父母为亲权人。(2005 年 3 月 31 日修订)

2. 亲权，在父母婚姻关系存续期间，由父母共同行使。但父母意见不一致的，经当事人请求，由家庭法院确定。

3. 父母一方不能行使亲权的，由另一方行使。

4. 于婚外子女被认领的情形或父母离婚的情形，由父母协商确定行使亲权之人；不能协议或协商不成时，家庭法院应依职权或当事人的请求指定亲权人。但父母违反子女福利的，家庭法院应命令补正或依职权确定亲权人。(2005 年 3 月 31 日、2007 年 12 月 21 日修订)

5. 家庭法院于撤销婚姻、裁判离婚或认领请求之诉时，依职权确定亲权人。(2005 年 3 月 31 日修订)

6. 为了子女福利，家庭法院认为必要时，可依子女的四亲等以内亲属的请求，将所定亲权人变更为另一方。(2005 年 3 月 31 日新设)

第 910 条 子女亲权的代行

亲权人可代替服从亲权的子女行使亲权。(2005 年 3 月 31 日修订)

第 911 条 未成年人子女的法定代理人

行使亲权的父或母，为未成年子女的法定代理人。

第 912 条 行使亲权的标准

行使亲权时，应优先考虑子女的福利。(本条于 2005 年 3 月 31 日新设)

第二目 亲权的效力

第913条 保护、教养的权利义务

亲权人有保护、教养子女的权利义务。

第914条 居所指定权

子女应居住于亲权人指定的居所。

第915条 惩戒权

亲权人为保护或教养其子女，可进行必要的惩戒；经法院许可，可委托于感化矫正机构。

第916条 子女的特有财产及其管理

子女以本人名义取得的财产为其特有财产，由作为法定代理人的亲权人管理。

第917条 已废止（1990年1月13日）

第918条 第三人无偿给予子女的财产的管理

1. 无偿给予子女财产的第三人，作出反对亲权人管理的意思表示时，亲权人不得管理该财产。

2. 于前款情形，第三人未指定其财产管理人的，法院根据受领财产的子女或第777条所定亲属的请求，选任管理人。

3. 第三人指定的管理人的权限消灭或有必要改任管理人的，第三人未重新指定管理人的，亦与前款相同。

4. 第24条第1款、第2款、第4款，第25条前段及第26条

第1款、第2款的规定,[①] 准用于前2款的情形。

第919条 关于委任规定的准用

第691条、第692条的规定,[②] 准用于前3条的财产管理。

第920条 亲权人对子女财产的代理权

亲权人作为法定代理人就有关子女财产的事务代理子女为法律行为。但负担以该子女的行为为标的债务时，须得到子女本人同意。

第920-2条 共同亲权人的一方以共同名义实施的行为之效力

父母共同行使亲权的，父母中一方以共同名义代理子女或同意子女的法律行为，即使违反另一方的意思，亦发生效力。但相对人为恶意时,[③] 不在此限。

（本条于1990年1月13日新设）

第921条 亲权人违反其子女或数子女的利益之行为

1. 亲权人作为法定代理人，实施违反其子女利益的行为的，亲权人应请求法院选任该子女的特别代理人。

---

① 《韩国民法典》第24条第1款：法院选任的财产管理人，应制作财产管理目录。

第24条第2款：法院可命令被选任的财产管理人，为保存不在人的财产为必要的处分。

第24条第4款：所需费用从不在人的财产中支付。

第25条前段：法院选任的财产管理人，实施超越本法第118条所定权限的行为时（保存行为，不改变代理标的物或权利范围内的利用或改良行为），须经法院的许可。

第26条第1款：法院可责令该选任财产管理人，就财产的管理及返还提供相应的担保。

第26条第2款：法院可向该选任财产管理人，自不在人的财产中支付相应的报酬。

② 《韩国民法典》第691条：委托终止后发生紧急情况的，受托人及其继承人或法定代理人应于委托人及其继承人或法定代理人可以处理委托事务之前，继续处理其事务。于此情形，与委托继续存在具有同一效力。

第692条：委托终止的事由，如未通知相对人或相对人知道该事由前，不得以其对抗相对人。

③ 韩语意：相对人明知的事实。

2．亲权人作为法定代理人，实施违反服从其亲权的数个子女的利益之行为的，应向法院请求选任其子女一方的特别代理人。(2005 年 3 月 31 日修订)

第 922 条 亲权人的注意义务

亲权人行使就其子女的法律行为之代理权或财产管理权时，应尽到对自己财产相关行为相同的注意义务。

第 923 条 财产管理人的计算

1．作为法定代理人的亲权人，该权限消灭时，应清算其所管理的子女的财产。

2．于前款情形，自其子女的财产取得的孳息，视为与其对子女的养育、财产管理费用项抵消。但无偿赠与子女财产的第三人表示反对意思的，就该财产，不在此限。

第三目 亲权的丧失

第 924 条 丧失亲权的宣告

父或母滥用亲权或有显著劣迹，及其他不行使亲权的重大事由时，法院可根据第 777 条所定子女的亲属或检察官的请求，宣告其丧失亲权。

第 925 条 丧失代理权、管理权的宣告

作为法定代理人的亲权人，因管理失当使子女财产处于危急状态时，法院可根据第 777 条所定子女亲属的请求，宣告其丧失对子女法律行为的代理权及财产管理权。

第 926 条 失权回复的宣告

前两条规定的原因消灭的，法院可根据本人或第 777 条所定亲属的请求，宣告失权的回复。

第 927 条 代理权、管理权的辞任及回复

1．作为法定代理人的亲权人有正当理由时，可经法院的许可辞去其法律行为的代理权及财产管理权。

2．前款事由消灭时，该亲权人可经法院的许可，回复已辞去

的权利。

第五章 监 护

第一节 监护人[①]

第928条 对未成年人监护的开始

对于未成年人，若无亲权人或亲权人不能行使代理法律行为之代理权及财产管理权的，应为其设立监护人。

第929条 对禁治产人等监护的开始

受到禁治产或限定治产宣告的，应为受宣告人设监护人。

第930条 监护人的人数

监护人为一人。

第931条 遗嘱指定监护人

对未成年人行使亲权的父母，可以通过遗嘱指定监护人，但无法律行为的代理权及财产管理权的亲权人除外。

第932条 未成年人的监护人之顺位

未根据第931条规定指定监护人的，依照未成年人的直系血亲、三亲等以内旁系血亲之顺位选任监护人。

（全文于1990年1月13日修订）

第933条 禁治产人等监护人之顺位

受到禁治产或限定治产宣告的，按该受宣告者的直系血亲、三亲等以内旁系血亲之顺位选任监护人。

（全文于1990年1月13日修订）

第934条 已婚人的监护人之顺位

已婚人受到禁治产或限定治产宣告的，其配偶为监护人。但配偶亦受禁治产或限定治产宣告时，依照第933条规定的顺位选任监

---

① 韩语意：后见人。

护人。

（全文于1990年1月13日修订）

第935条　监护人的顺位

1. 第932条至第934条所定直系血亲或旁系血亲为数人时，最近亲等者为先顺位，同顺位者为数人时，年长者为先顺位。（全文于1990年1月13日修订）

2. 虽有第1款的规定，养子女的亲生父母于养父母同时存在的，养父母为先顺位；其他父母的血亲及养父母的血亲的亲等数为同顺位时，养父母的血亲为先顺位。（全文于1990年1月13日修订）

第936条　法院对监护人的选任

1. 根据前4条规定，没有可作为监护人的人时，法院应根据第777条所定被监护人的亲属及其他利害关系人的请求，选任监护人。

2. 监护人死亡、欠格或因其他事由而欠格，依前4条规定无人适格担任监护人的，亦同。

第937条　监护人的欠格事由

具有下列情形之一者，不得担任监护人：

1. 未成年人；
2. 禁治产人、限定治产人；
3. 受破产宣告的人；
4. 受资格停止以上的刑罚宣告，且正在服刑的人；
5. 法院解任的法定代理人或亲属会议成员；
6. 行踪不明的人；
7. 对被监护人曾提起诉讼或正在诉讼中的人或其配偶及直系血亲。（2005年3月31日修订）

第938条　监护人的代理权

监护人为被监护人的法定代理人。

第939条　监护人的辞任

监护人有正当理由的，经法院许可后可以辞任。

第 940 条　监护人的变更

1. 为了被监护人的福利，被监护人的亲属、检察官要求变更监护人的，或者家庭法院认为变更监护人有利于被监护人福利的，可以允许变更监护人。

2. 前条第 1 款的情形可以决定四亲等内亲属或其他适合的人为监护人，不受第 932 条至第 935 条决定的监护人顺位的限制。

第二节　监护人的任务

第 941 条　财产调查及目录制作

1. 监护人应立即调查被监护人的财产，并于 2 个月内制作财产目录。但有正当理由的，经法院许可，可以延长其期间。

2. 前款财产调查及目录的制作，如无亲属会议指定的成员参与的，无效。

第 942 条　监护人的债权、债务提示

1. 监护人与被监护人之间有债权债务关系的，监护人应于制作财产目录前，向亲属会议或亲属会议指定的成员提示其内容。

2. 监护人知道对被监护人具有债权却怠于提示的，视为放弃其债权。

第 943 条　目录制作前的权限

监护人于财产调查及目录制作前，除非出于紧急必要的事由，不得对该财产行使权限。但不得以其对抗善意第三人。

第 944 条　被监护人取得的总括性财产的调查等

前 3 条规定，准用于监护人就任后，被监护人总括性取得财产的情形。

第 945 条　监护人负担与未成年人身份相关的权利与义务

未成年人的监护人，对于与第 913 条至第 915 条规定有关的事项，负担与亲权人相同的权利义务。但变更亲权人确定的教养方法或居所、将被监护人委托于感化所或矫正机构、撤销或限制亲权人同意的业务经营时，须经亲属会议同意。

第946条 限于财产管理的监护

亲权人仅就法律行为的代理权及财产管理权不能行使亲权的，监护人的任务仅限于与未成年人财产有关的行为。

第947条 禁治产人的疗养及监护

1．禁治产人的监护人，不得懈怠对禁治产人日常疗养、监护的注意。

2．监护人将禁治产人监禁于私宅或精神病院及其他场所监禁治疗的，须经法院许可。但紧急状况下，可于事后请求法院许可。

第948条 未成年人亲权的代行

1．监护人可代替被监护人，行使对其子女的亲权。

2．前款亲权的行使，准用有关监护人任务的规定。

第949条 财产管理及代理权

1．监护人管理被监护人的财产，就与其财产有关的法律行为代理被监护人。

2．第920条但书的规定，准用于前款法律行为。

第950条 法定代理人与同意权的限制

1．监护人代理被监护人实施下列各项行为，或同意未成年人或限定置产人下列各项行为，须经亲属会议同意：

（1）经营；

（2）借款或保证；

（3）以不动产或以重要财产管理权利的取得、丧失、变更为标的之行为；

（4）诉讼行为。

2．违反前款规定的行为，被监护人或亲属会议可予以撤销。

第951条 对被监护人权利的受让

1．监护人受让第三方对被监护人的权利的，须经亲属会议同意。

2．违反前款规定的行为，被监护人或亲属会议可予以撤销。

第952条　相对人追认与否的催告

关于前2条情形、第15条的规定,[①] 准用于相对人对亲属会议追认与否的催告。

第953条　亲属会议对监护事务的监督

亲属会议可随时要求监护人提交关于其履行职责的报告及提交财产目录，并可调查被监护人的财产状况。

第954条　法院对监护事务的处分

经被监护人或依据第777条所定亲属及其他利害关系人的请求，法院可调查被监护人的财产状况，并就财产管理及其他监护任务的执行，命令监护人实施必要的处分。

第955条　监护人的报酬

经监护人请求，法院可斟酌被监护人的财产状况及其他情形，从被监护人的财产中给付监护人以适当报酬。

第956条　委任与亲权规定的准用

第681条及第918条的规定，准用于监护人。

第三节　监护的终止

第957条　监护的终止及管理的清算

1. 监护人义务终止的，监护人或其继承人应于1个月内对被监护人财产进行清算。但有正当理由的，经法院许可，可延长其期间。

2. 前款清算，如无亲属会议指定的成员参加的，无效。

---

① 《韩国民法典》第15条：无行为能力人之相对人的催告权。

1. 无行为能力人的相对人，在无行为能力人变更为有行为能力人后，可设定一个月以上的期间，催告其于该期间内确认是否追认其可撤销行为。如后者在该期间内未予否认的，视为追认其行为。

2. 对于无行为能力人尚未变更成为有能力人的情形，可向其法定代理人为前款催告，该法定代理人于该期间内未予否认的，视为追认其行为。

3. 须经特别程序的行为，在催告期间内未依其程序作出确认的，视同被撤销。

第 958 条 利息的附加及对于金钱消费的责任

1. 监护人应支付给被监护人的金额，或被监护人应支付给监护人的金额，自清算终止之日起附加利息。

2. 监护人为自己利益而消费被监护人的金钱的，自消费之日起附加利息，造成被监护人损害的，应予以赔偿。

第 959 条 委任规定的准用

第 691 条、第 692 条规定，准用于监护的终止。

第六章 亲属会议[①]

第 960 条 亲属会议的组织

根据本法及其他法律规定，存在应由亲属会议决议的事由的，应组织亲属会议。

第 961 条 亲属会议成员的人数

1. 亲属会议成员为 3 人以上 10 人以下。

2. 亲属会议设代表 1 人，从亲属会议成员中选任。

3. 前款代表人，就诉讼行为及其他外部行为，代表亲属会议。

第 962 条 亲权人对亲属会议成员的指定

可以指定监护人的亲权人，可以指定未成年人的亲属会议成员。

第 963 条 亲属会议成员的选任

1. 亲属会议成员，可依本人、法定代理人或第 777 条所定亲属或利害关系人的请求，有法院在第 777 条所定亲属或本人，或与其家庭有渊源的人中选任。但根据前条规定，被指定为亲属会议成员时，不在此限。(2005 年 3 月 31 日修订)

2. 可根据前款规定为请求者，可就亲属会议的成员数及其选任向法院提出意见书。

---

① 韩语意：亲族会议。

第964条　亲属会议成员的欠格事由

1. 监护人在完成监护清算之前，不得担任被监护人的亲属会议成员。

2. 第937条的规定，准用于亲属会议的成员。

第965条　无行为能力人的常设亲属会议

1. 为未成年人、禁治产人或限定治产人设立的亲属会议，在无行为能力人事由消失前继续存在。

2. 前款的亲属会议缺员时，法院可依职权或依请求而予以补充。

第966条　亲属会议的召集

亲属会议依本人、其法定代理人、配偶、直系血亲、成员、利害关系人或检察官的请求，由家庭法院召集。（1990年1月13日，2005年3月31日修订）

第967条　亲属会议的决议方法

1. 亲属会议的议事，经成员过半数赞成而决定。

2. 对前款议事有利害关系的成员，不得参加该项决议。

3. 以亲属会议成员过半数赞成而形成的书面决议代替亲属会议决议的，根据前条规定享有亲属会议召集权者，可于2个月内，请求法院予以撤销。

第968条　亲属会议中的意见陈述

本人、其法定代理人、配偶、直系血亲、四亲等以内的旁系血亲，可出席亲属会议陈述意见。

第969条　代替亲属会议决议的裁判

亲属会议成员不能决议或不决议的，得为召集亲属会议代替其决议请求法院裁判。

第970条　亲属会议成员的辞退

亲属会议成员有正当理由的，经法院许可，可予辞退。

第971条　亲属会议成员的解任

1. 亲属会议成员就其任务有不法行为及其他不恰当理由的，法院可依职权或本人、其法定代理人、第777条所定本人的亲属或利害关系人的请求，改任或解任其亲属会成员。

2. 法院认为适当时，可依职权或本人、其法定代理人、第777条所定本人亲属或利害关系人的请求，增加选任亲属会成员。

第972条　亲属会议决议与异议之诉

有权召集亲属会议者，就亲属会议决议，可于2个月内提起异议之诉。

第973条　亲属会议成员的善管义务

第681条的规定，[①] 准用于亲属会议成员。

第七章　扶　养

第974条　扶养义务

下列各亲属，互负扶养义务：

1. 直系血亲及其配偶之间；
2. 已废止（1990年1月13日）；
3. 其他亲属之间（仅限于共同生活的情形）。

第975条　扶养义务与生活能力

仅于受扶养人不能以本人的资产或劳动维持生活时，扶养人负有履行扶养义务的责任。

第976条　扶养的顺位

1. 扶养义务人为数人的，就扶养人的顺位，当事人之间无协议的，法院可依当事人的请求作出裁定。受扶养人为数人的，扶养义务人的资产不能扶养其全部的，亦同。

2. 于前款情形，法院可选定数个扶养义务人或权利人。

第977条　扶养的程度和方法

当事人之间不能就扶养程度或方法达成协议的，法院可根据当事人的请求，斟酌受扶养人的生活状况、扶养义务人的资产及其他各种情况而定。

---

① 第681条：受托人应按照委托的本意，以善良管理人的注意处理委托事务。

第978条 扶养关系的变更或撤销

就扶养人或受扶养人的顺位、扶养的程度或方法，当事人达成协议或法院判决之后，情势发生变更的，法院可根据当事人的请求，撤销或变更原协议或判决。

第979条 禁止处分扶养请求权

受扶养的权利，不得处分。

第八章 已废止

第一节 总 则

第980条 已废止（2005年3月31日）

第981条 已废止（2005年3月31日）

第982条 已废止（2005年3月31日）

第983条 已废止（1990年1月13日）

第二节 已废止

（2005年3月31日）

第984条~第987条 已废止（2005年3月31日）

第988条 已废止（1990年1月13日）

第989条~第994条 已废止（2005年3月31日）

第三节 已废止

（2005年3月31日）

第995条 已废止（2005年3月31日）

第996条 已废止（1990年1月13日）

韩国继承法*

吴宗训** 蒋月*** 译

目 次

---

* 在韩国，继承法规定在《韩国民法典》第五编“继承”中，1990年1月13日修订。韩国并无独立的“韩国继承法”单行法案；本译本的标题，是译者添加的。本译本是根据韩国法院网站：www. court. org. kr上登载的韩文版《韩国民法典》第五编继承翻译的，访问时间是2010年5月至7月。翻译过程中，对于若干不便于中国读者理解的术语，译者在当页页下作了释明。还有些法律术语，为便于中国读者理解，虽按中国法律术语译成中文，但其与韩语用词的含义似乎并非完全吻合，译者在页下也标注了韩语的词意。《韩国民法典》对于修订时新增设的条文，将其编排在原条款之后，编号采用诸如“第839条2”、“第839条3”，来表示该条款之二、之三（更多新增条款，以此类推）；将原条款理解为“之一”，故新增条款直接从“之二”开始编排。为了客观体现韩国亲族法的发展变化，译文中保留了原文有关条款之后以括号加注形式特别标注说明的修订时间。本次翻译时，将其表述为“第839－2条”、“第839－3条”。特此说明。在中国内地，已有中国社会科学院法学所助理研究员金玉珍翻译的中文版韩国民法典（《韩国民法典朝鲜民法》，北京大学出版社2009年版）。本译本，参考了金玉珍的译本。在此向金玉珍致谢！本译本中所有注释，均为译者添加；文中不再逐一说明。

** 吴宗训，厦门大学法学院进修生，韩国釜山地方法院公务员。

*** 蒋月，厦门大学法学院教授，博士生导师。

第一章　继　承

（1990 年 1 月 13 日新设）

第一节　总　则

第 997 条　继承开始的原因

继承，因死亡而开始。（全文于 1990 年 1 月 13 日修订）

第 998 条　继承开始的地点

继承，始于被继承人的住所。

第 998－2 条　继承费用

有关继承的费用，从遗产中支付。（本条于 1990 年 1 月 13 日

新设）

第999条 继承恢复请求权

1. 继承权因表见继承人而受侵害的，继承权人或其法定代理人可提起继承恢复之诉。

2. 第1款的继承恢复请求权，自知道该侵害发生之日起3年、自对继承的侵害行为发生之日起经过10年而消灭。（2002年1月14日修订）

第二节 继承人

（1990年1月13日修订）

第1000条 继承顺位

1. 继承人按下列顺位继承：（1990年1月13日修订）

（1）被继承人的直系卑亲属；

（2）被继承人的直系尊亲属；

（3）被继承人的兄弟姐妹；

（4）被继承人四等亲以内的旁系血亲。

2. 于前款情形，同顺位的继承人为数人时，最近亲等为先顺位；同亲等的继承人为数人的，为共同继承人。

3. 关于胎儿的继承顺位，视为已经出生。（1990年1月13日修订）

第1001条 代位[①]继承

依前条第1款第（1）项及第（3）项的规定，得为继承人的直系卑亲属或兄弟姐妹在继承开始前死亡或为欠格者，且其有直系卑亲属的，由其直系卑亲属代替死亡或欠格者的顺位为继承人。

第1002条 已废止（1990年1月13日）

第1003条 配偶的继承顺位

1. 根据第1000条第1款第（1）项及第（2）项的规定有继

---

① 韩语意：代袭。

承人时，被继承人的配偶与该继承人为同顺位的共同继承人；如无继承人的，则为单独继承人。(1990 年 1 月 13 日修订)

2. 于第 1001 条所定情形，继承开始前死亡或欠格的配偶，与本条所定继承人顺位相同，为共同继承人；无继承人的，则为单独继承人。(1990 年 1 月 13 日修订)

第 1004 条 继承人的欠格事由

具有下列情形之一者，不得为继承人：（1990 年 1 月 13 日，2005 年 3 月 31 日修订）

1. 故意杀害或蓄意杀害直系尊亲属、被继承人、配偶或先顺位或同顺位的继承人的；
2. 故意伤害直系尊亲属、被继承人及其配偶而致其死亡的；
3. 以欺诈或强迫妨碍被继承人订立或撤销遗嘱的；
4. 以欺诈或强迫被继承人订立遗嘱的；
5. 伪造、变造、毁灭或隐匿被继承人的遗嘱的。

第三节 继承的效力

第一目 一般效力

第 1005 条 继承以及权利义务的概括承受

继承人自继承开始时起，概括继承与被继承人财产相关的权利义务。但专属于被继承人本人的权利义务，不在此限。(1990 年 1 月 13 日修订)

第 1006 条 共同继承与财产的共有

继承人为数人时，所继承的财产视为共有。（1990 年 1 月 13 日修订）

第 1007 条 共同继承人的权利义务的承受

共同继承人，按其各自的应继份承受被继承人的权利义务。

第1008条 特别受益人的应继份

共同继承人中有自被继承人处得到财产的赠与或遗赠的人，其受赠财产未达到其应继份额的，其应继份仅限于补足其不足部分。(1977年12月31日修订)

第1008-2条 特殊贡献份额①

1. 共同继承人中有人对被继承人财产的维持或增加作出过特别贡献（包括与被继承人同居、护理及以其他方法特别扶养被继承人）的，自继承开始时被继承人的财产价值中扣除共同继承人协议确定的该人的特殊贡献份额后所剩余财产，视为遗产，根据第1009条及第1010条算定的应继份加上特殊贡献份额的价值为特殊贡献者的应继份。(2005年3月31日修订)

2. 就第1款协商不成或不能协议时，家庭法院根据第1款所定特殊贡献者的请求，斟酌贡献的期间、方法及程度和继承财产额及其他情事，确定特殊贡献份额。

3. 特殊贡献份额，不得超出继承开始时被继承人的财产金额和扣除遗赠的金额。

4. 依第2款所定请求，可根据第1013条第2款所定请求或第1014条所定情形提出。

(本条于1990年1月13日新设)

第1008-3条 坟墓等的承受

属于坟墓的第一町步②以内的禁养林地及六百坪（1坪=3.3058平方米）以内的墓上、宗谱及祭具的所有权，由主持祭祀者承受。(本条于1990年1月13日新设)

---

① 韩语意：寄与分。

② “町步”为韩国的面积计量单位，每町步约合一公顷。

第二目　应继份

第 1009 条　法定应继份

1. 同顺位的继承人为数人的，其应继份应均等。（1977 年 12 月 31 日，1990 年 1 月 13 日修订）

2. 被继承人配偶的应继份，在与直系卑亲属共同继承时，应为直系卑亲属应继份的 1/2；在与直系尊亲属共同继承时，应为直系尊亲属应继份的 1/2。（1990 年 1 月 13 日修订）

3. 已废止（1990 年 1 月 13 日）。

第 1010 条　代位应继份

1. 根据第 1001 条的规定，代替死者或欠格者成为继承人之人的应继份，应与死者或欠格者的应继份相同。

2. 于前款情形，死者或欠格者的直系卑亲属为数人时，其应继份应于死者或欠格者的应继份的限度内，依第 1009 条的规定而定。于第 1003 条第 2 款情形，亦同。

第 1011 条　共同应继份的受让[①]

1. 共同继承人中，存在将其应继份转让给第三人的情形时，其他共同继承人可在偿还其价金及转让费后，受让其应继份。

2. 前款权利，应自知悉该事由之日起 3 个月内、自发生该事由之日起 1 年内行使。

第三目　继承财产的分割

第 1012 条　遗嘱对分割方法的指定、分割禁止

被继承人可以以遗嘱决定遗产的分割方法或委托第三人决定；在继承开始之日起 5 年内，可禁止分割遗产。

---

① 韩语意：让受。

第 1013 条　协议分割

1. 除前款情形外，共同继承人可随时根据协议分割遗产。

2. 第 269 条的规定,[①] 准用于前款遗产的分割。

第 1014 条　分割后被认领人等的请求权

继承开始后的认领或依据判决确定为共同继承人之人请求分割遗产的，虽其他共同继承人已就遗产分割完毕或进行其他处分的，仍有权就其应继份请求给付相应价金。

第 1015 条　分割的溯及效力

继承财产的分割，其效力溯及于继承开始时。但不得侵害第三人的权利。

第 1016 条　共同继承人的担保责任

共同继承人，对其他共同继承人因分割而取得的财产，按其应继份承担与出卖人相同的担保责任。

第 1017 条　对继承债务人的资力担保责任

1. 共同继承人对其他继承人因分割而取得的债权，就遗产分割时债务人的经济能力负有担保责任。

2. 对于未届清偿期的债权或附停止条件的债权，就清偿时债务人的经济能力负担保责任。

第 1018 条　无资产共同继承人的担保责任分担

负担保责任的共同继承人中有无偿还能力之人的，其负担部分由求偿人及有能力的其他共同继承人按其应继份之比例分担。但求偿权人因过失而未得到偿还的，不得请求其他共同继承人分担。(1990 年 1 月 13 日修订)

---

① 《韩国民法典》第 269 条：分割方法。

1. 就分割方法达不成一致意见的，共有人可向法院请求分割。

2. 不能实物分割或因分割将使其价值有明显减少之虞的，法院可命其拍卖。

第四节 继承的承认与放弃①

（1990 年 1 月 13 日修订）

第一目 总 则

第 1019 条 承认、放弃的时间

1．继承人自知悉继承开始之日起 3 个月内，可单纯承认或限定承认或放弃继承。但经利害关系人或检察官请求，家庭法院可延长此期间。（1990 年 1 月 13 日修订）

2．继承人可于前款所定承认或放弃继承之前，调查可继承的财产。（2002 年 1 月 14 日修订）

3．虽为第 1 款规定，继承人无重大过失，于第 1 款期间内不知道继承债务超出遗产的事实而为单纯承认（包括根据第 1026 条第 1 项及第 2 项的规定，视为单纯承认的情形）的，自知道该事实之日起 3 个月内，可变更表示为限定承认继承。（2002 年 1 月 14 日修订）

第 1020 条 无行为能力人的承认、放弃期间

继承人为无行为能力人的，前条第 1 款所定的期间，自其法定代理人知道继承开始之日起算。

第 1021 条 有关承认、放弃期间计算的特别规定

继承人未予承认或放弃继承，且在第 1019 条第 1 款所定期间内死亡的，自其继承人知道自己继承开始之日起算第 1019 条第 1 款所定的期间。

第 1022 条 继承财产的管理

继承人应以对其固有财产之相同注意，管理遗产。但单纯承认

① 韩语意：抛弃。

或放弃继承的，不在此限。

第1023条 为保存继承财产所必要的处分

1. 根据利害关系人或检察官的请求，法院可命令实施为保存遗产所必要的处分。

2. 由法院选任财产管理人时，准用第24条至第26条的规定。

第1024条 承认、放弃的撤销禁止

1. 继承的承认或放弃，虽于第1019条第1款的期间内，亦不得撤销。(1990年1月13日修订)

2. 前款规定，不及于依民法总则编所定的撤销。但其撤销权，自得以追认之日起届满3个月、自得为承认或放弃继承之日起超过1年而未行使的，不得再行使。

第二目 单纯承认

第1025条 单纯承认的效果

继承人表示单纯承认的，无限制地继承被继承人的权利与义务。(1990年1月13日修订)

第1026条 法定单纯承认

发生下列事由之一的，视为继承人单纯承认：(2002年1月14日修订)

1. 继承人对遗产为处分行为的；

2. 继承人于第1019条第1款所定期间内，未表示限定承认或放弃继承的；

3. 继承人表示限定承认或放弃继承后，隐匿、不当消费继承财产或故意不把继承财产记入财产目录的。

第1027条 法定单纯承认的例外

因继承人放弃继承而使次顺位继承人承认继承的，前条第3项事由不视为继承的承认。

第三目 限定承认

第 1028 条 限定承认的效果

继承人在因继承而取得的财产限度内，以清偿被继承人的债务及遗赠为条件，承认继承。(1990 年 1 月 13 日修订)

第 1029 条 共同继承人的限定承认

继承人为数人的，各继承人在依据其应继份应取得的财产限度内，以依其应继份清偿被继承人的债务及遗赠为条件，承认继承。

第 1030 条 限定承认的方式

1. 继承人表示限定继承时，应于第 1019 条第 1 款或第 3 款所定期间内追加遗产目录，并向法院申报限定承认。(2005 年 3 月 31 日修订)

2. 依第 1019 条第 3 款规定为限定承认情形，遗产中有已处分财产的，应将目录和价格同时呈交给法院。(2005 年 3 月 31 日新设)

第 1031 条 限定承认与财产上的权利义务之不消灭

继承人表示限定承认的，继承人对被继承人的财产上之权利义务不消灭。

第 1032 条 对债权人的公告、催告

1. 限定承认人应在表示限定承认之日起 5 日内，向一般继承债权人及受遗赠人，公告限定承认的事实，并催告其于一定期间内申报债权或受赠。该期间应为 2 个月以上。

2. 第88条第2款、第3款及第89条的规定,[①] 准用于前款情形。

第1033条　催告期间中的拒绝清偿

限定承认人于前条第1款的期间届满前，可拒绝继承债权的清偿。

第1034条　分配清偿

1. 限定承认人在第1032条第1款所定期间届满后，应以继承财产于期间内向申报的债权人及限定承认人所知悉的债权人，依各债权额度比例予以清偿。但不得侵害享有优先权的债权人之权利。

2. 根据第1019条第3款规定限定承认的情形下，继承人应把继承财产中剩下的财产和已处分的继承财产一起清偿，但限定承认之前，清偿给继承财产的债权人或受遗赠人的价额除外。(2005年3月31日新设)

第1035条　清偿期前的债务等的清偿

1. 限定承认人对未届清偿期的债权，亦应根据前条规定清偿。

2. 附条件的债权或存续期间不确定的债权，依法院选任的鉴定人之估价进行清偿。

第1036条　受赠人的清偿

限定承认人根据前两条规定，非于对继承之债权人清偿完毕后，不得向受遗赠人清偿。

---

① 《韩国民法典》第88条：债权申报的公告。

1. 清算人自其就任之日起2个月内，应以三次以上的公告，催告债权人于一定期限内申报债权。该期间应为2个月以上。

2. 公告中，应附记债权人如不于期间内申报，则将其债权从清算中除斥的意指。

3. 公告，应以与法院对登记事项之公告相同方法进行。

第89条　债权申报的催告

清算人对已知的债权人，应分别催告其申报。不得将其知道的债权人排除于清算之外。

第 1037 条　继承财产的拍卖[1]

为履行前三条所定的清偿，有必要出卖遗产的全部或部分的，应根据民事执行法进行拍卖。(1997 年 12 月 3 日，2001 年 12 月 29 日修订)

第 1038 条　因不当清偿等所生的责任（2005 年 3 月 31 日修订）

1．限定承认人怠于进行第 1032 条所定的公告、催告，或违反第 1033 条至第 1036 条的规定，向某继承之债权人或受遗赠人清偿致使不能清偿其他继承权人或受遗赠人的，限定承认人应赔偿其损失。依第 1019 条第 3 款规定限定承认后，于此前因过失不知道继承债务超过遗产的继承人，向继承之债权人或受遗赠人清偿的，亦同。(2005 年 3 月 31 日修订)

2．于第 1 款前段情形下，未得到清偿的继承之债权人或受遗赠人，可对知悉该事由得到清偿的继承债权人或受遗赠人行使求偿权。依第 1019 条第 3 款规定为限定承认的，即使存在于此前知道继承债务超过遗产而得到清偿或接受遗赠的人，亦同。

3．第 766 条的规定，[2] 准用于第 1 款及第 2 款所定情形。(全文于 2005 年 3 月 31 日修订)

第 1039 条　未申报的债权人等

未在第 1032 条第 1 款所定期间内申报的继承债权人及受赠人，且为限定人所不知者，限于遗产有剩余情形，可得到清偿。但就遗产有特别担保权的，不在此限。

第 1040 条　共同继承财产与其管理人的选任

1．继承人为数人的，法院可根据各继承人及其他利害关系人的请求，在共同继承人中选任遗产管理人。

---

① 韩语意：竞卖。

② 《韩国民法典》第 766 条：损害赔偿请求权的消灭时效。

1．对因侵权行为而产生的损害赔偿请求权，被害人或其法定代理人自知道其损害及加害人之日起 3 年内未行使的，因时效而消灭。

2．自实施侵权行为之日起，经过 10 年的，亦与前款相同。

2．法院选任的管理人，负有代表共同继承人管理遗产及实施有关债务清偿的所有行为之权利义务。

3．第1022条、第1032条至前条的规定，准用于前款管理人。但第1032条所定5日公告期间，自管理人知道其选任之日起计算。

第四目　放　　弃①

第1041条　放弃的方式

继承人放弃继承的，应于第1019条第1款所定期间内，向家庭法院申报放弃。（1990年1月13日修订）

第1042条　放弃的溯及效力

继承的放弃，溯及于继承开始之时。

第1043条　放弃继承的财产之归属

继承人为数人的，某一继承人放弃继承时，其应继份按其他继承人的应继份之比例归属于继承人。

第1044条　对放弃继承财产的继续管理义务

1．放弃继承者，在因放弃继承而为继承人者得以管理遗产之前，应继续管理财产。

2．第1022条及第1023条的规定，准用于前款财产管理。

第五节　财产的分离

第1045条　遗产的分离请求权

1．继承债权人或受遗赠人或继承人的债权人，自继承开始之日起3个月内，可请求法院分离遗产与继承人的固有财产。

2．继承人未予承认或未放弃继承期间，虽经过前款期间，亦可请求财产的分离。（1990年1月13日修订）

---

① 韩语意：抛弃。

第 1046 条　分离命令及对债权人等的公告、催告

1. 法院根据前款请求命令分离财产的，其请求人应于 5 日内向一般继承之债权人及受遗赠人公告财产分离命令的事实及公告于一定期间内申报其债权或受赠。该期间应为 2 个月以上。

2. 第 88 条第 2 款、第 3 款及第 89 条的规定，准用于前款情形。

第 1047 条　分离后的遗产管理

1. 法院命令分离财产时，可责令就遗产的管理为必要的处分。

2. 法院选任财产管理人时，准用第 24 条至第 26 条的规定。

第 1048 条　分离后的继承人之管理义务

1. 虽在继承人表示单纯承认之后，如有财产分离命令的，对遗产亦应以对本人固有财产以同等注意之管理。

2. 第 683 条至第 685 条及第 688 条第 1 款、第 2 款的规定，① 准用于前款的财产管理。

第 1049 条　财产分离的对抗要件

财产分离时，作为继承财产的不动产未经登记的，不得对抗第三人。

第 1050 条　财产分离及权利义务之不消灭

有财产分离命令的，继承人对被继承人的财产之权利义务不

---

① 《韩国民法典》第 683 条：委托人提出请求的，受托人应向其报告委任事务的处理状况；委托终止的，应立即报告其经过。

第 684 条　受托人对委托物等的交付、移转义务

1. 受托人应将因处理委托事务而受领的金钱及其收取的孳息交付于委托人。

2. 受托人应将以自己名义为委托人取得的权利移转于委托人。

第 685 条　受托人将应交付于委托人的金钱或应为委托人利益使用的金钱，用于自己的消费时，应支付自消费日以后的利息，此外如有损害，应予以赔偿。

第 688 条　受托人的费用偿还请求权

1. 受托人为处理委托事务已经支出必要费用的，可以请求委托人给付支出日之后的利息。

2. 受托人为处理委托事务而负担了必要债务的，可使委托人代替自己清偿。该债务未届清偿期的，可使其提供适当的担保。

消灭。

第 1051 条　拒绝清偿及分配清偿

1. 继承人在第 1045 条及第 1046 条所定期间届满前，可拒绝向继承之债权人及受遗赠人清偿。

2. 前款期间届满后，继承人应以遗产向提出财产分离请求或于其期间内申报的继承债权人、受遗赠人及继承人知道的继承债权人、受遗赠人，按各债权额或受赠额的比例清偿。但不得侵害享有优先权的债权人之权利。

3. 第 1035 条至第 1038 条的规定，准用于前款情形。

第 1052 条　以固有财产履行的清偿

1. 根据前条所定继承债权人及受遗赠人，限于以遗产不能得到全部清偿的情形，可以从继承人的固有财产中得到清偿。

2. 于前款情形，继承人的债权人有从该继承人的固有财产中得到优先受偿的权利。

第六节　继承人的不存在

（1990 年 1 月 13 日修订）

第 1053 条　无人继承财产的管理人

1. 是否存在继承人不明确的，经第 777 条所定被继承人的亲属及其他利害关系人或检察官的请求，法院可选任遗产管理人并立即公告。（1990 年 1 月 13 日修订）

2. 第 24 条至第 26 条的规定，准用于前款的财产管理人。

第 1054 条　财产目录的提示与情况报告

管理人于继承债权人或受遗赠人请求时，应随时提示遗产目录并报告其状况。

第 1055 条　继承人明确

1. 管理人的任务，在继承人承认继承时终止。

2. 于前款情形，管理人应立即对其继承人计算管理。

第 1056 条　无继承人的财产之清算

1. 自发布第 1053 条第 1 款所定公告之日起 3 个月内，无法知悉是否存在继承人的，管理人应立即向一般债权人及受遗赠人公告，于一定期间内申报其债权或受赠。该期间应为 2 个月以上。

2. 第 88 条第 2 款、第 3 款及第 89 条、第 1033 条至第 1039 条的规定，准用于前款情形。

第 1057 条　搜寻继承人的公告

即使经过前条第 1 款所定期间仍无法知悉是否有继承人的，法院可根据管理人的请求，公告如有继承人，应于一定期间内主张其权利。此期间为 1 年以上。（2005 年 3 月 31 日修订）

第 1057－2 条　对特别关系人[①]的分与

1. 在第 1057 条所定期间内无人主张权利的，家庭法院可依曾与被继承人共同生活的人、被继承人的疗养看护人及其他与被继承人有特别关系之人的请求，分配遗产的全部或一部分。（2005 年 3 月 31 日修订）

2. 第 1 款的请求，应于第 1057 条期间届满后 2 个月内作出。（2005 年 3 月 31 日修订）

第 1058 条　继承财产归属于国家

1. 依第 1057－2 条未得以分配的，遗产归属于国家。（2005 年 3 月 31 日修订）

2. 第 1055 条第 2 款的规定，准用于第 1 款情形。（2005 年 3 月 31 日修订）

第 1059 条　归属于国家的财产之清偿请求的禁止

于前条第 1 款情形，即使有未从遗产中得到清偿的继承债权人或受遗赠人，亦不得向国家请求其清偿。

---

① 韩语意：特别缘故者。

第二章 遗 嘱[①]

第一节 总 则

第1060条 遗嘱的要式性

遗嘱如非依本法所定方式订立，不发生效力。

第1061条 遗嘱适龄

未年满17岁者，不得订立遗嘱。

第1062条 无行为能力人与遗嘱

第5条、第10条及第13条的规定不适用于遗嘱。[②]

第1063条 禁治产人的遗嘱能力

1. 禁治产人在其意思能力恢复时，可订立遗嘱。

2. 于前款情形，医生应将心神恢复状况附记于遗嘱中，并签名盖章。

第1064条 遗嘱与胎儿、继承欠格人

第1000条第3款、第1004条的规定，准用于受赠人。（1990年1月13日修订）

① 韩语意：遗言。

② 《韩国民法典》第5条：未成年人的能力。

1. 未成年人实施法律行为，须经法定代理人同意。但单纯取得权利或者免除义务的，不在此限。

2. 违反前款规定的行为，可以撤销。

第10条：限定治产人的能力：第5条至第8条规定，准用于限定治产人。

第13条：禁治产人的能力：禁治产人的法律行为，可以撤销。

第二节　遗嘱的方式

第 1065 条　遗嘱的普通方式

遗嘱有自书遗嘱、① 录音遗嘱、公证遗嘱、秘密证书及口头遗嘱②计五种方式。

第 1066 条　自书遗嘱

1. 自书遗嘱，应由遗嘱人亲自书写其全文及年月日、住所、姓名，并盖章。

2. 在前款遗嘱书上进行文字的插入、删除或变更时，应由遗嘱人亲自书写并盖章。

第 1067 条　录音遗嘱

录音遗嘱，由遗嘱人口述遗嘱的意旨、其姓名及年月日，并由在场的证人口述遗嘱的正确性及其姓名。

第 1068 条　公证遗嘱

公证遗嘱，应在 2 个以上见证人列席下，遗嘱人于公证人面前口述遗嘱意思，由公证人记录后宣读，经遗嘱人认可后各自签名或签名盖章。

第 1069 条　密封遗嘱

1. 密封遗嘱，应由遗嘱人在记有笔者姓名的证书上密封盖章，向 2 个以上见证人提出，陈述其为自己的遗嘱后，在该封缝处记载提交的年、月、日，并由遗嘱人及证人各自签名或签名盖章。

2. 依前款方式做成的遗嘱封面，自其表面记载之日起 5 日内，应向公证人或法院书记官提示，并于其封缝处加盖确定日期字印的印章。

第 1070 条　口头遗嘱

1. 口头遗嘱，因疾病或其他紧急事由，不能按照前述四条所

---

① 韩语意：自笔证书。

② 韩语意：口述证书。

定方式订立遗嘱的，在2个以上见证人列席下，遗嘱人向见证人中的一人口述遗嘱的意思，由被口授人记录并朗读，得到立遗嘱人的确认后各自签名或签名盖章。

2. 依前款方式做成的遗嘱，应由其见证人或利害关系人于紧急事由终止之日起7日内，向法院申请检查验证。

3. 第1063条第2款的规定，不适用于口头遗嘱。

第1071条　密封遗嘱的转换

密封遗嘱，其方式有缺陷的，如其证书符合自书遗嘱方式的，视为自书遗嘱。

第1072条　见证人的欠格事由

1. 具有下列情形之一的，不得作为遗嘱见证人：

（1）未成年人；

（2）禁治产人或限定治产人；

（3）可能从遗嘱中受益之人、其配偶及直系血亲；

2. 公证遗嘱，根据公证人法的规定欠格者，不得为证人。

第三节　遗嘱的效力

第1073条　遗嘱的生效期

1. 遗嘱自遗嘱人死亡时起，发生效力。

2. 遗嘱附停止条件，且遗嘱人死亡后条件成就的，自该条件成就时起发生遗嘱的效力。

第1074条　遗赠的承认、放弃

1. 在遗嘱人死亡后，受遗赠人可随时承认或放弃遗赠。

2. 前款承认或放弃，溯及于遗嘱人死亡时发生效力。

第1075条　遗赠的承认及放弃之撤销禁止

1. 遗赠的承认或放弃，不得撤销。

2. 第1024条第2款的规定，准用于遗赠的承认与放弃。

第1076条　受赠人的继承人的继承、放弃

受赠人尚未承认或放弃而死亡的，其继承人可在其应继份限度内表示承认或放弃。但遗赠人已通过遗嘱表示其意思的，从其意思。

第 1077 条　遗赠义务人的催告权

1. 遗赠义务人或利害关系人，可定适当期间，催告受赠人或其继承人承认或放弃遗赠。

2. 于前款期间内，受赠人或继承人就遗赠义务人的催告未明确表示放弃遗赠的，视为承认遗赠。

第 1078 条　概括性受赠人的权利义务

概括性受遗赠人，与继承人负担相同的权利义务。（1990 年 1 月 13 日修订）

第 1079 条　受赠人的孳息[1]取得权

受赠人自可请求履行遗赠之时起，取得标的物的孳息。但遗嘱人以遗嘱表示其他意思时，从其意思。

第 1080 条　孳息收取费用的偿还请求权

遗赠义务人在遗嘱人死亡后，为取得其标的物之孳息而支出必要费用的，在其孳息的价金限度内，可请求取得孳息的受赠人偿还。

第 1081 条　遗赠义务人的费用偿还请求权

遗赠义务人在遗嘱人死亡后，为其标的物支出费用的，准用第 325 条[2]的规定。

第 1082 条　不特定物遗赠义务人的担保责任

1. 以不特定物为遗赠标的物的，遗赠义务人对其标的物承担与出卖人相同的担保责任。

2. 于前款情形下，标的物有瑕疵的，遗赠义务人应交付无瑕

---

① 韩语意：果实。

② 《韩国民法典》第 325 条：留置权人的偿还请求权。

1. 留置权人为留置物所支出的必要费用，可请求所有人予以偿还。

2. 留置权人为留置物的利益而支出费用的，于其现存增加价值范围内，依所有人的选择，请求偿还其支出的金额或增加的费用。但法院可根据所有人的请求，许以适当的偿还期限。

疵物。

第 1083 条　遗赠的物上代位性

遗赠人因遗赠标的物的灭失、毁损或占有的侵害，有权向第三人请求损害赔偿的，其权利视为遗赠的标的。

第 1084 条　债权遗赠的物上代位性

1. 以债权为遗赠标的物的，遗嘱人的受偿物处于财产继承中时，视为以该物为遗赠的标的。

2. 前款债权以金钱为标的的，即便遗产中没有与债权额相应的金钱，亦视为以该金额为遗赠标的。

第 1085 条　作为第三人权利标的之物或权利的遗赠

作为权利标的之物或权利，在遗嘱人死亡时为第三人的权利标的时，受赠人不得向遗赠义务人请求消灭该第三人的权利。

第 1086 条　遗嘱人实施其他意思表示的情形

在前 3 条所定情形下，遗嘱人以遗嘱表示其他意思时，从其意思。

第 1087 条　不属于继承财产的权利之遗赠

1. 作为遗赠标的的权利，遗嘱人死亡时不属于遗产的，遗嘱不发生效力。但遗嘱人表示，即便本人死亡当时不属于遗产的标的物，亦使之具有遗嘱效力之意思的，遗赠义务人负有取得其权利并移转给受赠人的义务。

2. 于前款但书情形，不能取得权利或为取得权利需费用过巨时，可以以其价金清偿。

第 1088 条　附负担遗赠与受赠人的责任

1. 得到附负担遗赠的人，在遗赠价值范围内，承担履行其负担的责任。

2. 遗赠标的的价额因限定承认或财产分离而减少的，受赠人在其减少限度内免除负担义务。

第 1089 条　受赠人在遗赠生效前死亡

1. 遗赠，在遗嘱人死亡之前受遗赠人死亡的，不发生效力。

2. 附停止条件的遗赠，因受赠人在该条件成就前死亡的，不发生效力。

第 1090 条　遗赠的无效、失效情形与标的财产之归属

遗赠不发生效力或受赠人放弃受赠的，遗赠标的财产归属于继承人。但遗赠人通过遗嘱表示其他意思时，从其意思。

第四节　遗嘱的执行

第 1091 条　遗嘱证书、录音的检验①

1. 保管或发现遗嘱证书或录音的人，应在遗嘱人死亡后立即向法院呈交并请求检验。

2. 前款规定，不适用于公证遗嘱或口头遗嘱。

第 1092 条　遗嘱的启封

启封原封印时，应有遗嘱人的继承人、其代理人及其他利害关系人在场。

第 1093 条　遗嘱执行人的指定

遗嘱人可通过遗嘱指定遗嘱执行人，或委托第三人指定。

第 1094 条　委任产生的遗嘱执行人的指定

1. 受前条委托的第三人，知道有委托后应立即指定遗嘱执行人并通知继承人，辞去委托的，应通知继承人。

2. 继承人及其他利害关系人可定适当期间，催告受托人在此期间内指定遗嘱执行人。在该期间内未收到指定通知时，视为辞去该指定的委托。

第 1095 条　无指定遗嘱执行人

依前 2 条规定，无指定遗嘱执行人的，继承人为遗嘱执行人。

第 1096 条　法院对遗嘱执行人的选任

1. 无遗嘱执行人或者遗嘱执行人死亡、欠格或因其他事由而不存在的，法院可根据利害关系人的请求选任遗嘱执行人。

2. 法院选任遗嘱执行人的，可责令其任务系为必要的处分。

---

① 韩语意：检认。

第 1097 条　遗嘱执行人的承诺、辞任

1．根据指定产生的遗嘱执行人，应在遗嘱人死亡后立即将其承诺或辞任通知继承人。

2．选任的遗嘱执行人，应在收到选任通知后立即将其承诺或辞任通知法院。

3．继承人或利害关系人可确定适当期间催告指定或选任遗嘱执行人明确是否承诺。在该期间内对催告未明确否认的，视为遗嘱执行人承诺。

第 1098 条　遗嘱执行人的欠格事由

无行为能力人及破产人，不得为遗嘱执行人。（2005 年 3 月 31 日修订）

第 1099 条　遗嘱执行人的任务开始

遗嘱执行人承诺其就任的，应立即开始执行其任务。

第 1100 条　财产目录的制作

1．遗嘱与财产有关的，被指定或选任的遗嘱执行人应立即制作财产目录并交付继承人。

2．经财产继承人请求，前款财产目录应在继承人列席下制作。

第 1101 条　遗嘱执行人的权利与义务

遗嘱执行人，具有管理作为遗赠标的的财产，及实施其他为执行遗嘱所必要的行为之权利与义务。

第 1102 条　共同遗嘱执行

遗嘱执行人为数人的，执行任务应以半数以上赞成通过。但保存行为可各自实施。

第 1103 条　遗嘱执行人的地位

1．被指定或选任的遗嘱执行人，视为继承人的代理人。

2．第 681 条至第 685 条、第 687 条、第 691 条及第 692 条的

规定，[1] 准用于遗嘱执行人。

第1104条　遗嘱执行人的报酬

1. 遗嘱人未在遗嘱中规定遗嘱执行人的报酬的，法院可斟酌遗产的状况及其他情况作出裁定，确定被指定或选任的遗嘱执行人的报酬。

2. 遗嘱执行人有报酬的，准用第686条第2款、第3款[2]的规定。

第1105条　遗嘱执行人的辞任

被指定或选任的遗嘱执行人具有正当事由的，经法院许可，可辞去其任务。

第1106条　遗嘱执行人的解任

指定或选任的遗嘱执行人，怠于执行其任务或有其他正当事由的，经继承人及其他利害关系人的请求，法院可解任遗嘱执行人。

第1107条　遗嘱执行费用

执行遗嘱的相关费用，从继承财产中支付。

第五节　遗嘱的撤回

第1108条　遗嘱的撤回

1. 遗嘱人可随时撤回遗嘱，或以其生前行为撤回遗嘱的全部或一部分。

2. 遗嘱人不得放弃撤回其遗嘱的权利。

---

① 《韩国民法典》第681条至685条规定的内容依次为对受托人的善管义务、复任权的限制、受托人的报告义务、受托人对取得物等的交付、移转义务。第687条规定受托人的费用先付请求权。第691条规定委托终止时的紧急处理。第692条规定委托终止的对抗要件。

② 《韩国民法典》第686条：受托人的报酬请求权。

1. 如无特别约定，受托人不得向委托人请求报酬。

2. 受托人为处理委托事务而负担了必要债务的，可请求委托人代为清偿。该债务未届清偿期的，可使其提供适当的担保。

3. 受托人为处理委托事务无过失而受到损害的，可以请求委托人赔偿。

第1109条　遗嘱抵触

前后遗嘱的内容相抵触的，或订立遗嘱后所为的生前行为与遗嘱相抵触的，视为撤回前遗嘱中相抵触部分的内容。

第1110条　因毁损而产生的遗嘱之撤回

遗嘱人故意毁损遗嘱或遗赠标的物的，与毁损部分相关的遗嘱视为撤回。

第1111条　附负担遗嘱的撤销

附负担受遗赠人不履行其义务的，继承人或遗嘱执行人可定适当期间催告其履行；在该期间届满仍未履行的，可请求法院撤销遗嘱。但不得损害第三人的利益。

第三章　特留份[①]

第1112条　特留份的权利人与特留份

继承人的特留份，依据以下各项确定：

1. 被继承人的直系卑亲属，为其法定继承份额的1/2；
2. 被继承人的配偶，为其法定继承份额的1/2；
3. 被继承人的直系尊亲属，为其法定继承份额的1/3；
4. 被继承人的兄弟姐妹，为其法定继承份额的1/3。

(本条于1977年12月31日新设)

第1113条　特留份的计算法

1. 特留份，按被继承人在继承开始时所持财产的价额，加上赠与财产的价额，扣除债务后所剩余的全额计算。

2. 附条件的权利或存续期间不确定的权利，根据家庭法院选任的鉴定人的评估，确定其价格。（本条于1977年12月31日新设）

第1114条　应算入的赠与

赠与，限于赠与开始之前的一年内实施的，可根据第1113条

① 韩语意：遗留份。

的规定计算其价值。双方当事人明知赠与将损害特留份权利人仍实施赠与的，即使该赠与实施于一年前的，亦同。（本条于 1977 年 12 月 31 日新设）。

第 1115 条 特留份的保全

1．特留份权利人因被继承人实施第 1114 条所定赠与或遗赠而致其特留份不足的，可在其不足限度内，请求返还财产。

2．于第 1 款情形，受赠人及受遗赠人为数人时，应按照各自所得遗赠价额的比例返还。

（本条于 1977 年 12 月 31 日新设）

第 1116 条 返还顺位

关于赠与，如非于受领遗赠返还之后，不得请求返还赠与。（本条于 1977 年 12 月 31 日新设）

第 1117 条 消灭时效

返还请求权，自特留份权利人知道继承开始以及返还赠与或遗赠事实之日起一年内未行使时，归于消灭。自继承开始起经过 10 年的，亦同。（本条于 1977 年 12 月 31 日新设）

第 1118 条 准用规定

第 1001 条、第 1008 条、第 1010 条的规定，准用于特留份。（本条于 1997 年 12 月 31 日新设）

子女最大利益原则的适用：二元因素的影响*

[澳] 帕瑞克·帕金森著　罗　杰 译**

目　次

本文旨在说明法官在处理抚养案件时应如何解释 2006 年《家庭法修正案（共同承担扶养责任）》[Family Law Amendment (Shared Parental Responsibility) Act 2006]。本文主要研究"首要考虑因素"和"附加考虑因素"之间的关系、修正案第七部分规定

---

* 本文载《澳大利亚家庭法杂志》2006 年第 20 卷（Australian Journal of Family Law, 2006, vol. 20）已获得作者授权，在此向帕瑞克·帕金森先生致谢。

** 作者、译者简介：帕瑞克·帕金森（Patrick Parkinson），悉尼大学法学院家庭法教授；罗杰，女，四川德阳人，西南政法大学 2009 级民商法学博士研究生。

的目的与原则之地位、判定“相同时间”和“实质性重要时间”的因素如何与法庭必须考虑的其他因素相符合等问题。

有论者认为首要考虑因素与附加考虑因素之间基本不存在冲突。首要考虑因素为子女最大利益原则适用于抚养案件指明方向，而附加考虑因素可帮助法官找到案件的解决路径。在一些案情极其复杂的案件中，如一个年龄较大的孩子极力反对探视，那么就有一个关键性问题，即这个孩子是否真的可以从与父母的和谐共处中实际受益。本文为抚养案件的裁决提供方法，并举例说明其适用过程。

2006年《家庭法修正案（共同承担扶养责任）》已经颁布，对司法实务工作者而言，最大的困扰之一就是裁决过程中如何解释该法第S60CC条规定的二元考虑因素的适用过程。此外，第S60CC条与裁决程序所需其他要求之间的关系也成为难题。1975年《家庭法》在对第七部分的修改[①]时，规定了法官在处理抚养案件时必须考虑的因素。尽管须考虑因素规定得很详细，但它们之间的关系依然难以厘清。

关于该新法案，许多问题被提出来讨论。二元考虑因素如何与子女最大利益原则联系起来？[②] 附加考虑因素在何种程度上可以超越首要考虑因素？子女的意见与“其他因素”在修正案中是否已降格到从属地位？第S60CC条规定的须考虑因素与有赖于法官裁决的父母各方之共处相同时间、实质性重要时间之间有何联系？[③]

本文试图通过解释新法案原意以回答上述问题。

---

① 1975年《家庭法》（联邦）［2006年《家庭法修正案（共同承担扶养责任）》予以修正］，以下简称《家庭法》。Family Law Act 1975 (Cth) [as amended by the Family Law Amendment (Shared Parental Responsibility) Act 2006] (hereafter, FLA).

② 《家庭法》，第S60CA条。

③ 《家庭法》，第S65DAA条。

一、二元考虑因素之背景

虽然没有正式文件对第 S60CC 条二元考虑因素的立法理由进行全面解释，但《解释备忘录》(the Explanatory Memorandum does) 可为我们提供一些指引：①

将这些因素概括为二元旨在强调首要考虑因素之重要，以此引导法官更加重视家庭法修正案第七部分第 S60B 条所规定之目的。

第 S60CC 条第 2 款之注释强化了这一目的：

将其作为首要考虑因素是与第 S60B 条第 1 款之 (a)、(b) 所规定之目的相一致的。

第 S60CC 条之所以规定主要考虑因素应当与第 S60B 条对家庭法第七部分目的之重大修正合并解读。1995 年《家庭法改革法》规定的一项目的（包括两项要素）在 2006 年修正案中已变为四项。如今，家庭法第七部分的目的不仅仅在于子女应受到"充分与适当的抚养"，以及父母"承担其应负之责任、履行其应尽之义务"，还在于子女的最大利益须通过下列方式得到保障：

(1) 确保子女与父母双方和谐相处，以最大限度地符合子女的最大利益；

(2) 保护子女远离身体上或心理上的伤害，不受虐待、遗弃或家庭暴力。

修改过的目的条款连同重申该目的之首要考虑因素，赋予了 2006 年修正案第七部分完全不同于家事法院扩大庭在"*B and B*：1995 年家庭法改革法"一案中给予第 S60B 条的地位。② 现在解释家庭法第七部分时需要将目的条款置于核心地位，此目的条款还包括法庭应如何得出何谓涉案子女最大利益之裁决。

---

① Parliament of the Commonwealth of Australia, Senate, Family Law Amendment (Shared Parental Responsibility) Bill Revised Explanatory Memorandum, (2006) at para 49.

② (1997) 21 Fam LR 676; FLC 92 – 755.

二、目的、基本原则与二元考虑因素

即使议会没有通过该二元考虑因素，第 S60B 条本身的改变就足以对个案的适用产生重大影响。这是因为，与以前相比，这些目的对如何解决分居后抚养安排提供了更多的指导。

家事法院扩大庭在解释 1995 年《家庭法改革法》时不得不尽力解决的难题之一，就是议会通过修正条款意图如何改变法官对争议案件的裁决还不是很清楚。① 法院有责任贯彻议会的意图，但议会的意图究竟是什么？解决有关抚养争议案件要求什么司法结果？1995 年修正案实施后，相同案件的处理是否与 1995 年前不一致？② 该法原第七部分目标条款之不明确表达使得理解 1995 年修正案之实际作用的难度加大。其目的即子女受到"充分与适当的抚养"以及父母"履行其义务"，从条文本身来看，这对那些需要司法裁决的分居后抚养安排案件似乎没有多大意义，尤其在表明子女与父母双方的定期探视权方面，第 S60B 条规定的基本原则要比其目的更详尽。尽管如此，那些原则还是从属于"子女最大利益"。

也许是议会对其意图表述不明确的结果，家事法院扩大庭在"*B and B*：1995 年家庭法改革法"一案中，使第 S60B 条指导法官在个案中作出什么是子女最大利益的裁决方面只具有相对有限的作用。在"*B and B*"一案中，法庭主张：③

第 S60B 条在本案中起着很重要的作用，因为它代表了立法机构对本案中法庭要适用的第七部分之目的和原则的谨慎表述……第 S60B 条第 1 款包含之目的可被视为最理想后果，但未必在所有个案裁决中均具有极大价值。第 S60B 条第 2 款包含的原则虽更为具

---

① R Chisholm, *Assessing the Impact of the Family Law Reform Act* 1995（"1995 年家庭法改革法的影响力评价"），(1996) 10 AJFL177.

② 经过对议会的讨论和立法本身的仔细分析，Richard Chisholm（见前注 6）认为议会对个案裁决的意图是不确定的，与改变具体规则相比，议会更倾向于改变司法者的态度。

③ Above n 5 at Fam LR 733; FLC 84,220.

体，但并非详尽无遗，而且在个案中其重要性也因案而异。其为法庭对第 S68F 条第 2 款规定事项的考虑、第 S65E 条的总体要求均有指导作用。

第七部分目的条款之“未必在所有个案裁决中均具有极大价值”这一表述并不适用于目的之被修改部分，至少从第 S60CC 条对该目的条款的重申来看，在确定何种养育令最符合子女最大利益时，第七部分规定之目的是极为重要的。

家事法院扩大庭在“*B and B*”一案中还创设了第 S60B 条，第 S65E 条以及第 S68F 条第 2 款之间的层级关系，法庭认为：①

在我们看来，基本要求是清楚的，处于特定环境中的特定子女的最大利益是案件最重要的考虑因素。根据第七部分裁决案件的法庭是以此为基本前提的，其也是最终决定因素。

法庭认为：在确定子女最大利益时，“法庭应同时参照第 S68F 条第 2 款和第 S60B 条之规定”。② 另外：③

考虑第 S68F 条第 2 款规定事项时应当以第 S60B 条规定的案件相关事项为背景，但第 S65E 条限定的基本问题除外。

因此，子女最大利益被作为基本问题，法庭应当“考虑”第 S68F 条第 2 款规定之事项，并在“第 S60B 条的背景下”加以考虑。这就赋予了第七部分第三章在裁决分居后抚养安排方面相对重要的地位。

如今，2006 年修正案之第七部分规定的目的新条款，对于法庭解决抚养案件时如何保障子女最大利益的问题规定得更为详尽。第七部分目的条款可以说是对议会意图之合理重述，即法庭在适用该法时应最大可能地促使子女与父母双方和谐相处，除非为了保护子女不受身体上或心理上的伤害，以及确保子女获得充分与适当的抚养以帮助他们实现全部潜能时，法庭才可以作出其他裁决。第

① Above n 5 at Fam LR 733; FLC 84,219.

② Ibid.

③ Id at Fam LR 733; FLC 84,220.

S60B 条第 2 款规定的原则是对该目的之扩充。

根据 1901 年《法律解释法》第 15AA 条之规定，法官应根据明确的立法目的来理解和适用第七部分的其他内容，第 15AA 条规定：

在理解法律条文时，可以促进法律目的（无论法律是否明示此目的）实现的解释应当优先于不能促进其实现的解释。

基于以上原因，“*B and B*”一案中关于第 S60B 条、第 S65E 条和第 S68F 条关系的解释，不能被视为理解第 S60B 条、基本原则（即如今的第 S60CA 条）和第 S60CC 条规定的详细考虑因素三者关系的原则。2006 年，议会作出了如何认定子女最大利益的权威指南，法庭在个案中运用此指南，“子女最大利益”不再任由法官不受限制的自由裁量。在理解和适用子女最大利益是被最优先考虑因素这一原则时，能够促使第七部分目的实现的理解与适用比不能实现该目的者更为可取。

第 S60B 条以及 2006 年修正案中能够显示议会意图的其他条款，也明确指导着对第 S60CC 条规定的考虑因素的理解。2006 年修正案试图整合议会对第七部分的一般目的与法官的个案裁决，这是 1995 年《家庭法改革法》所没有的。如今，第 S60B 条规定的目的应当作为理解第 S60CA 条（最大利益）与第 S60CC 条（考虑因素）的指导，正是通过实现那些目的，法庭才能确保“实现子女最大利益”（第 S60B 条第 1 款）。在此目的之指导下，通过同时考虑第 S60CC 条规定的二元考虑因素、立法要求法官考虑的其他因素，法官作出符合子女最大利益的裁决。

三、首要考虑因素和附加考虑因素之关系

2006 年 7 月 1 日之前的法律中，并没有哪个考虑因素比其他因素具有更优越的地位。[①] 当两个因素都被视为首要考虑因素时，

---

① 《家庭法》，第 S68F 条第 2 款。As it was prior to the Family Law Amendment (Shared Parental Responsibility) Act 2006.

法官如何裁量？首要考虑因素和附加考虑因素相互冲突又该如何处理？附加考虑因素能否超越首要考虑因素？《解释备忘录》认为可以：①

也许存在一些次要因素超越主要因素的例子。例如，法庭可能面对这样一起案件：一个在本地的少年希望与能够保持当地传统文化的一方家长共同生活，而另一方家长住地遥远且不能定期回来，他们都表明不打算促进与当地文化的联系。在这种情况下，法庭可能会认为，对这个少年来说，次要因素的作用大于主要因素，因为改变住所并不符合他的最大利益，法庭可能会考虑寻求能维持该少年与父母的亲密关系的其他方式。

这未必是一个次要因素超越主要因素的最好例证，这也不是一个是否允许一方父/母带着孩子迁往远方的迁居案件。案件的现实情况是未定居的一方家长住地遥远且无法定期回来，只要父母分居两地，保持与双方父母的亲密关系将非常困难，改变孩子的居住地也并不会改变这一点，文化因素和该少年的意愿似乎表明，法庭应当维持现有的居住状况，这与首要考虑因素并不矛盾。

尽管有些例子证明在一些裁决中附加考虑因素的作用超过了首要考虑因素，在个案中首要考虑因素和附加考虑因素将法官导向截然相反方向的情况毕竟是不常见的。在大多数案件中，附加考虑因素能在细节上进一步强化首要考虑因素，换句话说，即通过对相关附加考虑因素的细节考察，法官可能会据此确认首要考虑因素之重要性并作出裁决。

首要考虑因素是一种概括性规则，可以用拍摄远景照片的例子来说明目的、首要考虑因素、附加考虑因素之间的关系，目的和原则（第 S60B 条）与首要考虑因素（第 S60CC 条）为镜头指明大致方向，附加考虑因素则意味着为拍出清晰照片镜头须对准的焦点。

对其三者关系的另一种解释则是：目的和首要考虑因素为司法

① Above n 4 at para 51.

裁决指明了方向却未指出具体路径，与仅从首要考虑因素出发所作的裁决相比，在附加考虑因素影响下所作出的裁决也许更符合正义。然而，上诉法院可能有很大空间就具体路径作出合理地选择，通过对司法自由裁量权的适当指引，议会更易发现上诉法院自由裁量中的法律错误所在。

能说明在首要考虑因素和附加考虑因素之间并不存在必然冲突的主要理由在于：议会并没有规定在所有案件中法庭必须确保子女与父母双方的亲密关系，除非是为了保护孩子免受身体上或心理上的伤害。即使要求法庭考虑与父母双方“保持亲密关系的益处”，附加考虑因素将会帮助法官在具体个案中判定这种益处是否可能。

四、与父母双方保持亲密关系对子女的益处

第 S60CC 条明确规定：在涉及分居后扶养安排的裁量中，除非存在暴力、虐待等情形，法庭应当维持子女与父母之间的亲密关系。除非存在暴力、虐待或其他激烈冲突，子女大多会从与父母双

方的亲密关系中受益,[1] 如暴力或棘手冲突[2]持续存在，为了子女的利益，可能需要限制或完全禁止非共同生活一方父/母的探视。作为一般规则，首要考虑因素反映了有关分居后抚养问题的大量社

① On what constitutes a meaningful relationship see P Amato and J Gilbreth：Nonresident Fathers and Children's Well-being：a Meta-analysis（“无固定住所的父亲与子女的幸福：数据综合分析”），（1999）61 J Marriage & Fam 557。用数据整合分析方法对有关亲子探视的63项先前研究成果进行整合分析，Amato and Gilbreth认为经常的探视本身并非就会带给孩子益处，而感情交流和保持威信的抚育才会给孩子带来更大益处。保持威信的抚育包括辅助孩子完成作业、讨论问题，从思想上教育孩子、鼓励和赞扬孩子的“小成绩”，以及惩罚孩子的不当举止。研究者得出的结论包括：“经常‘帮’孩子的父亲远比经常‘看’孩子的父亲重要。”“保持威信的抚育”见D Baumrind：Authoritarian v Authoritative Control（“权力主义V权力控制”），（1968）3 Adolescence 255。此处提到的抚育方式既非专制型也非随意型。

② C Ayoub，R Deutch and A Maraganore：Emotional Distress in Children of High-Conflict Divorce. The Impact of Marital Con? ict and Violence（“冲突离婚中子女的情绪困扰：婚姻冲突和暴力的影响”），（1999）37 Fam & Concil Cts Rev 297；C Sturge and D Glasser：Contact and Domestic Violence — The Experts' Court Report（“探视和家庭暴力——专家法院报告”），（2000）30 Fam L 615；M P Johnson and K J Ferraro：Research on Domestic Violence in the 1990s：Making Distinctions（“20世纪90年代的家庭暴力研究：制造差异”），（2000）62 J Marriage & Fam 948；J Johnston and L Campbell：Parent-Child Relationships in Domestic Violence Families Disputing Custody（“亲子关系在家庭暴力下有关监护的争议”），（1993）31 Fam & Concil Cts Rev 3。

会科学研究成果。[①]

话虽如此，法庭不能通过命令创设子女与父母之间的亲密关系，只能创造或维持使亲密关系成为可能的环境。在具体个案中，证据可能表明子女事实上并不能从该亲密关系中受益，或者这种利益在该案环境中不可能实现。除了暴力和虐待外，孩子事实上不能从与父母双方的亲密关系中受益的理由还有很多，例如：

（1）子女强烈抗拒探视。在有些情况下，法庭可能会不得不勉强地作出结论，根据子女的意见（附加考虑因素 a），试图维持已经破裂而不可挽回的关系，对子女其实并没有益处。例如，在 PA 和 JA 的离婚案件中，[②] 法庭必须谨慎斟酌父亲对 9 岁女儿的探视权申请。母亲和女儿亲如姐妹，父亲被排斥在这种关系之外。因父亲与另一女人同居而被母亲指责为“奸夫”，女儿视父亲为避之不及的恶棍，与他接触深感痛苦。尽管法官非常同情该父亲，也只能判定该父亲的探视对女儿没有益处，还会使她面临更大的压力和焦虑。结果，探视申请被驳回。

（2）父母难以提供亲密关系。在另一些情形中，证据可能表明：如果可能，子女会从与未共同生活一方父/母的亲密关系中受

---

① For reviews of the literature see J Pryor and B Rogers：Children in Changing Families：Life After Parental Separation（“家庭变更中的子女：父母离婚之后的生活”），Blackwell Publishers，Oxford，2001；J B Kelly：Legal and Educational Interventions for Families in Residence and Contact Disputes（“居住和探视争议之法律与教育干预”），(2001) 15 AJFL 92［(2001) 15 AJFL 92］；R Emery：Post – divorce Family Life for Children：An Overview of Research and Some Implications for Policy（“离婚家庭中的孩子：对政策研究和影响的述评”），in R A Thompson and P R Amato (Eds)：*The Post – Divorce Family：Children，Parenting And Society*：(《离婚家庭：子女、抚养和社会》)，1999，p 3；M Lamb：Noncustodial Fathers and Their Impact on the Children of Divorce（“无监护权的父亲及其对离婚子女的影响”），in R A Thompson and P R Amato (Eds)：*The Post – Divorce Family：Children，Parenting And Society*（《离婚家庭：子女、抚养和社会》），1999，p105；M E Lamb，K J Sternberg and R A Thompson：The Effects of Divorce and Custody Arrangements on Children’s Behavior，Development，and Adjustment（“离婚和抚养安排对子女行为、发展和自我调整的影响”），(1997) 35 Fam & Concil Cts Rev 393。

② (1987) 11 Fam LR 435；FLC 91 – 840.

益，但该父/母在满足子女需求方面的能力不足（附加考虑因素f)，这使关系亲密的意义可能并不大。或许这样一个案例可以佐证：由于酗酒或者精神疾病导致一方父/母可能在照管孩子方面有极大困难，即使最为理想的结果，也只能维持一个相对简短的探视关系。

（3）父母不愿保持亲密关系。另一种可能消灭亲密关系的情形是：法庭不得不变更养育令以剥夺非共同居住一方父/母的定期探视权、非共同居住一方父/母经常性地随意取消探视、爽约，未履行其作为父/母对子女的义务。法庭可能据此得出结论：因非共同居住一方父/母不愿保持亲密关系，子女已经不能从此关系中受益。第S60CC条第3款规定的许多附加考虑因素可能强化该结论(如附加考虑因素b、f、i)，在此情形下，第S60CC条第4款也会被视为高度相关的考虑因素。

（4）父母之间冲突剧烈。子女可能无法从与父母双方之间的亲密关系中受益的另一种情况，是父母之间存在无法解决的剧烈冲突，法庭据此得出与父母双方维持亲密关系根本不可能的结论。举例来说，这种情况可能出现在：颁发养育令后，未与子女共同生活的一方以对方未被证实的轻微违规行为为由，不断谋求重审；推行探视令计划，[①] 或相似社会资源未能有效消解社会冲突、父母在分居后养育计划的不同方面如子女教育上持续存在法律冲突。虽然第S60CC条第3款并未将父母之间的剧烈冲突视为一项附加考虑因素，但法庭必须考虑“是否适合签发命令，以尽可能减少与子女有关的未来诉讼”。

存在无法处理的剧烈冲突的情况下，子女的最大利益可能需要通过限制一方父/母的探视以及分离父母责任来保障。如果一项命令对于确保子女获得充分与适当的抚养以帮助他们实现全部潜能是

---

① For a description, see House of Representatives Standing Committee on Family and Community Affairs, Every Picture Tells a Story: Report of the Inquiry into child custody arrangements in the event of family separation, Parliament of Australia, December 2003, pp 49 ~ 51.

必须的，那么这一命令便是符合第 S60B 条第 1 款（c）之目的的。

五、“附加”考虑因素被降格

有关此二元考虑因素的论争，产生于 2006 年废除的第 S68F 条第 2 款规定之事项在抚养案件的处理中已经被降为附属性地位的表象。例如，子女的意见，其中年龄稍大者的意见经常被证明属于主要的或决定性的因素，这被包含于附加考虑因素而非首要考虑因素之中。① 如果这些附加考虑因素被扩充为首要考虑因素，将一些事实归结为附加考虑因素的很多困难便将消失。例如，子女的意见，在选择父母一方谁为主要抚养人以及与另一方的相处时间方面可能是高度相关因素。这一因素有助于法官在设定抚养安排细节时追求确保子女与父母双方亲密关系之目的。如果一个年龄较大的子女强烈反对一方父/母的探视，这将被作为确定其有无可能从与该父/母的亲密关系中获益的高度相关因素。

六、第 S60CC 条规定之考虑因素与亲子共处时间分配

第 S60CC 条并非裁决抚养安排所须考虑之全部，还须裁决是否应当公平分担抚养责任（第 S61DA 条）。如果应当公平分担抚养责任，则还须判定是否符合子女最大利益，以及合理可行地平均分配与父母双方的共处时间（第 S65DAA 条第 1 款）。如果共处相同时间是不适当的，则法庭必须斟酌应否坚持子女最大利益，以及合理可行地确定子女与父母各方共处实质性重要时间（第 S65DAA 条第 2 款）。

那么在这些应考虑的不同因素中次序如何呢？一般情况下，法律并不要求严格的顺序（第 S65DAA 条之例外规定除外），也无助

① 对 2003 年家事法院审理的 91 起案件的研究表明：近 30% 的案件中子女愿望被认为于案件结果重要或非常重要。Submission of the Family Court of Australia to the Standing Committee on Family and Community Affairs Inquiry into Joint Custody Arrangements in the Event of Family Separation, PartB, Statistical Analysis (2003), p10 available at http://www.aph.gov.au/house/committee/fca/childcustody/subs/sub1550.pdf.

于上诉法院制定相关顺序规则。个案之必须考虑因素将被分类提交法庭由其裁决，并不适合所有案件的分层次序。

尽管如此，为了确保所有相关因素均被考虑，在父母争夺子女抚养权或争讼与子女共处时间的案件中，可以拟定如下逻辑次序：

（1）公平分担抚养责任是否符合子女最大利益？

（2）考量第 S60CC 条规定的所有考虑因素，分担抚养责任是否适当？如果为维持子女与父母双方的亲密关系而签发抚养令，能否保障子女的最大利益？

（3）如果与父母双方保持亲密关系对子女有益，此案中如何实现？法庭作此判定时，首先应当考虑共处相同时间，之后再考虑共处实质性重要时间。在决定如何分配相处时间和照管责任才符合子女最大利益时，第 S60CC 条仍具有指导作用。在作出合理可行的判定时，法庭必须考虑第 S65DAA 条第 5 款所列因素。

（4）如果共处相同时间和共处实质性重要时间均不符合子女最大利益或均不可行（如因为父母居住地相距较远），法庭就应考虑如何确保父母之间的和谐相处以“最大限度地符合子女的最大利益”[第 S60B 条第 1 款（a）]。这就涉及由父母一方承担主要照管责任，缩减与另一方的实质性重要共处时间（正如法案所定义的），全面考虑第 S60CC 条所有应考虑因素，在可能的情况下尽最大程度地符合子女的最大利益。

（5）如果父母公平分担抚养责任不符合子女的最大利益，就没有必要考虑共处相同时间或共处实质性重要时间的问题了。在此类案件中，重点应当放在探视安排和何种安排可使子女免受身体上或心理上的伤害上，这是符合主要目的的。

在以上方法中，第 S60CC 条之考虑因素是贯穿始终的。其不仅与适用程序的某一阶段相关，还决定着理应作出的养育令的基本类型（主要方向）、决定着在可能情况下最适合子女最大利益的养育令的内容（路径）。在整个过程中，正如第 S60CC 条所提及的，子女最大利益仍是最优先的考虑因素。

七、示例

下列假设性案例旨在说明符合 2006 年修正案第七部分要求之子女最大利益原则适用过程。

案例一：较大子女反对未共同居住父/母之安排

此争议源于父母分居后对两个女儿的扶养协议，一个 14 岁，另一个 12 岁。分居后女儿们主要由母亲 Anna 照管，女儿们只在每周五晚至周日早上与父亲在一起。父亲 Dmitri 希望得到相同共处时间，Anna 则希望女儿们只在每周五晚至周日中午期间与其父亲在一起。

家庭调查报告记录了孩子们对此问题的意见。虽然她们很爱父亲，但她们抱怨与父亲在一起时无事可做，感觉很无聊。父亲总是花大量时间观看体育比赛，而且他与女儿们之间也总是无话可说。孩子们还说如果有朋友来父亲家里做客她们就很不舒服，因为家里总是很杂乱。尽管如此，孩子们依然很期盼周五晚上与父亲一起看喜欢的电视节目，而父亲带她们出去玩也总是很开心。调查人员认为其实该父亲很爱女儿们，只是他很不了解她们的需要。

在这种情况下，法官应如何安排才对孩子们最有利？如果维持公平分担扶养责任是女儿们的最大利益，法官就应该首先考虑平均分配共处时间。调查员指出这是合理可行的，因为父母两家距离很近，且父母双方均有能力进行共处时间之照管。然而，受其母亲的影响，两个女儿认为相同共处时间于她们不利。基于同样的理由，母亲认为应该分配实质性重要相处时间，即除在校日外的周末和假日。

由于不存在家庭暴力和虐待等问题，女儿们与父母双方的亲密关系就成为法官要考虑的首要因素，附加考虑因素在解释父女之间的亲密关系上就极为关键。本案中，增加共处时间本身并不能改善 Dmitri 与女儿们的关系，父亲缺少的是与子女的交流而不只是时间。法官综合考虑了女儿们的想法［第 S60CC 条第 3 款（a）］和与 Dmitri 关系的状态［第 S60CC 条第 3 款（b）］、父亲满足女儿们需求的能力［第S60CC条第3款（f）］，以及考虑其他相关因素后作出最终裁决，在保证子女最大利益的基础上尽力维持女儿们与父亲之间的亲密关系。裁决还做了新的时间安排，使父亲尽最大努力去满足子女们的情感、知识等方面的需求［第S60CC条第3款（f）］，改善他们之间的关系［第S60CC条第2款（a）］，并使他更关注孩子们的想法和愿望。案件结束后，法官可能会建议Dmitri改变其生活方式，这样有客人来访时孩子们才不会觉得那么难受。

案例二：首要考虑因素之间的冲突

在与Adam短暂的婚姻后，Sharon生下了Chelsea，但Adam一直不喜欢她，如今已从她的生活中消失了。尽管如此，Adam的父母仍与Chelsea保持着紧密联系，并经常来探视。Chelsea现在5岁，自去年开始她每周都会去祖父母家里住上一夜。

祖父母越来越担心Sharon照管下Chelsea的安全，因为Sharon长期吸食毒品，她本不经常吸毒，只是与朋友一起时偶尔吸食。然而，近几个月来吸毒明显增加，因发现Sharon处于毒品所致的恍惚状态中，Chelsea无人照管，邻居们三次叫来了Chelsea的祖父母。一位邻居还曾把这件事报告给儿童保护局，但他们并未采取任何行动。

祖父母申请对Chelsea的主要照管权，至少是近期直到Sharon接受戒毒治疗并证明她能够照管Chelsea为止，Sharon对此申请表示难以接受。

在此情况下，两项首要考虑因素之间呈冲突状态。可以预见，Chelsea无法与其父亲保持亲密关系，这点毫无疑问。她很依赖母亲，因此法庭必须裁决如何保持Chelsea和Sharon的亲密关系而又防止其不被疏于照管。与很多儿童保护案件一样，法官在考虑其他相关因素后，很难找到一个平衡的解决办法。不必在两项首要考虑因素之间仅择其一，它们都与本案息息相关。无论法官是否裁定祖父母为Chelsea的主要照管人，案件都能通过寻求两项首要考虑因素之间的平衡而得到解决，由此既能确保Chelsea免受伤害［第S60B条第1款（b）］，又能尽可能维持Chelsea与其母亲之间的亲密关系。法庭还须考虑使 Chelsea 获得充分与适当的扶养以助其发挥全部潜能［第 S60B 条第 1 款（c）］。

案例三：主要照管人之争议

Michael 和 Jenny 都想成为两个孩子的主要照管人，Andrew，7 岁；Claire，5 岁。两个孩子都在离家不远的小学读书。9 个月前父母离婚了，Jenny 带着孩子们继续住在原有住房里，Michael 的一个男性朋友为其提供了一间可以长期居住的房屋。尽管 8 年的婚姻生活中没有发生过家庭暴力，但自离婚以来就经常发生冲突，虽然有人指证他们之间有暴力行为，但是警察没有介入。因此，不存在颁发家庭暴力禁制令的情形。

自离婚以来，Michael 大多数周六一整天和孩子们共处，并在两个休息日和孩子们共进晚餐，因住房原因孩子们从没在他那里过夜。然而，在此案审理时，Michael 已经在 8 公里外的近郊找到了一处三居室的公寓，距 Jenny 的住处有 12 ~ 15 分钟的车程。

Michael 想要成为两个孩子的主要照管人，或者至少达成“隔周协议”。但 Jenny 坚持原有协议，她仍然是孩子的主要照管人，Michael 隔周末及一半学校假期和孩子们共处。Jenny 在附近的一家工艺品店工作，每周上班三天。Michael 有一份周一到周五上班的全职工作，并且离他的新家有半小时的路程。

在本案件中，法官首先要判定是否应当公平分担抚养责任，在此过程中就必须考虑被提出的暴力事件［第 S61DA 条第 2 款（b）］，以及他们之间因离婚几个月以来的剧烈冲突是否会导致公平分担抚养责任不适当。如果法庭认定应当公平分担抚养责任，就须考虑是否需要采取一些措施使孩子们远离家庭暴力，尤其需要考虑交接安排和有效干涉以减少父母之间的冲突。

要作出对一个对孩子最有利的抚养安排，法庭首先要考虑应否作出平均分配共处时间的安排。假定如此，就可避免裁决谁是主要抚养人的难题。对此问题的斟酌将涉及依据第 S60CC 条规定之因素评估子女最大利益。法庭还须判断平均分配相处时间的安排是否合理可行，还须考虑到两个家庭离得很近［第 S65DAA 条第 5 款

(a)]、Michael 上下班所需时间、父母当前和将来适应这一安排及相互配合的能力［第 S65DAA 条第 5 款（b）］，以及这一安排可能对孩子们的影响。

如果相同共处时间的安排不适当，法庭就必须根据各种应考虑因素（第 S60CC 条）裁定一方为主要抚养人，如此安排是否对孩子们最有利，以及合理可行地安排另一方与孩子们共处的实质性重要时间。

如果安排共处实质性重要时间亦不适当，法庭就应作出一种确保父母双方最大限度介入孩子们生活并符合孩子们最大利益的安排。

八、结论

在法学的诸领域，均存在确定性规则与自由裁量权之间的冲突。维斯敏斯特议会为英格兰和威尔士立法时崇尚简洁原则，英国 1989 年《儿童法》仅规定了 7 种因素供法庭颁发居住令和探视令时考虑。澳大利亚 1975 年《家庭法》之 2006 年修正案细化其他应考虑因素，议会为法庭颁发养育令提供了一整套的指导规则，同时也认识到这是一个需要法官运用自由裁量的法律领域。

在分居后抚养安排的指导原则上，2006 年修正案既比 1995 年《家庭法改革法》规定得更为清晰，还使上诉庭的监督更为容易和便利，由此限制了司法自由裁量权的运行，使子女最大利益原则的适用更具统一性和可预见性。这放弃了立法上的简略风格，但经过对 2006 年修正案第七部分的审慎斟酌，子女最大利益原则在抚养案件中的适用还是符合逻辑的。

不容置疑，议会意图通过将 2006 年修正案适用于个案为本法带来大的变革。虽然议会在 1995 年通过《家庭法改革法》时即已有此意图，但远不如 2006 年修正案表达得清楚。当时，绝大多数分居夫妻并不要求法官裁决抚养安排，1995 年修正案推动了这种观念和态度的转变。2006 年修正案也试图对民众产生影响，特别是在分居后抚养方式的选择上，顾问通过与当事人讨论，了解其意愿，告知其实质性重要时间[①]的含义。尽管如此，2006 年修正案也明确指引法官应当如何处理争议案件，当然这并不能使复杂案件简单化，但至少清楚地表达了议会之意图：对分居后抚养案件法官应快速处理。

① 《家庭法》，第 S63DA 条。

博士生论坛

西方现代家事调解模式论纲[*]

来文彬[**]

目　次

一、西方现代家事调解模式概述

（一）家事调解模式之界定

在西方，模式（model）这一术语在调解领域的使用极不严谨，其通常可与样式（style）、方法（approach）、训练（orientation）相替换。但实质上，模式与样式（风格）、理论、训练、技能或者干预方法是不同的。模式是调解据以进行的特定方法或者方法论，其至少取决于两个基本要素：一是从业者的核心理念；二是从业者的理论基础，即调解员采取的提供含义与一致性的抽象概念理论，如事实、公平、正义等。理论可以被证明或反驳，模式却是一系列指导、影响以及总结从业者理想实践的思想的总和，他们解

---

* 本文系作者2010年“西南政法大学博士学位论文”的节选。

** 来文彬，男，法学博士，南昌大学法学院教师。

释了从业者应该如何行使职责。每一种模式都有一套不同于其他模式的、全面的、确定的体系。模式告诉我们为什么这么做，而理论、技能则告诉我们应该如何去做。[1]

一般而言，每一种模式都有自己独特的理念和理论，自己独特的方法、技术以及干预方式。

（二）家事调解模式之意义

调解模式并不仅仅是从业者偏爱或特殊的样式，其具有更为实质性的意义。它表明这是一个能够且值得被仿效的实务范例，一个能给予从业者指导的明确且具体的范本。模式的发展昭示着调解领域的前进方向。前后连贯、清晰明了的实务模式将有助于增强调解员对其“该做什么”、“为什么要这么做”的认知，进一步了解干预模式的可能与适当、干预的效果，调解实务的轮廓和局限，第三人干预纠纷的困境等内容。最为重要的是，考虑周到的模式能够在一定程度上破除当前调解所严谨恪守的“调解员中立”、“调解员无职权和影响”等“理论神话”，而更多地关注于“实务框架”。[2]

随着家事调解制度的不断发展，实践中形成了各种不同的调解模式。这些模式的出现，一方面，很大程度上体现了家事调解理论与实务的成熟、完善程度；另一方面，调解模式的多样化也给相关理论与实务提出诸多挑战。例如，我们经常面临“我们所探讨、面对的调解是否是同一对象”之困惑，甚至迷思“家事调解是什么”等问题。因此，熟悉家事调解的各种模式及其区分界线是学习家事调解制度的一个非常重要的内容。进一步而言，这些模式之间的最大区别不是调解场所（机构）的不同，而在于它们对调解使命之解读。正是理念基础之差异，决定各个模式具有各自独特的框架体系、重点、目标、调解人员的专业性、训练项目，甚至最终的结果。家事调解模式的区分，有益于厘清对其性质之认识及具体制度之科学设计，也有助于帮助当事人选择适当的调解员、明确纠纷解决事宜，少走弯路。

二、西方现代家事调解之主要模式

（一）区分标准

何种调解方能够称为“模式”，学界并未有定论。理论上，有观点认为一种模式应符合以下具体衡量标准：一是研究基础，调解模式应具有扎实的研究基础，并符合冲突理论。二是区分界限，调解模式应有足够清晰的界限确保从业者和当事人可以明确地区分该模式与其他程序；如果该模式具有阶段性，所有阶段均应是完全明确的，与其他模式的具体比较可作为对该模式认知之辅助。三是具体目标，调解模式应对“成功”予以具体界定。四是伦理规范，一个严谨的模式应明确职业伦理规范并就从业人员可能遭遇的道德困境给予相应的应对建议。[3]也有的观点认为，判断模式的关键在于其对当事人立场改变之理论假设。换言之，究竟是什么样的情形可帮助纠纷当事人改变立场、作出让步，并最终达成协议。这以假设决定着调解员的角色以及采取的干预策略等。[4]实务中，调解员则通常习惯于根据他们自己所接受之训练、价值取向、纠纷当事人之特点以及纠纷性质等因素来区分不同的模式。

（二）主要类型

关于家事调解的主要模式，西方学界对此说法不一，有三模式说、四模式说、多模式说。例如，有的从干预程度、方式角度，将家事调解分为轻微干预型、直接干预型、治疗干预型；[5]有的依据调解实务形态及其理论模型将其分为结构型、劳务管理型、治疗型、信息交流型；① 有的分为阶段理论模式，程序模式，问题解决

---

① 此分类有三模式说：结构型、治疗型与劳务管理型，参见 Susan M. Brown, Models of mediation, in James C. Hanson. *Divorce and Family Mediation*, USA: Aspen Systems Corporation, 1985, pp. 49 ~ 63；也有在前三模式基础上加上信息与沟通型，并称四模式，参见 Andrew I. Schwebel, Divorce Mediation: Four Models and Their Assumption about Changes in Parties' Positions, *Mediation Quarterly*, Vol. 11, No. 3, pp. 211 ~ 227; Beck, C. J. A. & Sales, B. D. Family mediation: Facts, myths and future prospects. Washington, DC: American Psychological Association, 2001, pp. 9 ~ 11.

模式，治疗模式，评估模式，转化模式，叙事、互动、整合模式等；[6]有的分为促成、转化、评估、治疗模式。[7]尚未有哪一理论说服对方，事实上也不可能有基本模式。但是，应该有基本判断标准、基本认识（共通性内容），实务发展选择必须有自己的基本理念与理论基础、制度内容、框架体系，有一定的实证调研论证。正是基于如下思考，我们特选择如下主要类型予以分析，以期对我们了解现代西方家事调解模式概况、比较分析异同，正视听、辨真伪、构建和完善中国之家事制度有所裨益。

类型一：结构型、劳务管理型、治疗型、交流与信息型调解

根据调解实务形态及其理论模型来界定，家事调解主要有结构型、劳务管理型、治疗型、交流与信息型四种模式。

1. 结构型家事调解

所谓结构型家事调解，其是指在公正、中立第三人（调解员）的协助下，利用一系列法律规则形成之结构，体系化、制度化解决当事人纠纷的一种家事调解模式。该模式由美国家事调解先驱、被称为家事调解之父的 O. J. Coogler 创立。作为一名家庭法律事务代理人和家庭心理咨询师，20 多年的从业经验使 Coogler 对当时盛行之敌对离婚诉讼模式、律师全面代理机制给纠纷当事人及其家庭带来的痛楚具有深刻的认识。于是，其借鉴、运用美国著名的社会心理学家莫顿·多伊奇（Morton Deutsch）结构型冲突解决主张，①创立了结构型家事调解，并于 1972 年开始为分居、离婚等家事纠纷当事人提供服务；1974 年创立了美国第一个家事调解组织——

① 莫顿·多伊奇主张：冲突可以通过制度性讨论（例如集体谈判、司法制度）、专业人士（调解员、调停人、仲裁员、法官、警察等）、社会准则（公平、正义、平等、非暴力、诚信沟通等）、谈判规则（何时开启、结束谈判，如何设立日程表，如何提要求等）以及特定程序设计（明示或暗示性地沟通、公开或私下的会见等）等社会机构性因素（social structures）予以限制、掌控。冲突解决应具备若干前提条件，如冲突当事人自愿参与、承诺遵守规则并接受由此产生之结果。规则必须符合公正、明确、第三人应保证程序得以严格遵守并积极辅助争议解决、促进当事人合作等。其理论详见 Morton Deutsch. *Resolution of Conflict*: *Constructive and Destructive Processes*, New Haven: Yale University Press, 1973, pp. 372 ~ 395。

家事调解协会（Family Mediation Association，简称 FMA），向律师和心理健康专家提供家事调解培训；① 1978 年出版首部离婚调解专著《离婚纠纷解决中的结构型调解：婚姻调解员指导手册》，[8]并成为家事调解协会调解训练专用指导教材。虽然，随着结构型调解的发展，该模式家族越来越庞大，分支越来越多，最初的规则有不少在实务中产生变化。但是，总体而言，其基础理论、基本理念与基本构架还是得以坚持。②

结构型调解模式认为：要想达成有效且能执行之协议，必须遵循公平原则，在严格程序保证下，依据规则妥善处理纠纷；只要调解员和纠纷当事人均严格遵循所有的程序，其结果必然是公正的。其基本理念，一言以蔽之，即“依据规则达成结果、通过过程保证质量”。

其基本流程可分为三个部分：调前规则制定、调中协商、调后法律建议。首先，在进入调解之前，纠纷当事人必须签署书面协议，表示其已经理解规则、同意遵循并保证执行。这些规则通常来源如下：一是统一结婚离婚法；二是州法，即家事调解协会支持的、各州 1978 年之前实质性修改离婚法之普通法、衡平规则；三是当事人就调解期限等程序事务达成之临时协议。[9]之后，Coogler 等人结合上述内容制定了专门的婚姻调解规则。[10]而且，协议中还约定，一旦调解不成，当事人愿意将纠纷提交仲裁。其次，当事人严格遵循类似于司法程序之标准程序，在调解员之辅助下自主协商、谈判，合作解决纠纷。最后，一旦协议达成，则由法律顾问就最终协议提供法律意见（如法律顾问之修改建议需要进一步协商，

---

① 家事调解协会面向律师和高级心理健康专业人士之调解培训包括两部分：(1) 5～7 天的密集培训，内容包括调解基础理论（冲突理论等）、结构型调解流程与技能、实务探讨等模块；(2) 250 小时的督导实习。

② 该手册为突出实用性，删减了大部分理论论述。因作者 1982 年即去世，故该模式之基础理论由其弟子 Sarah Childs Grebe 等人具体阐述与完善。详见 Sarah Childs Grebe: Building on structures mediation: An integrated model for global mediation of separation and divorce, *Mediation Quarterly*, 1994, Vol. 12, No. 1, p. 15。

当事人得返回调解)，并在双方当事人一致同意下，制定最终协议。①

总体而言，结构型调解具有如下几个特点：

(1) 以规则、程序为中心。与其他模式相同，该模式也以减少不必要伤害、促进合作、加强沟通为主要目标，注重保持配偶在平等的基础上有目的性地协商谈判。但不同之处在于，其完全利用规则来构架结构，很大程度上依赖规则和程序来指导理性、增强信任、促进合作以及保证公平。例如，其要求纠纷当事人在调解开始之前阅读、理解并同意所有规则（结构)；要求调解员严格保持中立、保密，不得“穿梭外交”或进行“单独的预备会议”；禁止第三人如亲友、私人法律事务代理人等参与调解、协助谈判或在协议签署之前提供法律意见；要求最终协议需提交法律顾问进行“法律效力核定”。可以说，规则给调解员与当事人提供了一整套处理争议事项、克服障碍、界定关系的公式，调解中，其“按图索骥”即可。

(2)“准司法”属性。结构型调解依据现行法律制度、规则来界定子女抚养、监护、婚姻财产、设定财产分割、子女安置之指导原则，并要求调解员具有相关法律背景，秉承法律理念与公平原则，“司法式”地执行类似于司法程序之程序规则。例如，纠纷事务处理也必须严格遵循先后次序：首先是子女监护，其次是财产分割，最后是扶养费（子女抚养费、配偶扶养费)。一项事宜一旦协商完毕即告终结，不因当事人后续协商而变更，除非调解员认为有此必要（例如，在监护争议主要集中于金钱问题时，其可待扶养费确定之后再予以处理)。调解过程中排除情感因素对规则的影响，不因情感事宜变更既定调解日程表。调解必须遵循共同价值取

---

① 法律建议举措在结构型调解实施之处曾一度深受指责，因为其对律师为双方代理人提供法律服务之角色定位对传统律师角色形成挑战，后来，随着律师角色多样化以及家事调解的“司法化”，该制度才逐渐获得认同。See：Sarah Childs Grebe, Structured mediation and its variants: What makes it unique? In J. Folberg & A. Milne (eds.), Divorce Mediation: Theory and Practice. New York: Guilford Press, 1988.

向（公平原则、基本法律准则），如果调解员认为当事人达成之协议与之有悖，有权否决协议之效力。

（3）易于与司法制度衔接。结构型调解在纠纷解决程序、内容、结果等方面均类似于司法，但比民事司法便易、节省；而且，相比于诉讼讲对抗、分输赢，调解强调合作、提倡公开交流、促进信任、鼓励自决，更有利于纠纷解决，法律规则的借用，更是使公正性具有法律保障，如上种种决定其易于获得司法认同，并因此蓬勃发展。

当然，其不足也较为明显：一是适用对象的限定性。例如，西方有学者认为该模式适合于当事人无原则性分歧，有共同目的，情绪平稳、相互尊重与合作，混乱状态或者一方很自我或者存在强迫行为，程序难以严格、公正遵循。[11] 二是程序的实施存在困难。程序的严格、公正遵循，既要求当事人的通力配合，也在很大程度上取决于规则本身的公正、合理。三是结果公正的必然性值得商榷。如前所述，该模式认为，只要调解员和纠纷当事人均严格遵循所有的程序，其结果必然是公正的。因为，依据法律规则达成协议，不仅形式公正，而且结果合法，并因事先得到当事人认同而易于执行。但事实上，并非是程序、规则公正就一定会得出公正之结果。调解毕竟不是司法裁判，其无法直接套用司法理念与制度，即便是最终协议在法律上不存在问题，其实际效果也难以直接推断。因为该模式聚焦于纠纷内容与调解程序，对当事人自主决策、合意、互动以及整个家庭关系维护等重要问题却关注甚少。

2. 劳务管理型家事调解（labor management、labor negotiation、labor - based）

相比于治疗型家事调解、结构型调解的“司法色彩”（结构型调解制定“准法律”规则，治疗型调解成为法院附设调解的主要形态），劳务管理型调解更多的是“民间性”，其是私立机构在提供家事调解服务实践中采用的一种模式。因是家事调解员从劳动调解借鉴规则发展而成，故称为劳务管理型调解。其由 Haynes J. M

等人所创立。①

该模式认为，谈判双方实力失衡、地位不平等是阻碍双方达成调解协议的关键因素。只要克服这一主要障碍，保障当事人理性协商、积极合作，其势必能够形成双方均可接受的公平协议。[12] 因此，其调解策略重心置于保障当事人在平等基础上的自利性协商上，意图通过调解员的积极斡旋、指导，代表子女利益、评价协议公正性等形式来强化合作、促使双方让步。

相比于其他家事调解，其有如下特殊之处：其一，为确保排除激烈情绪对调解之影响，借鉴劳动调解之"穿梭外交"、"预先单独会见"技巧，以期较好赢得各方当事人之信任与合作，了解各方当事人立场、主张以及情绪状况等情况，并协助双方确立争议关键，为谈判做好准备。其二，为鼓励更好地协商，努力达成协议，减少不必要的伤害，采取了劳动调解中通常采用的降低当事人期望值、强调不能达成协议之不利后果等多种技巧、方式。[13] 其三，调解过程中先前达成的协议可因后面的和解、让步而改变，所有协议事项以最后达成之协议为准。其四，调解员须精通谈判与纠纷解决并具有相关心理学及法学知识背景。其不仅协助纠纷解决，在当事人情绪阻碍调解进程时，还得予以常规性治疗。其五，鼓励调解员在调解过程中扮演积极指导角色，不死守中立，应确保谈判双方实力均衡，并以"当事人而非调解员或规则的公平价值理念"为协商公平保障（积极干预）的判断基础。如果当事人忽略其他家庭成员利益，调解员应予以告知，其目的是保证协商不脱离"正常程序之轨道"，而非对子女利益代表。[14] 其六，协议必须符合如下八个具体标准：财产全部公开；财产公平分割；无受害人；当事人直接、公开沟通；抚养权利受到保护；双方均探望子女；明确子女

---

① 美国著名家事调解专家（1932～1999），Haynes 调解培训学院主席、家事调解员学会（Academy of family mediators）创始人兼首任主席。其主要著作有 *Divorce Mediation: A practical guide for therapist and counselors*（New York: Spring, 1981）、*Mediating Divorce: A casebook of successful for family negotiations*（San Francisco: Jossey Boss, 1989）、*The Fundamental of Family Mediation*（State University of New York Press, 1994）等。

事务决策程序；保证主要亲属对子女之探望。调解员有权评估最终协议。如不符合，可出具不赞成书。

我们认为，对于劳务管理型调解，有如下几点值得关注：

（1）其是美国调解再兴运动的早期模式之一。在 20 世纪 70 年代之前，美国的家事纠纷通常是采取对抗性的诉讼机制，并由家事律师全面代理，少有调解之情形。但事实上，不少纠纷无须通过诉讼程序即可解决，即使诉至法院，很多最终也并未采取审判方式进行。特别是无过错离婚法以后，家事纠纷的非对抗性解决变成为大势所趋。在此情形下，私人调解实务机构积极借鉴当时已较为兴盛、完备的劳动调解制度来发展家事调解制度，可以说是为整个家事调解制度理论与实务的发展作出了重要的贡献。但不可否认的是，劳务管理模式的理念与家事调解存在很大差异，家事纠纷领域，当事人之间权力失衡、需要调解人员进行程序公正干预的情形并不多见，仅家庭暴力等少数场合存在可能。① 因此，适用范围的限定性导致劳务管理型调解在随后的进程中并未能够得到大的发展。

（2）规则的适当性。劳动调解与离婚调解的确具有许多相似性，如调解员角色：均是作为协调、促成者或催化剂，而不是权威人物（authority figure）；均旨在帮助当事人达成协议；均应保证程序公正，避免协商双方地位失衡；纠纷双方当事人均为团体成员，彼此关系具有长期性，其要求纠纷必须予以解决、合作性解决；协议涉及当事人之间未来关系。[15]但是，两者之不同也非常明显：首先，劳动关系纠纷与家事纠纷在人身属性方面存在差异。虽然两者都是具有长期性，要求合作，但前者有竞争有合作，后者则主要在于合作；前者纠纷多是财产性、利益性的，后者则多是身份性的、涉及伦理与情感；前者是自利性的，后者兼具社会性，需要考虑子

---

① 存在家庭暴力情形时，家事纠纷是否能够调解一直是理论争议的焦点，在美国各州立法对此规定也不一。即使可以调解，应采取何种形式，仍然存在诸多不同意见。对此，详见相关章节论述。

女以及社会因素。其次，规则存在差异性。例如，劳动调解可多次协商，并无绝对公平理念，而家事调解涉及身份关系不仅需要尽早、及时解决，还必须符合基本的公平理念，调解员不得不对协议之公正、合理性予以关注。即使是已经借鉴的一些规则，如穿梭调解、单独会见等，其适当性也是值得商榷的。事实上，Haynes 也承认穿梭调解、单独会见适用于家事调解领域存在一些不利因素。例如，单独会使调解员容易知晓当事人太多秘密，可能会影响调解有效进行，穿梭调解在家事领域应用可能会给予调解员太多权力，即使其操纵调解内容也难以察觉。[16]

(3) 关于调解员中立性规则的争议。就现代西方一般家事调解而言，调解员中立是调解的内核之一。与之不同的是，劳务管理型调解鼓励调解员在调解中扮演积极指导的角色，其不仅单独会见当事人，穿梭外交，而且积极劝说当事人妥协、让步，强调不能达成协议之后果，甚至主动采取措施来防止当事人“权力失衡”、对调解协议公正性予以审核等必然令人产生一些质疑：劳务管理型调解究竟是保障形式公正还是进行结果性干预？其是否有违当事人自主决策之基本宗旨？实质性意见的表达是否存在对当事人合意之戕害？这些都是劳务管理型调解发展进程中解不开的“结”。

(4) 调解员资质的高要求。如前所述，劳务管理型调解则要求调解员同时具有相关心理治疗、谈判以及法学知识背景，不仅协助纠纷解决，在当事人情绪阻塞阻碍调解进程时，还得予以常规性治疗。相比较而言，其他几种模式在处理情绪问题上则相对简便，要么适当借鉴心理治疗理念与技巧，要么配备专门的心理健康专家。因此，人员配备成为劳务管理型调解全面发展的重要因素。

3. 治疗型家事调解

很多家事调解均根植于心理治疗传统。但不同的是，治疗型调解是将家庭治疗的背景及训练、临床与治疗理论与技巧应用于家事调解服务的一种家事调解模式。其是在家庭治疗理念、制度的基础上融合问题解决型家事调解方法而成。

治疗型调解认为，家事纠纷当事人不能参与有效的问题解决，原因在于纠纷背后的心理因素（误解、情绪不稳定等）阻碍。一旦情感障碍得以有效处理，通过妥协互让，必定能达成双方当事人均能接受之公平协议。因此，该模式通常将问题局限在行为、感情因素以及相互关系方面，旨在通过治疗等措施，使纠纷当事人及其家庭关系得以系统性转变，直至理想地完全和解。[17]调解员使用人本主义、认知行为、家庭体系等治疗理论以及沟通、咨询等方面的实务技能，帮助当事人处理造成僵局之因素，以协助其做好参与协商准备。

该模式有两大标志：一是将情感问题置于纠纷解决的核心，直接通过心理教育、治疗予以干预，然后才处理实质性事项；二是以子女利益与需要为重点。[18]子女利益与意见被给予特别关注（如鼓励父母以子女最佳利益为首要考虑、帮助其从婚姻角色向父母角色转换），但是否让子女参与调解、如何参与调解，理论界对此看法不一，实务中通常由调解员根据需要具体决断。①

治疗型家事调解服务通常是由心理健康专家和咨询服务机构提供。通常，其是由一名心理健康专家担任调解员，有些也采取联合调解之方式由律师和心理健康专家组成调解团队，同时注重调解员之间的性别平衡，以有利于纠纷之解决。此模式中，调解员的角色是指导性的，其通常充当情感阻塞干预的治疗师，家庭成员利益方面的指导师，纠纷解决的协调者、推动者以及观念转变的倡导者等。因此，帮助当事人处理子女事项的调解员不仅要协助解决纠纷，而且应知晓家庭系统理论、儿童发展理论、咨询、策略性治疗等心理治疗知识与技能。[19]

因先后有不同学派的家庭治疗人士参与家事调解工作（如结构功能治疗师、策略治疗师等），并将不同的家庭治疗理念带入调解工作之中，因此，治疗型调解模式在具体发展过程中形成了不同

① 有的认为应当始终坚持让子女参与调解，有的则反对让子女参与调解，还有的认为应该具体考量。详见 Andrew I. Schwebel, Divorce Mediation: Four Models and Their Assumption about Changes in Parties' Positions, *Mediation Quarterly*, Vol. 11, No. 3, pp. 217。

的分支。大致而言，治疗型调解模式有如下两大主要分支模式：①

（1）Irving 和 Benjamin 创立之 TFM 模式。该模式是由 Irving 于 1980 年所首创，并经 Irving 和 Benjamin 20 多年的临床经验不断修正、完善，是目前最完整的治疗型调解模式。② 该模式旨在为愿意调解但尚未做好协商谈判准备的当事人提供沟通、咨询、治疗等帮助，以使其克服阻碍协商有效进行之不利心理因素，理性协商，尽可能在符合子女最佳利益的基础上达成协议、解决纠纷。[20]

其将调解分为四个阶段：调解评估阶段、调解准备阶段、协商谈判以及跟进。③ 评估阶段是此模式区别于其他模式的一个重要特征。此阶段，调解员在当事人一起参与前提下依据一定的评量因素对转介案件的调解适当性予以评估。该模式将案件分为三类：一是不适合调解类型（矛盾激烈、情绪愤怒、存在强迫、持续性家庭暴力、认知失常等情形），不予调解；二是适合调解，且当事人做好准备，这种可安排当事人直接进行谈判；三是适合调解，但一方或双方未做好谈判准备，则进入第二阶段——调解准备阶段，由调解员为当事人提供咨询、治疗服务，旨在使当事人克服心理障碍，抱着诚恳态度参与谈判。集调解专家、治疗专家等多种角色于一身的调解员，通过系统运用干预方法与技巧来帮助当事人转换角色。如果干预失败，案件将被转入司法程序；成功的话，则进入第三阶段，面对面地协商谈判。此阶段，调解员帮助当事人有效地谈判、

---

① 有的认为，还包括策略、结构功能模式等分支形态，详见 Alison Taylor，*The Handbook of Family Dispute Resolution*：*Mediation Theory and Practice*，San Francisco：Jossey－Bass，2002，pp. 126～127。

② Howard H. Irving 博士，中文名岳云，加拿大多伦多法学工作学院兼法学院教授，著名的实务治疗家和家事调解员，治疗型家事调解模式的先驱，加拿大家事调解委员会发起人、前主席。

③ 参见 Howard H. Irving and Michael Benjamin，*Family Mediation*：*Contemporary Issues*，USA：Sage Publications，Inc.，1995，pp. 151～152。其另一种说法是五阶段，即调解评估、调解准备、谈判、终止和跟进。See Howard H. Irving and Michael Benjamin，*Therapeutic Family Mediation*：*Helping Families Resolve Conflict*，USA：Sage Publications，Inc.，2002，pp. 36～40.

友好地解决争议问题、积极坚强面对离异事实、保持友好关系、把孩子放在首位等。① 当事人最终达成全部或部分协议的，由当事人签订非正式协议或谅解备忘录，并提交各自律师进行法律复核。若无异议，则制定正式协议，双方当事人签字即生效。

值得注意的是，为有效应对该模式在家庭暴力案件方面调解之不足、积极回应女性主义批评，Irving 和 Benjamin 针对调解中权力失衡、家庭暴力、强迫调解等现象发展出“女性主义回应型（Feminist - informed model）”治疗型家事调解模式，即将这些之前认为“不适宜”调解的案件纳入服务范围，并采取积极干预措施实现“增权”，以保证协商双方之地位平等、实力均衡；对于“适宜”调解的案件仍然按照一般治疗型调解模式处理。[21]

（2）困境导引模式（impasse - directive model）。基于困境导引治疗理念，Janet Johnston 等人形成了困境导引式的家事调解模式，有针对性地调解父母处于激烈冲突（high conflict）或存在家庭暴力情形并由此对子女造成感情伤害之离婚、分居案件。[22] 该模式以教育父母了解子女需求并提供直接的治疗为重心，以帮助其妥善处理冲突、积极改善互动关系。其与 TFM 模式一样，主要是结合治疗与调解精神，也采取“评估、调前咨询、谈判和执行”四阶段程序设计。不同在于：

第一，适用对象的特殊性。困境导引式调解主要为帮助产生激烈冲突的父母解决子女养育问题而设置，而并非以父母冲突解决为重心，尽管其客观上是以其为主要对象。从另一个角度来看，这些案件通常是 TFM 模式所排除适用的对象（女权主义回应模式除外）。

第二，对困境认识的独特性。其认为困境或持续性家庭冲突发

---

① 调解员此时应主要扮演三个角色：程序之协调者、问题解决之建议者、当事人状况之评估与干预者。倘若干预失败，其通常表明是评估失误，因此可返回调节准备阶段。Howard H. Irving and Michael Benjamin, Therapeutic Family Mediation: Fitting the Services to the Interactional Diversity of Client Couples, *Mediation Quarterly*, Vol. 7, No. 2, pp. 124 ~ 125.

生在三个层面：个人的内在互动层面（如视离婚为失败、痛苦、不光彩等传统认识对当事人自我意识的影响）、纠纷当事人双方的互动层面（如对对方的非理性认识与评价、处理彼此关系的敌对等）以及外在的互动层面（如家庭成员介入、“家族混战”等）。每一困境均存在于上述层面，因此，应有针对性提供、咨询、治疗等帮助。

第三，干预形式的多样性。困境导引式调解通常采取两种不同的形式：第一种是个别的，一个家庭有几次的治疗及调解面谈，该案件通常都是法院转介的、但是在本质上属于法院系统外的私人服务；第二种是团体式的，由若干个家庭一起参加几十小时的会谈。

第四，调解员资质的高标准。考虑到冲突的激烈性与严重性以及干预的高强度，想要有效解决子女监护、探望等纠纷，调解员必须充分利用治疗干预措施，有效导引当事人突破个人、双方互动等困境，清楚认识纠纷背后的心理障碍（非真实理解），并且充当子女利益的“代言人”，积极教育和帮助父母关注子女利益与需要并保证其不受或少受伤害。

4. 交流与信息型调解

交流与信息型调解系 Black 和 Joffee 于 1978 年最先提出。该模式认为，如果当事人在调解中能够自由获得必要的信息并彼此沟通交流的话，必能达成双方均可接受的公平协议。因此，其重心在于由律师和心理治疗师组成的调解团队中立性地为当事人双方提供必要的信息（法律方面的、协商谈判方面的、心理方面的）。具体而言，调解员实行分工、合作：由律师调解员提供法律建议，协助解决问题、负责起草协议以及其他协商事宜；治疗师调解员则负责提供心理咨询辅导以及沟通技巧，以期保证当事人在获得必要信息、及时沟通的基础上理性决策、合作性处理纠纷。[23]

过程方面，其首先设置了一个评估程序，以确保纠纷双方做好协商准备。如果当事人认为没有准备好，调解团队会举行 5 ~ 10 次会见以帮助其评估相关事项。准备妥当即开始正式讨论，双方当事人根据调解员的安排，分别就财产分割、配偶扶养、子女抚养与探望等事项予以协商。一旦达成协议，律师调解员负责起草协议、准备善后法律事宜，治疗师调解员通过交流、提供相关书籍等方式协助父母、子女适应关系转变，积极应对未来生活。至于不能达成协议应该如何处理，该模式并未具体考虑。

我们认为，实质上，其只不过是一种由律师与心理治疗专家合作之联合调解类型或曰跨学科调解方法，其具体操作程序、实务效果尚未见有专门研究成果。因此，其“模式”之称似是值得商榷。

类型二：促成型调解、评价型调解、转化型调解

根据问题解决之方式，家事调解模式可被分为促成型、评价型和转化型三类。实质上，此模式分类只是对实务模式的一种逻辑概括、理论总结（对价值、目标的描述），而非实务模式本身。① 例如，促成型调解主要是指以过程为目的（促进当事人理性协商）、以增权（增强当事人自主决定权）为中心、以问题解决为目标（达成双方均可接受之公平协议）的调解类型，因而，其实质是对程序调解模式（结构型调解）、阶段理论模式、问题解决型调解模式的总结、概括。因此，此处仅对其予以简要介绍，各类型主要内容可参阅前面具体模式的介绍及后表。

1. 促成型调解

如上所述，促成型调解所描述的是产生于20世纪六七十年代的那些调解模式，其是最早、最普遍的调解类型。但是，究竟何谓

---

① 有观点形象地将此分类、这些名称比喻为“标签（labels）”，总结自身工作与特点，区别其他类型的一个标志。参见 Bernard Mayer, Facilitative Mediation, In Jay Folberg, Ann L. Milne and Peter Salem edited, *Divorce and Family Mediation*: *Models*, *Techniques*, *and Application*, New York: The Guilford Press, 2004, p. 29。

促成型调解，西方调解文本对此并无统一认识。[①] 最初，其是调解员依据自己对问题界定的方式、扮演的角色而对自己归类而使用的一个词语，后来则被用于指代、称呼由此类调解员提供之调解服务模式。通常理解，促成型家事调解应具备如下几个主要特征：

（1）以过程为目的。促成型家事调解关注的是纠纷如何解决（过程）而不是决定谁对谁错或纠正以往之不公（结果）。其通常是在中立的第三人——调解员的帮助下由“同意与分歧、共同利益分析、形成选择以及考虑纠纷解决（妥协、互让）”等不同阶段组成的一个多阶段过程（multistage process）。

（2）以当事人为中心。促成型家事调解中，问题以及解决的责任都被视为当事人自己的事，由其自主定夺。调解员的作用不是告诉当事人双方应该如何解决纠纷，而是以增强当事人之自主权（empower）为宗旨，努力帮助当事人有效沟通、审慎决策。因此，调解员并不向当事人提供任何实质性意见或建议，不就案件结果发表个人观点或看法，也不预测将来审判结果。

（3）以沟通为方式。促成型家事调解中，当事人通常被视为一个整体予以考虑。调解员掌控联席会议，以使当事人更好地倾听彼此观点，并通过定期性会晤等，努力促使当事人基于沟通和谅解达成自主性的协议。

（4）以利益为基础。促成型家事调解中，协议的基础和主要评判标准是当事人的双方利益。调解员通过询问，帮助当事人知晓彼此的利益和利害关系，探寻双方立场中的共同利益，促使他们共

---

① 该术语由 Leonard Riskin 最先明确提出。其后 Lesson 和 Johnston、Phillips 以及 Zumeta 等对促成型调解予以各自不同的界定。See Leonard Riskin, Mediator Orientations, Strategies, Techniques, *Alternatives to the High Cost of Litigation*, 1994, Vol. 12, No. 9, pp. 111 ~ 114; Lesson and Johnston, Ending it: Dispute Resolution in America: Description, Examples, Cases, and Questions, Cincinnati, OH: Anderson, 1998, pp. 133 ~ 134; Phillips, B. A. The Mediation Field Guide: Transcending Litigation and Resolving Conflicts in Your Business or Organization. San Francisco: Jossey - Bass, 2001, p. 170; Zena Zumeta, Styles of Mediation: Facilitative, Evaluative, and Transformative Mediation, at: http://www.mediate.com/articles/zumeta.cfm/2009 - 10 - 10.

同合作，寻求最佳之解决方案。[24]

（5）调解员的非专业性。促成型家事调解在志愿纠纷解决中心时代发展而来。此模式中，志愿调解员来自于各行各业，无须掌握纠纷相关的实质性专业知识，而且通常没有律师参与。今天情况依旧如此，但是各种专业技能的调解员越来越多地参与到家事调解之中。

其不足在于：不提供实质性意见之规定易造成程序拖沓、增加额外费用，且调解协议易有违公正。

2. 评价型调解

随着调解之发展，律师参与调解的需要与机会不断增加，早先禁止律师参与调解的规定也随之发生诸多变革。律师不仅可以在调解中为当事人提供法律建议（如治疗型家事调解积极鼓励律师之参与、配合），而且，不少律师也成为专门的调解员。与之类似的还有退休法官等其他受过评价色彩较强的专业训练、具有相关经验的法律人士。“他们在传统的非指导性调解中很难得心应手，但他们擅长根据自己的经验或专门的法律知识，与当事人一起进行现实的探索，对可能作出的判决进行预测”；“因为他们认为，当事人在多数情况下希望听到某些权威人物对该案件如果在法院将会如何处理作出提示”。[25]因此，一种新型的、评价型调解程序应运而生。

该模式认为，调解员既要关注程序，也要关注实质结果。因此，该模式通常依据法定标准，为纠纷当事人提供实质性评估服务，意图指导和推动当事人尽可能地在“预期裁判结果”的范围内实现和解。

其大致有如下特点：一是调解干预的强力性。与促成型、转化型调解不同，① 该模式不仅关注程序，而且关注实质结果；调解员

① 促成型调解是典型的程序性调解模式，其并不关注案件的实质性内容，也不对案件利弊发表具体意见。尽管其也提供批评性分析，也采取一些策略鼓励当事人和解。转化型调解则更是严格以当事人自主决策为中心，严重遵循中立性。See Bush and Folger, *The Promise of mediation*, San Francisco: Jossey - Bass, 1994, p. 81.

不仅评估案件利弊、形成并向当事人提供选择方案建议，还对可能的法定裁判结果予以预测。[26]强力的干预程度使其在性质上具有一定的裁断性，比较类似于“仲裁”。二是调解员扮演了积极的、参与性的、决断性的角色。其不仅提供信息，建议和劝说当事人，而且利用专业技能影响谈判内容，预告将来审判结果。三是家事纠纷领域适用之争议性。评价型调解通常适用于金融保险等商业纠纷，家事纠纷是否适宜理论上一直存在争议。[27]实务中，也大多是用于处理夫妻财产等财产性家事纠纷，对子女监护、离婚案件等涉及身份的案件较少问津。

该模式不足有如下几点：一是性质上似有混淆调解与仲裁之嫌；二是不利于当事人自主协商、决策。例如，以法院预期裁判结果作为实质结果参照，一定程度上会阻碍当事人对调解之控制；三是存在侵害当事人利益之可能，如可能会出现说服、强制当事人接受解决方法之情形；四是调解员格外增添负担，背负维护评价公正性之责任。①

本文认为，此模式对调解实质性结果予以关注，实异于西方现代一般家事调解制度。其强力干预程度与劳务管理型调解相类似，其结果判断依据则与判断型调解十分相似。但并不就此得出该模式关注的实质结果，具有实质主义之特点。因为，相比较而言，评价型调解仅是将评价作为一种策略，而并非追求的目标（实质性结果）。其内在思维实质上与劳务管理型调解是一致的，仍然是以程序公正为基本理念。结果的预测只是为了增强协议结果之合法性。

3．转化型调解

20 世纪八九十年代，西方调解领域一直兴盛的促成型调解（程序型、问题解决型）等传统型调解模式遭到质疑，不仅“问题

① 关于其不足或“危险性”，可参见 L. Randolph Lowery, Evaluative Mediation, In Jay Folberg, Ann L. Milne and Peter Salem edited, *Divorce and Family Mediation: Models, Techniques, and Application*, New York: The Guilford Press, 2004, pp. 74 ~76。

解决方式”（帮助当事人界定问题、形成解决方案与协议）受到指责,① 整个模式都被认为是“取向不当”。② 于是，一些人士借鉴冲突转化理论（transformative conflict theory）在实务基础上形成了一种新的调解模式，称为“转化型调解”。这一模式提出后，迅速赢得很多家事调解员的认同。③ 但何谓转化型调解，此模式的建立者和倡导者们并未对其予以明确界定。通常认为，其包括如下主要内容：[28]

（1）调解之界定：调解被界定为“第三人帮助冲突当事人改善冲突相互影响，使之在探讨争论事宜及其解决的可能性时，从消极破坏性转为积极回应性的一种程序”。其特别强调当事人能够在较少干预下自主性寻求纠纷解决之价值。

（2）该模式将调解员定位于当事人态度的改变者，而不是改变当事人的行为；是协助转化当事人本身，而不是处理问题。因而，其主要的角色是通过增权（empowerment）和再认（recognition）帮助当事人实现向积极互动的转化，增强其理性思考、沟通

---

① 认为其给予调解员太多权力干涉、施压或者操弄过程，不仅“剥夺了当事人相互面对、通过自己的努力寻求纠纷解决的道德自治的机会”，而且由此达成的结果的持久性也很值得怀疑。当然，该观点也强烈反对那种由调解员指导当事人形成解决方案的指导性调解，强调发挥当事人自主性的作用，认为应该避免调解员介入当事人对利害价值以及解决问题方案的思考。参见范愉：《非诉讼纠纷解决机制研究》，100页，北京：中国人民大学出版社，2000。

② 该观点认为：纠纷解决的关键是人（纠纷当事人）而非问题（争执及相关事宜）；调解应以转化当事人为重心（积极促使其转变消极认识与态度），而不是以问题解决为目标、以程序为中心。See R Baruch Bush and J Folger, *The Promise of Mediation*, San Francisco: Jossey - Ball, 1994.

③ 许多调解员认同该模式之理念，原因在于：（1）传统调解模式不仅在功能上存在诸多不足，而且适用范围有限。更为关键的是，其并不能解释不能适用的原因。（2）经验表明，当事人的态度才是问题解决的前提和关键。See Alison Taylor, *The Handbook of Family Dispute Resolution: Mediation Theory and Practice*, John Wiley & Sons, Inc., 2002, pp. 131 ~ 132.

以及决策的能力。① 在引导程序进行时，必须严格保持中立，不得积极干预当事人之决策。

(3) 调解员的主要任务在于协助（而非替代）当事人理性思考、自主决策，以实现增权；鼓励（而非强迫）当事人尽最大努力对对方观点产生新的了解，以实现再认。至于当事人是否能够达成和解，则主要是当事人自己的职责。[29]

该模式最大的问题在于：第一，其更多的是一种观念上的变革，至今未有固定的程序，也未有如何具体实施之示范。程序的非正式导致其难以获得制度性的大范围推广。② 第二，可能会出现程序拖延且无果而终。另外，还存在混淆咨询与调解功能之嫌。

类型三：叙事型家事调解（narrative models）

1. 概述

随着后现代主义的发展，其在西方社会文化中的影响越加强大，家事调解也不例外。新的理念导致家事调解呈现出越来越多的后现代性。叙事型家事调解即是后现代主义家事调解之典型代表。

顾名思义，叙事型家事调解是指叙事型调解模式在家事领域之

---

① 冲突转化理论认为，冲突通常导致冲突者产生虚弱感（sense of weakness，如失控感、精神混乱、怀疑、犹豫不决等）并因此“以自我为中心”（self - absorption，如过于敏感、超强自我保护意识、多疑、对对方观点通常抱敌对、专横的态度）。因此，必须逆转这一下旋局面，使其由弱变强（strong），从自我为中心转变为积极与他人联络、沟通、回应（responsive）。冲突转化理论中，外界干预、帮助使其由弱到强的转化称为“增权”，从自我中心到积极回应的转化成为“再认”。帮助当事人实现这种转化即转化型调解所追求的主要目标。See Bush，R. A. B. What do We Need a Mediator? Mediation's Value - added for Negotiation. *Ohio State Journal of Dispute Resolution*，Vol. 12，pp. 1 ~ 36；Bech，A. T. *Prisoners of Hate*：*The Cognitive Basis of Anger*，*Hostility*，*and Violence*，New York：HarperCollins，1999；Goleman，D. Emotional intelligence. London：Bloomsbury，1995；Della Noce，D. J. Seeing Theory in Practice：An Analysis of Empathy in Mediation，*Negotiation Journal*，1999，Vol. 15，No. 3，pp. 271 ~ 301.

② 该模式目前仅有一些概念或观点性的程序操作指引。例如，Folger 和 Bush 提出的“当事人自主决策”、“面谈互动”等概念，详见 Folger J. & Bush. R. Transformative Mediation and Third - Party Intervention：Ten Hallmarks of a Transformative Approach to Practice，Mediation Quarterly，1995，Vol. 13，No. 2，pp. 263 ~ 278。

具体应用。叙事型调解是从叙事型治疗（narrative therapy）发展而来的一种后现代主义的调解模式。① 模式由美国加利福尼亚州大学的 John Winslade 教授等人创立，其整体思路是鼓励、帮助（家事）纠纷当事人通过故事叙说，重现及解构冲突，并积极寻求理想的解决结果。[30] 相比于叙事疗法的广泛接受与传播，叙事型调解仍属于调解的新兴类型，由 John Winslade、Gerald Monk 以及 Alison Cotter 等人在新西兰调解实务中予以体验、发展。[31]

2. 具体内容

叙事型调解的独特在于其哲学理论基础：该观点认为没有客观的现实，只有主观的真实，其是藉由我们的语言建构起来的。因此，世界具有多重真实、多种叙说。冲突只是不同观点、不同故事以及不同的意义彼此交错的一个交集点。冲突的解决需要破除既有思维假设（社会主流叙说），通过一个彼此可以公开的对话空间，让当事人一起建立一个不同于既有（产生冲突的事实或社会主流事实）的新故事、新事实（当事人所希望、所追求的结果）。[32]

叙事型调解历程大致可分为三个主要阶段：使当事人进入状况；重现以及解构“冲突故事”；建构一个改变冲突的替代性故事。但值得注意的是，该调解模式的过程阶段并非十分抽象，也并未有严格的先后次序，有时可能前后变动。

叙事式模式最大特征在于调解员的角色和功能的独特性：

（1）独特的角色定位。调解员应积极介入叙事活动，成为当事人伙伴，而不是中立第三人（专家、促谈者、信息给予或指导者）；对当事人故事感兴趣、积极鼓励他们对话并给予反思性提

---

① 叙事疗法由澳大利亚的 Michael White 和新西兰的 David Epston 等人于20世纪七八十年代首创，并发起影响深远的“叙事”运动。例如，其主张“问题的外化”：人一旦与问题清楚分开，即能观察问题与人的互动，究竟是谁对谁的影响更大；人的生活就是展现其真实生活经验的故事，一旦两者不一致，必然会产生问题。因而重述便成为问题解决的关键、治疗的主角。参见 Michael White and David Epston, *Narrative Means to Therapeutic Ends*, New York: W. W. Norton & Company, 1990; White, *M. Maps of narrative practice*. New York: W. W. Norton & Company, 2007。

问，让当事人有机会反思、审慎决策。当然，调解员对每位当事人均是同等尊重的，认同当事人的自我决策权。①

（2）独特的功能重点。调解员有几项重要任务，一是帮助冲突的双方保持希望，相信只要双方努力就可以产生一个独特的结果（增强当事人的信心）；二是创建一个良好的对话空间（单独会见或联合会谈），鼓励当事人以负责任的态度主动叙说、积极反思并最终达成协议（促进当事人之间的信任）。

叙事式模式用于家事的调解，其主要优点如下：一是采取系统的观点看待夫妻及家庭，同时采纳多重角度的观点；二是适宜于人际关系上的纠纷解决。该模式认为当事人本身不是问题，问题本身才是问题，因此，注重区分问题与人，重点帮助当事人了解其冲突是如何产生的（矛盾产生的社会背景），在反思中、合作中妥善解决纠纷（注重寻求双方当事人的共同利益，努力实现双赢结局）。

不足在于：首先，其成功前提系于当事人对这样的哲学假设的认同（撇开常态社会的主流世界观、专家文化）。其次，对如何叙事替代故事未有详尽研究。最后，对调解员个人能力依赖性大。为了能够重现以及解构冲突故事，从而产生一个改变冲突的替代性故事，调解员必须对叙事模式的哲学背景以及主动反思的历程有较为深入的了解，并与当事人一同经历，建立信任、和谐、相互尊重的关系。[33]为此，这种模式中的调解员必须经过适当的训练、掌握独特的技能。可以说，整个模式成败系于调解员一身。

三、西方家事调解模式之简要总结及其启示

（一）西方家事调解模式之简要总结

作为一种非对抗性的干预机制，西方现代家事（离婚）调解严格遵循“家事纠纷尽量由当事人自主决策，鼓励和解”的基本

---

① 也有些观点认为这种模式实际上抛弃了一般调解所要求的中立性。See J Millen and S Cobb, Toward a new discourse for mediation: A critique of neutrality, (1991) 9 *Mediation Quarterly* 151.

理念。因此，其通常不对夫妻是否应该离婚、分居等身份关系予以调处，[①] 而是建立在假定当事人已经同意离异这一基础之上；其不对离婚求全责备，也不以和好为目标，[②] 而是旨在营造一个公平、合作的过程，为其提供必要的帮助以促使当事人在平等基础上理性协商、审慎决策，并最终就婚姻关系解除涉及之各项事宜达成双方均满意之协议并自觉自愿遵守。鼓励父母把孩子的最佳利益放在自己的利益之前。

其假设前提是，只要当事人理性协商、合作，其势必能够形成双方均可接受的公平协议。[③] 因此，要保障这一形式公正，必须克服消除阻碍协商正常、有效进行之不利因素，促使纠纷当事人在信任、合作、友好、理性的基础上自主协商。不同模式的差异在于其对阻碍当事人达成双方均能接受之公平协议之原因认识上。其具体不同如下表所示：

---

① 依迈克尔·努尼的说法，“调解是利益导向性、问题解决导向性的，从而避免了身份导向性的谈判。”参见［英］迈克尔·努尼：《法律调解之道》，杨利华、于丽英译，7页，北京：法律出版社，2006。

② 不以和好为目标并非是说其不鼓励和好，调解程序设置之本身客观上就给了纠纷当事人一个和好的机会。换言之，为当事人创造和好机会是任何家事调解模式的基本目标之一。参见 Howard H. Irving，Michael Benjamin，*Therapeutic Family Mediation*：*Helping families resolve conflict*，2002，p. 17。其只是说让当事人自行和好，而不是劝说、强迫当事人接受这一结果，后果显然有违背形式公正、中立以及当事人自主决策之嫌。

③ 调解中，谈判通常都是建立在如下假设前提基础之上：纠纷当事人能够理性思考与行为；其对纷争事项清楚了解；对“理想”结果有较好的认识；明确自己的立场。Howard H. Irving and Michael Benjamin，Family Mediation：Contemporary issues，USA：Sage Publications，Inc.，1995，p. 165.

表1　不同调解模式的差异

项目 模式	障碍因素	策略重心
结构型	不合理规则（对抗性诉讼模式；代理人全面代理）	重心放在规则上，意图通过一系列合理规则保障当事人自主决策，减少对抗、增强合作。
劳务管理型	谈判双方实力失衡、地位不平等	保障当事人在平等基础上自利性协商，意图通过调解员的积极斡旋、指导，代表子女利益、评价协议公正性等形式来强化合作、促使双方让步。
治疗型	纠纷背后的心理因素（误解、不信任、情绪不稳定、攻击冲动等）	帮助当事人处理影响纠纷有效解决之情绪、心理问题，意图通过咨询、具有心理治疗属性之技巧进行情绪阻碍干预，以期跨越心理障碍，理性合作，妥善应对当前以及今后生活之变化。
交流与信息型	信息不对称或缺乏沟通	由律师和心理治疗专家组成的调解团队为当事人双方提供必要信息、心理咨询辅导、法律帮助以及沟通技巧，以期保证当事人在获得必要信息、及时沟通的基础上理性决策、合作处理纠纷。
叙事型	社会基本价值观或主流叙说（实质是权力垄断）	重心在于破除既有认识定势，主动叙说、积极反思并最终达成协议，意图通过和当事人一起解构冲突故事，并建构一个不同改变冲突的替代性故事。

其他具体制度差异，如调解员角色与资质要求，当事人情绪处理方式，律师、子女在调解中的地位等，详见相关主题论述，这里不再赘述。

（二）西方家事调解模式之启示

如上所述，不同模式区分的最大价值在于其对调解使命之认识。各个模式基于自身的理念，在调解体系、执业规则、专业要求等方面均存在诸多不同。厘清认识，把握宗旨，有利于对调解本质及其制度内容之科学认识。我们认为，家事调解类型之区分，有如下问题需要注意：

第一，理论与实践之冲突。各个模式在理论上可谓泾渭分明，实践中却常常彼此相互交错，甚至同时并存。而且，各个模式虽然存在形式之差异，但在最终的目标（当事人之自主、合作以及妥协）、调解员的角色（帮助当事人采取各种方式解决争议、表达相关当事人之需求、经过协商形成最终的书面协议）、帮助性干预之性质上具有共通性。因此，模式区分之意义需要审慎对待。

第二，模式的多样化与调解之本质。调解与其他专业之结合导致调解实践模式的多样化，另外，其也面临着“调解的本质究竟是什么”的追问。而且，多样化的调解实践模式使得调解的基础性原则日益模糊。

特别需要注意的是，东西方调解在解决纠纷上存在很多共同特征，但其本质上的差异是最为显著的。简言之，东方调解注重实质性公正，因而通常以结果为重心，不仅要求解决纠纷，而且旨在秩序恢复（婚姻家庭秩序、社会秩序等），通过说服、教育化解纠纷（分是非、评曲直、讲情理）。而西方现代调解更关注形式公正，注重当事人自主决策，调解通常不进行实质性干预（讲求和好，但不以其为调解目标），而是力保程序有效进行，当事人能够理性协商，友好、合作地就双方关系解除后相关事宜安排达成双方均能接受之协议并自愿自觉遵守。这一显著差异根植于对调解本质之认识、体现对家事纠纷处理之态度，决定东西方调解在具体制度设计上存在诸多不同之处。对此，在比较分析、制度借鉴时，不可不察、不得不慎。

第三，调解实践形式之发展与立法选择。随着实践的发展，新型调解模式不断涌现。这将不可避免地对相关立法、司法实务提出严峻挑战并引发训练、认证以及实践标准方面的问题。例如，法院强制当事人参与调解时，该采取何种模式？是尊重当事人选择还是法院依职权认定？其是否有告知当事人不同模式之义务？①

第四，中国语境下，家事调解模式区分之意义。模式的多样化，一是表明该制度理论与实务之成熟，二是体现实现同一宗旨的不同路径选择。中国当前实践之定位、未来发展路径之抉择究竟如何，这些问题甚为关键，不仅影响我们对家事调解制度宗旨、性质之认识，而且很大程度上制约着该制度在中国背景下的前途与命运。

就中国当前家事调解来看，一是从理论上深入研究外国调解模式的不多；二是凡提及调解，若不是法院调解与人民调解，甚至一些地方所谓的“多元化纠纷解决”，就是法院、行政管理、治安、社会团体加上人民调解组织成员“荟萃”，体现出鲜明的“身份（成分）定主体、定模式”之特点；三是现在的各种调解组织少有明确之理念、理论和制度构架，既有文献不少都是“实务技巧”（多是法律规定和一些沟通技巧，外加域外制度介绍），具有理论基础的实务模式和实证研究较为少见。

如上种种，无不表明，我们的家事调解制度尚需要理论滋养、制度充实和实证根基。事实上，体现中国传统文化特色的教化型家事调解（传统社会之民间调解）曾享誉世界、被称为“东方经验”。传统的民间模式究竟如何在中国衰落？其基本缘由何在（婚姻家庭理念、制度因素还是社会原因）？面对一直热议的法院调解，我们究竟应该如何看待其性质、理念与功能？我国香港地区发展现代家事调解制度时，大力引入西方治疗型家事调解模式，并称之为“适用于华人家庭的理论与实践”。果真如此吗？上述种种无不关系着中国家事调解制度的理论解析与制度建构，甚有深思之必要。

---

① 美国密歇根州某法院规则，允许法官命令当事人参与促进型家事调解而不是评价型家事调解。

参考文献

[1] Alison Taylor, *The Handbook of Family Dispute Resolution: Mediation Theory and Practice*, John Wiley & Sons, Inc. , 2002, p. 106.

[2] Dorothy J. Della Noce, What Is a Model for Mediation Practice? A Critical Review of Family Mediation: Contemporary Issues, *Mediation Quarterly*, Vol. 15, No. 2, p. 136.

[3] Dorothy J. Della Noce, What Is a Model for Mediation Practice? A Critical Review of Family Mediation: Contemporary Issues, *Mediation Quarterly*, Vol. 15, No. 2, pp. 133 ~ 141.

[4] Andrew I. Schwebel, Divorce Mediation: Four Models and Their Assumption about Changes in Parties' Positions, *Mediation Quarterly*, Vol. 11, No. 3, pp. 211 ~ 214.

[5] S Robert, *Three models of family mediation*, in R Dingwall and Eekelaar (eds), Divorce Mediation and the Legal Process, 1988, p. 144.

[6] Alison Taylor. *The Handbook of Family Dispute Resolution: Mediation Theory and Practice.* San Francisco: Jossey – Bass, 2002, pp. 104 ~ 145.

[7] Jay Folberg, Ann L. Milne and Peter Salem (ed.), Divorce and Family Mediation: Models, Techniques, and Application, New York: The Guilford Press, 2004, pp. 29 ~ 128; Laurence Boulle. *Mediation: Principles, Process, Practice* (Second edition). LexisNexis Butterworths, Australia, 2005, pp. 43 ~ 47.

[8] Coogler O. J. *Structured Mediation in Divorce Settlement: A Handbook for Marital Mediators.* Lexington, Mass. : D. C. Heath. 1978.

[9] Susan M. Brown, *Models of mediation*, in James C. Hanson. *Divorce and Family Mediation*, USA: Aspen Systems Corporation, 1985, pp. 49 ~ 50.

[10] Marital mediation rules of FMA. In Joan Blades, *Family Mediation: Cooperative Divorce Settlement.* Prentice – Hall, Inc. , Englewood Cliffs, New Jersey, 1985, pp. 136 ~ 143.

[11] Alison Taylor, *The Handbook of Family Dispute Resolution: Mediation Theory and Practice.* San Francisco: Jossey – Bass, 2002, p. 119.

[12] Andrew I. Schwebel, Divorce Mediation: Four Models and Their Assumption about Changes in Parties' Positions, *Mediation Quarterly*, Vol. 11, No. 3, p. 216.

[13] Vanderkooi, L. & Pearson, J. Mediating divorce disputes: Mediator behaviors, styles and rules. *Family Relations*, Vol. 32, No. 4, 1983, pp. 577 ~ 566.

[14] Susan M. Brown, *Models of mediation*, in James C. Hanson. *Divorce and Family Mediation*, USA: Aspen Systems Corporation, 1985, p. 57.

[15] Markowitz, James R. Mediation in labor disputes and divorces: A comparative analysis, *Mediation Quarterly*, No. 2, p. 69.

[16] Haynes J. M. *The Fundamental of Family Mediation*, State University of New York Press, 1994, pp. 61 ~ 63.

[17][英]迈克尔·努尼:《法律调解之道》,杨丽华、于丽英译,9页,北京:法律出版社,2006。

[18] Hanson James C., *Divorce and Family Mediation*, USA: Aspen Systems Corporation, 1985, pp. 50 ~ 51.

[19] 岳云(Howard H. Irving)编:《家事调解:适用于华人家庭的理论与实践》,袁英丽等译,90页,北京:中国社会科学出版社,2005。

[20] Howard H. Irving and Michael Benjamin, Therapeutic Family Mediation: Fitting the Services to the Interactional Diversity of Client Couples, *Mediation Quarterly*, Vol. 7, No. 2, pp. 115 ~ 116.

[21] Michael Benjamin and Howard H. Irving, Toward a Feminist – informed Model of Therapeutic Family Mediation, *Mediation Quarterly*, 1992, Vol. 10, No. 2, pp. 129 ~ 152.

[22] Johnston J. and Roseby, *In the Name of Child: A Developmental Approach to Understanding and Helping Children of Conflicted and Violent Divorce*, New York: Free Press, 1997; Johnston J. and Campbell L. *Impasse of Divorce: The Dynamics and Resolution of Conflict*, New York: Simon and Schuster, 1988.

[23] Black, M. and Joffee W., A Lawyer/Therapist Team Approach to Divorce, *Conciliation and Courts Review*, 1978, Vol. 16, No. 1, pp. 1 ~ 5; Joseph L. Steinberg, Towards an Interdisciplinary Commitment: A Divorce Lawyer Proposes Attorney – Therapist Marriages or, at the Least, an Affair, Journal of Marital and Family Therapy, Volume 6 Issue 3, pp. 259 ~ 268; Jan Mark Dudman, Co – Mediation with Attorney and Marriage Family Therapist, at http://www.divorcenet.com/states/california/comediation_with_attorney_and_family_therapist/, 访问日期:2009 – 12 – 12。

[24] Bernard Mayer, Facilitative Mediation, In Jay Folberg, Ann L. Milne

and Peter Salem edited, *Divorce and Family Mediation: Models, Techniques, and Application*, New York: The Guilford Press, 2004, pp. 32 ~ 33.

[25] 范愉:《非诉讼纠纷解决机制研究》,100 页,北京:中国人民大学出版社,2000。

[26] Riskin, L. L. Understanding Mediators' Orientations, Strategies, and Techniques: A Grid for the Perplexed. Harford Negotiation Law Review, Vol. 1, pp. 7 ~ 51; L. Randolph Lowery, Evaluative Mediation, In Jay Folberg, Ann L. Milne and Peter Salem edited, *Divorce and Family Mediation: Models, Techniques, and Application*, New York: The Guilford Press, 2004, pp. 80 ~ 84.

[27] Alfini, J. J. and Glay, G. S. Should Lawyer Mediators Be Prohibited from Providing Legal Advice or Evaluations? Dispute Resolution Magazine, 1994, Vol. 1, pp. 8 ~ 9; Love, L. P. The Top Ten Reasons Why Mediators Should not Evaluate, Florida State University Law Review, 1997, Vol. 24, pp. 937 ~ 948, etc.

[28] Robert A Baruch Bush and Sally Ganong Pope, Changing the Quality of Conflict Interaction: The Principles and Practice of Transformative Mediation, *Pepperdine Dispute Resolution Law Journal*, 2002, Vol. 3: 67.

[29] M Dewdney, Transformative Mediation: Implications for Practitioners, 2001, 12 ADRJ 20.

[30] John Winslade and Gerald Monk, *Narrative Mediation: A New Approach to Conflict Resolution.* San Francisco, CA: Jossey – Bass, 2000; John Winslade and Gerald Monk, *Practicing Narrative Mediation: Loosening the Grip of Conflict*, CA: Jossey – Bass, 2008, etc.

[31] Toran Hansen, The Narrative Approach to Mediation, at http://www.mediate.com/articles/hansenT/,访问日期:2009 – 10 – 12。

[32] John Winslade and Richard Cohen, Narrative Mediation: Waikato mediation service's answer to community concerns, theoretical shifts and practical demands, [1995] WkoLRev 5.

[33] Alison Taylor, *The Handbook of Family Dispute Resolution: Mediation Theory and Practice.* San Francisco: Jossey – Bass, 2002, p. 137.

美国虚拟探望制度及其启示*

陈思琴**

目　次

互联网以联通身处世界各地的人们而著称，最近也被运用到父母离婚后子女监护与探望事务的处理当中，成为虚拟探望（virtual visitation）的主要方式。虚拟探望，作为维持子女与非居住父母①之间更多联系和交流的途径，主要适用于子女与非居住父母各处在不同国家或城市的特殊情况下，作为现实探望（physical visitation）受地理限制时的补充探望。特别要指出的是，现实探望仍是维持离婚亲子关系的常态方式，虚拟探望仅是补充和进一步增进亲子联络的方式。

一、美国有关虚拟探望的立法与实践

（一）概念

虚拟探望，是指借助电子邮件，即时通信工具，网络摄像头以

---

* 本文系作者2010年"西南政法大学博士学位论文"的节选。

** 陈思琴，女，法学博士，南昌航空大学文法学院讲师。

① 非居住父母，是指离婚后未能与子女共同居住的父母一方。

及其他的网络工具，为非居住父母和其子女之间提供定期交流的一种探望方式。[1] 其中，视频交流代表了虚拟探望最主要的交互形式。此外，文本式的邮件可以快速帮助子女与非居住父母传递相互之间的信息，视频邮件现在也允许人们记录并发送他们的视频片段。即时消息允许使用者在互联网上进行打字式的对话。照片可以通过邮件、网站以及照片共享即时交换。网站和博客越来越成为传统剪贴簿和日志的电子替代品。这些技术可以为非居住父母广泛使用，以保证与孩子的联系，并能生动形象地向子女传递父母的爱与关怀。

（二）产生背景

高度的流动性是现代社会的一个典型特征。据估计，2003 年的美国，约有 1800 万的孩子是父母分居或离婚的，此外有 1700 万孩子的父母是从未结过婚的……在所有孩子中至少有 25% 其父母生活在不同的城市。[2] 在分居或离婚后的 4 年内，75% 的单亲妈妈至少迁移一次，在这些数量中有一半以上还会再迁移。其结果是，近 1000 万儿童与其父母另一方没有实际上的面对面的交流。[3] 虚拟探望正是在这样的一种时代背景下产生，成为离婚后父母一方（主要是指监护父母一方）拟携带子女一起迁移案件的一种解决方法，作为现实探望受限的补充方式。正是基于此特殊的“出身”，才使虚拟探望在其被使用的价值或动机上受到部分学者、法官或律师的质疑。①

（三）美国部分州的相关判例

美国部分州法院在其司法实务中，已建立起与此有关的意义深远的一些判例。1997 年，在纽约 Lazarevic v. Fojelquist 案中，当母亲想要带孩子迁往沙特阿拉伯时，法院裁决双方当事人使用网络作为父亲与孩子之间直接交流的方式。② 2000 年，在得克萨斯州 Chen v. Heller 案中，监护父母带着两个女儿从得克萨斯州搬到新

---

① 对于这些质疑及反驳意见，在后文中会详有介绍。

② Lazarevic v. Fojelquist, 668 N. Y. S. 2d 320 (1997).

泽西州。法院要求父母双方在各自的家里装上网络视频。对于有关子女的任何特别大事，监护父母要提前30~45天通知非监护父母，如果非监护父母不能参加，监护父母应将事件过程录下来并将磁带送给非监护父母。① 同年，在西北地区法院的一起监护纠纷中，法院判决，在可行的情况下，被告应有与未成年子女自由通话和网络交流的权利。② 2001年，新泽西州 McCoy v. McCoy 案中，上诉法院推翻了一个阻止离婚母亲带着女儿迁往加利福尼亚州的判决。法院认为，通过虚拟探望，父亲可以每天和女儿交流，甚至辅导她做家庭作业。重要的是，虚拟探望只是亲自交往的补充，亲自交往并没有因此减少。法院还指出，母亲利用网络视频使父亲与子女之间进行交流的方式是具有创新性的。③ 同年，在 Burke v. Burke 案中，田纳西州上诉法院支持了初级法院的裁决，要求监护父母安装互联网视频交流系统以便利非监护父母与子女的交流。法院认为，虚拟探望是独一无二的、具有超前性的、切实可行的非传统交流方式。④ 2002年，康涅狄格州 Armstrong v. Armstrong 案中，法院判决授予原告主要的身体监护，其带着子女迁往芝加哥符合子女最大利益。除了传统的探望方式外，法院还建议，当事人应考虑在被告与子女之间采用网络探望或视频技术交流。⑤ 同年，犹他州 Michael Gough 离婚案中，Gough 的前妻想带着4岁的女儿搬到威斯康星州。Michael 的工作在犹他州，尽管两个州之间隔着距离，但他很想与女儿保持这种重要的关系。Gough 带着他的两个摄像头来到法庭，向法庭陈述视频会议技术如何简单，可以让他和女儿以非常低的成

---

① Chen v. Heller, 759 A. 2d 873 (N. J. Super. Ct. App. Div. 2000).

② In re Marriage of Thiegles, 623 N. W. 2d 232 (Iowa Ct. App. 2000).

③ See, e. g., McCoy v. McCoy, 764 A. 2d 449, 454 - 55 (N. J. Super. Ct. App. Div. 2001).

④ No. M2000 - 01111 - COA - R3 - CV, 2001 WL 921770, at *1, *7 (Tenn. Ct. App., Aug. 7, 2001).

⑤ Armstrong v. Armstrong, Docket No. FA010828168 - S (Hartford Super. Ct. July 25, 2002).

本保持联系。尽管法官对这个新技术不是很熟悉，Gough 说服法庭准许他除可依传统的探望权行使方式探望子女外，还可依虚拟探望方式与子女交往。[4] 在马萨诸塞州、蒙大拿州、密歇根州、爱荷华州、路易斯安那州、北达科他州和纽约州，法院在类似案件中也支持使用虚拟探望。[5]

（四）美国部分州的相关立法

2004 年，犹他州成为第一个通过立法，授权法官在离婚判决中允许虚拟探望的州。依该州的立法规定，在技术合理可得的情况下，父母被要求允许和鼓励以电话和网络进行交流。① 此外，佛罗里达州、得克萨斯州和威斯康星州，也已通过立法承认虚拟探望；还有七个州已经起草了法案，如加利福尼亚州、密歇根州、俄亥俄州、新泽西州等。[6] 所有对虚拟探望进行立法的四个州都特别指出，互联网的交流不是现实的亲职时间的替代。例如，《佛罗里达州法》第 61.13003 条明确说明，电子交流仅可用来作为父母与未成年子女面对面交往的补充，不能被用来替代面对面的接触。② 所以，非监护父母即使是定期与子女通过互联网交往，也不能以此作为逃避现实探望的正当借口。犹他州还认识到，虚拟探望可能不是对每个人都合适，所以认定其使用仅在合理可行的情况下，在这个限制性的前提下，如果虚拟探望技术超过了当事人的能力或财力所

---

① Saige's Law, 2004 Utah Laws 321 at 30 – 3 – 33(14): each parent shall permit and encourage, during reasonable hours, reasonable and uncensored communications with the child, in the form of mail privileges and virtual parent – time if the equipment is reasonably available, provided that if the parties cannot agree on whether the equipment is reasonably available, the court shall decide whether the equipment for virtual parent – time is reasonably available, taking into consideration: (a) the best interests of the child; (b) each parent's ability to handle any additional expenses for virtual parent – time; and (c) any other factors the court considers material.

② Fla. Stat. § 61.13003(4)(2007): (1) in connection with proceedings under this chapter, a court may order electronic communication between a parent and a child... (4) electronic communication may be used only to supplement a parent's face – to – face contact with his or her minor child. Electronic communication may not be used to replace or as a substitute for face – to – face contact.

及范围，法院不会要求父母都使用这一技术。① 总之，这些成文法有效地向父母和法官传递着一个明确的信息，那就是虚拟探望仅可以作为现实探望的一个补充。

（五）关于虚拟探望的争论

反对者认为，虚拟探望不应作为非监护父母与子女进行交流的方式，其原因主要包括：第一，在监护父母迁离现居住地的案件中，虚拟探望可能被法院不当使用，其结果是使子女被迁离非监护父母的行为正当化。例如马萨诸塞州法院的一起案件中允许监护父母迁到纽约，以虚拟探望代替非监护父母本来每周日的定期探望。非监护父母的辩护人认为，这些离开的妈妈（爸爸）使用网络技术，使其从孩子的生活中消失，这种令人担忧的放松监护父母迁居要求的趋势，就是被虚拟探望所加剧的。[7] 第二，担心虚拟探望成为父母子女现实交往的替代。“很难让人确信，在计算机监视器上彼此见面可以和父母的一个拥抱相比，或者在屏幕上秀一个棒球赛的奖品可以和父母在比赛现场相比。”[8] 第三，一些律师担心，由于父母在家里通过网络就可以与子女交流，会使得他们缺乏动机去买昂贵的机票或开长时间的车亲自去看他们的孩子。[9] 第四，虚拟探望为监护父母干扰非监护父母的探望提供了无数的机会，因为此类技术的使用通常取决于父母另一方的同意或帮助，在监护父母不配合的情况下，非监护父母就可能无计可施。“今天很多离婚的父亲常为在预定的探望时间被告知孩子要去见牙医或参加生日聚会而不能见孩子的情况感到头痛。在虚拟探望的时代，监护父母的摄像头将可能冒出非常多的技术问题，维修店将可能以异常慢的速度修理。当这种监护父母干预子女与非监护父母交流的情况出现时，非监护父母只有倾其所有再回到法院寻求帮助。但是，很多法官可能会做的是，仅对妈妈们处以蔑视法庭的惩罚，因为其没有维修其电脑。”[10]

对于反对者的第一个理由，支持者认为，虚拟探望并不成为允

---

① Saige’s Law, 2004 Utah Laws 321 at 30 - 3 - 33(12).

许监护父母迁移的理由，它只是已迁移的子女与非居住父母继续保持交往的方式，法院是否允许迁移通常是以子女最大利益作为判断标准。对于反对者的第二个理由，支持者认为虚拟探望并不是以放弃现实交往为条件，而是在现实探望的基础上采用的辅助手段，当然在现实探望无法实现的情况下，虚拟探望成为主要的交流方式，但这总比与子女没有任何联络要好得多。对于反对者的第三个理由，支持者认为，父母参与是靠自我强化的，因此，父母越多地与子女通过虚拟网络进行交流，父母会越想与子女有更多的现实交流。[11]

二、虚拟探望制度的价值及功能

（一）有利于弥补面对面地探望的机会较少的缺憾

父母离婚后，其中一方或者双方可能迁往另一个城市或国家，迁移造成的直接影响是子女与父母其中一方在地理上的相距，这种距离的远近直接影响到子女与非居住父母之间面对面探望的次数。子女与非居住父母同城居住时每周探望的可能，在其中一方异地甚至异国居住时变成一种梦想，每月探望都可能成为奢望，当然不排除在子女假期时非居住父母可能因此而享有更长时间的探望作为补偿。虚拟探望，尤其是网络视频可以让子女与非居住父母即时看到彼此的模样、动作，可以即时对话，非居住父母可以看到子女的每一个细节变化，甚至可以辅导子女做作业；子女也可以向非居住父母展示自己的现况，虚拟探望的即时性和生动形象性的特点可以有力地促进亲子间的相互了解和交流，避免因地理差距而无法现实探望或现实探望的次数或时间受到限制所可能造成的亲子交流的阻隔与中断。

（二）有利于持续维持子女与异地非居住父母之间的亲子关系

子女与非居住父母之间亲密关系的建立，不是一蹴而就的，也不是时断时续的交往能够实现的，它需要日积月累的努力，需要非居住父母与子女持续性的联系和交往才能得以保持并日渐加深。而且，非持续性的时断时续的现实探望只会让子女感到陌生，非居住父母几个月甚至几年没有联系后突然出现在子女面前，突兀地请求探望，只会让子女心生排斥甚至焦虑和害怕。持续性的联系和交往才有助于离婚后亲子关系的维持和增进，在非居住父母与子女异地相距的地理障碍下，这种持续性交往受到挑战。电话和书信往来是解决持续性阻碍的传统方法，但电话的非画面性和书信的耗时性使其探望功能部分受限，而互联网的盛行无疑为异地居住的子女与非居住父母之间关系的持续维持开创了一个新的纪元，虚拟探望的便利性和成本低耗性的特点，为离婚后异地相距状态下的亲子关系的持续稳定发展提供了既合理可行又快捷形象的通途。

（三）有利于刺激异地非居住父母支付子女抚养费的意愿

有研究证实，子女探望和子女抚养费用之间存在着强而有力的正向关系。[12]离婚后的非居住父母在探望子女受阻的情况下，通常易停止支付抚养费，也即是表明，探望权的顺利行使通常会使非居住父母更易于按时支付抚养费；此外，也有多数非居住父母是借助支付抚养费的时间与子女见面交往。在异地而居的情况下，现实探望明显受到限制，也不可避免地成为影响非居住父母抚养费支付意愿的一个因素，而虚拟探望的实现，在一定程度上可以实现非居住父母的探望意愿，确保其与子女之间的交流，确保其亲子关系持续维持，对促进其抚养费的及时和主动支付具有正面的积极的刺激功能。

三、完善我国探望权制度之立法启示

（一）虚拟探望引进之必要性

第一，人口流动性增强的现实社会的需要。在我国，虽然没有关于子女与离婚父母异地相距的精确的统计数字，但在工业社会和市场经济环境下，人员的流动性已毋庸置疑，尤其是在各地区发展极不平衡的社会环境下，父母离婚后为追求新的生活或新的机会，可能会离开原居住城市，子女与非居住父母异地居住的情况也绝不会太少。在子女与非居住父母异地相距时，由于时间、交通、经济条件等诸多因素的限制，探望次数和时间因此非常局限，探望次数之间的间隔相对较长，不利于增进亲子关系的质量，也不利于持续维持亲子之间的情感。在这种背景下，在探望权的行使方式上引入虚拟探望具有现实必要性。

第二，地方法院已开创性地尝试判决虚拟探望。在我国，也有地方法院作出过有关虚拟探望的判决。2009 年，在珠海香洲区人民法院一起探望权纠纷案件中，因为居住父母和子女在外国居住，法院支持了非居住父母虚拟探望和现实探望的请求，即非居住父母每三至四年可出国探望小孩一次，每半个月可与小孩通电话一次 10 分钟以及网络视频一次 20 分钟。[13] 虽然只是一起个案，但却开创了我国在探望权诉讼中法院引入新型的探望权行使方式的先河。尽管在现实生活中，这种方式已可能为部分异地而居的非居住父母使用，作为与子女保持交往以及了解子女成长过程的便利方式，但在法院判决中出现此种探望方式，珠海法院属第一例。

（二）采用虚拟探望的可行性

首先，虚拟探望所需设备的成本较小，使该探望方式具有经济上的可行性。今天，建立虚拟探望所需要的技术容易获得，其实施成本是民众普遍能接受的。建立虚拟探望系统所需要的全部费用，包括电脑设备、摄像头和组合音响，在科技发展的今天，这种全新的设备 3000 元即能满足，如果是二手的设备其成本会更低。对很多已经拥有电脑并且联网的人来说，建立虚拟探望系统所需要的不过是个摄像头和麦克风。财产较少的父母，可以利用遍及城镇各个角落的网吧实现虚拟探望。

其次，虚拟探望所需技术水平较低，使该探望方式具有现实的可行性。在中国城市生活的绝大多数父母是能够掌握这项技术的，在子女 10 岁以后（甚至更小的时候），基本上就能自行使用网络与非监护父母保持联络了。不过，该探望方式对于生活在农村的父母和子女可能仍有实施的难度，主要表现在资金、技术还是在可获得性上。因此，法院在裁定虚拟探望时，须考虑到该方式为当事人使用的合理可行性。

（三）通过探望权行使方式之司法解释引入虚拟探望

我国《婚姻法》第38条规定，离婚后不直接抚养子女的父或母，有探望子女的权利，另一方有协助的义务。行使探望权利的方式、时间由当事人协议；协议不成时，由人民法院判决。由此可以说明，我国立法对探望权行使方式持开放的态度，但未作具体细化的规定，只授权当事人协议或法院自由裁量适用。这种立法模式的优点在于，认识到探望权行使方式的多样性和难以穷尽性，立法很难通过列举方式作出穷尽的规定。其缺点在于，由于我国是成文法国家，立法未对探望权行使方式作出列举，当事人和法院通常会感觉到缺乏指引，这也导致国内多数离婚纠纷裁判文书较少涉及探望权，即使涉及探望权行使，通常亦只裁定“父母一方享有探望权”，但却不具体裁定探望权行使方式的原因之一。而这又进一步导致在探望权执行过程中，执行人员因为探望权判决过于笼统使其执行依据不详而难以执行。[14]由此认为，我国可以透过司法解释，对探望权行使方式作进一步的补充，以例示的方法规定探望权行使的方式，即可保持其外延的开放性，亦可为法院裁定探望权行使、为父母行使其探望权利提供更为具体的引导。即使在一个比较静态的社会中，人们也从来没有创造出能预料到一切可能的诉讼并预先加以解决的、包罗万象的、永恒不移的规则。当人类关系每天都在改变时，也就绝不可能有持久不变的法律关系，只有流动的、弹性的或有限度研究性的法律制度，才能适应这种人类关系，否则社会发展就会受束缚。[15]因此，在通过司法解释对探望权行使方式作出补充规定时，应首先以列举的方法规定探望权行使的通常方式，解决在我国探望权行使安排的实证考查中发现的问题——法院仅象征性地在离婚裁判文书中判决“父或母享有探望权”，事实上造成离婚父母探望权难以实现的困境；然后再以概括的方法为探望权行使方式的多元和扩充留下弹性空间。建议通过司法解释作出补充规定：“婚姻法第38条规定的‘探望权行使方式’，是指子女与父母或与之关系亲密的其他亲属之间维持交往与进行交流的方式，包括亲自见面、共同居住、电话、电子邮件、即时消息、网络视频以及可供相互交流的其他形式。”

(四) 司法适用时应注意的问题

第一，应特别注意到，虚拟探望仅可以用做父母现实探望时间的补充。防止虚拟探望被非居住父母滥用，避免虚拟探望成为现实探望的替代品。

第二，必须意识到，虚拟探望并不见得适合所有的案件。尽管大多数人有机会接触到网络，虚拟探望仍应是灵活的、富有弹性的，应该考虑到父母、子女以及实际的情况。

参考文献

[1] Elisabeth Bach – Van Horn, *Virtual Visitation: Are Webcams Being Used as an Excuse to Allow Relocation?*, in 2 Journal of American Academy of Matrimonial Lawyer(2008), p. 172.

[2] Carol R. Flango, *Science and Technology for Judges Trends in* 2003: *Virtual Visitation – Is This a New Option for Divorcing Parents*, in 2003 Report on Trends in the States Courts, 2003 p. 21. available at

http://www.ncsconline.org/WC/Publications/KIS_CtFutu_Trends03_Pub.pdf. 访问日期:2009 年 12 月 10 日。

[3] Sarah L. Gottfried, Note, *Virtual Visitation: The New Wave of Communication between Children and Non – Custodial Parents in Relocation Cases*, in 9 Cardozo Women's Law Journal, (2003), p. 570.

[4] Nora Lockwood Tooher, *Divorced Dad Leads Drive For 'Virtual Visitation'*, Law. Weekly USA, Dec. 15, 2005 at 1, available at

http://www.internetvisitation.org/pdf/lawyers%20weekly%20USA_Dec_05.pdf. 访问日期:2009 年 12 月 10 日。

[5] Sarah L. Gottfried, Note, *Virtual Visitation: The New Wave of Communication Between Children and Non – Custodial Parents in Relocation Cases*, in 9 Cardozo Women's Law Journal, (2003), pp. 584 ~ 589.

[6] Elisabeth Bach – Van Horn, *Virtual Visitation: Are Webcams Being Used as an Excuse to Allow Relocation?*, in 21 Journal of American Academy of Matrimonial Lawyer(2008), p. 180. [citing Internetvisitation.org, Legislation, http://internetvisitation.org/web_pages/legislation.html (last visited September20, 2009)](no-

ting that Utah, Wisconsin, Florida, and Texas currently have virtual visitation legislation in place).

[7] Glenn Sacks & Dianna Thompson, *No Virtue in Virtual Visitation*, Boston Globe, July 12, 2002, at A15, available at http://www.ncsconline.org/WC/Publications/KIS_CtFutu_Trends03_Pub.pdf. 访问日期:2009 - 12 - 10。

[8] Kenneth Waldron, *A Review of Social Science Research on Post Divorce Relocation*, in 19 Journal of American Academy of Matrimonial Lawyer (2005), p.352.

[9] David Welsh, *Virtual Parents: How Virtual Visitation Legislation Is Shaping the Future of Custody Law*, in 11 Journal of Law & Family Studies (2008), p.222.

[10] Glenn Sacks & Dianna Thompson, *No Virtue in Virtual Visitation*, BOSTON GLOBE, July 12, 2002, at A15, available at http://www.ncsconline.org/WC/Publications/KIS_CtFutu_Trends03_Pub.pdf. 访问日期:2009 - 12 - 10。

[11] Joyce A. Arditti, *Child Support Noncompliance and Divorced Fathers: Rethinking the Role of Paternal Involvement*, in Sandra S. Volgy(eds.), Women and Divorce/Men and Divorce, 1991, pp.109 ~ 110.

[12] Seltzer, Judith A., Schaeffer, Nora C. and Charng, Hong - Wen. *Family Ties after Divorce: The Relationship between Visiting and Paying Child Support*, in 51 Journal of Marriage and the Family (1989), pp.1013 ~ 1031.

[13] 陈国超:《前夫讨要海外儿子探视权》，载《珠海特区报》，2009 - 04 - 16 (A5)。

[14] 江苏省高级人民法院民一庭:《江苏省法院婚姻家庭案件审理若干问题的调查报告》，167 页，载黄松有主编:《民事审判指导与参考》(总第 31 集)，北京:法律出版社，2007。

[15] 徐国栋:《民法基本原则解释——成文法局限性之克服》，151 页，北京:中国政法大学出版社，1992。

硕士学位论文摘登

论儿童在离婚法中的主体地位*

唐　明**

目　次

男女缔结婚姻关系，愿以终生共同生活为目的；若因婚姻关系已经无可挽回的破裂，彼此无法继续共同生活，法律应给予不幸婚姻当事人适当的救济措施。夫妻作为婚姻的缔结者、维护者，当然有权利决定婚姻的死亡。然而，在社会意义上，许多儿童成为了不幸婚姻的最大受害者。同时，离婚时涉及的问题除了解除婚姻关系以外，还包括子女的抚养与探视、子女财产的析出与管理、子女权利的救济等问题。① 因此，儿童并非离婚的不相关者，他们应该对

---

* 本文系作者2010年“西南政法大学硕士学位论文”的节选。

** 唐明，男，法学硕士，工作单位：山东省东阿县人民法院。

① 在一些学者的著作中，离婚法的调整范围大致包括：夫妻身份关系、夫妻财产关系、父母与子女的人身、财产关系等法律关系。参见陈苇主编：《婚姻家庭继承法学》，221~283页，北京：群众出版社，2005；余延满：《亲属法原论》，294~379页，北京：法律出版社，2007。我国现行《婚姻法》第4章“离婚”中亦规定了以上法律关系。

父母的离婚行为有自己的利益诉求。我国离婚法对离婚亲子关系的规定注意到了对子女利益的保护，[①] 但没有将子女作为权利主体，因而对子女利益的保护是不充分的。作者旨在通过论证儿童在离婚亲子关系中的主体地位，为研究父母离婚时儿童权利的保护提供一个不同的出发点，从而使得离婚亲子关系问题的研究体系更为完整和深入。

一、确立儿童在我国离婚法中主体地位的必要性

（一）离婚制度的部分规定体现父母本位

1. 登记离婚制度的体现

我国《婚姻法》第31条以及《婚姻登记条例》第11、13条共同构成了我国的登记离婚制度。在我国的离婚登记程序中，虽然《婚姻法》第31条规定，双方申请离婚时，“婚姻登记机关查明双方确实是自愿并对子女和财产问题已有适当处理时，发给离婚证”。但对婚姻登记机关如何“查明”及何为“适当处理”没有作出相关的规定。《婚姻登记条例》虽要求离婚当事人须对子女的直接抚养方、子女抚养费等涉及离婚后子女利益的问题达成一致协议。但《婚姻登记条例》既没有要求当事人所达成的有关子女抚养问题的协议必须符合子女的最大利益，有利于子女的健康成长，也没有要求婚姻登记人员对这一协议进行合法性审查。根据行政机关法无明文授权不得为之的原则，婚姻登记机关只能对夫妻双方提供的文件进行形式上的审查，而无权对其进行实质审查。

我国的登记离婚制度充分体现了婚姻自由，具有尊重当事人意思自治以及人文性的特点。从这一指导性思想出发，婚姻登记机关仅负形式审查的义务，对离婚不做任何实质审查。只注重了保障离

---

① 本文中“儿童”、“子女”均为不满18周岁的未成年人。在一般社会环境中相对于成年人而言，宜称为“儿童”，而在亲子关系范畴中相对父母而言，宜称为“子女”。“儿童”、“子女”只是由于参照对象不同而造成了表述上的不同，两者的指向与含义应为一致。

婚自由，没有关切到离婚时家庭中弱势者的权益，特别是对那些没有任何选择权利的未成年子女，法律没有保护或救济措施。

2. 诉讼离婚调解制度的体现

《婚姻法》第32条第2款规定了诉讼离婚调解制度，“人民法院审理离婚案件，应当进行调解；如感情确已破裂，调解无效，应准予离婚”。法官在当事人自愿的前提下，在查明事实、分清是非的基础上对离婚案件进行调解，法官不仅要对当事人是否应当离婚进行调解，更应当对当事人离婚后的法律效力，如财产如何分割、债务如何清偿、子女由何方直接抚养、子女抚养费的分担等诸多问题进行调解，并对当事人达成的协议内容进行合法性审查。在理论上，即使经过调解当事人已经达成协议的，只要法官认为该协议不符合法律规定，或不符合法律的公平正义原则（包括双方的协议明显违反儿童的利益时），就有权否定该协议，进入判决程序。[1]但夫妻双方对此予以规避也是非常容易的，既然双方的离婚协议法院不予认可，那么为了达到双方的目的，经双方协商，原告完全可以撤诉，然后夫妻双方通过登记离婚达到自己的目的。

（二）抚养制度的部分规定对儿童利益保护不足

1. 确定直接扶养方时儿童参与程度不足

我国《婚姻法》第31条规定婚姻登记机关查明双方对子女问题“已有适当处理”时就可以发给离婚证，而对怎样处理才算“适当”并没有明确规定。在具体的操作上必然会对“适当”的理解产生分歧，让人难以确定是父母认为该问题的处理已经达到了“适当”的程度即可，还是该协议在实质上对子女是适当的。2003年《婚姻登记条例》第11条及第13条则将要求进一步降低为对子女抚养“协商一致”、“达成一致处理意见”。结合以上两条可以看出，子女的抚养问题完全是由父母决定的，子女对这项涉及其一生的重大问题毫无发言权。尽管1993年最高人民法院《关于人民法院审理离婚案件处理子女抚养问题的若干具体意见》（以下简称《子女抚养意见》）第5条规定，父母双方对10周岁以上的未成年子女随父亲生活还是随母亲生活发生争执的，应当考虑该子女的意见。但这一规定首先预设了限制性前提条件，即父母就确定子女直接抚养方未能达成一致协议；其次仅适用于诉讼离婚程序，父母通过行政登记程序离婚时无须征求子女的意见。

2. 确定直接抚养方时没有优先考虑儿童利益

《婚姻法》第36条第3款规定："离婚后，哺乳期内的子女，以随哺乳的母亲抚养为原则。哺乳期后的子女，如双方因抚养问题发生争执不能达成协议时，由人民法院根据子女的权益和双方的具体情况判决。"《子女抚养意见》第3条第1、3项规定："对两周岁以上未成年的子女，父方和母方均要求随其生活，一方有下列情形之一的，可予优先考虑：（1）已做绝育手术或因其他原因丧失生育能力的；……（3）无其他子女，而另一方有其他子女的"。据此，法院主要依据父母的具体情况判决由何方直接抚养子女，而未优先考虑儿童的利益，故仍是"父母本位"的体现，这与《儿童权利公约》的精神及"子女本位"的立法趋势不相符。[2]这种做法使得父母离婚后对亲子关系中子女利益的判断与衡量丧失了应有的地位与作用，客观上造成对离婚后子女的法律保护力度的减弱，与对未成年子女保护的现实需要、国际上加强对儿童权利保护的立法趋势严重背离。

（三）离婚财产分割时对儿童利益保护不足

1. 现行立法缺乏对儿童财产权的保护

我国现行立法及司法解释对如何界定儿童财产性质及如何处置呈空白状态，对父母离婚后怎样保护儿童财产问题亦无明确规定。在处理离婚案件对夫妻共同财产进行分割时，如何体现及保护儿童利益规定得过于抽象原则，无具体措施。我国《婚姻法》及最高人民法院的两个司法解释对于离婚财产分割时如何照顾子女利益没有作具体规定。正是由于立法缺陷，导致儿童的财产不能得到法律的应有保护，特别是在父母离婚分割共同财产时，常常将儿童的财产混入夫妻共同财产，一并予以分配，从而侵害了儿童的财产权。[3]由于儿童欠缺行为能力，因此，只能承担这种不利的后果。

2. 现行立法对抚养费及其监管规定不足

在夫妻双方离婚后，未直接抚养方支付的抚养费在本质上来说也属于儿童的财产，是为儿童的生存和发展而由直接抚养方暂时管理的财产，儿童的直接抚养方对此只有有限的处理权。由于法律没有明确儿童的主体地位，致使部分父母常以为儿童利益之名行自己享用之实。我国《婚姻法》第37条第1款规定："离婚后，一方抚养的子女，另一方应负担必要的生活费和教育费的一部或全部，负担费用的多少和期限的长短，由双方协议；协议不成时，由人民法院判决。"该条款没有明确规定儿童对抚养费具有所有权，仅针对父母对子女抚养费负担作了原则性的规定。但对父母离婚后，如何将抚养费真正落实及运用到子女身上，以及当抚养费被直接抚养方挪用甚至侵占时如何救济缺乏规定和保护措施。子女直接抚养方因为没有法律的约束及缺乏监管，可以随意地支配、使用抚养费。因此，抚养费可能根本就没有用于子女的抚养及教育，而可能被用以满足其本人的需求，这样必然影响儿童的基本需求和健康成长，并且侵害了儿童的合法权益。[4]

二、儿童主体地位的体现与实现

（一）儿童在离婚法中主体地位的体现

民法是权利法，它通过对主体设定权利的方式，赋予主体追求权利的自由，同时在主体的权利受到侵害的时候给予法律保护。在离婚中，对儿童保护的前提是确立儿童的主体地位，并赋予儿童相应的权利。因此，我们应当分析儿童在离婚中到底具有哪些权利。儿童是独立的民事主体，在民事生活中享有一系列的民事权利。儿童在离婚中享有的权利正是其在离婚中民事主体地位的体现。总结起来，儿童在离婚中的权利主要有以下几个方面：

1. 子女的受抚养权

父母作为子女生命的给予者，在子女来到这个世界时，便将自己置于一种责任关系——对子女的养育职责中。[5]父母对于未成年子女的抚养是无条件的，法律中关于父母对于子女的抚养义务，是法定的强制性义务。同时，父母对子女的抚养也是人类得以繁衍生存的必备条件。子女受抚养的权利不得放弃或让与，也不得被剥夺。夫妻双方不得因其婚姻关系的变化及是否与儿童生活在一起而免于对儿童的抚养义务。受抚养权是儿童在家庭及离婚时所享有的最基本的权利，是其生存与发展的前提。[6]

2. 与父母及其他亲属的交往权

未成年人与父母及其他亲属正常交往是他们情感、生活的需要。同时，家庭也是最适合子女生存及成长的地方，出于子女的最大利益考虑，子女应当在家庭中生活。在完整的家庭中出生及成长的子女，可以得到父母双方的照顾与关爱，从有利于儿童健康成长的角度，家庭应尽可能地保持稳定。显而易见，这与离婚自由形成明显的冲突。父母离婚后，抚养方式发生了变化，子女不再与非直接抚养方一起生活，受时间和空间的影响，与非直接抚养方及非直接抚养方的近亲属之间的交流变得困难，对儿童来说能与他们经常交往变得更加珍贵。因此，应保护未成年人与其父母及其他亲属的交往权。

3. 表达自己意愿的权利

未成年子女虽然不具有完全的民事行为能力，但在家庭中及父母离婚时有表达自己意愿的自由和权利。儿童表达自己意愿的权利是儿童按照自己的本性表达思想和与人交流的方式，是儿童主体地位的根本性的表现。儿童表达自己意愿的权利对维护儿童的精神及身体的健康发展具有基础性的作用。

4. 子女的财产权利

子女是独立的民事主体，依法享有财产权利。未成年子女对其接受赠与的财产、通过知识产权取得的财产、用自己的资金购置的财产、通过自己劳动获得的财产等享有财产权。由于其未成年，通常由父母或其他监护人对其财产进行管理。在父母离婚时，应当首先将儿童的财产分割出来，避免夫妻分割财产时将儿童的财产也予以分割。

（二）儿童在离婚法中主体地位的实现机制

徒法无以自行，法律制定后必须由法律适用机关将法在社会生活中予以落实。权利也是如此，必须通过权利人的行为才能将权利的内容予以实现。由于儿童是无民事行为能力人或者限制民事行为能力人，其欠缺意思能力，不能在自己的意思支配下通过法律行为实现法律规定的各项权利。基于此，应当设计合理的机制以实现儿童在离婚中的各项权利。

1. 儿童的民事权利通过父母的代理行为得以实现

《民法通则》第12条规定："10周岁以上的未成年人是限制民事行为能力人，可以进行与他的年龄、智力相适应的民事活动；其他民事活动由他的法定代理人代理，或者征得他的法定代理人的同意。不满十周岁的未成年人是无民事行为能力人，由他的法定代理人代理民事活动。"第16条第1款规定："未成年人的父母是未成年人的监护人。"根据《民法通则》的规定，未成年人的父母是未成年人的当然监护人，其监护资格从未成年人出生时起当然取得，无须履行任何手续和程序。监护人是被监护人的法定代理人，有权代理被监护人进行民事活动，也有权同意或撤销被监护人实施的与其年龄、智力、精神健康状况不相适应的民事行为，在被监护人合法权益受到侵害或者与人发生争议时，还有权代理其进行诉讼活动。

法律之所以赋予父母代理儿童进行民事行为的权利有其充分的理论依据：首先，父母抚养未成年子女的本能和欲望是保证父母代理行为对儿童有利的生物学基础。父母可能是最合适的并且他们也是最有动力养育子女的人。孩子不但是夫妇生物上的结合，同时也给夫妇性格上的结合提供了媒介；父母通常把孩子看成是自我的一部分，在父母的眼中，子女是父母理想自我再来一次重生的机会。[7]这些都使得父母有着抚养子女的本能冲动。正是这种利他的冲动保证了父母在为子女进行代理时从子女的利益出发。其次，子女与父母利益上的一致性是保证父母代理行为对儿童有利的道德基础。家庭成员间具有共同的利益，夫妻双方作为家庭这个组织的成员，会为了实现家庭作用的最大化而分工协作。这种利益上的一致性，使得父母会尽量增加孩子的利益，从而在代理儿童进行民事活动时，会从其最大利益出发。最后，父母的相互制约是保证父母代理行为对儿童有利的监督机制。在孩子与父母共同生活的情况下，父母双方可以相互制约，由于父母和儿童利益上的一致性，对儿童的代理行为，双方应当协商确定。父母一方若实施了对儿童不利的代理行为，另一方也必然承担由此带来的不利后果，基于自利的本能，父母一方若发现另一方实施了对儿童不利的代理行为，必然会及时制止。

2．离婚时父母的代理行为难以保障儿童的权利

在离婚时，家庭面临着解体，夫妻双方丧失了共同的利益。对儿童的代理事项是通过双方利益的制约来实现的，即双方基于各自的利益衡量提出一套解决方案，然后不断地化解双方的分歧，最后达成一致意见。由于儿童只能同夫妻一方共同生活，出于利己的本性，许多情况下一方会为了自我利益的最大化，而尽量减少另一方所能得到的利益。在儿童与父母共同生活的家庭中，儿童与父母的利益基本上是一致的。但在离婚时，父母个人的利益与子女的利益出现了分化。例如，在分割财产时，由于子女的个人财产不再由夫妻双方共同管理，不与子女共同生活的一方希望将子女的财产也列入共同财产中予以分割；在支付给儿童抚养费时，由于抚养费支付的越多意味着自己可支配财产减少的越多，自己生活水平下降的越大，因此不与儿童共同生活的一方会尽量争取少支付抚养费。

如同前文所述，之所以赋予父母代理儿童进行民事行为的权利是因为其存在着牢固的基础。在离婚时上述基础发生了动摇，因此有必要引入儿童利益的监护机关，对父母进行监督，对父母损害儿童利益的行为予以纠正；在父母双方的决定侵害儿童利益时，作为儿童的代表人保护儿童的利益。

3．监护机关与父母的协作实现儿童在离婚中的主体地位

父母享有对儿童进行代理的权利具有生物学及法理上的依据，如果父母都有可能侵害儿童利益，那么我们就难以确保与儿童不存

在血缘纽带的监督机关更能保护儿童的利益。因此，在大多数情况下，仍然由父母代理儿童实现其法律权利。只有在父母双方的决定明显违背儿童最大利益原则及父母一方明显违背儿童最大利益原则对方不予制止的情况下，监督机关才能从幕后站出来，代理儿童，实现儿童最大利益。

综上所述，一个实现儿童主体地位机制的框架应包括如下内容：第一，赋予婚姻登记机关对离婚协议中有关儿童的事项予以实质审查的权利，当发现夫妻双方的协议明显违背儿童最大利益原则时，应当书面通知当事人到法院诉讼离婚并告知不予办理的理由。第二，法院在审理离婚案件时，应当以儿童最大利益原则作为审判的指导。当发现双方的协议明显违背儿童最大利益原则时，应当通知儿童监护机关参加到诉讼中来，代表儿童参加诉讼。第三，儿童监护机关发现父母一方的行为严重违背儿童最大利益原则时，应当通知另一方父母，当该方父母对另一方的行为放任不管时，可以代表儿童提起侵权诉讼；发现父母双方的行为严重违背儿童最大利益原则时，应当通知父母及时纠正，当父母拒不改正时，可以代表儿童提起侵权诉讼。

三、国际公约及外国法对离婚中儿童主体地位的规定

（一）确立儿童最大利益原则，明确儿童在法律上的主体地位

承认儿童在家庭中独立的法律地位是世界许多国家的通例，也是联合国《儿童权利公约》的基本要求。联合国《儿童权利公约》第3条规定，关于儿童的一切行动，不论是由公私社会福利机构、法院、行政当局或立法机构执行，均应以儿童的最大利益为首要考虑。第12条规定，应确保有主见能力的儿童有权对影响到其本人的一切事项自由发表自己的意见，对儿童的意见应按照其年龄和成熟程度给予适当地看待。在联合国《儿童权利公约》框架下，儿童作为权利的主体得以保护，不再作为单纯的服务和施舍对象或保护措施的被动受益者来对待。《儿童权利公约》带动了许多国家亲属立法由“父母本位”发展为“子女本位”。

1989年修订的《英国儿童法》规定，法院处理与儿童利益有关的任何问题时，儿童的福利应是法院的首要考虑。在立法用语上，最关键、最实质性的变革之一就是用“家长责任”这一理念替代“家长权利与义务”,① 用“居住令”和“联络令”分别取代“监护令”和“探视令”。英国儿童法将父母监护改称为父母责任，强调儿童具有主体地位，强调父母的身份是责任而非权利，这些责任是父母不能推卸的，而且是必须履行的。1975年《澳大利亚家庭法》第7部分关于儿童的章节，从儿童权利和父母责任两个方面对有关儿童的处理作出了原则性的规定，这一方面通过向儿童赋权增强了儿童的主体地位，体现了对儿童的尊重与保护；另一方面，有利于父母履行责任，并指导法官依法裁决儿童抚养、监护问题。[8]这些立法在立法理念、法律术语、名称、体例上的变化均体现出父母子女法律地位平等，子女具有独立的主体地位、子女最大利益的立法理念。

（二）明确儿童在离婚中的权利

1. 与父母和其他亲属的交往权

儿童与父母及其他亲属的正常交往是他们情感、生活的需要，也是他们获取知识的一个重要途径。在父母离婚时，由于父母不再生活在一起，对儿童与其父母及其他亲属的交往权的保护更为重要。联合国《儿童权利公约》中规定，儿童有权同父母双方经常保持个人关系和直接联系。②《俄罗斯联邦家庭法典》③ 及《德国民法典》④ 均规定子女有权与父母的任何一方交往。上述法律是从

① 1989年《英国儿童法》第一部分第3条规定：父母责任（parental responsibility）是父母对其未成年子女及其财产的所有权利（rights）、义务（duties）、权力（powers）和责任（responsibility）及权威（authority）的总称。以父母责任（parental responsibility）取代父母权利（parental power），并取消监护权的概念。

② 1989年联合国《儿童权利公约》，第10条。

③ 参见《俄罗斯联邦家庭法典》第55条。鄢一美译：《俄罗斯联邦家庭法典》，载《外国婚姻家庭法汇编》，北京：群众出版社，2000。

④ 参见《德国民法典》第1684条。郑冲、贾红梅译：《德国民法典》，北京：法律出版社，1999。

儿童具有独立的主体地位的角度作出的。对于儿童来说，由于其是独立的主体，在父母离婚后当然有探望父母的权利；当父母的探望行为不利于子女的成长时，可经家庭法院的裁判对该探望行为予以限制。

2. 表达自己意见的权利

儿童虽然不具有完全的民事行为能力，但在家庭中及父母离婚时有表达自己意愿的自由和权利。联合国《儿童权利公约》规定，凡涉及诉讼时，均应给予儿童参加诉讼并阐明自己意见之机会；应确保有主见能力的儿童有权对影响到其本人的一切事项自由发表自己的意见，对儿童的意见应按照其年龄和成熟程度给予适当地看待。儿童应有机会在影响到儿童的任何司法和行政中，以符合国家法律诉讼规则的方式，直接或通过代表或适当机构陈述意见。[①]

3. 儿童的财产权利

儿童是独立的民事主体，依法享有财产权利。儿童对其接受赠与的财产、收益的财产、通过知识产权取得的财产、用自己的资金购置的财产、通过自己劳动获得的财产等享有财产权。由于其未成年，通常由父母或其他监护人对其财产进行管理。例如，《德国民法典》关于父母对于未成年子女的财产加以管理、以子女的资金购置财产、用于投资以及对子女财产收入的使用做了详细的规定。[②] 许多国家法律在规定子女享有财产所有权的同时，对于父母如何管理、使用未成年子女的财产，可否对未成年子女的财产享有收益权、处分权等，也作了详细规定。在父母离婚时，应首先将儿童的财产分割出来，避免分割财产时将儿童的财产也予以分割。

（三）儿童权利的保护措施

1. 特定机关对当事人离婚协议的审查确认

为保护当事人、子女和家庭的利益，当事人达成的离婚协议，

---

① 1989年联合国《儿童权利公约》，第8、12条。

② 参见《德国民法典》第1640～1649条。郑冲、贾红梅译：《德国民法典》，北京：法律出版社，1999。

国家以公权力予以干预，授权一定机关进行审查确认。对于当事人达成的离婚协议，有些国家规定由法院审查确认；有些国家规定须经授权的行政机关确认；有些国家还规定，有关机关有撤销或者驳回协议离婚的权利。[9]瑞士和法国的法律规定离婚协议需经法院审查确认。

2. 对协议离婚进行适当限制

家庭是最适合儿童生存的地方，出于儿童的最大利益考虑，儿童应当在家庭中生活。许多国家在允许夫妻协议离婚的同时，对其设定了限制性条件，目的是尽可能地维护婚姻关系的稳定，避免因婚姻过于轻易地解除而对儿童造成的损害。这些限制措施主要有：第一，设立离婚考虑期。夫妻双方协议离婚时，登记机关并非当场准予其离婚，而是规定在进入离婚程序前，双方需经过一段时间的考虑期。例如，《法国民法典》第231条规定，夫妻双方如坚持离婚的意愿，法官应向双方指出其申请应在3个月的考虑期以后重新提出。如在考虑期届满后6个月内未重新提出申请，该共同申请即失效。第二，双方须无未成年子女。《俄罗斯联邦家庭法典》第19条第1款规定，没有共同的未成年子女的夫妻协议离婚时，在户籍登记机关办理。有未成年子女者须经诉讼程序离婚。

3. 设立子女代表人保护儿童利益

在离婚诉讼中，有些夫妻可能争执的焦点只是财产分割问题，儿童的利益可能因此被忽视。此时父母可能不再是儿童利益的最佳代言人，如仍然完全由父母决定与儿童利益有关的事项，可能会对儿童产生不利的后果，因此国家应当适当地介入。例如，英国的监护诉讼中，除无须监护人亦可保护儿童利益的情形，法庭必须为儿童指定诉讼监护人。诉讼监护人作为未成年子女的代表参加离婚诉讼，向法官就子女的监护、抚养等问题提出符合儿童最大利益原则的建议，供法官参考。法院除非出于保护儿童利益否则尽可能地不干涉父母就子女达成的协议。处理好儿童的生活、教育等问题是父母的共同责任，法院以儿童最大利益原则为标准进行监督，[10]如果协议不符合，法院可以对其进行实体上的修改。另外，1991年

《儿童抚养法》规定，虽然法院无权作出、变更或行使任何与儿童和父母有关的抚养决定，但是法院有权宣告抚养决定无效，并且在某些情况下，① 为了儿童利益法院有司法权。

四、完善我国立法之建议

（一）对登记离婚进行程序限制

1．应当规定离婚考虑期

建议对当场办理离婚登记的规定设立前提条件。婚姻登记人员对当事人的离婚登记申请应当进行审查和调解，经审查调解后，确信当事人属自愿离婚，并已对子女抚养、财产、债务等问题达成一致意见，并且该协议不违背儿童最大利益的，可以当场予以登记，发给离婚证。如经审查调解后，认为当事人属于意气用事，尚未考虑成熟的，给离婚当事人一个较长的冷静考虑期，使其慎重考虑离婚问题，登记离婚的考虑期以 3 个月为宜。[11] 考虑期后，当事人仍然坚持离婚的，再办理离婚登记手续。

2．赋予登记机关对离婚协议中有关儿童的事项予以实质审查的权利

《婚姻登记条例》仅赋予登记机关对夫妻的离婚协议进行形式审查的义务，当民政机关发现夫妻的协议明显违背儿童利益时，由于不具有实质审查权，只能准予夫妻离婚，这种情况下对儿童没有任何救济措施。应当赋予民政机关实质审查权，当婚姻登记机关发现上述情况时，不予办理，并在一定的时间内通知夫妻去法院办理离婚手续。为了避免婚姻登记机关的效率低下或推脱责任，应当规定婚姻登记机关在一定的期限内完成审查。如果婚姻登记机关不予受理的理由经法院审查并不成立且这种情况超过一定比例时；或者

---

① 该法第 8 条第 3 款规定的情形：（1）对于正在接受初级教育或贸易、专业，或职业训练的 16 岁或 16 岁以上的儿童；（2）由于 1991 年《儿童抚养法》规定下的抚养费支付的水平是有最高限额的，符合上述规定的健康父母的子女；（3）儿童的教育费用；（4）残疾儿童的特别需要。

婚姻登记机关登记离婚的案件，事后证明违背儿童最大利益原则且超过总受理案件一定比例时，应当作为婚姻登记机关执法能力不强的一种考评标准，具体工作人员还应当承担一定的行政责任。这样既保护了儿童的利益，同时又未对夫妻的离婚自由形成过多的限制。

3. 有10周岁以下未成年子女者应当适用诉讼离婚程序

10周岁以上的未成年子女是限制民事行为能力人，他们具有一定的识别能力，在父母离婚确定直接抚养方时，他们可以作出自己的选择。有10周岁以上未成年子女者，在协议离婚时，应当征询子女的意见，双方达成的协议须经婚姻登记机关审查核准。婚姻登记机关应当审查父母的协议是否考虑了子女的意见，是否有利于子女的健康成长，符合子女的最大利益。婚姻登记机关在询问10周岁子女后，如发现夫妻双方在签订协议时没有征求子女的意见，或者对子女安排的协议违背了儿童最大利益原则，则对双方的申请不予办理，并通知双方去法院离婚。10周岁以下的未成年子女是无民事行为能力人，他们不能对有关于自己的事项作出正确的利益判断，并进而作出正确的选择。为保护他们的利益，应当对其表达、实现自己意志的自由作出一定的限制，需要由他们的家长、社会或国家给予必要的关注和特殊保护。在这种情况下，对夫妻双方的协议是否违背儿童最大利益的判断更加困难，宜由法院予以判断。

（二）将符合子女最大利益作为确定直接抚养方的原则

离婚后子女随何方共同生活，关涉子女的切身利益，应首先考虑子女的意愿。对于10周岁以上的子女，父母在协商有关离婚后子女抚养协议时，应当询问其意见。婚姻登记机关在审查协议时，应当就此问题进行专门调查。法院在审理此类案件时，也应当在考虑子女的意愿后进行调解或判决。在具体操作上，人民法院确定直接抚养方时，应根据符合儿童最大利益原则，综合考虑以下情形：子女的性别、年龄及人数；10周岁以上有识别能力子女的意愿及子女的生活、学习环境；父母在亲权行使上的愿望；父母的思想品德、对子女的感情、健康状况、照料子女生活的能力及经济条件；父母一方或其近亲属有优先行使亲权的特殊情形；儿童保护机关或监护机关的调查报告。[12]

(三) 体现子女本位理念，完善探望权的规定

1. 扩大探望权的主体

第一，建议借鉴其他国家的立法并结合我国的现实情况，将探望权的主体扩大至祖父母、外祖父母、兄弟姐妹等近亲属。由于我国多年来一直实行计划生育政策，许多农村家庭及绝大多数的城市居民家庭都只有一个子女，儿童在成长过程中得到了许多成年亲属的关爱，如果由于父母的离婚而割裂儿童与近亲属的联系，必将加剧儿童的孤独感与挫折感。因此在制度设计上，应当为儿童与近亲属提供一个交流的途径。如果将探望权的主体资格扩大至以上近亲属将既有利于儿童的健康成长，又符合我国的现实。但是，以上近亲属探望权的行使必须符合儿童最大利益原则，建议在行使探望权的条件、方式和次数等方面对其设定一定的限制性条件。可以规定，“祖父母、外祖父母、兄弟姐妹等与子女关系密切的近亲属在行使探望权时，必须符合儿童最大利益原则，应尽量得到直接抚养子女方的同意，并以不打扰直接抚养一方的正常生活为限”。第二，应明确儿童是探望权的权利主体。在有充分的理由时，未成年子女有拒绝或要求非直接抚养一方探望的权利。对子女的探望权，直接抚养方负有协助的义务，未成年子女要求非直接抚养方履行探望义务的，应当予以准许。但非直接抚养方的探望对子女造成或者可能造成不利影响的情形除外。

2. 充分考虑10周岁以上儿童的意见

探望的时间、方式和条件与儿童的利益密切相关，10周岁以上儿童具有一定的识别能力，能够对与自己利益有关的事项作出较

为正确的利益判断。我国可以考虑借鉴法国①等国家亲子法的有益经验，以概括式和列举式规定相结合的方式，具体规定在若干具体情形下，经子女或直接抚养方的申请，并经法院裁定，可以中止甚至剥夺探望权人行使探望权，具体事由如下：未成年子女拒绝其探望，并且未成年人拒绝探望的理由经审查合理的；患有精神病并失去行为能力的；有医学证据证明，患有严重的传染病，且该类疾病在探视子女的一般性接触过程中有可能会传染给儿童的；有吸毒、酗酒、赌博等恶习对未成年子女的道德成长可能产生不利影响的；利用探望机会藏匿子女，使子女离开直接抚养方的行为的；对子女实施虐待、家庭暴力、遗弃等行为的；怂恿子女犯罪或教唆、引诱其实施其他不良行为的；有其他不利于子女身心健康情形的。[13]

3. 完善探望权的保护措施

行使直接抚养权的一方父母，无正当理由拒绝对方及子女的近亲属探望子女，或者阻止子女探望另一方父母或近亲属，将子女作为惩罚对方的工具，侵害了对方、子女的近亲属及子女的探望权，使子女得不到另一方父母和其他近亲属的关爱，不利于儿童的健康成长；非直接抚养方在子女要求其探望时，如无正当理由不履行探望义务，通常使儿童产生被抛弃的感觉，不利于儿童的心理健康成长。对无正当理由不履行探望义务或协助义务的主体，应采取批评教育、责令改正措施，或者采取罚款、拘留等强制措施。[14]另外，还应明确规定探望权受阻是变更抚养关系的法定理由。因此，若直接抚养方无端阻止对方、子女的近亲属及子女行使探望权，不仅可以引发上述主体提起变更抚养关系的诉讼，而且可以进一步明确规定为变更直接抚养关系的法定事由。借此，既可以教育直接抚养方珍惜与子女共同生活的机会，尊重对方、子女及子女的近亲属享有的探望权，又可以有效地达成探望权与直接抚养权之间的利益平

① 《法国民法典》第378条规定：“父或母因虐待子女，或因经常酗酒，明显行为不轨或有犯罪行为表现，或者因为对子女不予照管或引导，使子女的安全、健康与道德品行显然受到危害时，可以在行使任何刑事审判之外，被完全撤销亲权。”

衡，有效解决探望争议，从而更好地保护儿童的正当需求和合法利益。

（四）增设子女代表人保护儿童利益

我国可以参照英国、澳大利亚等国的规定并结合我国的实际设立子女代表人，并明确子女代表人的职权：经法院通知有代表儿童参加诉讼的权利。法院在审理离婚案件发现夫妻双方的协议有可能侵害儿童利益时，应通知子女代表人到庭参加诉讼，子女代表人在诉讼中只代表儿童的利益，不受父母及法官的影响；调查父母的行为是否违背儿童最大利益的权利。子女代表人应当具有宽泛的权利，可对父母一切有可能侵害儿童利益的行为进行初步调查，有关机关应对其调查行为予以支持。经过初步调查发现被调查的行为涉及刑事犯罪时，应当将相关案卷转移至公安机关，并对公安机关的调查进度予以监督；代表儿童主张其民事权利。子女代表人通过调查发现父母一方的行为严重侵犯了儿童的民事权益，应当通知另一方父母，当该方父母对另一方的行为放任不管时，可以代表儿童提起侵权诉讼；发现父母双方的行为严重违背儿童最大利益原则时，应当通知父母及时纠正，当父母拒不改正时，可以代表儿童提起侵权诉讼。

子女代表人的设定目的是监督父母的行为，其设定目的并非要取代父母成为儿童的监护人。因此，对父母在教育过程中对儿童的轻度训诫行为、共同生活过程中父母和儿童财产的轻度混同行为不应干预，以避免对家庭生活的过度干预。根据我国的现实情况，妇女儿童权益保护组织事实上在行使相关的权力，基于法律的稳定性，现阶段子女代表人应由其担任，以肩负起儿童利益保护的重任。

参考文献

[1] 夏吟兰：《离婚自由与限制论》，145 页，北京：中国政法大学出版社，2007。

[2] [8] 陈苇、王鹍：《澳大利亚儿童权益保护立法评介及其对我国立

法的启示——以家庭法和子女抚养（评估）法为研究对象》，载《甘肃政法学院学报》，17、15页，2007（5）。

［3］［4］董新兰：《离婚后未成年子女利益保护的法律思考》，载《法学杂志》，134～135页，2008（1）。

［5］［美］伊恩·罗伯逊：《社会学》，黄育馥译，108～109页，北京：商务印书馆，1994。

［6］王丽萍：《婚姻家庭法律制度研究》，103页，济南：山东人民出版社，2004。

［7］费孝通：《乡土中国　生育制度》，202～204页，北京：北京大学出版社，1998。

［9］［12］陈苇：《中国婚姻家庭法立法研究》，247、288页，北京：群众出版社，2000。

［10］Gareth. Miller, *Frontiers of Family Law*, Ashgates Publishing limited. 2003, pp. 148～149.

［11］陈苇：《中国婚姻家庭法立法研究》（第二版），247页，北京：群众出版社，2010。

［13］［15］王新新：《论亲子法中的儿童最大利益原则》，载陈苇主编：《家事法研究》（2009年卷），481～493页，北京：群众出版社，2010。

［14］谷景志：《论离婚亲子关系中的儿童最大利益原则》，中国政法大学硕士学位论文，42页，2007。

我国亲子鉴定社会化的法律规制研究*

刘雪青**

目　次

在我国全国人民代表大会常务委员会《关于司法鉴定管理问题的决定》（以下简称《决定》）于2005年10月1日施行后，各地鉴定机构一改仅对“公家”开放的态度，开始面向社会提供亲子鉴定服务。而我国现行法律、法规并未对个人委托亲子鉴定作出明文规定，亲子鉴定频繁地介入亲子事件中，对婚姻家庭、伦理道德、法律等方面提出了挑战，不仅不利于家庭纷争的解决，反而会引发更多的社会问题。因而，对亲子鉴定社会化进行合理规制显得尤为必要。

---

* 本文系作者2010年“厦门大学硕士学位论文”的节选。

** 刘雪青，女，法律硕士。

一、亲子鉴定社会化概述

（一）亲子鉴定概念及法律应用价值

亲子鉴定（identification in disputed paternity）是近代法医学术语，是指用医学、人类学等学科的理论和技术来判断有争议的父母与子女间（特别是父子间）是否存在着亲生血缘关系，后来发展至可以用来判断其他个体之间如同胞间以及隔代甚至隔数代的个体间是否存在亲缘关系，因而也称为亲权鉴定（parentage diagnosis）。[1]随着亲子鉴定技术的不断发展，如今STR分型鉴定技术已经成为进行亲子鉴定的主要手段，① 通过对十几个STR基因位点的联合检测分析，不仅可以百分之百地排除伪亲子关系，且肯定亲子关系的概率也可达到99%以上。[2]

亲子关系纠纷主要在于厘清当事人之间是否具有法律上的亲子关系，以及因此而衍生的权利义务。而厘清当事人之间是否具有法律上的亲子关系，关键又在于鉴别当事人之间是否具有真实血缘关系。亲子鉴定的独特功能就可以帮助我们完成对身份的辨认，即对当事人之间是否具有事实上的亲子关系作出鉴别，进而据此确立当事人之间法律上的权利义务。可见，亲子鉴定的应用具有法律上的价值和意义。

（二）亲子鉴定社会化的界定

本文所称亲子鉴定社会化，是指亲子鉴定技术凭借其在鉴别亲子关系真伪方面的高度精确性，被社会公众所接受，在法律允许下，鉴定机构面向社会，以营利为目的，向公众提供专业的亲子鉴定服务的社会现象。亲子鉴定社会化具有以下特征：

一是亲子鉴定服务的商品化。在2005年以前，亲子鉴定主要被应用于司法领域，对于亲子鉴定程序的启动权，我国法律没有明

---

① 短串联重复序列（Short Tandem Repeat，STR），又称微卫星DNA，是一类广泛存在于人类基因组中的DNA多态性基因座，由2－6bp构成核心序列，呈串联重复排列，重复次数通常在15～30次。

文规定。但综观我国民事、刑事及行政诉讼法对司法鉴定的规定，司法鉴定程序的启动权主要掌握在公、检、法三部门手中，当事人仅有申请权。[3]而随着社会司法鉴定机构面向社会开放，亲子鉴定服务被广泛应用于非诉讼的亲子纷争中，亲子鉴定市场不断扩大。例如，福建省厦门市，自2005年10月13日接受个人委托亲子鉴定4年以来，已经完成了约4000例，此后每年均以10%的速度递增。[4]鉴定机构也一般将亲子鉴定业务区分为司法类亲子鉴定和个人委托亲子鉴定两类，并规定了不同的流程。对于个人委托亲子鉴定，各地鉴定机构大都仅制定了简单的程序，只需个人提出鉴定申请并支付相关费用即可，如河南DNA亲子鉴定中心在其网站上公布的个人鉴定流程为：申请（可匿名鉴定）→采样、送样或邮寄样本→交款或汇款→鉴定出报告。[5]可见，亲子鉴定社会化后，亲子鉴定服务已经具有商品的属性。

二是亲子鉴定机构的商业化。近年来，我国亲子鉴定市场不断扩大，各地开展亲子鉴定业务的鉴定机构数量随之增加。活跃在亲子鉴定市场上的除了有社会司法鉴定机构，还有众多的民间鉴定机构，甚至还有一些公司打着“生物技术”的旗号，堂而皇之地开展亲子鉴定业务。另外《决定》第7条规定，人民法院和司法行政部门不得设立鉴定机构，且侦查机关内设的鉴定机构又不得面向社会接受委托从事司法鉴定业务。可见，这些鉴定机构已不再是国家有关机构的依附，具有了服务机构的性质，且这些机构绝大多数属于独立运作自负盈亏的经营实体。[6]对于个人委托亲子鉴定服务，这些鉴定机构不仅简化了委托申请手续，而且为招揽生意甚至对亲子鉴定服务加以广告宣传，其商业性不言而喻。[7]

二、我国亲子鉴定社会化现状及利弊分析

（一）我国亲子鉴定社会化现状

1. 法律规制现状

目前，我国并没有针对亲子鉴定社会化后个人委托亲子鉴定的法律规定，仅最高人民法院的几个司法解释对诉讼中亲子鉴定的应

用作了略微规定。其中最主要的是最高人民法院于1987年6月15日下发的《关于〈人民法院在审判工作中能否采用人类白细胞抗原作亲权鉴定问题〉的批复》（以下简称《亲权鉴定问题批复》）。该批复指出，亲子鉴定关系夫妻双方、子女和他人的人身关系和财产关系，因此，对于是否进行亲子鉴定要坚持保护妇女、儿童合法权益的原则，区别情况，慎重对待，避免矛盾激化以增进团结。"对于双方当事人同意做亲子鉴定的，一般应予准许；一方当事人要求做亲子鉴定的，或者子女已超过3周岁的，应视具体情况，从严掌握，对其中必须做亲子鉴定，也要做好当事人及有关人员的思想工作。"且亲子鉴定结论不是鉴别亲子关系的唯一证据，人民法院应尽力收集其他证据，再对亲子鉴定结论与案件其他证据进行综合分析，作出亲子关系存否的判断。

为了加强对鉴定机构和鉴定人的管理，保证司法鉴定活动的规范化、标准化，保证鉴定质量，全国人大常务委员会于2005年2月28日通过了《决定》。该《决定》的主要内容为：国家对从事司法鉴定业务的鉴定人和鉴定机构实行登记管理制度，并明确规定国务院司法行政部门主管全国鉴定人和鉴定机构的登记管理工作；侦查机关不得面向社会接受委托从事有偿鉴定服务，法院和司法行政机构部门不得自设鉴定机构，以确保司法鉴定机构的中立性及鉴定委托的公正性；统一了鉴定人和鉴定机构的准入条件和标准。2005年9月30日，司法部公布施行的《司法鉴定人登记管理办法》、《司法鉴定机构登记管理办法》，是对前述《决定》的进一步细化。前者从主管机关、执业登记、权利和义务、监督管理以及相关法律责任等方面对司法鉴定人作出了规制；后者从主管机关、申请及审核登记、名册编制和公告以及变更、延续和注销等方面对司法鉴定机构作出了详细的规定。

可见，目前我国对于司法鉴定的规范是较为完备的，因而对于属于法医类鉴定的诉讼中的亲子鉴定可以进行较好规制，但对于大量的诉讼外的个人委托亲子鉴定，均未作出规定。在一定程度上可以说，正是我国相关规定的缺位，导致了我国亲子鉴定社会化的无序发展。

2. 我国亲子鉴定的应用情况

亲子鉴定数量的增长。虽然因鉴定机构分散无法对国内每年亲子鉴定的具体案件数量作出准确统计，但从行业内各家鉴定机构介绍的收案情况来看，进行亲子鉴定的案件数每年应当在一万例以上，且增长幅度每年大约在20%，在浙江与广东等地，亲子鉴定的人数更是以每年40%~60%的速度递增。[8]北京华大方瑞司法物证鉴定中心负责人在2007年接受采访时透露："近年来DNA鉴定量呈几何级数上升，华大方瑞2004年做了600例，2005年做了3000多例，2006年做了4000多例，而亲子鉴定占DNA鉴定80%~90%的比重。"[9]在广东省深圳市，市人民医院法医物证司法鉴定所近年来所做亲子鉴定的数量年均增幅达30%~50%。[10]在江苏省，2006年到省人民医院司法鉴定所亲子鉴定中心进行亲子鉴定的达2000人次，亲子鉴定人数每年以50%递增，尤其是胎儿亲子鉴定方面出现人数激增现象。[11]

亲子鉴定机构类型繁杂。鉴定机构的数量随着亲子鉴定市场的不断扩大迅猛增长，截至2006年年底，在司法部门登记注册的亲子鉴定机构已达137家，且鉴定机构类型也较为繁杂。[12]仅社会司法鉴定机构就可分为多种类型，有高校、医院等事业单位附设的鉴定机构，专业学会组织成立的鉴定机构，行政机关下属鉴定机构以及民办股份制鉴定机构等。未经司法行政部门的核准登记而私自开展亲子鉴定业务的民间鉴定机构，更是种类繁多，如大专院校、某些医院相关的检验科室、某些综合大学的鉴定中心以及血站等，也都开始向公众提供亲子鉴定服务；[13]还有一些公司打着"生物技术公司"的旗号，偷偷开展亲子鉴定业务。此外，应运而生的中介机构，甚至将其受理的亲子鉴定案件收费后再转给其他实验室做。这些未经司法行政部门核准登记，不具备鉴定主体资格的民间亲子鉴定机构的加入，导致了鉴定机构条件良莠不齐、鉴定人员素质参差不齐、鉴定结论判断不统一等诸多问题，加剧了我国亲子鉴定社会化的混乱局面。

（二）我国亲子鉴定社会化之利弊分析

1. 我国亲子鉴定社会化之益处

第一，有助于亲子关系纷争的解决。我国亲子关系纷争种类多，且纷争中当事人往往情绪激动，针对看不见的血缘关系相互争执不下，所以亲子纷争的关键在于确定当事人是否存在血缘关系，进而确定相关权利义务，以解决亲子纠纷。亲子鉴定是确认亲子身份的重大利器，在亲子事件中起着“鉴定真伪”的关键性作用。而亲子鉴定社会化，恰好为受亲子嫌疑困扰的人们提供了一条解疑释惑的司法外路径。

第二，有助于当事人知情权的实现。知情权又称为“知的权利”、“知悉权”、“了解权”等，指权利主体知悉、获取其应当知道的信息的自由，是现代民主制度及信息化社会建立的基础性权利，包括社会知情权及个人信息知情权等方面。[14]对于亲子关系存否的知悉就属于个人信息知情权。亲子鉴定社会化后，鉴定机构向公众提供鉴定服务，且鉴定费用相对低廉，为人们知悉亲子信息提供了一个畅通的渠道，消除与对方之间存在的信息不对称问题，并据以维护自身权益。例如，《中华人民共和国人口与计划生育法》第 17 条规定，“公民有生育的权利”，肯定了夫妻都享有平等的生育权。例如，妻子将其与丈夫之外的男子生下的孩子谎称是夫妻双方所生，其行为不但违反我国婚姻法规定的“夫妻应当互相忠实，互相尊重”的义务，而且还侵犯了其丈夫的生育权。在此种情形下，若不给当事人提供一定的途径知悉相关信息，以救济其应有的权利，显然有失公平。

第三，有助于亲子鉴定服务的产业化。在多元化的价值观和生活方式影响下，性观念日益开放、性道德日趋宽容，婚前性行为、婚外性行为随之增多，一定程度上削弱了婚姻家庭的稳定性，使得亲子关系纷争也与日俱增。亲子鉴定市场规模不断扩大，增强了亲子鉴定服务商业功能，最后有助于其产业化进程。

2. 我国亲子鉴定社会化之弊端

第一，不利于隐私权的保护。亲子鉴定涉及有关当事人的基因隐私权，因而其应用，对于未成年子女应取得其监护人的知情同意，对于其他当事人应经其本人同意。而在鉴定机构受理的个人委托鉴定业务中，未经被鉴定人一致同意而进行亲子鉴定的占多数。[15]可见，个人的基因隐私权受到了他人的知情权的介入、干涉，甚至完全让位于知情权。如前所述，我国目前尚无针对亲子鉴定社会化的相关法律规制，但若继续放任这种无序的社会化，势必不利于隐私权的保护。

第二，不符合子女最大利益原则。1958 年《儿童权利宣言》提出了“应以儿童的最大利益为首要考虑”的国际性指导原则，其后，联合国《儿童权利公约》第 3 条明确规定：“关于儿童的一切行动，不论是由公私社会福利机构、法院、行政当局或立法机构执行，均应以儿童的最大利益为一种首要考虑。”我国《未成年人保护法》第 3 条规定了对未成年人的“优先保护原则”，说明我国的法律已经承认未成年人的利益需求应该得到优先考虑，且从实际情况来看，未成年子女由于年龄、智力、判断能力、控制能力均不及成年人，因而在家庭中、社会上，未成年子女应享有优先受保护的权利。综观我国亲子关系纷争案件，绝大多数缘于一方当事人因对方的婚外性行为而产生的亲子怀疑，心存亲子怀疑的一方当事人为知悉真实亲子信息，漠视未成年子女的利益。以牺牲子女受抚养教育权为手段实现对婚外性行为当事人的道德与法律制裁，这对未成年子女是不公正的，对社会也是有害的。

第三，不利于家庭的稳定。婚姻的伦理基础是爱情，爱情的伦理基础是信任，而对性关系的信任又是根本性的信任。亲子鉴定社会化后，使得亲子鉴定案件的数量激增。有研究者指出，亲子鉴定虽然能够使家庭血缘关系明晰，但无论丈夫和孩子是否存在亲权关系，其结果都易导致感情破裂、家庭破碎。大量事实也证明，在被鉴定的案例中否认亲子关系的比例很小，但因亲子鉴定而导致夫妻感情破裂直至离婚的却远远超过否认亲子关系的比例。[16]且在我国众多的亲子鉴定事件中，鉴定申请人以男性居多。上海市婚姻家庭研究会副会长徐安琪研究员认为，这本身就是一种不公正，它以损害妇女的正当权益和人格尊严为代价，片面地张扬了男子亲权的意义和男子的人格尊严，在客观上强化了封建的“男尊女卑”、“男权中心”和“夫权中心”的家庭伦理观，这种权利上的不平等，增强了夫妻双方的对抗性，势必影响家庭关系的稳定和睦。

三、国外亲子鉴定社会化考察

（一）大陆法系部分国家亲子鉴定社会化考察

1. 德国立法例

德国对亲子鉴定社会化的态度经历了从宽到严的转变。在德国《基因诊断法》（Gendiagnostikgesetz）颁布施行之前，虽然根据德国当时的法律，私自进行亲子鉴定，其结论不能作为法庭上的证据，但德国每年进行的亲子鉴定仍有约3万例，且专家估计其中约5%是父亲未征得妻子和孩子同意私自进行的。[17]2009年5月15日，德国参议院附带条件同意众议院于同年4月24日通过的《基因诊断法》，规定了进行基因检测的条件，对亲子鉴定社会化进行了较为严格的限制，明令禁止私自申请做亲子鉴定，违者将面临最高5000欧元的罚款。根据该法，在婴儿出世之前，出于医学上的原因可以做测试；而出世后，除非是基于其健康利益，否则不得对其进行基因检测，家长出于性关系不明朗等原因而要求的测试则一律被禁止。且亲子鉴定只能由医生实施，并要征得涉及鉴定各方的一致同意。这意味着匿名做亲子鉴定将被认定为违法行为。[18]

德国明令禁止做秘密亲子鉴定，并规定了严格的亲子鉴定实施条件，为亲子鉴定结果的准确性提供了制度保障，有利于亲子身份的安定，值得我国借鉴。

2. 法国立法例

法国对亲子鉴定也持谨慎的态度，禁止亲子鉴定社会化。《法国民法典》第16条之12规定：实施DNA鉴定，应限于裁判程序中紧急调查、证据调查，或科学研究、医学上之目的；在民事上，仅限于确定亲子关系之诉或异议之诉及请求支付抚养费之诉时，方能实施；DNA鉴定仅在调查证据时才得以实施，且符合DNA鉴定要件时，须事前得到利害关系人明示的同意。可见，当丈夫（或事实婚之夫）怀疑妻子不贞时，并不能私自进行DNA鉴定，必须通过提起特定诉讼，且因调查证据确有必要时才能进行，而且决定是否实施DNA鉴定是专属于法官的权限，若上述男性在裁判外自行实施DNA鉴定，则应受刑事上的处罚。此外，依据《法国民法典》第16条之1和第16条之12的规定，DNA鉴定的实施仅限于数个研究中心，且实施鉴定之人限于受认可或登录于鉴定人名册之人，“违反法律规定进行DNA鉴定者不但应受新《刑法典》第226条之28的刑事制裁，具有鉴定资格者，更将从登入名册中除名”。[19]

可见，在法国，未经许可的机关或个人均不得进行鉴定，只有在法官调查证据时，才有权启动亲子鉴定环节。一方面，法国对亲子鉴定的实施进行了目的性的限制，不得任意实施；另一方面，法国也充分认识到亲子鉴定在证据上的价值，肯定了亲子鉴定，并在法律上确立了其运用规则，兼顾了亲子身份的安定性与真实性。对于我国亲子鉴定社会化的无序发展，法国的谨慎态度，值得我们反思当前的相关制度，但其将亲子鉴定的应用仅限于司法、医疗及科学研究领域，范围过于狭窄，难以满足我国社会发展的需要。

（二）英美法系国家亲子鉴定社会化考察

1. 美国立法例

在美国，亲子鉴定是向社会开放的。针对未婚妈妈家庭接受社会福利援助的比例急速增加的现象，本着彻底保护“子女利益”及强化父母责任的目的，同时考虑到财政因素，各州政府修正法律以强化父子关系存否的确定。近年来，美国在亲子鉴定判例中，逐渐确立了子女所拥有的权利，如知悉出生、获得亲情以及依据亲子关系存否而使父母适当履行其经济上与非经济上的权利。联邦及州法规与裁判实务一致认为，基于“子女利益”的DNA鉴定结论是证据方法上所能得到的最正确的科学性根据。

同时，为了控制亲子鉴定服务的质量，在联邦政府的资助下，全美血库协会提供了普遍适用《生父身份确认而进行血液化验的操作标准》，并实施着确保化验质量的工作计划。[20]

美国本着保护子女利益的理念，为使子女获得良好的养育条件，坚持亲子关系的真实主义，对亲子鉴定在亲子纷争中的运用持肯定态度，但同时也运用衡平法则，予以必要限制。此外，美国制定了统一的亲子鉴定操作标准，并实施质量管制措施，以确保鉴定结论的精确性。这些做法都值得我国借鉴。

2. 澳大利亚立法例

澳大利亚允许亲子鉴定社会化。其根据有无法律规制及受哪类法律规制将亲子鉴定分为三种类型，即家庭法规范框架内的亲子鉴定、地方和州法规规定范围之内的亲子鉴定以及任何法规之外的亲子鉴定，鉴定机构也有经授权和无授权之分。[21]根据澳大利亚1975年《家庭法》第69V条和第69W条的规定，诉讼中对子女的父母身份有争议时，法院可以作出命令，让有关人员提交与这个争议有实质性关联的证据，而亲子鉴定结论就属于这类证据；法院也可作出亲子鉴定命令，要求对子女或者子女之母亲进行鉴定，或者法院认为对裁决子女之父母身份有帮助的任何人执行亲子鉴定程序，以此作为裁决子女父母身份的证据。此外，在澳大利亚，有关当事人可以径自去鉴定机构要求做亲子鉴定，无须法庭的命令或行医者（medical practitioner）的批准书（authorisation），且未经授权的民间亲子鉴定机构，在没有相关人的知情同意下也会受理鉴定申请。因此，虽然澳大利亚联邦政府《隐私法》（Privacy Act 1988）已经对个人收集基因样本用于亲子鉴定进行了限制，但在没有有关当事人知情同意的情形下，私下做亲子鉴定的现象仍比较普遍。

澳大利亚对亲子鉴定社会化持宽缓态度，有利于当事人知悉真实血缘关系，进而对相关事项作出决断。但澳大利亚对亲子鉴定机构进行有无授权的划分制度，对我国而言，则可能导致鉴定机构良莠不齐，难以保证鉴定结论的精确性，不但无助于相关亲子纷争的解决，反而会影响家庭稳定，不利于子女的健康成长。

四、规范我国亲子鉴定社会化的法律对策

(一) 建立亲子关系的推定及否认制度

亲子关系争议的关键在于通过确定法律上的亲子身份，进而确定相关权利义务，根本目的在于确定承担抚育孩子责任的人。但它却不能决定所有的亲子关系，与孩子有某种感情联系或社会联系的人，也有可能与跟其没有血缘关系的孩子建立亲子关系，成为承担抚育孩子责任的人。[22]法律应保护亲子关系的稳定性，因此，我国有必要建立亲子关系的推定与否认制度，对能否争执亲子身份的领域作出界定，并以此作为能否应用亲子鉴定的前提条件，以保护子女利益，促进家庭稳定、和睦。

1. 建立亲子关系的推定制度

亲子关系，是家庭法律关系的核心。由于母子关系一般基于“出生”的事实就能够确定，因而母亲身份的确定一般依据“谁分娩，谁为其母”的法律原则，故亲子关系的法律推定主要是针对父子关系而言的。所谓亲子关系的推定，一般是指在具备法定条件的情形下，某男子被法律推定为某子女之父亲的法律制度。可见，亲子关系的推定不仅是对子女身份的推定，同时也是对父亲身份的推定。

实践中，我国早已采用“推定”这种方式来确定亲子关系，不过我国《婚姻法》尚未对亲子关系推定作出明文规定。根据我国《婚姻法》的立法精神，参考国外先进立法体例，增设亲子关系推定制度乃是必然趋势。结合前述内容，建议参考学者的意见，采用“混合说”，同时根据具体情况作出相应的区分，具体如下：

如子女是在婚姻关系存续期间受胎或出生的，则推定母亲的丈夫为其父亲。

如子女是在母亲与他人非婚同居期间受胎或出生的，则推定与其母亲同居的男子为其父亲。

如子女是男女双方采用人工生殖技术而生育的，则推定同意采用该生育方式的男女为其父母。

如有数名男子均可被推定为子女的父亲时，则依下列原则推定：第一，如母亲在婚姻关系存续期间与婚外异性同居的，则在母亲的丈夫与母亲非婚同居的男子之间，推定母亲的丈夫为子女的父亲；第二，如子女在母亲前一次婚姻关系存续期间受胎、又于其母后一次婚姻关系存续期间出生的，则在子女出生时母亲的丈夫和与受胎时母亲的丈夫之间，推定子女出生时母亲的丈夫为父；第三，如母亲先后有数名非婚同居的男子，则在子女出生时与母亲非婚同居的男子和受胎时与母亲非婚同居的男子之间，推定子女出生时与母亲非婚同居的男子为该子女的父亲。[23]

此外，因为推定制度的目的不仅仅在于为未成年子女确定一个父亲，更在于为其健康成长创造亲情环境和养育条件。鉴于实践中确实存在妻子显然不可能由其夫受胎的情形，因而有必要对婚生推定的适用作出限制。[24]在夫下落不明、在监狱服刑、旅居国外或者事实上离婚等特殊情形下，虽然夫妻婚姻关系仍有效存在，但已丧失了婚生推定之基础，如仍适用推定，不仅与真实亲子身份相违，而且也未必与子女利益相一致。[25]

2. 建立亲子关系的否认制度

从立法目的来看，亲子关系推定制度注重维护现有亲子关系和家庭关系的稳定性，亲子关系否认制度追求亲子关系的真实性，两者既各有侧重又相辅相成，共同构成一个完整的法律体系。

关于亲子关系推定的否认制度，建议从以下几个方面来加以规定：

（1）否认的事由。否认的原因有：被推定为父的男子没有生育能力；受胎期间，没有与受推定子女的母亲同居的事实；有其他证据证明受推定的子女与受推定的父亲没有血缘关系。[26]

（2）否认权人。由于否认权的行使关系到当事人的权益、亲子关系的安定及家庭的稳定，建议我国本着法律上的亲子关系原则以真实血缘关系为基础，同时兼顾亲子关系的安定性，将否认权人限制在较小的范围内，规定丈夫和妻子享有否认权。具体理由在于：首先，“提起否认之诉时”，确定子女之真正生父，有利于子女的利益。其次，不承认子女否认权，是因为绝大部分亲子否认纷争由夫或妻之否认就可以解决，而且如果赋予子女否认权，当子女未成年时亦需要由其父母代理，而当子女成年后，即使受推定之父并非真实之父，但其将子女抚养成人，此时允许子女行使否认权，对于曾经付出心力的受推定之父而言则有失公平。

（3）否认权的行使期限。建议规定：否认权的行使期限为一年，且从权利人知悉或应当知悉否认事由之日起算。这既与我国其他民事立法中大多数除斥期间保持一致，也有利于尽早确定亲子关系，以维护亲子关系的安定性。

（二）个人委托亲子鉴定的法律规制

鉴于亲子鉴定服务涉及生命、伦理、法律等方面，且关系家庭、社会整体利益。因此，在可以争执身份的亲子领域，既要充分认识到亲子鉴定在鉴别亲子关系存否上的价值，同时也应对个人委托亲子鉴定进行合理规制，以引导亲子鉴定社会化的有序发展。

1. 明确亲子鉴定的基本原则

应确立进行亲子鉴定的基本原则。进行亲子鉴定应坚持如下原则：

第一，自愿主动原则。由于亲子鉴定的实施涉及有关当事人的身体完整性，且DNA中的个体信息包括了个体最核心的私密，只有该个体自身才能享有这些信息的处置权。因此，享有否认权的一方主动向鉴定机构提出亲子鉴定的申请，必须事先征得其他否认权人的同意才可进行亲子鉴定，如子女尚未成年，则由其法定代理人、监护人代为作出，同意的意思表示应以明示方式为之。

第二，优先保护子女利益原则。未成年子女由于年龄、智力、判断能力、控制能力均不及成年人，因而在家庭中、社会上应享有受保护的权利。建议借鉴美国的做法，以保护子女利益和强化父母责任为目的，应坚持优先保护子女利益的原则。

第三，必要原则。亲子鉴定的实施对家庭影响很大。因而对于亲子鉴定的应用，有必要借鉴法国的经验，在目的上，必须是为了必要的、不可或缺的利益，如保护当事人隐私、维护亲子关系的安定、维持家庭和睦完整等；在手段上，必须以达成前述目的的必要限度为界限。

2. 亲子鉴定的具体规制

第一，确立鉴定机构从事亲子鉴定业务的市场准入条件。为了对亲子鉴定机构进行统一、规范的管理，法律应增设从事亲子鉴定业务的行政许可，明确从事亲子鉴定业务的市场准入条件，对于法人或其他组织需要从事该业务的，必须依法向有关行政机关提出申请，审核登记后，方可开展亲子鉴定业务。对于已经司法部审核登记的司法鉴定机构，若其业务范围包括亲子鉴定一项的，无须再申请。

第二，规定鉴定人员从事亲子鉴定业务的资格。建议参考《决定》第 4 条和第 8 条的规定，将鉴定人员资格的取得规定为："具备下列条件之一的人员，可以申请登记从事亲子鉴定业务：具有与所申请从事的亲子鉴定业务相关的高级专业技术职称；具有与所申请从事的亲子鉴定业务相关的专业执业资格或者高等院校相关专业本科以上学历，从事相关工作 5 年以上；具有与所申请从事的亲子鉴定业务相关工作 10 年以上经历，具有较强的专业技能。因故意犯罪或者职务过失犯罪受过刑事处罚的，受过开除公职处分的，以及被撤销鉴定人登记的人员，不得从事亲子鉴定业务。"

第三，规定操作亲子鉴定的具体要求。一是制定质量控制规范，以确保鉴定结论的准确性。应规范检材的提取、转移及保管等程序，以及规范实验方法，实验仪器、器材、试剂应标准化，并保证稳定的实验条件。二是确定亲子鉴定认定标准和排除标准。鉴于实务中，近 90% 的认定案件 RCP 值大于 99.9999%，因此有关专家建议将二联体提高到 99.99%（或 PI 值为 10000），而将三联体提高到 99.999%（或 PI 值为 100000）。[27] 三是设置亲子鉴定报告复检制度。当事人有权要求原亲子鉴定机构进行复检，若经复检发现原鉴定结论确实有误，应由复检人出具新的鉴定结论，在鉴定文书上署名并注明各自的技术职务和在鉴定中的地位。[28]

第四，设立亲子鉴定管理机构。建议设置专门的亲子鉴定管理机构，对个人委托亲子鉴定进行统一的、专门的管理，以确保相关法律的贯彻落实。亲子鉴定管理机构的职责主要包括：受理有关组织开展亲子鉴定业务的申请，并对符合条件的组织颁发“亲子鉴定许可证”；制定统一的亲子鉴定操作标准，对鉴定机构开展的个人委托亲子鉴定业务进行监督、管理等。

参考文献

［1］程大霖、李莉：《个体识别和亲子鉴定理论与实践典型案例分析》，105页，北京：中国检察出版社，2001。

［2］［19］邓学仁、罗祖照、高一书：《DNA鉴定——亲子关系争端之解决》，47~175页，北京：北京大学出版社，2006。

［3］曾青、杨自根：《诉讼中亲子鉴定若干法律问题思考》，载《西南民族大学学报》，98~99页，2005（9）。

［4］［15］陈洋钦：《厦门4000例亲子鉴定6%非亲生》，载《海峡导报》，2009-04-09（A06）。

［5］河南DNA亲子鉴定中心，http://www.hndna.com/，访问日期：2010-01-06。

［6］赵杰：《论社会司法鉴定机构的公益属性》，载《法学杂志》，47页，2007（6）。

［7］［22］［24］蒋月：《婚姻家庭法前沿导论》，217~261页，北京：科技出版社，2007。

［8］肖鹏：《论亲子鉴定的法律规制》，载《江苏卫生事业管理——医事法苑》，101页，2007（6）。

［9］［12］陈鸽：《DNA亲子鉴定市场兴起　亲子鉴定谁是赢家?》，http://news.cctv.com/society/20070326/101830.shtml，访问日期：2009-12-03。

［10］许琛、余雪棠：《亲子鉴定考量中国家庭的亲情信任》，载《社会工作》，14页，2005（4）。

［11］金宁：《江苏省人民医院亲子鉴定去年2000人次　每年增50%》，http://news.xinhuanet.com/legal/2007-01/19/content_5624623.htm，访问日期：2009-12-03。

［13］袁定波：《市场扩大乱象丛生　中国亲子鉴定民间市场待规整》，http://www.99qingyuan.com/qinzi/qzjdxw-2/2008/529/085291025184398.html，访问日期：2009-12-03。

[14] 王利明：《人格权法新论》，489页，长春：吉林人民出版社，1994。

[16] 钱广荣：《亲子鉴定：科技维护家庭伦理存在的道德悖论》，载《伦理学研究》，102页，2006（4）。

[17] 彭洁、包凤才：《亲子鉴定的法律问题》，载《经济研究导刊》，186页，2008（16）。

[18] 刘志红：《德国禁止私人亲子鉴定》，载《法律与生活》，61页，2009（10）。

[20] [美] 哈里·D. 格劳斯：《美国家庭法精要》，陈苇主持翻译，118~119页，重庆：西南政法大学外国家庭法及妇女理论研究中心内部印刷，2005。

[21] 陈慧珍：《〈亲子鉴定的伦理分析〉研究提纲之国内外研究状况》，http://blog.sina.com.cn/s/blog_4a2d99f2010004xa.html，访问日期：2010-01-16。

[23] 陈苇、靳玉馨：《建立我国亲子关系推定与否认制度研究》（2002年中国法学会婚姻家庭法研究会年会交流论文），载梁慧星主编：《民商法论丛》第27卷，274~276页，金桥文化出版（香港）有限公司，2003；王丽萍：《亲子法研究》，52~53页，北京：法律出版社，2004。

[25] 王洪：《从身份到契约》，157页，北京：法律出版社，2009。

[26] 陈苇主编：《婚姻家庭继承法学》，232页，北京：法律出版社，2002。

[27] 霍振义、唐晖、刘雅诚：《亲子鉴定技术标准和质量控制探讨》，载《中国司法鉴定》，5页，2004（3）。

[28] 颜志伟：《我国亲子鉴定法律问题再研究》，载《河南省政法管理干部学院学报》，74页，2008（5）。

论未成年人收养制度

——以对未成年养子女利益的公权力保护为视角*

刘元敏**

目　次

时至今日，世界上许多国家都开始建立或者逐步完善保护儿童利益的制度。收养作为亲子关系领域的重要制度，顺应了加强保护儿童利益力度的这一世界趋势，保护儿童利益的原则和精神在各国收养法中表现得越来越突出，表现为国家监督主义在现代各国收养法中的倾向越来越明显。“儿童最大利益原则”将儿童视为独立的权利主体，但儿童自身能力的先天不足，使其无法在收养关系中维护自身的利益。

---

* 本文系作者2010年“西南政法大学硕士学位论文”的节选。

** 刘元敏，女，法学硕士，工作单位：海南省海事局。

一、公权力保护儿童利益的必要性

国家公权力需要维护被收养人的利益，以真正实现未成年养子女独立权利主体的地位，使其权利与父母的权利得以真正区分开来。如此，需要从儿童最大利益原则的内涵中找到公权力保护儿童利益的必要性，从而奠定公权力保护未成年养子女利益的理论基础。

（一）儿童最大利益原则明确了应将儿童作为独立权利主体加以保护

1989年《儿童权利公约》作为一部对成员国具有法律拘束力的公约，其所确定的“儿童最大利益原则”超出了传统的权利保护概念，开辟了新的保护儿童权利的发展方向，强调人类应把儿童作为个体权利主体，而不是作为一个家庭或群体的成员来加以保护。《儿童权利公约》第3条第1款确立了一个重要的理念：那就是在涉及儿童的所有行为时都应该以“儿童的最大利益”为首要的考虑，它突破了以往将保护儿童的视野主要局限于家庭范围，强调对儿童利益的保护应包括立法机关、政府、司法当局和社会各界，从而将保护儿童利益的重点向家庭以外倾斜，这从客观上有助于打破儿童是家庭的附属的观念。《儿童权利公约》规定应将对儿童利益的考虑“宣布为儿童的一项权利”。

（二）国家应作为儿童利益的守护者

虽然“儿童最大利益原则”体现了儿童权利保护的理念，但是由于儿童在精神、身体及心智上尚未发育成熟的特性，在成人社会里，儿童被当做美好社会的未来创造者（future makers），被视为是未来的财富（tomorrow's prosperity）。而这种看法着重强调的是儿童的将来，将儿童作为一个非现实的人来看待（not - yet human being）。由此产生的后果必然是逐渐使儿童失去他们现有的权利，丧失主体地位。[1]这就凸显了一个矛盾，作为权利主体的儿童无法充分地行使权利，保障自身的利益。那么在现实社会中，当儿童与其他权利主体之间发生权利冲突及利益纠纷时，如何维护儿童的权利就是值得我们思考的问题。从《儿童权利公约》对儿童权利主体的确认以及各主权国家对儿童权利加以保护的专门立法中，可以看出对儿童权利的保护责任应由国家、社会和家庭共同担负。

国家为未成年人在社会中生存保驾护航的观点，来源于古罗马法的国家亲权理论。① 根据这一理论，国家必须照顾那些不能自我照顾的人，特别是那些缺乏父母照管和监护的儿童。“对弱者同情和保护既是人类共有的道德准则，也是公平、正义的法律内核形之于外的要求。”[2]随着人权观念的兴起及逐渐地深入人心，国家亲权理论的内容日益丰满。一般认为，国家亲权理论有三个基本内涵：首先，认为国家是未成年人利益的最终守护者，负有保护未成年人的职责；其次，尤其应当注意的是，国家亲权理论强调国家亲权高于父母的亲权，即便未成年人的父母健在，但是当其缺乏保护子女的能力以及不履行或者不适当履行保护子女的职责时，国家可以超越父母的亲权而对未成年人利益进行保护；最后，主张国家应当为了孩子的利益行事。[3]作为儿童的最终监护人，国家应当如同父母一样全心全意地呵护儿童，也应当如同父母一样将儿童的利益永远置于首要考虑的地位。

二、外国未成年人收养制度的公权力保护之考察

目前世界上很多国家收养制度主要规定了有关收养未成年人的条件和程序，而对成年人的收养则一般作为例外规定。由于论文篇幅所限，在下文笔者拟选择对国外两大法系一些国家的收养制度中有关未成年养子女利益的相关规定进行介绍。

（一）英国立法例

1. 收养成立的条件

2002 年《收养与儿童法》第 49 条规定：“个人或配偶都可以

---

① 国家亲权（parents patriae）来自于拉丁语，其字面上的含义即“国家家长”，传统的含义则是指国家居于无法律能力者（如未成年人或者精神病人）的君主或监护人的地位。

申请收养子女。”此处的“配偶”既包括已婚夫妻也包括未婚伴侣，而未婚伴侣则包含了共同生活组成稳定家庭关系的同性或异性伙伴。这意味着英国收养法允许同性恋者与其伴侣一起收养儿童。在是共同收养还是单独收养方面，已婚者提出的收养一般是共同收养，只有在已婚夫妻一方去向不明或者夫妻已分居或打算永久地分居、抑或其配偶因身体或精神不健全而不能共同申请收养令时，已婚者才可以进行单独收养。在年龄方面，无论是配偶共同收养还是个人单独收养，都要求收养人在提交收养申请时必须年满21周岁。但是如果配偶收养中有一方是被收养儿童的父亲或母亲的，则可将其年龄放宽至18周岁，另一方仍然必须年满21周岁。

《收养法》第72条第1款规定：“只有未满18岁的未婚儿童方可被收养。”但2002年颁布的《收养与儿童法》第47条第9款规定：“不得向年满19岁的人士颁布收养令。”同时该法第49条第4款进一步规定：“申请收养时的被收养人必须未年满18岁。”即在申请收养时，被收养人不能满18周岁，但在颁布令颁发之前可以满18周岁，但不能年满19周岁。由此可见，英国收养法不允许收养成年人，这与其收养法的儿童本位理念相符合。英国收养法规定儿童被收养需取得相关人员的同意，而只要当婴儿出生至少6周后，才能取得其母亲的同意，也就是说被收养人的最低年龄应在6周以上。由此可知，被收养人的年龄应在6周以上，18或19周岁以下。

由于被收养人只能是18或19周岁以下的人，因此父母的同意是收养成立必不可少的条件。但是有以下理由，法院在收养令或准许令的诉讼中，可以免除父母或监护人的同意：找不到他们或他们没有能力作出同意；无理由拒不同意；无理由地一直不履行对孩子的父母责任；遗弃或抛弃孩子；一直虐待孩子；严重虐待孩子。以上六项免除同意的法定理由，每一项都涉及孩子的切身利益，由作为儿童利益守护者的国家直接利用公权力排除父母的同意权，以更好地维护儿童的利益，体现了英国收养法为保护未成年养子女利益而设立的立法宗旨。

2. 收养的程序

就收养的程序而言，主要步骤是：第一，由收养人作为申请人，向管辖法院提出申请，而被申请人原则上是父母或监护人。第二，根据父母或监护人是否同意制定收养判决书，由法院任命报告官（reporting officer）或者是诉讼监护人（guardian adlitem）。[①] 如果父母或监护人同意制定收养判决，那么就任命报告官。此时报告官的任务是确保父母或监护人对收养的同意是自由、无条件作出的，并负有调查与父母同意有关的全部情况的义务。如果父母或监护人不同意制定收养判决，那就由法院任命诉讼监护人。此时诉讼监护人的义务是保护未成年人的利益，因此其应尽可能地调查收养申请书中收养申请人所宣称的所有情况是否真实，一旦调查完成应向法院提出书面报告。报告的内容应当丰富，以确保法院能够查实收养是否有利于未成年养子女的利益。第三，在报告官或诉讼监护人所提交的书面报告的基础上，法院作出是否同意收养的判决。法院此时要首先考虑收养是否能切实地保护和增进儿童的利益，还要查实儿童对判决的愿望和感觉。2002 年《收养与儿童法》进一步完善了试收养制度。第 42 条规定，对收养令的申请必须在申请人与被安排试收养的儿童共同生活达到一定期限后才能作出。这一期限最长可达 3 年。在收养判决中，法院可以将其认为适当的决定和条件强加给收养人，以切实地维护未成年养子女的利益。

3. 收养关系的解除

与英国收养法强烈的儿童本位色彩相适应的是，英国对收养关系的解除一直持否定态度。2002 年英国《收养与儿童法》第 55 条明确规定："法院可以因被收养儿童的准正而撤销原收养令。"这就是说，被收养儿童被其生父或生母单方收养后，如果其生父或生

---

① 对于在离婚诉讼中依法出庭代表儿童利益参加离婚诉讼的人，英国法称之为儿童的"诉讼监护人"，诉讼监护人就子女抚养和监护问题提出处理意见，以供法官参考。在美国法中则被称为儿童的诉讼代理人，澳大利亚法中称之为独立代表人，其法律地位独立于子女的父母，类似于民事诉讼中有独立请求权的第三人。从其代表儿童利益出席离婚诉讼、维护儿童利益的作用来考虑，称之为儿童的"诉讼代表人"较为妥当。

母事后正式结婚的，那么先前建立的收养关系可以被撤销。除此之外，英国收养法未对撤销收养关系给予任何明文规定。事实上，英国收养法以救助孤儿、弃儿、非婚生子女等不幸儿童为主要目的和最高的社会价值，因而不允许解除收养关系，以免儿童处于不安定的状态。

4. 对收养人的监督

收养关系成立之后，被收养的未成年人取得与收养人的亲生子女完全相同的地位。英国采用广义的监护制度，① 因此在收养关系成立之后，养父母取得了被收养未成年人监护人的地位，此时则通过监护制度对收养人的行为进行监督。其监护监督制度规定，由郡法院和地方政府共同承担监督监护人的责任。监督的职责主要有儿童福利报告、调查儿童境况、评估儿童境况、签发紧急保护令和监督令等。尤其需要注意的是，为了保护儿童的利益，规定地方政府负有调查义务。当地方政府有合理的理由怀疑其辖区居住的儿童正在或者可能遭受伤害，或者收到任何伤害或涉嫌伤害的报告，那么地方政府可以进行其认为有必要的调查，以保护儿童的利益。

（二）法国立法例

1. 收养的条件

法国法区分单身男女与已婚夫妇的单独收养，对收养人的年龄进行限制。如果是单身男女单独收养子女，收养者必须年满 30 岁，且至少比被收养者大 15 岁。如果是已婚夫妇一方单独收养，其年龄不得低于 30 岁，而且必须取得其配偶的同意。如果是夫妻共同收养，那么法国法要求夫妻中至少有一方年满 30 岁，且双方结婚 5 年以上。

法国区分单纯收养和完全收养对被送养人的年龄进行界定。按《法国民法典》的规定，单纯收养不限制被收养人的年龄，完全收养则要求被收养人年龄须在 15 岁以下，并且应在收养人一方或双

① 广义的监护制度，是指对一切未成年人和限制民事行为能力及无民事行为能力的成年人的人身和财产权益进行监督和保护的法律规范的总称。

方家庭中收容至少已有 6 个月的儿童，才能允许被收养。超过 15 岁的儿童，在以下两种情况下也可以请求被收养：一是儿童的年龄已经超过 15 岁，但在其未满 15 岁之前即已由当时尚不具备法定收养条件的人收容；二是在其年满 15 岁之前已经被单纯收养，那么在该儿童整个未成年期间内，都可以请求完全收养。除了对被收养人的年龄作出限制之外，《法国民法典》还规定只有属于下列范围的儿童才可以被收养：一是父与母或亲属会议已有效赞同由人收养的儿童；二是由国家收容的弃儿；三是经宣告属于在第 350 条所指条件下被抛弃的儿童。

被收养人已经年过 13 岁的，应征得本人的同意。一般情况下，收养须获得生父母的同意。有以下情形时，可以排除父母的同意：如果父母已死亡或不能表示自己的意志或丧失亲权时，由亲属会议决定是否同意送养，该同意可以在 3 个月内撤销；如果儿童的生父母已完全放弃照管子女，使儿童身心面临受到伤害的危险，父母又拒绝将儿童交给他人收养，法院也可以宣告收养；亲属会议滥行拒绝收养权时，法院可以宣告收养；由国家收养的弃儿，在其父母未同意交由他人收养时，可以由亲属会议决定交由他人收养。

2. 收养程序

在法国办理收养的法定机关是法院，实行的是法院宣告制。具体步骤是：第一，申请。收养人应当向民事法院提出收养申请。第二，审查。在民事法院受理收养申请之日起 6 个月内，应当审查是否具备法律规定的收养条件以及收养是否符合儿童利益。第三，批准。被收养儿童应首先与收养人共同生活 6 个月以上，才能够由法院进行判决是否宣告收养。《法国民法典》赋予收养人与被收养人 6 个月共同生活时间，其主要目的同样是确定收养关系的双方是否能够真正地适应这一身份关系的转变，被收养人是否能够真正地融入被收养人的家庭。

3. 收养关系的解除

完全收养不可撤销。即使是对单纯收养，也只有被收养未成年人的直系血亲在证明“存在撤销收养的重大理由”时，才可以向法院提出解除收养的申请。这样有利于收养关系的稳定，以免被收养未成年人生活在一个不稳定的状态中。

4. 对收养人的监督

法国采用的是狭义的监护制度，亲权与监护制度并列。因此，在法国，一旦收养关系成立，收养人承担起对被收养未成年人的抚养义务，收养人将因此获得对被收养未成年人的亲权。那么就可以比照亲权制度中的相关规定对收养人进行监督。法国亲权制度规定，亲权中的重大事项由家庭法官批准或决定。凡涉及未成年人的人身或财产利益的重要行为，都需要法院进行实质审查。这样法院可以及早地对某些不利于儿童利益的行为进行干预，以维护儿童的利益。

三、我国未成年人收养制度的公权力保护的立法现状及不足

我国《收养法》第 2 条规定，收养应当有利于被收养的未成年人的抚养、成长。由此可见我国《收养法》的立法目的在于为未成年养子女选择一个利于其成长的家庭环境。我国《收养法》以未成年人收养为原则，以收养成年人为例外。因此，我国《收养法》中公权力的保护对象主要是未成年养子女的利益。

（一）我国收养法有关未成年人收养的规定

1. 收养的条件

我国《收养法》第 4 条规定，下列不满 14 周岁的未成年人可以被收养：一是查找不到父母的孤儿。二是查找不到生父母的弃婴和儿童。三是生父母有特殊困难无力抚养的子女。一般来说，如果生父母身体或经济上存在问题，以至于没有足够的能力抚养子女，都可以认为是存在特殊困难。此外，为保证计划生育政策的实施，我国《收养法》第 19 条明确规定，送养人不得以送养子女为理由违反计划生育的规定再生子女。[4]《收养法》第 5 条规定，下列公民、组织可以作为送养人：一是孤儿的监护人；二是社会福利机构；三是有特殊困难无力抚养子女的生父母。

我国《收养法》第6条规定，收养人应当同时具备下列条件：一是无子女。这里的子女既包括婚生子女，也包括非婚生子女和拟制血亲的子女。这种规定的出现是由于我国面临人口膨胀的压力，计划生育作为基本国策已载入我国宪法、婚姻法，收养法作为婚姻家庭法的重要组成部分，应与计划生育国策保持一致。我国《收养法》第8条规定："收养人只能收养一名子女。"由此，我们可以看出在法律没有除外规定的情况下，已经有养子女的人不适合再收养其他人。对有足够能力可以抚养未成年人的收养人来说，法律原则性地规定收养人只能收养一名子女，减少了收养的机会。二是有抚养教育被收养人的能力。收养人是否具备抚育被收养人的能力，要综合考虑收养人各方面的情况，如经济状况、健康状况、道德品质等。有抚养教育能力是指收养人有可靠的经济来源，精神正常，无严重疾病。三是要求收养人未患有医学上认为不应当收养子女的疾病。四是要求收养人必须年满30周岁。

在收养行为能够有效成立的实质要件方面，当事人之间还需意思表示一致，对收养形成合意。尽管被送养人不能完全独立地进行意思表示或根本不能进行意思表示，但有送养人作为其法定代理人进行意思表示作为补充或替代，以能够圆满地实现意思自治。如果被收养人是年满10周岁以上的未成年人，还应该征得被收养人同意。我国《收养法》对收养同意权的规定具有以下特点：第一，较为分散且笼统。没有集中在某一法条而是分别在3个法条中规定收养同意权。第二，同意权主体较多。《收养法》第11、13、14条分别规定了送养人、被收养人、对被收养人有抚养义务的人以及在收养继子女时生父母的同意权。第三，缺少排除同意权的规定。我国《收养法》没有规定在何种情形下，即可直接由公权力机关排除同意权人的同意，确认收养关系的成立。笔者认为这些特点存在的原因有二：一是我国的收养程序。我国的《收养登记办法》规定，应由收养人与送养人一起向民政部门提出收养申请，即在公权力进行干预前，送养人已经与收养人形成了收养合意，其后民政部门的登记只不过是对这种合意进行书面记载。而上述四国所规定的收养程序，无一例外地是由收养人先向公权力机关提出申请，再由送养人向公权力机关表示同意。提出收养申请时当事人已形成收养合意，公权力机关自然无法排除收养同意权。二是我国在立法上仍不自觉地将收养行为视为一种家庭自治范围的行为，认为送养人作为被收养人的亲属或监护人，完全可以为被收养人挑选合适的收养人，因此公权力不应对收养合意的形成过程进行干涉。

2. 收养程序

具体的收养程序分为申请、审查、登记三个环节。在申请环节，收养人、送养人应当亲自到收养登记机关办理登记。如果是夫妻共同收养、共同送养的，则夫妻双方都应亲自到登记机关办理，当一方不能到场时，应提供经过公证的委托收养书。在审查环节，政府可以通过对收养人资质的审查，确定收养人是否有抚养被收养人的能力，能否有能力给被收养人提供一个良好的成长环境。审查分为两个步骤：一是审查收养当事人是否符合收养条件，收养目的是否合法；二是审查收养人提供的证明材料是否真实完备。由于收养人提供的仅是书面的材料，民政部门并不会对材料的真实性进行实地调查，因此在审查环节，民政部门实际上仅能保证材料形式上的完备，而无力对材料的真实性负责。审查的期限是30日，自收养登记机关收到收养登记申请书及有关材料的次日起算。另外，在收养查找不到生父母的弃婴和儿童，应进行为期60天公告。公告期不计入审查期间。最后是登记环节。收养登记机关对收养人的申请、所提交的证明材料进行审查后，对证明材料齐全有效、符合收养条件的，准予登记。

3. 收养关系的解除

我国《收养法》规定，在被收养人成年之前原则上不得解除收养关系，除非收养人与送养人协商一致解除，或者收养人不履行抚养义务，并有侵害被收养人合法权益的行为，送养人因此可以向收养人提出解除收养关系，若双方不能达成一致，送养人可以向法院起诉要求解除收养关系。允许收养人与送养人在协商一致的情况下可以解除收养关系，罔顾被收养人的意愿显然不利于保护未成年养子女利益。

4. 对收养人的监督

我国《收养法》中没有针对收养人进行监督的规定。收养关系成立之后，对如何了解被收养未成年人在收养人的家庭的生活状态，如何调查收养人是否切实承担抚养被收养人的义务，我国《收养法》并没有作出规定。但收养关系成立之后，收养人即取得对被收养未成年人的监护权。因此，监护制度中对监护人的监督，同样适用于收养人。我国法律对监护监督主体的规定比较模糊。虽然，我国《民法通则》第18条第3款规定“人民法院可以根据有关人员或者有关单位的申请，撤销监护人的资格”，但是没有明确规定哪些主体是监护监督人，在实践中往往会出现谁也不监督的情况。同时，我国对监督手段的立法规定存在不足。

（二）《收养法》中公权力保护未成年养子女利益的不足

1. 收养条件限制过严

就我国目前的收养条件来看，限制过严，不利于收养关系的建立。[5]被收养人原则上得是不满14周岁的未成年人。这就将14周岁到18周岁的未成年人排除在可被收养的范围之外。这就产生了如下问题：一是与《儿童权利公约》的规定相悖。《儿童权利公约》第1条规定：“为本公约之目的，儿童系指18岁以下的任何人，除非对其适用之法律规定成年年龄低于18岁。”这就意味着，除非我国法律规定成年的年龄小于18岁，否则应视18岁以下的未成年人为儿童。尽管我国习惯上将14周岁以下的未成年人视为儿童，但实际上作为《儿童权利公约》的缔约国，我国应在法律中明确规定18周岁以下的为儿童。此处的儿童自然指的是18周岁以下的未成年人。因此当14周岁到18周岁的未成年人不能得到来自生父母的照顾时，根据公约的规定我国应当允许这些儿童被收养。二是忽略了我国的社会现实。就我国目前的教育状况来看，14周岁到18周岁的未成年人绝大多数处在中学或者职业教育阶段，身体和精神都处在发育阶段。如果在这个阶段他们丧失了父母，自幼丧失父母被社会福利机构抚养或者生父母在此时丧失了抚养他们的能力，此时有善心人士愿意收养他们，如此对被收养人来说是非常有利的，但是《收养法》却将这种美好的可能切断了。另外，我国规定收养人一般情况下应无子女，除非被收养人是孤儿、残疾儿童或者社会福利机构抚养的查找不到生父母的弃婴和儿童，此时可不受收养人无子女和收养一名的限制。在有子女的情况下，收养人不可以收养与其无任何亲属关系的生父母无力抚养的儿童。

2. 收养程序存在不足

审查环节，我国民政部门仅对收养人提交的申请材料进行审查，若这些申请材料符合法定的收养条件，那么就办理收养登记。除此之外，负责审查的工作人员并没有实地调查材料是否真实的权力。这就意味着，民政部门只能从形式上判断收养条件是否完备，而无法保证收养材料的真实性。如此将很难避免有关单位或者组织出具虚假证明且收养机关在无法实地调查核实的情形下所导致的违法收养。

3. 欠缺试收养期

我国《收养法》和《中国公民收养子女登记办法》没有规定一段可以让收养人与被收养人在情感以及生活习惯上进行磨合的时期。只要收养人提交的申请收养材料符合法定的收养条件，一般情况下经过30天的审查期，登记之后收养关系即可成立。英国心理学家马丁·赫伯尔特（Martin Herbert）在《心理育儿》一书中说道，随着第一个孩子的出生或收养，父母的任务、他们所起的作用及他们对未来的导向，这一切都发生着深刻的变化。照料幼小的孩子对有些父母来说，可能会是压倒性的，它需要相当的成熟性来把自己对主要以成人为中心的适应转移到主要以孩子为中心。尤其是对年轻的父母来说，他们习惯于有自己的自由，只对自己负责，而对一个婴儿全心投入的责任似乎会使他们产生诚惶诚恐的感觉，有时甚至会使他们产生压力。直到生活建立起新的平衡，这种压力才会消除。这意味着对于初次承担父母责任的收养人来说，接受自己身份角色的转变，需要相当长的心理适应期。更何况即使在经历这段心理适应期之后，也并不是所有的人都能最终适应这种转变。[6]

4. 缺少对收养人的监督

我国监护监督制度立法存在不足，表现为：一是监督主体不明确。我国立法没有“监护监督”的概念，并且没有明确规定监督主体，导致了在现实生活中谁也不监督的情况。二是监督手段不足。我国没有像美国一样规定相关机构对特殊情况的家庭进行调查和走访，也没有类似英国的儿童福利报告制度，由此可能导致许多发生在家庭之内的侵犯未成年人权益的行为，到了情形严重或者非常严重的时候才被发现。由于监督主体及监督手段的立法不足，我国无法通过监护制度中的监护监督实现对收养人的监督。对此，我国可借鉴上述四国监护监督制度的相关规定，在收养制度中明确对收养人的监督主体以及监督手段。

四、完善对未成年养子女利益公权力保护的建议

（一）适当放宽收养条件

1. 放宽被收养人的年龄限制

建议我国将被收养人的年龄定为未达法定成年年龄的未成年人，这也是与《儿童权利公约》保持一致的需要。

2. 去除收养人应无子女的一般性规定

笔者认为我国《收养法》应去除收养人应无子女的一般性规定。

（二）收养同意权的完善

建议我国《收养法》补充规定，如果同意权人滥用收养同意权，拒绝收养关系的成立，那么民政部门在确定收养关系的成立有利于被收养儿童成长时，可排除同意权主体的收养同意权，同意收养并予以登记。

（三）完善收养程序的建议

1. 试收养期的规定

建议我国在收养程序中增设试收养期的规定，时间以不少于6个月为宜。在试收养期内，每隔3个月由民政部门派专业人员对被收养人的生活状况进行调查，并就调查结果作出书面的调查报告。

民政部门最后根据调查报告作出是否同意收养关系成立的决定。

2. 审查环节的实质调查

建议我国应在收养程序中明确地规定，由专人对收养人、被收养人的实际情况进行调查，并在调查期限结束后得出书面的调查报告。民政部门根据调查报告决定是否进行收养登记。要对收养双方当事人的情况进行实质调查，我国应在以下方面进行规定。

（1）完善有关实质调查内容的规定。法律应明确规定实质调查的内容。实质调查的内容可分为两部分：第一，调查收养人的经济状况和家庭情况。具体为：收养人的工作和收入状况；收养人的健康状况；收养人的家庭成员状况；收养人的品德状况；收养人是否做好收养的准备工作。第二，对试收养期收养人与被收养人的情况进行调查。试收养期中双方的生活情况，需要由专门人员进行了解。可由民政部门派专人不定期探访处于试收养期的家庭。

（2）完善有关收养登记人员资质的规定。对收养登记员的规范，建议可从以下方面进行：第一，在选拔人员方面，由民政部门根据是否具备专业知识进行考核、任命。第二，由民政部门对收养登记员进行定期培训。通过这些准备使收养登记员成为具有能够从事收养实质调查工作的专业人员。

（四）完善解除收养关系的规定

建议我国《收养法》第26条补充规定，在被收养人成年以前，收养人不得解除收养关系，除非存在以下情形：收养人存在虐待、遗弃等侵害未成年养子女合法权益行为的；收养人对未成年养子女犯下了严重罪行等严重损害被收养未成年人利益的情形时，可由民政部门或送养人向法院提出解除收养关系。由于我国《收养法》第27条规定，成年养子女及其养父母可以向法院起诉，请求解除收养关系。因此，为了与第27条保持一致，第26条应将法院作为是否解除收养关系的决定机关。

（五）建立收养人监督机制

建议借鉴英国以及法国的监护监督制度，在收养制度中创建和完善我国对收养人的跟踪调查机制。具体做法如下：

第一，明确监督主体。我国《收养法》规定民政部门是我国的收养登记机关，并且由民政部门对收养人进行调查，因此民政部门基本了解收养人的情况。再者我国《收养法》已施行多年，民政部门作为收养登记机关已经深入人心。基于这两点，可由民政部门作为监督机关。在办理收养登记时，民政部门应该为被收养人建立档案，以便在收养关系成立之后定期调查。调查的工作可由民政部门委托收养人所在地的居委会或村委会进行，并定期向民政部门汇报。

第二，规定具体的监督手段。监督收养人的目的在于确保收养人承担抚养被收养未成年人的义务，使被收养未成年人得到妥当的照顾。

参考文献

[1] Eugeen Verhellen, *Convention on the rights of the Chind Background*, *Motivation*, *Strategies*, *Main Themes*, E. verllen and Grand publishers, 2000.

[2] 黄芝伟：《保护弱者利益冲突规则》，2 页，西南政法大学硕士论文，2006。

[3] 姚建龙：《国家亲权理论与少年司法——以美国少年司法为中心的研究》，载《法学杂志》，92 页，2008（3）。

[4] 陈苇：《中国婚姻家庭法立法研究》，337 页，北京：群众出版社，2000。

[5] 王歌雅：《关于我国收养立法的反思与重构》，载《北方论丛》，56 页，2000（6）。

[6] [英] Martin Herbert：《心理育儿》，武跃国、王立金译，123 页，北京：北京大学出版社，2006。

我国婚约制度的构建研究*

夏从杰**

目　次

我国订婚的现象大量存在，尤其在广大的农村地区，订婚是结婚前的习惯程序，这种现象被称为“具有习惯法效力的规范的小传统”，在我国关于订婚之纠纷亦是屡见不鲜，但是我国的法律却不能满足对当事人权益进行救济的现实需要。司法工作者在处理订婚纠纷时，由于缺乏依据显得手足无措，于是在2003年，最高人民法院在《关于适用〈中华人民共和国婚姻法〉若干问题的解释（二）》（以下简称《婚姻法解释（二）》）第10条规定了彩礼问题，但由于此条对彩礼返还问题规定得过于简单，其还是不能满足司法实践的需要，因此，对婚约进行立法规制有强烈的现实需要。

一、婚约制度概述

婚约乃是一男一女以将来结婚为目的而订立的契约，订立婚约

---

* 本文系作者2010年“西南政法大学硕士学位论文”的节选。

** 夏从杰，男，法学硕士，工作单位：江苏省仪征市人民法院。

的行为在习惯上称为订婚或定婚，[1]订婚的当事人双方俗称未婚夫妻。罗马法规定，婚约不能强制执行，即使不遵守婚约，也不得请求损害赔偿；教会法规定，婚约缔结后，当事人即受婚约之拘束，如不履行得以诉主张之。因此，订婚后双方当事人互负贞操义务，他方如不履行，则可请求损害赔偿；近代法律规定，以婚约为婚姻契约之预约，但婚约不是结婚必经之程序。

关于婚约的效力，有学者认为既然婚约不得强制履行，则婚约当事人之间将来结婚的义务仅为道德上的义务；现实生活中的婚约在性质上只是无配偶的男女之间达成的具有道德拘束力的协议，[2]当事人可以自由地解除婚约，进而认为婚约不具有法律约束力，不具有法律效力。

笔者认为，就如合同法上一般的契约，如果实际履行已经没有意义（不能实现合同目的）或者说实际履行根本不能（如一物二卖且标的物至物权已经转移的情形）的情形之下，法律并不要求强制实际履行，而要求其承担违约损害赔偿等其他违约责任。换言之，违约责任的形式包括强制实际履行、违约损害赔偿等，即强制实际履行并非契约的构成要素，不能因为有些契约不能强制履行，就否认其为契约。有些契约不能强制履行，但是会发生损害赔偿，正如史尚宽所言：虽然婚约不得强制履行，但是不能据此否认婚约为契约，因为能否强制履行并非契约的要素。[3]婚约不可强制执行并不是说婚约没有法律效力，婚约是有法律效力的，订婚后在当事人之间产生一种法律义务即缔结婚姻，此之所以不可强制执行是因为婚约的人身性——婚约具有身份行为的人身性质，是因为此种行为不强制履行，就如同男女结婚后夫妻间的同居义务不可强制履行一样，我们并不能因为同居义务不能强制履行而断定夫妻间没有同居义务，也不能因为同居义务不能强制履行而断定同居义务没有法律效力，更不能进而断言结婚没有法律效力。虽然婚约基于其人身性质不能强制履行，但是通常会发生违约损害赔偿请求权，因此，并不能因婚约不能强制履行否认婚约的契约性质，认为婚约不是契约、不具有法律效力是没有根据的。

我国对于婚约没有任何禁止性规定，有关婚约的解答只是说非必经程序，听其自便，法律上并没有明文规定婚约无法律拘束力，根据“在私法领域法无禁止皆自由”之一般法理，只要订立婚约的行为符合民事法律行为的效力要件就应受法律的保护，对当事人应具有法律约束力，[4]因此，认为婚约没有效力是一种误解。

二、我国建立婚约制度的必要性

（一）现实的情势呼唤婚约制度的建立

改革开放后，由于频繁的人员流动使乡土社会逐渐被打破，男女外出工作为移情别恋提供了客观条件，导致退婚频繁发生。由于涉及的彩礼数额较大，在利益的驱使下，当事人之间的纠纷很难处理，道德约束显得无能为力。同时由于没有法律依据，使这种危害人身利益和财产利益的纠纷无法得到公正之处理，结果信守婚约一方的合理之婚姻期待落空，其因信守婚约而受到的损害得不到救济；而违反婚约一方背弃社会善良风俗、随心所欲解除婚约的行为，由于道德多元化、是非混淆，也不会受到道德强有力的谴责；同时由于婚约没有法律规制，使得即使是严重损害守约方利益的行为，也不会承担法律责任。这样，当诚实守信等良好社会风尚只会给当事人带来不利益的事件大量出现之后，市场经济条件下形成的趋利避害的行为方式会进一步推动人们放弃没有用处的道德，进一步导致道德沦丧，导致公平正义的丧失，降低法律的威信。此外，这也为一些道德败坏的人提供了可乘之机，[5]有一些人出于玩弄异性的目的而订婚，同居生活一段时间之后，喜新厌旧，随意解除婚约，或者本来已经订婚，在外务工期间，以娶对方为幌子玩弄对方而同居，这必然会损害他人的人格利益和财产利益，如果受害人受伤的心灵得不到及时的宽慰及受到的伤害得不到公正的处理，再加上家族荣誉的损害，就可能导致报复伤人、自杀甚至杀人等恶性事件。

（二）婚约具有重要的社会功能

第一，婚约的“再社会化”功能。“再社会化”系指个人在一种与他（她）原有经验、规范与价值迥异的环境中（在一个不同于以往所经历的环境中），重新社会化的过程（重新学习其所该扮演的角度、新的知识与该环境之新的价值观）。[6] 例如，一个人出生后，经过学习，知道父母子女关系，即“社会化”，而婚姻会使原本没有亲属关系的两家人，产生法律上的身份关系，此由婚姻所开展之姻亲关系，即“再社会化”。婚约具有“再社会化”的功能，表现在订婚后当事人之间产生新的准身份关系，亦即未婚夫妻，互为双方原生父母之准半子、准媳妇以及各种准姻亲角色（比如妯娌、连襟等），双方原生家庭也将彼此连接成为互有准姻亲联系的新家族。当事人与其双方的家庭成员，都学习新的身份角色、适应该新身份角色的行为规范，同时，当事人与对方家属和双方家属之间也在订婚后的接触中，相互了解，彼此熟悉，建立深厚的情谊，具有婚前彩排性质的婚约，对于婚后当事人之间、当事人与对方亲属、双方亲属之间的相处都打下了牢靠的基础。婚约当事人在婚约之后学习组织未来婚姻生活、学习并适应双方家长个性、习惯、习俗、家庭文化，以“媳妇”或“女婿”身份学习与“公婆”或“岳父母”相处之道。

此外，“再社会化”还表现在，在订婚过程中及订婚之后，双方亲友团的投入与认可（如双方家长帮忙为新人购置新房），持续不断地交换各种信物（如彩礼），通过这种反复接触，彼此的关系一再被确认，彼此的情谊一再被加深，以上再社会化均有助于婚姻关系的建立和婚后的幸福。

第二，婚约的其他功能。婚约是一种公开的宣称，使当事人之间的关系公开地确定下来，除却恋爱期间的不确定因素，除却彼此的怀疑态度，因为订婚意味着双方承诺停止寻找他人，除却当事人为加强彼此关系而刻意展现自己美好一面的负担，彼此都露出“真面目”，同时，婚约期间是一对情侣迈向婚姻殿堂的重要调适过程。婚约期间露出真面目的调适，乃系情侣步入美满婚姻的关键环节。

（三）婚约对婚姻自由之保护功能

婚姻自由不是一方的婚姻自由而是双方的婚姻自由，如果立法对婚约听之任之，那么一方就可以任意违反婚约，这样一方是自由的，对方的自由就会受到侵害。[①] 如果法律立法规制婚约，使订婚人之间产生一种守约的义务，虽然不能强制执行，但是会在心理上产生对双方的拘束力，就会洁身自好，避免移情别恋等不负责任的行为。在违约时，双方均可以解约，这样既可以避免不幸婚姻的产生，又同时对他方受到的损害及受伤的心灵给予赔偿救济抚慰，保护他方的婚姻自由权，衡诸事理，公平合理。

立法规制婚约并不会产生不幸婚姻，因为双方均可以解约，不但避免不幸婚姻之产生同时又对他方所受之损害及受伤的心灵给予赔偿慰抚，一举双效。此外规制婚约也不违背婚姻自由，而恰恰是对自由适当限制，使其不得滥用而致损害他人自由及给他人造成损害或伤害，自由不得有损他人，给他人造成损害，这才是对自由的恰当诠释。

三、我国婚约制度之构建

婚约制度之主要内容包括婚约不履行时的损害赔偿与赠与物（彩礼）之返还两大部分，下文将围绕此两部分来阐述如何构建我国的婚约制度。

（一）完善解除婚约所致的损害赔偿制度

1. 解除婚约的事由

当事人有下列正当事由之一，双方均可以解除婚约：故意违背

① 此情形在农村更为明显，因为农村是个熟人社会，订婚基本上选择邻近村庄中的青年。举例言之，甲与乙订婚后已有一段时日，甲又与第三人好上，甲解除婚约，甲实现了自己的婚姻自由权，但是乙由于信任对方，在订婚期间严守承诺，拒绝了别人的多次追求，现在甲突然退婚，由于乙年龄已大，错过了订婚的黄金时期，乙想要找一个合适的人选很难，而乙如果没有与甲订婚是很容易找到一个合适的对象的，而现在由于年龄大了，合适的人选已经名花有主或名草有伴，乙可选择的对象很少或者说基本上没有选择，这样，乙的婚姻自由选择权就受到了甲之突然毁约的严重损害。

结婚日期或婚期已至而逃避者；生死不明已满一年者；有重大不治之病者；有花柳病或其他恶疾者；有疾病之疑虑而拒绝赴医院检查者；订婚后与人通奸者；订婚后犯罪并受徒刑宣告者；订婚后成为残废者；订婚之际隐瞒没有暴露出来之坏脾气者；长期无理由地拖延他方者；订婚后再与他人订婚或结婚者；毁坏他方及家族名誉、侵犯他方及家族隐私者；订婚之后拈花惹草或与他人同居者；有其他重大事由者。

所谓重大事由，乃是指根据婚约当事人之社会阶层所具有的一般见解，自公平公正立场判断，如有此种情形，则无法成婚而维持共同婚姻生活，为有重大事由，举凡强其婚约之继续或履行，如失之过酷，即得正常解除。对于其他重大事由，可由法官根据各种具体的情形依照社会一般观念自由裁量。

2. 违反婚约之损害赔偿

违反婚约，是指婚约当事人之一方无重大理由而不履行婚约或解除婚约致使其婚约关系不能继续维持，违反婚约因有无正当理由及有无过失而定其责任。第一，有正当理由且无过失者，不负损害赔偿责任，他方有重大事由（不问他方有无过失，但是自己须对对方之重大事由之出现无过失）而违约者或自己有无过失之重大事由（如自己无过失之恶疾或重大不治之病或贫穷不足以养家）而他方违约者，为无责违约。第二，应负损害赔偿责任之有责违约，具体情形包括：其一为无重大事由而违约，或者未声明违约原因或其声明原因不足以构成重大事由；其二虽有重大事由，而其事由系因自己所引起或就其发生有过失；其三因自己所引起或就其发生有过失之重大事由，予他方以正当违约原因，而他方因此事由违约的，如自己与人通奸。第三，客观上没有使对方违约为正当或至少为可恕之过失，而对方违反婚约者，对方要负损害赔偿责任。

建议立法规定：婚约当事人一方无任何重大事由违反婚约，或因自己有有过失之重大事由而由自己或他方违约时，对于他方及其父母或代其父母的第三人以结婚为目的而做的善意准备或者以结婚为目的善意所为之措施所造成之损失,① 根据情况为适当的限度内，应为相当之赔偿，前述情形，虽非财产上之损害，无过失之受害人得请求赔偿相当之金额，对于财产与非财产损害，受害人与有过失者，适用过失相抵。如果一方有解约权而不解约亦不通知对方自己将来不会履行婚约，致使对方仍为婚约做善意准备者仍要赔偿对方财产损害。

关于赔偿要件，违反婚约之损害赔偿包括两种情形：一是无故违反婚约之赔偿，即无任何理由违反婚约的一方，对于另一方因此所受的损害承担的赔偿责任；[7] 二是有过失之赔偿。具体言之，其赔偿要件为：在义务人方面，以无故违约或其有过失为标准，即以无故违反婚约或其有过失方为赔偿义务人，只要是无故违反婚约或有过失（不论自己解约还是对方解约）均负有对对方之赔偿义务（德国、瑞士、意大利、我国台湾地区皆是如此之规定②）；在权利人方面，权利人须无过失，此无过失不是完全无过失，权利人与有过失者，适用过失相抵，即在受害人方面有可恕之过失或为轻微之过失，得减少赔偿额之给付。通常允许同居并非过失（因为并没有对所列重大事由有促成作用），但女方非常轻率地献身是女方之重大过失，然男方有重大过失者，不得主张女方之轻微的本人过失，尤其男方不得以女方有性交之听从，即谓其有过失，结婚原不确定或已经成为不确定，而仍要求性交，则有重大过失之存在，虽非一切性交均于解约时发生慰抚金请求权，但信赖结婚之平素清白的女子应赋予此请求权，因而怀孕之女子，更应如此。虽有正当理由违约，而自己对正当理由的出现有过失，过失方仍须赔偿对方。例如因为自己过失致对方严重伤残、一方故意或过失致另一方死亡，尽管过失方有正当理由可以解约，但是需要赔偿对方慰抚金及

① 比如为结婚目的而支出费用或承担债务或免除债务而发生的损失，或者为结婚目的采取影响其财产或其职业地位的措施所造成的损失。

② 《意大利民法典》第 81 条第 1、2 款；《瑞士民法典》第 92、93 条；《德国民法典》第 1298、1299 条；我国台湾地区“民法”第 977、978、979 条规定的赔偿责任均是把无正当理由违约与因一方过错作为两个赔偿事由。

财产损害；[1] 如果有正当理由解约而自己又没有过失的则不赔偿。例如，一方把对方打伤，受害方解约则不需赔偿，因为其有正当理由。再如，一方侮辱对方、殴打对方父母，对方解约或违约不婚，不需要赔偿，过错方则要赔偿对方慰抚金及财产损害。

关于赔偿范围如下：

第一，财产损害之赔偿范围。首先，赔偿范围仅限于"现实的信赖的利益"之损害（积极损害）而不及于"履行的利益"（消极的损害），[2] 违约人以赔偿相对人之信赖利益为已足，即赔偿相对人及其父母因信赖婚约所为之支出费用为已足，如父母之预订礼服，预订酒席，新郎因新婚生活而租房，新妇于准备为妻的预想之下抛弃女教员之职务，对于其亲亦加以保护者，盖为将来婚姻而支出费用者多数情形非婚约当事人而为父母故也。[3] 其次，赔偿范围应限于为结婚之目的善意所为之合理支出及善意所为之适当措施造成之损失，换言之，以将来结婚目的或夫妻共同生活目的所支出费用或负债务为限以及预期结婚（为结婚目的）而为财产上或职业上之处分所受的损害，故对于婚约酒席费用之损害（如约定后天结婚，一方突然退婚致对方所买酒菜肉之损害），为结婚建房或买房而借高利贷，应予赔偿，但订婚费及以维持婚约关系为目的而

---

① 此指退婚情形因一方有过失而引起，而非指因侵权引起，当然此情形可构成订婚损害赔偿请求与侵权损害赔偿请求之请求权竞合。

② 关于信赖利益（消极利益）和履行利益（积极利益）的意义，参照王泽鉴："信赖利益之损害赔偿"，载《民法学说与判例研究》第5册，181~182页、184页，北京：中国政法大学出版社，2005；林诚二：《民法理论与问题研究》，237~239页，北京：中国政法大学出版社，2000。

③ 所谓"现实信赖的利益"即"消极的利益（积极的损害）"，"消极的利益"是与"履行的利益"相对的概念。"履行的利益"又称所失利益或预期利益或期待利益，如因解约所失之利益，因结婚而可取得未婚妻的财产之使用收益，因拒绝金钱上更为有利的结婚请求所失之利益，失去其他方面婚约或结婚机会所应得的利益，均为可得利益而非现实的损害，故不得请求赔偿。"消极的利益"，如未婚夫支出婚约宴席的费用，登记婚约启事的费用，已租定或购买较大住宅或使房产变成流动性，订制礼服、喜帖、预订礼堂宴席，未婚妻已购置嫁妆、改业、迁居、放弃原来的职位或地位，权利或利得请求权之放弃、迁居费用、与结婚准备或将来共同生活结合之费用。

支付的费用则不予赔偿。最后，须有婚约之存在，订婚前之损害不在此损害赔偿范围之内。

第二，非财产损害赔偿。非财产损害是指精神或肉体上的痛苦，又称为慰抚金。包括个人的隐私（如大吹未婚妻之亲密）、精神痛苦、在长期继续的婚约解除导致的结婚希望的减少，时间之浪费，名誉之损害。

法院应斟酌过失之程度、精神上痛苦之程度、受害人之性别、受害人之年龄大小、再婚约之可能性大小、婚约期间其他婚约请求之拒绝、双方之经济状况及实际情形，在长期存续的婚约情形，将来结婚的希望之减少，被抛弃所造成的失望，酌定其赔偿数额。

（二）彩礼返还制度之完善

1. 彩礼返还的范围

无论订婚后所为之赠与，还是订婚前因期待订婚而为之赠与均包括在内，而且不独当事人之间相互赠与之物能请求返还，其他第三人期待结婚而为之赠与，也得请求返还，但是基于债之相对性，以订婚人为请求名义人为妥。[①] 基于殷勤或感情而提供之赠与物价值甚小者，不得请求返还，如日常交际时赠送之鲜花或戏票、电影票、双方互请对方吃饭等；赠与物不仅包括通常所谓之无偿赠与，还包括基于侵权行为所发生债务之免除或协助他方所建房宅，但是为日常交际而赠送的鲜花或戏票不包括在内，为同居而提供同居生活之费用（不能视为赠与物）亦不包括在内。

2. 彩礼返还之方法

对于我国习俗中存在的彩礼之处理，对于送彩礼时男女双方代表所消耗掉的部分，不予返还，对于未被消耗掉的部分，如为女方

---

① 台北地方法院 1994 年家诉字 194 号民事判决认为，男方父亲交付给女方父亲的聘金，此聘金赠与当事人是女方父亲而非女方，因此，基于债之相对性，男方不得向女方请求返还，只能向其父亲请求返还，此判决严格遵循了债之相对性。

单方收益，故应酌情全部或部分给予返还。①

参考文献

［1］陈苇主编：《婚姻家庭继承法学》，74页，北京：群众出版社，2005。

［2］杨大文：《亲属法》（第四版），72页，北京：法律出版社，2004。

［3］史尚宽：《亲属法论》，114页，北京：中国政法大学出版社，2000。

［4］刘宝林：《婚约若干法律问题探究》，载《法制与社会》，104页，2008（8）。

［5］郭书琴：《身份法之法律文化分析初探——以婚约篇为例》，载《台北大学法学论丛》，7、16页，2008（67）。

［6］张学军：《论违反婚约的损害赔偿之债的法律性质》，载《国家检察官学院学报》，138页，2007（2）。

［7］王泽鉴：《信赖利益之损害赔偿》，载《民法学说与判例研究》第5册，116、117页，北京：中国政法大学出版社，2005。

① 《婚姻法解释（二）》第10条"彩礼全部返还"之规定与此返还方法不同，此规定有对女方不公平之弊病，因为送彩礼中有一部分是男女双方代表所消耗掉，让女方全部返还彩礼，这对女方来说不公平。举例言之，甲男与乙女订婚时，所送彩礼包括：人民币一万一（意为万里挑一）、酒10箱（每箱200元人民币）、烟10条（每条100元人民币）、小菜800元人民币、猪肉价值1000元、羊肉200元，彩礼价值共计16000元，送彩礼时双方代表在女方家消耗掉酒两箱价值400元、烟两条价值200元、猪肉20斤价值200元、小菜消费600元，共计消费1400元，退婚时女方应退还男方16000减去700元即15300元，为何不是返还16000呢，因为消费掉的1400元为双方代表所消耗，故男女双方各承担700元，而不是由女方独自承担，除去消费掉的部分，剩余的部分为女方单方收益，故女方全部予以返还。

我国《继承法》之养老育幼、照顾病残者原则研究*

姜胜强**

目　次

老年人、未成年人和病残者是社会的弱势群体，他们的权益最容易受到侵犯。各国为特别保护这一群体的利益，继承法具体制度的设计都强调了对老、弱、病、残的关注。我国《继承法》的具体制度体现了养老育幼、照顾病残者原则，但是随着30多年的经济体制改革的不断深入，社会经济的不断发展，社会观念的不断更新，社会的发展对法律提出了新的要求，我国现行《继承法》体现养老育幼、照顾病残者原则的基本制度显示了其局限性，已不再适应社会的发展。目前，我国正在制定民法典，《继承法》将是其

* 本文系作者2010年"西南政法大学硕士学位论文"的节选。
** 姜胜强，男，法学硕士，工作单位：重庆市荣昌县人民法院。

中的一编。笔者希望，能够通过对养老育幼、照顾病残者原则统率下的相关制度的分析研究，为完善我国相关立法提出建议，推动该制度的完善。

养老育幼、照顾病残者，即赡养老人、抚育未成年子女及照顾病残者，这是我国社会家庭的重要职能之一，也是我们中华民族的传统美德。[1] 养老育幼、照顾病残者是我国现阶段经济形势的要求。虽然我国经济有了很大的发展，但仍然处于社会主义初级阶段，物质财富还不够丰富，物质保障和社会福利措施还不够发达，还不能完全保障无劳动能力的老人、未成年人、病残者所需要的物质生活资料。因此，家庭作为社会的细胞，理应发挥其赡养老人、抚育未成年人、照顾病残者的职能。父母、祖父母、外祖父母在有劳动能力的时候，担负起抚养子女、孙子女的责任，为晚辈辛勤操劳。当父母、祖父母、外祖父母年老力衰的时候，丧失劳动能力，这就需要晚辈的关心、照顾和供养。因此，养老育幼、照顾病残者是家庭职能的客观要求，也是人类社会延续的需要，在社会发展过程当中，养老育幼、照顾病残者已经形成为社会的道德准则。这种道德准则已经提升为我国法律的原则。

一、养老育幼、照顾病残者原则在我国《继承法》原则体系中的定位

（一）保护公民私有财产继承权是养老育幼、照顾病残者的保障

《继承法》的根本价值追求在于保证家庭生产的延续和家庭成员的生活资料，从而实现家庭的生产职能和家庭的养老育幼、照顾病残者职能。一个家庭作为生产单位，其基本要素是：劳动力、生产工具和一定数量的生产资金。为了保持生产的连续性，必须要有劳动力的再生产和财产继承，保持自己的连续性，否则生产就要终止，家庭本身也要归于消灭。因此，当财产所有人死后，他用以从事生产的劳动工具和劳动资金，简称生产资料，理所当然应转归自己的继承人所有。与此同时，为了使家庭能够作为生产单位延续下

去，必须首先解决家庭劳动力的再生产问题。生儿育女、抚育后代，与其说是家庭所具有的消费职能需求，不如说是家庭作为生产职能的需求。因为如果没有人的延续，即劳动力的再生产，那么，无论作为生产单位的家庭，还是作为一般意义上的家庭都不可能存在。至于晚辈亲属供养老人，这不仅是个伦理道德上的问题，而且是这种家庭职能的基本要求。因此，保护公民私有财产继承权，使其子孙后代和丧失劳动能力的老人获得生活资料，正是养老育幼、照顾病残者的家庭职能实现的保障。

（二）平等原则的贯彻要求养老育幼、照顾病残者

平等具有形式平等和实质平等之分。形式平等指的是社会伦理及法律理念上的平等。实质平等是指民事主体在具体的经济活动中，通过具体的经济往来而形成力量均衡。[2]民法意义上的平等指的是形式上的平等，即民事活动的参与人在民事关系中所处的法律地位完全一样，其所为的相同法律行为会受到同等的法律对待，在法律适用上会受到同样的法律保护。但作为一项基本原则并非绝对，否则就不会有任何原则。在实质意义上的平等严重失衡的时候，法律就会作出相应的价值权衡。在形式平等和实质平等严重失调的时候，社会通常是通过这样的手段来予以协调，即保障人们基本的生存资料，以此弥补基本权利的不足。在这种情况下就有必要给予弱势群体应对生活急需之境况的特权。这一精神在民法中就体现为平等原则中保护弱者利益的要求。虽然法律赋予了民事主体平等的法律地位，但是在经济生活当中，因为各种因素的影响，主体之间差距越来越大，形式上的平等和实质上的不平等的现象越来越凸显，为维持社会相对的平衡，法律有必要抑强扶弱。[3]在继承法领域就要求对老人、未成年人和病残者进行特殊的照顾。

二、养老育幼、照顾病残者原则在我国《继承法》中之体现

（一）养老育幼、照顾病残者原则是确定法定继承人的范围、顺序等的依据

我国《继承法》规定，配偶、子女、父母为第一顺序继承人；兄弟姐妹、祖父母、外祖父母为第二顺序继承人。丧偶儿媳对公、婆，丧偶女婿对岳父、岳母，尽了主要赡养义务的，作为第一顺序继承人。此外，被继承人的子女先于被继承人死亡的，由被继承人的子女的晚辈直系血亲代位继承。体现养老育幼原则的就是继承人范围之确定突破了以血缘关系、婚姻关系为依据的传统做法，扶养关系也作为确定继承人的依据。

一是包括将有扶养关系的继父母、继子女列入法定继承人的范围。这一规定是我国《继承法》的一大特色，虽有批判之声，但笔者认为，这一规定是合理的。其原因如下：首先，家庭对未成年子女的抚养是家庭的扶养职能要求。在继父母和继子女组成的家庭中，如果继子女尚未成年，那么继子女理所当然由继父母来抚养。其次，根据权利与义务相一致的原则，继父母与继子女一旦形成抚养关系，他们之间的权利义务关系就是独立存在的，不会因为继父母婚姻关系的终止而当然终止；与此相应的是，如果继子女由继父母抚养成年，法律不允许继子女通过解除关系的手段逃避赡养责任。由此可见，有抚养关系的继父母、继子女之间相互继承就是应有之义。一方面，这有利于实现家庭养老育幼、照顾病残者职能，也鼓励了家庭成员间的相互扶养，从而减轻了社会负担。另一方面，这一规定经过我国《继承法》20多年的实际运行已经成为其重要的组成部分。

二是将尽了主要赡养义务的丧偶的儿媳和丧偶的女婿作为第一顺序继承人。按照我国现行《婚姻法》的精神，儿媳与公婆、女婿与岳父母属于姻亲关系，配偶一方死亡后是否继续保持姻亲关系，可由当事人自行决定，因此丧偶儿媳、丧偶女婿是否和公婆、

岳父母保持姻亲关系是意思自治的范畴。那么其自愿赡养老人便和老人之间形成了事实上的扶养关系，根据权利义务一致原则，丧偶儿媳和丧偶女婿履行了扶养义务，赋予其继承遗产的权利便是理所当然的，我国现行《继承法》将尽了主要赡养义务的丧偶儿媳和丧偶女婿作为法定继承人的规定是合情合理的，鼓励了丧偶儿媳和丧偶女婿赡养老人的行为，发挥了养老功能。

（二）养老育幼、照顾病残者原则指导遗产的分配

我国《继承法》十分注重和提倡赡养老人、抚育未成年人、照顾缺乏劳动能力又缺乏生活来源的病残者的道德风尚，并上升为法律原则，指引遗产的分配，主要体现在以下方面：第一，对于处在应继顺位上的老人、未成年人、病残者，在分配遗产时可以适当多分。我国《继承法》明确规定，在分配遗产的时候要照顾生活有特殊困难的缺乏劳动能力的人。这种“照顾”主要理解为一般应多于平均份额。同时，在承担死者生前所欠的债务时，也应当予以适当的照顾，让他们少负担一些。[4]第二，对于那些能够较好地承担养老育幼、照顾病残者义务的继承人或继承人以外的人，《继承法》予以鼓励。例如，我国《继承法》第 13 条第 3 款规定：“对被继承人尽了主要扶养义务或者与被继承人共同生活的继承人，分配遗产时，可以多分。”第 14 条规定：“对继承人以外的依靠被继承人扶养的缺乏劳动能力又没有生活来源的人，或者继承人以外的对被继承人扶养较多的人，可以分给他们适当的遗产。”第三，对于那些本来有继承权的人，由于他们有扶养能力和扶养条件而不尽扶养义务，《继承法》对其采取了削减继承遗产的份额或者取消其继承遗产权利的措施。我国《继承法》第 13 条第 4 款规定：“有扶养能力和有扶养条件的继承人，不尽扶养义务的，分配遗产时，应当不分或者少分。”对于那些遗弃被继承人的继承人，或者虐待被继承人情节严重的继承人，则剥夺其继承权。一方面，这些规定考虑到无劳动能力又没有生活来源的继承人的实际情况而予以照顾，从而体现养老育幼的原则，有利于鼓励继承人孝敬尊长，促进家庭成员间和睦相处，互帮互助。另一方面，继承份额也

会因继承人尽义务的多少而有所区别，从而鼓励对老人的赡养，惩罚那些逃避赡养义务的人，进一步宣扬了尊老爱幼、扶助病残者的优良的民族传统，是符合我国国情的。

（三）养老育幼、照顾病残者原则使遗嘱人遗嘱自由得以限制

遗嘱自由是民法意思自治原则在继承法律制度当中的适用，但任何自由都必须受到道德和社会公共利益的限制，养老育幼、照顾病残者原则对遗嘱自由的限制其实质为道德对自由的限制。在遗嘱继承制度当中主要体现在两个方面。第一，在遗嘱继承中，对于处在应继顺位上的老人、未成年人、病残者，《继承法》为其设置了必要的遗产份额，简称必继份。我国《继承法》明确限制了立遗嘱人的遗嘱自由，其所立遗嘱必须为缺乏劳动能力又没有生活来源的继承人保留必要的遗产份额。这就是说，对于法定继承人中的缺乏劳动能力又没有生活来源的老人、未成年人、病残者的应继份额，是不能用遗嘱予以取消的。第二，被继承人在立遗嘱时，不得取消胎儿的继承份额；在遗产分割时，应当保留胎儿的应继份额，胎儿出生时是死体的，保留份额按法定继承办理。为了达到继承或确定遗产权利的目的，胎儿在怀孕时就被视为继承人，比从出生时被视为继承人（即如果出生时有生命才被视为继承人），更有利于保护子女的利益。

（四）我国的遗赠扶养协议制度是养老原则最直接的体现

我国《继承法》规定，被继承人可与继承人以外的人或集体组织，订立遗赠扶养协议。根据双方协议，被继承人生前享有供养的权利，死后有将遗产遗赠给扶养人的义务；扶养人对被扶养人负有生养死葬的义务，在被扶养人死后，有取得遗产的权利。这项法律制度，既有利于老人、病残者得到切实可靠的照料、扶养，以便安度晚年，又有利于促使晚辈孝敬老人、赡养老人、扶助病残者，增强家庭内部的团结，发扬良好的道德风尚。

三、我国《继承法》养老育幼、照顾病残者原则贯彻之不足及其立法完善

尽管我国《继承法》在法定继承制度、遗嘱继承制度和遗赠扶养协议制度当中都贯彻了养老育幼、照顾病残者原则，但随着经济的发展、社会结构和家庭结构的变化，仍然有许多具体制度存在不足之处，以下笔者在分析其立法不足的基础上，提出完善立法的建议。

（一）法定继承制度贯彻之不足及其立法完善建议

1. 尽了主要赡养义务的丧偶的儿媳和丧偶的女婿与其他继承权人权利冲突

有观点认为，其一，第一顺序法定继承人之中不应当包括丧偶的儿媳和丧偶的女婿，因为在死者第一顺序继承人之中，如果配偶、父母、子女均已死亡或丧失继承权，且其子女亦无直系卑血亲代位继承时，尽了主要赡养义务的丧偶儿媳和丧偶女婿则有权取得全部遗产。这会造成死者的第二顺序血亲继承人的继承权实际上落空。并且更为重要的是，如果丧偶儿媳和丧偶女婿在继承遗产后再婚，这无疑会造成被继承人的遗产落入“外人”之手。姻亲拥有继承权与世界立法趋势相违背，更重要的是由来已久的继承习惯要求财产不能流出本家族与本家庭，显然与这一原始习惯是相悖的。[5]其二，丧偶儿媳和丧偶女婿作为第一顺序法定继承人后，其子女的代位继承权不受影响。如果被继承人有多个子女，可能会因为其中一个子女死亡，其他继承人的利益会受到侵害。因为丧偶的一方因尽了主要赡养义务为第一顺序继承人可以取得一份遗产，其子女依代位继承可以取得一份遗产，未丧偶的一方则只能取得一份遗产，这样丧偶的一方就取得两份遗产，未丧偶的一方仅得到一份遗产，这样有失公平。[6]

以上观点虽有一定道理，但笔者不赞同将丧偶的儿媳和丧偶的女婿从法定继承人范围里删除，因为该规定在上文已论述过，有利于鼓励养老育幼，有其合理性。该规定之所以引起学界争议，其主

要缘由在于丧偶的儿媳和丧偶的女婿与其他继承人继承权存在冲突，相关的法律关系没有理顺。一方面是丧偶的儿媳和丧偶的女婿固定地作为第一顺位继承人继承遗产后，使第二顺位继承权人权利落空，关键在于继承顺序上过于僵化，从而造成权利人之间权利冲突。法律的规定虽然有利于贯彻养老育幼原则，但不能因为过分强调一个基本原则而使其他制度处于混乱状态，也应当与其他具体制度协调一致，使养老育幼这一传统美德能充分发挥的同时，能更符合法理，让《继承法》能在社会中得到更好的贯彻。另一方面是丧偶的一方因其子女依代位继承或双份继承份额而与未丧偶方的利益冲突。这是在继承实践当中确实存在的事实，也是法律制度设计不周全的地方，因此有必要加以完善，使权利人利益得以协调。

2. 孙子女、外孙子女没有列入第一顺序法定继承人范围

我国现行《继承法》只将子女（包括养子女）列为第一顺序法定继承人。值得注意的是“收养的主要目的在过去和现在都是继承权，尤其是在法国、希腊、西班牙和大部分拉丁美洲国家”。子女的直系卑血亲不列入第一顺序，只有在子女先于被继承人死亡时享有代位继承权。现行《继承法》没有将孙子女和外孙子女纳入第一顺序法定继承人范围，其主要理由是《继承法》规定的代位继承制度实际上赋予了特殊情况下，孙子女、外孙子女作为第一顺序继承人的权利。这一理由显然是不足取的，因为当孙子女、外孙子女的父或母因某种违法事由而丧失继承权时，他们就会因“无位可代”而不能继承祖父母、外祖父母的遗产，[7]同时他们由于没有自身的继承地位，也就不能参与继承。一般来说，祖父母去世时，孙子女、外孙子女往往没有成年，没有劳动能力以维持生活，需要长辈给予其物质帮助、精神慰藉。如果不能继承其祖父母的遗产，这是不利于维护其利益的。

因此，笔者认为第一顺序法定继承人范围不包括孙子女和外孙子女是不妥当的，其理由如下：第一，我国家庭结构已经发生变化，家庭成员构成较为简单，因此，法定继承人范围的确定应当适应这一现实变化。孙子女、外孙子女没有明确规定为法定继承人与

当代家庭关系不相适应，这不利于家庭关系的协调。第二，根据《婚姻法》的规定，孙子女、外孙子女在父母死亡或无力扶养祖父母和外祖父母的情况下，有赡养祖父母、外祖父母的义务，但孙子女、外孙子女不能成为祖父母和外祖父母的法定继承人。按照权利义务相一致原则，孙子女、外孙子女有赡养祖父母、外祖父母的义务，那么就理所当然明确为祖父母、外祖父母之继承人，显然现行规定是与此相悖的。第三，不将孙子女、外孙子女规定为法定继承人，不利于调动孙子女、外孙子女赡养扶助祖父母、外祖父母的积极性，不利于养老育幼功能的发挥。第四，从实际情况看，孙子女、外孙子女成为祖父母、外祖父母的继承人的现实可能性更大一些。因此，我国《继承法》应将孙子女、外孙子女列为第一顺序法定继承人。

3. 遗产分配具体份额缺乏可操作性

我国《继承法》对法定继承人当中的老人、未成年人和病残者作出了“应当予以照顾”的规定，对继承人以外与被继承人形成扶养关系的人也规定其享有酌分遗产权利，包括扶养被继承人的人和被继承人扶养的缺乏劳动能力和生活来源的人，但在具体份额上法律没有明确的规定，权利人之间极容易产生纠纷，在司法实践中，具体份额的确定就属于法院自由裁量的范围。笔者认为，这将导致法官自由裁量权过大，从而导致当事人不服从判决。故此方面立法有待细化。

（二）遗嘱继承制度贯彻之不足及其立法完善

1. 享有“必要遗产份额”的法定继承人的范围极为狭小[8]

首先，权利主体条件规定过于苛刻。我国《继承法》规定只有缺乏劳动能力而且没有生活来源的继承人才是必要继承份额的享有者。必须同时满足“缺乏劳动能力”和“没有生活来源”两个条件，但还只包括法定继承人，法定继承人之外依靠被继承人扶养的人不能作为必要遗产份额享有者。法定继承人有劳动能力但没有生活来源，或者有一定生活来源但不足以维持生活的无劳动能力者都不能获得必要继承份额，显然这是不合理的。

其次，配偶的权利应当予以保护。我国传统的家庭结构是以父子为核心，进入现代社会，夫妻是家庭的核心，一般家庭由夫妻和未成年人构成。配偶是家庭生活的支柱，配偶双方共同创造社会财富以扶养未成年的子女和赡养年老的父母，在精神上和衷共济、共渡难关。因此，配偶双方的关系，无论是物质方面还是精神方面，都是其他继承人所不能相比的。在配偶一方死亡的情况下，另一方一般继续承担起家庭的责任，包括对未成年子女的抚养和对年老父母的赡养。因此，我国没有为配偶保留必要的继承份额，就不利于家庭养老育幼职能的实现，不利于维护稳定的家庭关系。

最后，未成年的晚辈直系血亲和直系尊亲属中的老年人以及病残者都属于家庭中需要特殊关照的人，因此，他们的权利也应当予以保护。因为在被继承人生前，直系尊亲属由其赡养，直系卑亲属由其抚养。被继承人死亡时，其直系尊亲属中的老年人因年老失去劳动能力，需要必要的物质资料以安度晚年，如果没有为他们保留必要继承份额，其生活必将陷入困顿，这不利于家庭和谐和社会稳定；被继承人死亡后，他的子女有的未成年需要照顾，有的虽然已经成年但还需要必要的物质资料维持生活，所以《继承法》保护他们的继承份额也是有必要的。

2. 必要的遗产份额之“必要”的标准具有不确定性

对必要的遗产份额，法律没有统一的标准，又未作出立法解释。因此，必要遗产份额的确定就属于法院自由裁量的范围，法官根据自己的理解作出判断，这极容易导致不公平的结果。同时，在立遗嘱的时候，遗嘱人对到底该留多少份额才为“必要”不能确定，而且往往会导致继承人之间产生矛盾，从而因被继承人的死亡使受其扶养的人的生活受到影响。因此，此方面立法有待补充。

（三）遗赠扶养协议制度贯彻之不足及其立法完善建议

1. 遗赠扶养协议制度确立的扶养人范围太狭窄

按照《继承法》第31条的规定，自然人和集体经济组织可以作为遗赠扶养协议的扶养人。第一，在自然人当中，法定继承人不能作为扶养人。笔者认为，这一限制是不合理的。允许法定继承人成为遗赠扶养协议的主体对受扶养人是有利而无害的。在实践中子女相互推诿，不履行赡养义务的情况时有发生。在这种情况下，如果法律允许子女成为遗赠扶养协议的主体，那么这一矛盾就能予以协调，可以让其中愿意赡养老人的子女赡养老人，老人死后遗产也由其单独继承，这样权利义务相一致，老人的生活也就有了保障。同时，在有多个法定继承人的情况下，他们与被继承人的关系有远近，扶养的条件有差别，因此与被继承人关系较近且条件较好的法定继承人往往更愿意扶养被继承人，而且被继承人也愿意与其生活在一起，如果法律允许被继承人与这一法定继承人签订协议，将权利义务具体化，这是合理的。然而根据现行《继承法》的规定，这种协议是不具有法律效力的，这对协议双方是不公平的。此外，如果被继承人的继承人当中只存在兄弟姐妹，那么其遗产就理所当然由兄弟姐妹继承。然而根据现行《婚姻法》的规定，兄弟姐妹之间的扶养关系是有条件的。如果兄弟姐妹没有照顾被继承人，他们之间没有形成扶养关系，但其遗产却由兄弟姐妹继承，这显然是不公平的。因此，兄弟姐妹作为遗赠扶养协议的主体就很好地协调了这一权利义务不对等的情况。第二，集体经济组织是遗赠扶养协议唯一的非自然人扶养人主体。在民事主体类型较为单一的年代，法律将集体经济组织作为扶养人主体是与当时的经济背景相适应的。改革开放以来，我国经济不断发展，养老的方式日益商业化，大量的社会组织希望加入到养老行业当中。因此，现行《继承法》的相关规定需要补充完善。

2. 权利义务内容单一

我国《继承法》对遗赠扶养协议制度规定的权利义务只包括遗赠人作出死后所有财产遗赠与扶养人，扶养人承担对遗赠人的生养死葬义务。实践生活当中，协议的内容不仅如此，还包含更多的事项。因此，笔者认为法律应当规定更多的内容供协议的双方参考，这样更加有利于遗赠扶养协议制度的完善。

3. 协议的履行缺乏监督

受扶养人一般为老、弱、病、残，该制度应当侧重保护其利益。根据我国法律规定，扶养人不履行扶养义务无正当理由的情况下，导致协议解除，扶养所支出的费用不予以补偿，那么在扶养人不完全履行扶养义务的情况下，受扶养人应当怎样来督促扶养人完全履行义务，现行法律没有提供救济途径，故立法对此应予补充。

参考文献

［1］陈苇主编：《婚姻家庭继承法学》，289 页，北京：群众出版社，2005。

［2］李开国：《民法总则研究》，3 页，北京：法律出版社，2003。

［3］李开国、张玉敏主编：《中国民法学》，742 页，北京：法律出版社，2002。

［4］刘春茂主编：《中国民法学·财产继承》，70 页，北京：中国人民公安大学出版社，1990。

［5］陈苇、宋豫主编：《中国大陆与港、澳、台继承法比较研究》，296 页，北京：群众出版社，2007。

［6］郭明瑞、房绍坤、关涛：《继承法研究》，75 页，北京：中国人民大学出版社，2003。

［7］［8］陈苇、王歌雅：《改革开放三十年中国继承法制建设之回顾与展望》，载陈苇主编：《家事法研究》（2009 年卷），20、21 页，北京：群众出版社，2010。

夫妻日常家事代理权研究*

高亚飞**

目 次

一、夫妻日常家事代理权概述

夫妻日常家事代理权，又称夫妻相互代理权，指夫妻因日常家庭事务与第三人为一定法律行为时互为代理的权利，即夫妻于日常家务事互为代理人，互有代理权。被代理方须对代理方从事日常家事行为所产生的债务承担连带责任。夫妻日常家事代理权是基于夫妻身份即婚姻的效力而在日常家事的范围内当然享有的权利，它是婚姻的法定效力之一，是法定代理权。我国立法对夫妻日常家事代理权却没有规定。[1]而作为夫妻日常家事代理权雏形的2001年最高人民法院《关于适用〈中华人民共和国婚姻法〉若干问题的解释(一)》（以下简称《婚姻法解释（一)》）第17条第1款规定又比

---

* 本文系作者2010年“西南政法大学硕士学位论文”的节选。

** 高亚飞，女，法律硕士，工作单位：浙江省杭州市余杭区人民法院。

较简略，① 不利于指导实践，所以需要在此基础上加以完善，在立法中明确规定夫妻日常家事代理权制度。

二、一些国家和地区夫妻日常家事代理权立法及评析

从法国、德国、日本、瑞士等国家以及我国台湾地区关于夫妻日常家事代理权的规定分析，以期对我国夫妻日常家事代理权制度有所借鉴和完善。

（一）立法的现状

在法国，夫妻各方在家庭日常生活与教育子女范围内，均有权与第三人订立合同，并且因此合同引起的债务由夫妻双方承担连带责任。但以下情形除外：一是夫妻一方所缔结的合同相对于家庭生活状况而言属明显过分的开支、对家庭无益、合同的相对方是出于恶意；二是夫妻一方所缔结的合同，是未经对方同意以分期付款方式进行的购买或借贷。但分期付款购买的东西确实是为了维持家庭日常生活之必需除外。[2] 在德国规定了夫妻日常家事代理权行使的原则，即要求夫妻任何一方在行使夫妻日常家事代理权时要负有与处理自己的事务时通常的注意义务。[3] 在日本，夫妻双方中如果一方与第三人就日常家事实行了法律行为，则另一方须对由此产生的债务承担连带责任。但是，如果夫妻双方另有约定或夫妻一方已向该第三人明确表示其二人相互之间不承担连带责任的，则不适用前述规定。[4] 在瑞士，夫妻任何一方都可以代表夫妻双方处理日常家庭事务；对于家庭的非日常事务，夫妻一方一般只有在授权（包括配偶另一方的授权或者是法官的授权）的情况下才可以单独处理。但是当延缓某事务的处理会损害夫妻双方的共同利益，并且另一方因疾病、缺席或类似的原因无法表示同意时，即使该事务不属于日常家事的范围，配偶的一方也可以单独处理。[5] 我国台湾地区学者史尚宽认为：所谓日常家务，包括一切必须得维持夫妻和未成

① 《婚姻法解释（一）》的第17条第1项规定："夫或妻在处理夫妻共同财产上的权利是平等的。因日常生活需要而处理夫妻共同财产的，任何一方均有权决定。"

年子女共同生活的一切事务。例如，一家的衣物、食物的购买，正当的保健、医疗以及子女的教养，还有家具、日常用品的购置，亲友之间的赠与等。其范围不独依夫妻共同生活之社会地位、职业、资产、收入等有不同，而依该共同生活所在的地区之习惯。[6]

（二）立法的评析

第一，夫妻日常家事代理权行使的原则。以上国家和地区都在立法中明确规定，夫妻双方在日常家事的范围内互有代理权，即夫妻双方在行使日常家事代理权时，必须把范围限定在“日常家事”之内。超出日常家事的范围行使的代理权一般来说就不属于夫妻日常家事代理权的范畴。

第二，夫妻日常家事代理权的范围。关于夫妻日常家事代理权的范围，法国、德国、日本、瑞士和我国台湾地区的规定相似，都认为夫妻日常家事代理权的行使范围应限于日常家庭生活所必需。[7]

关于“日常家庭生活所必需”究竟包括什么，我国台湾学者史尚宽的观点值得借鉴，即把“日常家庭生活所必需”限定在日常的吃、穿、住、用、行、未成年子女的教育以及维持一家身体健康的医疗、保健，还有满足精神发展的需要的事务以及与家庭生活水平相适应的精神享乐。同时，把夫妻自己职业上的事务、对自己个人财产的处分排除在日常家事的范围之外。例如，夫妻一方的劳动报酬、夫妻一方与第三人签订的演出合同等都不适用夫妻日常家事代理。[8]

同时，法国认为把未经夫妻双方共同同意以分期付款购买的东西或借贷排除在夫妻日常家事代理权范围之外，除非分期付款的行为是为了维持家庭日常生活之必要。法国这一立法规定对我国有十分重大的借鉴意义。因为随着市场经济的迅速发展以及社会保障体制的完善，人们的消费观念也逐渐转变，信用消费逐渐成为年轻人青睐的消费方式。人们开始以分期付款的形式购买房产、汽车等价值较大的财产。一般情况下，分期付款的年限较长。如果夫妻以分期付款的形式购买了价值较大的财产，那么可能在分期付款的期限内，夫妻关系发生变化，这时夫妻的连带责任就难以适用。因此，我国可以借鉴法国的立法规定把以分期付款形式购买的较大价值财产的行为排除在夫妻日常家事代理权之外。这就便于夫妻的任何一方只要是在日常家庭生活所必需的范围内，就可以行使日常家事代理权，更加便于夫妻的共同生活，对我国夫妻日常家事代理权制度的完善有借鉴意义。

第三，夫妻日常家事代理权行使的限制。限制的原因主要是不胜任代理权或者夫妻二人对日常家事代理权范围的约定。而对夫妻日常家事代理权行使的限制一般是内部的限制，不容易被第三人知晓。上述国家和地区的立法也规定内部限制不能对抗善意第三人，除非第三人知道该限制。从立法来看，第三人知道限制的途径有以下两种：第一，对第三人告知的方式，为日本、法国、德国等国家立法所采用；第二，公开登记记载。例如，在瑞士，由法官将全部或部分剥夺该代理权的处分予以公开登载并由提出申请的配偶一方采取向第三人个人通知的方式，为瑞士立法所采用；在夫妻财产登记簿上已经登记或已为第三人所知，为德国立法所采用。第三人可以通过上述两种方式知道与其交易的夫妻一方是否享有夫妻日常家事代理权，从而更好地维护自己的利益。

第四，夫妻日常家事代理权行使的效力。以上国家和地区规定相同：通常情况下，夫妻日常家事代理权行使之效力及于夫妻双方，对夫妻双方产生连带责任的约束力，即夫妻双方对第三人承担连带责任。但是，如果夫妻双方已经对日常家事代理权的行使作出了限制并且被相对人了解到，那么夫妻双方可以不承担连带责任，仅由行为方对该行为负责。连带责任不仅体现了夫妻在日常家庭生活中的平等地位，而且有利于保护善意第三人的合法权益，还有利于维护交易的安全。这是我国设立夫妻日常家事代理权须加以借鉴的地方。

三、我国夫妻日常家事代理权制度的立法现状和不足

（一）我国立法的现状

我国现行《婚姻法》规定夫妻对共同所有的财产有平等的处理权。该规定不属于夫妻日常家事代理权。因此，我国现行《婚姻法》并没有规定夫妻日常家事代理权。

2001年的《婚姻法解释（一）》第17条第1项规定："夫或妻在处理夫妻共同财产上的权利是平等的。因日常生活需要而处理夫妻共同财产的，任何一方均有权决定。"此虽直接规定的是夫妻日常家事的决定权，但是也间接承认了夫妻互有日常家事代理权。[9] 虽然该规定是以司法解释的形式出现，但在全国范围内有普遍的适用效力，所以，该规定确实弥补了法律的空缺，是我国司法的一大进步。但是它只是体现了夫妻日常家事代理权制度的精神，是夫妻日常家事代理权制度的雏形。

（二）我国立法的不足

第一，司法解释在用语上未直接使用"夫妻日常家事代理权"一词。司法解释所间接承认的"夫妻日常家事代理权"与夫妻日常家事代理权的内涵有别。在审判实践中，法官可以依照此解释来解决夫妻关于共同财产行使引起的纠纷。不过，该司法解释的前提是夫妻对共同财产的处理，把夫妻行使的财产范围限定在共同共有的财产内，这是不合理的。因为，夫妻日常家事代理权不管在什么财产制下，只要在日常家事范围内都可以适用，除非夫妻双方财产约定契约为交易的相对人了解。

第二，在内容上对日常生活需要的范围没有加以明确的界定。笼统地规定因日常生活需要而处理夫妻共同财产的，任何一方均有权决定，而未对夫妻日常家事代理权的范围作出较为详细的规定。夫妻日常家事代理权核心的部分就是日常家事的范围。因为每个人的生活需要是不同的，应对到每一对夫妻上，他们的日常家事范围也是不同的。并且，夫妻日常家事琐碎繁多，夫妻一方就日常家务与第三人从事民事的活动千变万化，交易数额也有大有小，具有很

大的灵活性，从外部很难作出正确的判断。但是如果从夫妻的内部的情况来限定日常家事的范围。如果一旦超越该范围就作为无权代理处理，就会不利于保护相对人的利益，也可能影响到夫妻共同生活。

第三，对夫妻日常家事代理权行使的效力没有作出明确的规定。即对内效力与对外效力，夫妻必须对此产生的债务双方承担责任并对外承担连带责任。

第四，未对夫妻日常家事代理权行使的限制和行使的原则作出具体的规定。夫妻之间互相享有家事代理权，但这种代理权并不是没有任何限制，可以任意行使的。一方滥用日常家事代理权的行为势必会损害另一方的利益。因此，必须立法以更好地维护夫妻双方与交易的相对人的利益。

四、完善我国夫妻日常家事代理权制度的立法建议

（一）明确规定夫妻日常家事代理权的主体

夫妻日常家事代理权制度作为婚姻的效力之一，享有的前提就是要具有合法的婚姻关系。虽然，在英国承认同居关系的妇女也享有夫妻日常家事代理权，但在我国事实婚姻已经不再为法律所承认，因此，英国关于同居关系中的妇女也享有日常家事代理权的规定是不可取的。建议在《婚姻法》中规定：“夫妻在日常家事范围内互为代理人”，即明确规定享有该代理权的主体是具有合法婚姻关系的夫妻。

（二）法律应明确夫妻日常家事代理权行使的原则

夫妻相互之间享有夫妻日常家事代理权，其法律后果要求夫妻双方承担连带责任，所以夫妻日常家事代理权的行使会对第三人以及夫妻的利益产生实质程度的影响。为了维护第三人的利益以及夫妻财产在动态交易中的安全，法律必须明确夫妻日常家事代理权行使的原则。在此，我们可以借鉴一般代理的规定以及德国的立法规定，在我国法律中规定夫妻日常家事代理权必须遵循以下原则：

第一，夫妻日常家事代理权的行使应当限定在日常家事范围

内。如果夫妻一方超越夫妻日常家事代理权的范围行使代理权，一般不适用夫妻日常家事代理权的规定，而适用委托代理的规定，如果没有得到夫妻另一方的授权、也不符合善意取得、夫妻的另一方也没有事后予以追认，那么该代理行为就是无权代理，由夫妻的行为方承担责任。

第二，夫妻在行使夫妻日常家事代理权时，应该履行自己的义务，即负有与处理自己事务时通常注意与勤勉的义务。我国可以借鉴《德国民法典》的相关规定，在立法中增设："夫妻一方行使夫妻日常家事代理权应负有与处理自己事务时通常注意与勤勉的义务，若夫妻一方的行为确实违反该注意与勤勉的义务行使夫妻日常家事代理权时，另一方可以加以限制，并就行为造成的损失要求行为人承担相应的责任。"

（三）对夫妻日常家事代理权的适用范围予以合理的界定

笔者认为，我国可以借鉴外国以及我国台湾地区的立法规定，首先，对日常家事进行较抽象的原则性概括。[10]把夫妻日常家事代理权的适用范围限于日常家庭生活所必需。其次，具体方面可以结合"人的本质需要"以及我国的实际国情，把现实中以及司法实践中没有争议的被认可的日常家事加以列举。其主要包括：第一，满足必要的夫妻及其家庭成员物质生存需要的事务，包括日常的吃、穿、住、行以及维持身体健康的医疗、保健等。第二，满足夫妻及其家庭成员适当的精神发展需要的事务，包括夫妻的学习、子女的教育以及夫妻及其家庭成员进行的必要社交等。第三，夫妻处分的价值不大的动产等财产的事务。当然该项事务具体价值是多少，还必须以当地的经济发展状况以及家庭的收入状况来判断。第四，夫妻约定的被认为其他可以代理的日常家事。这项规定就是赋予法官在具体案件的自由裁量权，以克服法律的滞后性以及执行的僵硬性。最后，为了防止对日常家事作出任意扩大的解释，必须对现阶段不属于日常家事的事项作出排除性规定。例如，夫或妻各自职业上之事务、超出家庭生活状况明显开支的以分期付款的形式购买的不动产或较大数额财产的行为、给夫妻另一方的权益带来重大影响的处分不动产和较大数额动产的行为以及用家庭财产进行的风险较大的股票、期货投资的行为等事项。

（四）对夫妻日常家事代理权的效力予以明确的规定

我国应该在《婚姻法》中对日常家事代理权增设夫妻连带责任的规定。夫妻日常家事代理权的夫妻连带责任仅是原则性的规定，适用于绝大多数的情况，但是也有例外。

我国在立法中可以采纳有关学者的建议，在《婚姻法》中增设："夫妻一方就日常家事同第三人实施了法律行为时，他方对由此产生的债务承担连带责任。但事前对第三人已明确表示不负责任的意思者，不在此限。"[11]

（五）明确对夫妻日常家事代理权行使的限制

结合我国的实际和借鉴外国和一些地区的立法，我国立法可以采取通知或登记记载两种方式对夫妻日常家事代理权进行限制，即夫妻一方滥用夫妻日常家事代理权时，他方可以加以限制，不承担连带责任。但是该限制必须公开登记记载或者正式通知第三人，否则不能对抗第三人，他方仍然要承担连带责任。

在确定利用通知或登记记载的方式对夫妻日常家事代理权行使进行限制的前提下，也必须关注该限制对于善意第三人的效力。对此，我国可以借鉴前文所述日本立法经验，对善意第三人类推适用表见代理的原理。即我国立法中可以作出如下规定：夫妻一方超越"日常家事"代理权限而与第三人从事民事法律行为时，如第三人是善意的，且第三人有正当理由相信该法律行为属于"日常家事"的范围，就类推适用表见代理的规定，即夫妻的另一方在代理权限范围内对第三人承担连带责任。

参考文献

[1] [11] 陈苇：《中国婚姻家庭法立法研究》，167、168 页，北京：群众出版社，2000。

[2] 罗结珍译：《法国民法典》（上册），207 页，北京：法律出版社，2004。

[3] 陈卫佐译：《德国民法典》，434 页，北京：法律出版社，2006。

[4] 王书江译：《日本民法典》，135 页，北京：中国法制出版社，2000。

[5] 殷生根、王燕译：《瑞士民法典》，45、47 页，北京：中国政法大学出版社，1999。

[6] [8] 史尚宽：《亲属法论》，458～459 页，北京：中国政法大学出版社，2000。

[7] 陈苇主编：《外国婚姻家庭法比较研究》，230 页，北京：群众出版社，2006。

[9] 陈苇、陈思琴：《改革开放三十年中国夫妻关系法研究回顾与展望》，载陈苇主编：《家事法研究》（2008 卷），118 页，北京：群众出版社，2009。

[10] 史浩明：《论夫妻日常家事代理权》，载《政治与法律》，51 页，2005（3）。

非婚同居关系中女性权益保护研究*

龚泽勇**

目　次

近年，随着非婚同居现象的日益发展，由非婚同居带来的纠纷日渐增多，在这些纠纷中，往往都是女性权益受到侵害。由于现行法律规定的缺失，使得女性权益被侵害时往往得不到相应的救济，女性为非婚同居付出了沉重的代价，承担着非婚同居带来的不幸，但是男性在非婚关系解除时，几乎不用承担任何责任，这种男女权益失衡的现象正是促成笔者思考的出发点。

一、在构建非婚同居制度中强调女性权益保护的必要性

（一）现实原因——非婚同居关系中女性权益易受到侵害

在当下，当事人选择了非婚同居，也就意味着他们走上了一条

* 本文系作者2010年“西南政法大学硕士学位论文”的节选。

** 龚泽勇，男，法学硕士，工作单位：重庆市南岸区人民法院。

不受法律保护的道路，但是当他们走完这条路而打算分道扬镳时，一方已经遍体鳞伤，而另一方却不用负任何责任扬长而去时，这已然违背了法律基本的公平、正义的价值要求，在现实中，遍体鳞伤的一方往往都是女性。结合相关的媒体报道和案例，现实中女性权益受侵害主要表现在如下几个方面：

1. 流产对女性身心的伤害

腾讯网女性频道曾做过一次关于人工流产的调查，[1] 截止到2009年8月13日，有228070人次参与投票，结果令人担忧，详细情况如表1所示：

根据表1的数据可以看出，在参与投票的228070人当中，有77.46%的人有过人工流产经历，这部分女性主要集中在35岁以下，占到总调查人数的93.4%，而被调查的人数中，又有184682人是未婚女性，占到总调查人数的85.90%，被调查的未婚女性中假设有50%是处于非婚同居状态，那这一数据也是相当惊人的。人工流产，极容易导致并发症的产生，严重的时候甚至会导致习惯性流产或者彻底丧失生育能力，这种伤害对女性来说是用任何东西都无法弥补的。然而遗憾的是，现实中同居关系解除或者当男性伴侣得知女性伴侣没有生育能力的时候，往往会不负责任地离开，而女性生育能力的丧失往往会导致其以后的婚姻出现问题，导致家庭不和睦，影响女性终生的幸福，流产对女性身心伤害极大，而这种伤害的后果由女性独自承担是不公平的。

表1　人工流产状况调查

选项	调查问题	调查选项	投票人数	比例%
一	你是否有过人流经历	1. 有	167012	74.46
		2. 没有	51058	25.54
二	你怎样看待人流这件事	1. 很可怕，要爱护自己	204993	89.88
		2. 现代科技发达，人流几次可以接受	18263	8.01
		3. 无所谓	4814	2.11

（续表）

选项	调查问题	调查选项	投票人数	比例%
三	你的年龄段	1. 18～25岁	118830	72.35
		2. 25～35岁	34740	21.15
		3. 35～40岁	9095	5.54
		4. 40岁以上	1569	0.96
四	你的婚姻状况	1. 已婚	26030	15.10
		2. 未婚	184682	85.90

2. 来自男性伴侣的暴力伤害

国外相关的研究表明，非婚同居关系中女性遭受身体伤害和性侵害的比例是已婚妇女的两倍，患抑郁症的比例也要高出已婚妇女20%多。[2]而在我国，2006年上海市各级妇联机构受理投诉的3899例家庭暴力事件中，发生在同居男女之间的暴力占到39.5%，其中以造成轻微伤的最多，占到42.2%，轻伤的占到20.9%，重伤的占1.4%。2009年，来自哈尔滨市公安医院家庭暴力验伤中心的登记资料显示：在短短几个月的时间里，已经有十多位20多岁的未婚女性来申请作鉴定，而施暴者都是来自同居男友。[3]

3. 家务劳动价值在同居关系解除时得不到补偿

在非婚同居关系中，如果女性从事了过多的家务劳动，那就意味着她丧失了更多的提高自己工作能力和扩充自身知识的机会，从而也限制了其进一步发展的空间。根据英国法通公司（Foton Company）的一项调查研究结果显示，英国每年一个家庭妇女平均每周做家务74小时，其中全职太太每周做家务82小时，职业女性每周做家务55小时，家务内容包括照顾孩子和处理杂事。这些家务如果雇人来做，每个家庭每年需要支付4.6万美元。[4]在长期稳定的同居关系中，女性从事家务劳动的形式和内容与婚姻家庭是基本相同的，因此，非婚同居关系中女性的家务劳动价值也应当得到法律的承认。

4. 对女性性权利的侵犯

性权利是指人在遵循法律和公序良俗的前提下，自主表达自己的性意愿和自主决定实施性行为及以何种方式实施性行为，实现性欲望的满足而不受他人强迫和干涉的权利。[5]性权利与人格独立、人格自由、人格尊严息息相关，是人享有的一种与生俱来的自然权利，是一种最基本的人格权利，性权利以人实施性行为的主观意愿为权利客体，以性行为为权利内容，任何人都享有保持性完整和性自主的权利和自由，任何人都负有不得干涉他人性完整和性自主的义务。非婚同居关系中侵犯女性性权利的主要表现有：违背女性自主意愿，强行与之发生性关系；以欺诈或胁迫手段取得其同意后与之发生性关系。现实社会中，有的男性为了一己私欲，脚踏两只船或者是三只船，他们利用花言巧语和各种美好的承诺欺骗女性与之同居，并与之发生性关系，这种行为在民间的说法就是欺骗感情，在法律上便是侵犯了女性的性权利。虽然男女双方都享有平等的性权利，但是毫无疑问，女性更容易成为性权利被侵犯的对象。

（二）理论原因——对女性特殊权益的肯定和弱势地位的保护

《妇女权益保障法》明确规定了妇女享有政治权益、文化教育权益、劳动和社会保障权益、财产权益、人身权益和婚姻家庭权益六大基本权利，同时第2条又明确规定：“国家保护妇女依法享有的特殊权益。”那么，何谓妇女的特殊权益？笔者认为应当是女性独有的生理特征和心理需求在法律上的反映，如法律对孕期和哺乳期女性的关怀等。有学者将非婚同居划分为四个阶段：第一阶段，同居是少数人挑战传统社会的前卫之举；第二阶段，同居被社会广泛接受，同居的作用演变为对婚姻的尝试，而同居一般也会向婚姻演变；第三阶段，非婚同居已经成为人们所接受的婚姻的替代手段；未来的第四阶段，同居和婚姻将在生育和抚养孩子方面不会有任何区别。[6]按照上述阶段的划分，当前我国的同居应当是处于第二阶段，并正在向第三阶段演变。笔者赞同该观点。虽然当前离婚率不断升高，婚姻制度的神圣性已经被动摇，但是婚姻依然是女性最热衷、最普遍追求的生活方式。[7]在现阶段，大多数女性对非婚同居行为的追求，都是以结婚为目的。但是从理论上分析，选择非婚同居并不必然会走上婚姻的道路，而一旦非婚同居关系解除，其结果对男女双方来说是不平等的，在当前的社会里，很多男性都具有比较强烈的性对象和性行为私有化的心理，这就导致在现阶段有过非婚同居经验的女性获得新的非婚同居或者获得较好婚姻配偶的机会要低于没有非婚同居经验的女性。此外，如果非婚同居耗费了女性的青春年华，可以预见的是，年龄偏大的女性开始新的非婚同居或者获得较好婚姻配偶的概率会更低。因此，非婚同居制度的构建，应重新审视和分配男女两性各自利益需求的不同，加大对女性特殊利益的考量，并对这种特殊利益予以肯定保护。

二、外国规制非婚同居的立法概况

（一）非婚同居合同制度

在美国的一些州，非婚同居又叫合同同居，基于合同法的一般理论，非婚同居当事人之间可以通过签订合同的形式约定双方之间的权利义务关系，只要双方意思表示真实，且这种约定不违反法律的禁止性规定的，均应当受到法律的保护。

（二）事实婚姻制度

在德国，以往对非婚同居均是采取一种放任的态度，立法者认为非婚同居当事人之间无论同居关系持续时间有多长，均不受法律之保护，但由于非婚同居现象的迅猛发展，这一理念也发生了松动，德国虽然没有专门对非婚同居进行立法规制，但是在修改后的民法典中，却加入了对非婚同居的保护内容，明确了某些情况下的婚姻法的规定适用于非婚同居。德国法院对非婚同居者权益进行保护时，一般是将其认定为事实婚姻，适用婚姻法的一些基本原则进行保护。

（三）非婚同居身份关系制度

非婚同居身份关系主要是指法律基于非婚同居当事人之间的“身份”关系，明确规定非婚同居者之间一定的权利义务，同时设定一定的标准以判断非婚同居者是否符合法定的非婚同居的“身份”，只要非婚同居当事人被确定具有非婚同居这一“身份”的，即享有法律规定的权利，履行相应的义务，且这些权利和义务在一般情况下不允许当事人之间通过合同予以排除。瑞典、加拿大、英国、法国、埃塞俄比亚等国家均采取的是这一制度。

三、构建注重保护女性权益的我国非婚同居法律制度

非婚同居法律体系的设计，应当着重考虑女性特殊权益的保护，结合非婚同居者共同生活的年限、是否生育共同子女等要素，设计出一套既能合理规范非婚同居行为，又能有效保护女性权益的制度。

（一）确立非婚同居关系解除时财产问题的处理规则

要确立非婚同居关系解除时的财产处理规则，首先应当明确非婚同居期间财产的归属。根据民事合伙理论，合伙人将财产投入合伙组织后，财产所有权仍然归出资人个人所有，但合伙组织对其拥有使用权。基于合伙的团体性，合伙组织在存续期间对外经营所作出的决定均须经全体合伙人同意，经合伙组织授权，其中任何一个合伙人对外的行为产生的后果均由合伙组织承担。合伙组织存续期间经营所得的财产按照共同共有进行处理，合伙组织进行清算的，原则上合伙人在合伙组织成立时投入的财产归各合伙人所有，经营期间所取得的收益归双方共同所有，负担的债务由各合伙人共同承担连带责任。[8]笔者认为，合伙财产理论有其合理之处，如合伙允许合伙人以劳务出资，这同非婚同居期间女性以家务劳动作为对家庭的贡献的观点不谋而合；合伙的经营需全体合伙人同意和授权，又似乎可以解释同居关系中日常家事代理权；将财产分为合伙组织成立时投入的财产以及合伙存续期间经营所得的财产，这种划分适用在非婚同居财产问题上时，也能较好地将非婚同居当事人之间的财产划分为非婚同居前个人的财产以及非婚同居期间共同经营所得的财产，既能明晰非婚同居存续期间产生的财产关系的性质，又为有效地解决非婚同居关系解除时产生的财产纠纷提供了依据，从而能更好地调整非婚同居当事人之间的财产关系。笔者认为，应依合伙财产理论确定非婚同居当事人之间的财产归属，同时针对非婚同居关系解除时产生的财产纠纷，确立相应的非婚同居关系解除时的

财产处理原则。

第一，非婚同居当事人对非婚同居期间双方各自所得的财产有约定的，从其约定。没有约定的，非婚同居期间个人取得的财产归各自所有；非婚同居期间双方共同经营所得或者共同购买的财产，归双方共同所有。非婚同居期间财产的归属应遵循如下几个原则：一是非婚同居期间当事人工资等劳动收入、知识产权收入、赠与或继承取得的收入等归个人所有；二是非婚同居期间一方出资而由双方共同经营所得的收入，由双方按照投入比例所有；三是非婚同居期间双方共同出资、共同经营所得的收入或者共同购置的动产或不动产，如能确定出资或投入比例的，按出资或投入比例由双方共同所有，不能确立的，归双方共同共有。

第二，承认女性家务劳动的价值。现代婚姻财产制度中，一般都确立了对女性权益保护的原则，典型的如德国的剩余财产共同制，这一制度设计的目的，“就是为了向作为妻子的一方提供帮助，因为她们在婚姻期间因献身于家庭和孩子而无法获得自己的收入或者积蓄。毫无疑问，在通常情况下，一方配偶在婚姻存续期间所取得的财产，都是双方共同努力的结果”。[9]女性在非婚同居关系中对家务劳动的付出同婚姻家庭中女性的付出在内容上是相似的，因此，在非婚同居关系中也应当承认女性家务劳动的价值，使女性的付出在分割财产时能够得到应有的回报。

第三，非婚同居期间双方为共同生产、生活而负担的债务，应由双方共同负担，一方因个人原因而负担的债务，由其自行承担。非婚同居双方可以通过约定的方式来确定债务承担的方式和内容。没有约定或者约定不明的，一方个人的债务应由个人财产予以偿还，为共同生产生活所付的债务由非婚同居双方共有财产予以偿还，共有财产不足部分由双方个人财产按比例进行偿还，并应承担连带清偿责任。

确立非婚同居解除时的财产分割原则对女性权益保护的意义，非婚同居关系的纠纷很大部分都是非婚同居关系解除时的财产纠纷，鉴于非婚同居的自由性原则，笔者认为非婚同居期间当事人个人所得的财产应当归各自所有，而从保护女性权益的角度出发，应当肯定女性家务劳动的价值，在非婚同居关系解除分割共同财产时，应当对女性予以多分。而从国外的法律制度看，立法者显然也意识到女性的弱势地位，同时对女性给“家庭”作出的贡献和自我价值的牺牲进行肯定和保护，因此，在设计相应制度时，设计了一系列财产处理原则，从而补偿女性这种贡献和牺牲，并作为女性权益保护的一个重要救济手段。

（二）明确非婚同居期间侵权行为的可诉性

女性因在同居期间遭受各种人身伤害而提起诉讼的案件时常见诸报端。理论界对这种基于一定“身份”关系而提起的侵权之诉是否应当处理以及如何处理的问题尚存在争议。典型的如婚内侵权的争议，学界存在“消极说”和“积极说”两种理论，前者认为基于夫妻这一身份关系，对婚内侵权行为不应进行追究，“积极说”认为对婚姻侵权责任的认定是保护每个民事主体利益的需要，且有些国家的法律也明确规定了婚内侵权，如《澳大利亚家庭法》第 119 条规定：“一方婚姻当事人可以以违约或侵权为由起诉另一方当事人。”[10]婚内侵权的争议对非婚同居关系设立侵权损害赔偿制度有一定的借鉴意义，笔者认为，明确非婚同居期间侵权行为的可诉性是可行的：一方面，《侵权责任法》第 2 条明确规定侵犯他人民事权益的，应当承担侵权责任，而民事权益包括人身、财产权益。《侵权责任法》的这一规定并没有限定主体，也没有对侵权人和被侵权人之间的关系作出任何限制，因此，一旦非婚同居期间发生侵权事由，适用《侵权责任法》是可行的。另一方面，非婚同居的财产制度也为侵权责任的适用提供了保证，根据前文所述，非婚同居期间当事人个人取得的财产归各自所有，这就决定了一方在承担了侵权责任以后，有财产可供执行。对非婚同居期间的侵权行为，有以下几方面：

第一，对身体健康权的侵害，即一般意义上的“家庭暴力”。家庭暴力是婚姻家庭中最常见的侵权事件，一般受害者多为女性。而非婚同居关系中女性遭受“家庭暴力”的情况也并不少见。侵权人应当承担相应的侵权赔偿责任。

第二，对生殖健康权的侵害。生殖健康权是指在生殖系统及其功能和过程所涉及一切事宜上身体、精神和社会等方面的健康状态，表示人们具有满意且安全的性生活和生育能力，可以决定是否生育以及何时生育及生育多少。[11]笔者将生殖健康权单独列出而不是将其囊括在身体健康权的范围内，是因为相对一般身体健康权的损害后果而言，对生殖健康权的侵害产生的后果更严重，对女性的身心伤害更大。身体健康权的侵害可以通过时间来慢慢愈合，可以通过金钱来进行补偿。而对生殖健康权的侵害一旦成立，轻则给受害人带来并发症，重则会导致受害人丧失生育能力，导致受害人终生痛苦。非婚同居关系中对女性生殖健康权的损害最典型的表现就是因人工流产而导致女性不孕。就对女性生殖健康侵权行为而言，很难认为男性在这个过程中存在故意，生殖健康侵权请求权的设立的目的，主要是让男性就女性生殖健康受损害的事实分担一定的责任，因此，把无过错责任原则作为生育权侵权行为的归责原则是合适的。

（三）建立非婚同居遗产继承权制度

早在古罗马时期，姘居双方当事人之间就有一定的遗产继承效力。根据优帝一世新敕第 89 号规定：男方对女方有一定的遗赠权，但有婚生子女的，其对女方的遗赠不得超过遗产总额的 1/24。[12]同时，在当今世界一些国家，也赋予了非婚同居者之间的一定的遗产继承权利。美国加利福尼亚州法律规定："非婚同居双方当事人之间有继承权，非婚同居一方死亡而没有立下遗嘱的，非婚同居另一方可以继承死亡一方的部分遗产；如非婚同居一方死亡而又没有其他遗产继承人的，非婚同居另一方享有死亡方继承全部遗产的权利。"根据英国法律的规定："非婚同居一方死亡的，如果非婚同居另一方没有生存能力，在经济上依赖死亡方的，可以申请分得死亡方的部分遗产，也可以要求获得其遗产的部分财产获益权，以维持其基本生活。"[13]

结合我国实际情况并参考国外的立法，我国非婚同居制度的构建中也应当承认非婚同居当事人双方的遗产继承权，但这种继承权的取得应当有严格的条件限制：非婚同居双方不是法定遗产继承人，并不当然享有遗产继承权，但有下列情形之一的，可以享有遗产继承权：非婚同居双方生育有共同子女，且共同生活超过 3 年的；没有共同子女，共同生活超过 5 年的，可以作为法定继承人继承死亡一方遗产。[14]

建立非婚同居遗产继承权对女性权益保护的意义：如果非婚同居双方共同生活时间较长，建立了相互依赖关系或者生育有共同子女的，如果不承认女性的遗产继承权，有违公平正义价值，且在女性不能继承男性遗产而又必须独立抚养子女的，往往会使女性生活陷入困难。因此，遗产继承权的规定可以完善非婚同居关系的权利体系，使得女性权益保护更加全面。

参考文献

［1］腾讯调查：《人流究竟伤你有多深》，http://lady. qq. com/zt/2009/renliu/index. htm，访问日期：2009－08－13。

［2］肖建国、姚建龙：《女性犯罪与性受害》，161 页，上海：华东理工大学出版社，2005。

［3］李密：《恋爱暴力现象调查》，http://news. 163. com/05/0315/15/1ET6GUA20001122B. html，访问日期：2009－09－27。

［4］Joanthan Hery：*Family Law*，Perason Education Press，2007，p78.

［5］郭卫华：《性自主权研究》，23 页，北京：中国政法大学出版社，2006。

［6］秦志远：《非婚同居实质初探》，载陈苇主编：《家事法研究》（2005 年卷），266 页，北京：群众出版社，2006。

［7］［法］西蒙娜·德波伏娃：《第二性》，363 页，北京：中国书籍出版社，2004。

［8］张影：《非婚同居期间所得财产的性质和归属》，载《哈尔滨工业大学学报》，39 页，2008（5）。

［9］［德］罗伯特·霍恩：《德国民商法导论》，21 页，北京：中国政法大学出版社，1996。转引自陈苇：《夫妻财产制立法原则及若干问题研究》，

载《东南学术》, 38 页, 2002 (2)。

[10] 曹贤信:《论婚内侵权的民事责任》, 载陈苇主编《家事法研究》(2008 年卷), 388 页, 北京: 群众出版社, 2009。

[11] 张开宁:《现代生殖技术运用中的妇女问题》, 载《医学与社会》, 56 页, 2004 (17)。

[12] 周枏:《罗马法原论》(上), 211 页, 北京: 商务印书馆, 1994。

[13] 王素云:《非婚同居关系的立法探索》, 载《河南师范大学学报》, 38 页, 2005 (5)。

[14] 王薇:《非婚同居法律制度比较研究》, 288 页, 北京: 人民出版社, 2009。

非婚同居的法律规制研究*

徐卫国**

目　次

当代中国，社会发展飞速，人们的生活方式不断改变，由以前的单一生活方式逐渐向多元化发展，家庭的功能也逐渐在变化，两性的生活方式也在不断更新，其中，非婚同居现象日益突出。在国外，如美国、英国、法国、德国、澳大利亚等国家对非婚同居都用成文法或者判例法对其加以规制和保护，以保护弱者利益，维护社会稳定。然而，我国并没有专门立法对该现象加以规制，这势必使非婚同居者得不到有效的保护。基于此，笔者认为在符合当前社会发展需要的情况下，我国应当建立起非婚同居法律制度，使非婚同居当事人得到法律保护。

---

* 本文系作者2010年"西南政法大学硕士学位论文"的节选。

** 徐卫国，男，法律硕士，工作单位：重庆市公安局大渡口分局。

一、我国非婚同居立法的必要性和可行性分析

自20世纪60年代中后期始，非婚同居现象在世界范围内呈与日俱增的发展趋势。据1994年美国人口调查局的报告称，从1970年到1993年非婚同居者从50万发展到350万，其中120万非婚同居者有子女。“不结婚而和异性同居，在今天的美国，正在迅速插入占统治地位的文化中，而且不久在人们生活周期的某一时刻，这种生活方式将为很多人所经历。”[1]

在我国，根据民政部人口趋势统计显示，2001年全国办理结婚登记800万对，比2000年减少40多万对，结婚率比2000年下降0.8个千分点。北京的人口趋势统计资料也表明，25~29岁青年人未婚增幅最大。事实上我国的婚姻及家庭观念正面临着冲击，以同居取代婚姻正成为大城市年轻人的一种新的生活方式。2002年，零点调查公司在北京、上海、广州、大连、成都和西安六大城市进行的新近完成的一项调查显示，80%的受访者相信非婚同居现象将继续保持增加的趋势。数据显示，京、沪、穗、蓉四城市高中以上文化程度者认为非婚同居现象会增加的比例要高于其他群体。① 因此，我国对非婚同居加以法律规制有其必要性，也具备其可行性。

（一）我国非婚同居立法的必要性分析

1. 维护社会稳定的需要

随着人们思想的进一步解放，外出求职的人员增多，生活的多样化使得非婚同居有了一定的社会现实基础。这种非婚同居现象不仅在民工潮中流行，同样也在学生族、白领族、老年族中流行。而这些群体人数多，同居者之间的感情处理不好很容易出现问题，引发社会不稳定。例如，2009年12月21日，37岁的湖北某女子张某挥刀割伤同居男友宁某的喉咙，随后当街用刀捅伤自己的腹部，

① 孙欣：《非婚同居在法律门外徘徊》，http://www.gmw.cn/01wzb/2003-04/27/08-4730DDE566B089F048256D14003BEF16.htm，访问时间：2009-12-24。

两人随后被送往医院抢救。警方称，二人同居两个月，一直没有结婚，因为感情纠纷发生争吵，张某一怒之下砍伤了宁某，并试图自杀。① 事实上，因感情纠葛而产生的极端行为有跳楼、自杀、跳河、威胁恐吓对方等，而这些行为都是社会的不安定因素。

2. 保护弱者的需要

尽管女性的社会地位有所提高，但受封建思想的影响，其在我国仍然处于弱势地位，社会地位仍然不如男性。而非婚同居关系中，女性的经济基础往往更薄弱。同居期间，女性往往承担了更多的家庭义务，牺牲了更多的就业机会。解除非婚同居关系后，女性却往往得不到任何经济补偿，在同居期间，由于性格不合、生活琐事等纠纷的存在，容易发生暴力或者虐待，而这种人身攻击缺少法律的针对性保护，而暴力等行为大多都是男性所为，因此大多受害女性的权益保障无法可依，对女性而言是不公平的。

如果非婚同居者生育了自己的子女，而当要解除这种同居关系的时候，对子女而言就失去了一个完整的家庭，对子女的身心健康、教育、未来无疑是一个沉重的打击，不利于子女的成长。因此，鉴于保护未成年子女，我们更应该完善立法，以最大力度、最大限度保护儿童的利益。这是对个人人权尤其是对弱势者人权的尊重和保护。[2]

3. 维护他人合法权利的需要

现阶段，在非婚同居存续期间，双方为了自己生活的需要，在经济活动中不得不与第三人进行经济业务往来，而在这个过程中，很有可能产生债务。例如，向他人借钱用于日常生活，用于共同的事业等。而一旦非婚同居关系解除，对于债权人而言，他应向谁主张权利，如果向其中一方主张，而这一方无法履行债务怎么办？1989 年最高人民法院《关于人民法院审理未办结婚登记而以夫妻名义同居生活案件的若干意见》（以下简称《审理以夫妻名义同居

① 《疑感情纠纷情侣吵架男遭割喉女子捅腹自杀》，http://shopping. szinfo. com/c/2009/12/22/101053_1. html，访问日期：2010－01－05。

生活案件的意见》）对共同债务的界定不明确，这对于债权人而言是很不公平的，对于债务人而言，可能利用法律的空白，来逃避自己应承担的法律责任，损害第三人的利益。因此，笔者认为，立法对非婚同居进行法律规制，以保护第三人的合法权益，促进市场经济的正常运转，是非常必要的。

（二）立法规制非婚同居的可行性分析

1. 传统婚姻道德观念的转变

我国《婚姻法》明确规定了婚姻自由原则。这从法律角度保障了人们的婚姻，非婚同居不是法律禁止的事情。

2. 家庭职能的转变

家庭职能的转变是非婚同居可行的客观原因，这一现象也是无法改变的。近30年来，随着我国改革开放、计划生育政策的实施，经济和社会的发展带来了家庭职能的重大变化，即生产的功能从丧失到恢复；生育功能逐步退化；消费功能由单一到多元；赡养功能弱化；教育功能分化。[3]婚姻在人们生活中的重要性相对以前而言有所降低。非婚同居在很大程度上承担或替代了婚姻家庭的某些职能，它的出现使家庭的形式走向多元化。[4]

3. 非婚同居逐渐得到了社会的宽容和认可

非婚同居者自主地选择非婚同居这种生活方式各有其具体缘由，它是现代社会人们面对现实问题，解决或缓解这种现实问题的一个新途径，而这种生活方式越来越普遍。另外，据调查1989年人们对婚前性行为反对的比例高达88.1%，而2002年调查显示对婚前同居表示反对的只占14.3%；对“婚前同居是不道德的”，只有28.6%的人予以肯定，其中女性只占27.3%；对“婚前同居是非法的”这一问题，予以否定的人达71.4%，其明显多于肯定回答的人（28.6%）。[5]可见，人们对非婚同居的态度转变表明人们心理在逐渐接受这种现象，逐渐宽容非婚同居者。

4. 非婚同居的经济基础使然

经济发展了，女性的经济收入也随之提高，在生活上日趋独立自主，不再像传统社会那样依靠婚姻来解决生计上的问题，个人对婚姻的经济依赖明显减弱。

当然，现实的经济问题也影响着非婚同居。例如，很多年轻人选择结婚的条件之一就是有住房，然而对于刚踏入社会的大多数人来说，他们没有经济基础的积累，收入也微薄，很难买得起房价日益高涨的住房，因此大多年轻人选择了妥协，选择了非婚同居。而对于一些丧偶老年人而言，为了减少麻烦，减少去世后引起的财产继承纠纷，也选择了不登记结婚，即非婚同居。总之，不管是年轻人还是老年人非婚同居，他们都有共同的目的，即节约生活成本。

5. 人口流动数量大

2006 年年末，国家统计局公报说，根据调查数据推算，全国总人口截至 2005 年 11 月 1 日零时达 13.0628 亿，其中流动人口 1.4735 亿，跨省流动人口 0.4779 亿。

以上数据表明：在城市化进程中，人口流动性大，并且以青壮年居多。而这些人绝大多数是未婚者，在外工作的他们需要依靠，也需要情感生活。但又迫于结婚的距离遥远，或者说暂时没有时间准备结婚，或者说结婚的可能性不大等原因而同居在一起。据《江南时报》2002 年关于婚前性行为调查的统计数据显示，在广州的外来打工的女工中，50% ~80% 有婚前性行为，或者非婚同居经历。在苏南地区的外来打工的女工中，40% ~50% 有婚前性行为或非婚同居经历。[①] 而流动人口的数量会逐年增加，并且一段时间内是不可能改变的，所以非婚同居的存在是客观的、必然的。这也要求我国制定非婚同居法以规制非婚同居。

---

① 参见《江南时报》，2002 - 09 - 09，第四版。

二、国外立法例介绍及评析[①]

(一) 非婚同居期间的财产立法例

在美国，许多州都对婚姻家庭法进行不同的规定，许多州因文化差异导致婚姻家庭法内容不尽相同，其中有关非婚同居期间财产的规定也存在异同。大致分为以下四种情况：第一，合伙理论。在许多州，都采用合伙理论对非婚同居期间的财产进行规制。第二，承认当事人之间的财产分配为有效的原则。该观点在意思高度自治的原则下，法庭尊崇当事人对财产的约定，按当事人达成的一致意思对财产进行分割。第三，法庭自由裁量理论。美国一些州认为，为了公平，在分配非婚同居期间的财产时，只要能体现公平，法院基于公平而享有自由裁量权，不受当事人意志的约束。第四，公平理论。法庭在处理非婚同居双方的财产纠纷时，法庭可以对同居期间的共有财产进行分配，还可以对双方或者一方同居前的私有财产进行公平分配。

在法国，《法国民法典》第 515－5 条规定："紧密关系民事协议的伙伴双方应在 PACS[②] 协议中指明他们将对紧密关系协议订立后有偿取得的动产实行共同财产制度，非如此，推定这些为两人对半共有；在取得这些的日期不能确定的情况下，亦同。在紧密关系订立之后，两伙伴有偿成为所有人的财产，如取得财产或者订购的财产的文书没有作出另外的规定，亦推定其为两伙伴对半共有。"

---

① 以下国外立法例概述资料出自夏吟兰：《美国现代婚姻家庭制度》，北京：法律出版社，2005；［美］凯特·斯丹德利：《家庭法》，屈广清译，北京：法律出版社，2004；陈卫佐译注：《德国民法典》，北京：法律出版社，2004；罗结珍译：《法国民法典》（上、下册），北京：法律出版社，2005；陈苇主编：《外国婚姻家庭法比较研究》，北京：群众出版社，2006；陈苇：《澳大利亚家庭法》（2008 年修正），北京：群众出版社，2009；王薇：《非婚同居法律制度比较研究》，北京：人民出版社，2009。

② Un pacte civil de solidarite，（其中 solidarite 的字面意思有"连带责任的"或者"团结一致的"的意思）中文译作"紧密关系民事协议"（罗结珍译）、"民事伴侣契约"（杨遂全译）等。法国法简称为"PACS"，笔者认为民事伴侣契约这一译法较为妥当，揭示了 PACS 的本质，与其他国家的"民事伴侣"相一致。

也就是说，在 PACS 期间，如果对取得的财产有约定的从其约定，实行分别财产制；如果没有约定或者约定不明确的，推定为共同所有，实行共同财产制。另外，在非婚同居期间，赠与和遗赠是有效的，在 PACS 解除后，双方可以按赠与和遗赠协议要求相应方履行其义务，当然同居者之间不会产生法定的继承权。

（二）非婚同居期间的扶养请求权立法例

在传统的婚姻家庭法中，扶养请求权的取得是依据血缘或者婚姻关系。非婚同居则既无血缘关系也无婚姻关系，故无此请求权的存在。在当代，传统的婚姻观念已经逐渐淡漠，婚姻与家庭间直线型的纽带和桥梁在逐渐断裂。当事人在走向婚姻家庭时，不必非得通过结婚登记，所以非婚同居者之间也可以基于一定的条件而向对方请求扶养。

在美国，非婚同居一方享有扶养请求权必须具备一定的条件，大致可概括如下：第一，确有必要。非婚同居的一方没有足够维持基本生活的能力，或者说不能靠自己的财产维持其基本生活，并且不能从事工作或者失业时，有权要求非婚同居另一方给予扶养。第二，有扶养能力的存在。如果有扶养义务的一方没有扶养能力，那么扶养请求权就难以实现。所以只有具备上述两个条件，扶养请求权方能成立。

在法国，《法国民法典》第 515 -4 条规定实际帮助，即缔结紧密关系民事协议的双方当事人应相互给予实际的帮助，当然帮助的方式可以由双方协议确定。事实上这就是物质帮助上的法律规定，这也是法律上对非婚同居者最低的扶助义务规定。虽然法律赋予了双方协商的权利，但这也是规定的义务，如果在协议中没有规定这种扶助义务，在发生争议的情况下，应由合同法官按照订立协议的两伙伴各自的状况确定进行此种相互的实际的帮助之方式。[6]

（三）非婚同居者所生子女的法律保护立法例

在美国，非婚同居期间所生育的子女将会受到歧视。[7]其中有 41 个州对非婚子女的称呼带有歧视侮辱性。有 13 个州的制定法把非婚子女称为“私生子”（bastard），有 28 个州在立法或者司法中把非婚同居期间的子女称为“非婚生子女”（illegitimate）。

对非婚同居双方来说，只有非婚母亲自动享有亲权，非婚父亲可以依据1989年的《子女法》第4节的规定，向法院申请作出赋予他亲权的法律命令，或者按规定的形式与非婚母亲签订设立亲权的契约。当然非婚父亲也可根据1987年《家庭法改革法案》第4节提出赋予其亲权的请求。然而，对该子女享有亲权的任何人都可以向法院申请终止非婚父亲的亲权。假如其子女有足够的能力，也可向法院提出终止非婚父亲亲权的请求。当然，法院在作出终止非婚父亲亲权的决定时，首要考虑的是该子女的利益。

在法国，《家庭伴侣法》没有专门关于非婚双方忠诚、孩子或者继承权的条款，也没有法定继承、收养以及人工生殖或亲权的法律条文。但现行《法国民法典》第一卷第七篇分三章就亲子关系作出了规定，其主要内容包括：“有关婚生与非婚生子女的共同规定”，婚生子女和非婚生子女分别立法保护。

（四）非婚同居的对外效力

非婚同居的间接效力，也称对外效力，是指非婚同居作为一个稳定的生活共同体，基于一定事由的发生而与第三人发生的权利义务关系。[8]但在多变的生活中，非婚同居一方在面对劳工死亡或者第三人对其中一方的侵权损害赔偿请求权时，如何得到法律救济，在不同国家有不同规定。

例如，就劳工死亡赔偿请求权而言，不同国家有不同的规定。非婚同居一方是否有就对方工伤事故中遭受的损害请求给付赔偿的权利？像在美国持否定说的州认为，只具有真实婚姻配偶身份的人在对方遭受工伤事故死亡时才有请求赔偿的权利，而同居当事人中生存方因不具备婚姻配偶这一身份，因而无权就对方遭受的工伤事故损害赔偿请求予以赔偿。[9]持肯定论的州认为，绝对排斥非婚同居当事人的此项请求，会使整个社会陷入潜在的紊乱之中，不利于家庭稳定，对于非婚同居生存方也极为残酷和不公平。因此，美国许多州在一定的条件下允许非婚配偶就对方的此项损害请求损害赔偿金。

（五）非婚同居者相互继承立法例

在美国，除了新罕布什尔州外，非婚同居者都没有继承权，除非死亡一方订立了遗嘱，当然也有一些州采用了变通的方法，生存者可以分得死者的部分财产。在英国，非婚同居者一方可以立遗嘱将其财产遗留给另一方，如果死者没有订立遗嘱，那么生存者不能依据法律继承其财产。另外，如果生存者对死者有经济上的依赖，则其能够根据《继承法》请求适当的经济供给或者寻找获益权益以分得部分遗产。在荷兰，只有死亡一方订立了遗嘱，生存一方才能继承其财产。法国的 PACS 之间不会自动产生法定继承权，只有通过订立遗嘱，生存者才能依据遗嘱继承死者的财产。《法国民法典》第 832 条规定，其遗产分割的方式对 PACS 的同居者之间是适用的，当然 PACS 之间的遗赠或赠与协议也是有效的。

（六）国外立法例之评析

在制定非婚同居法律规范时，一般选择了以下两种模式。一是承认同居协议，即双方在发生纠纷或者生活中，按双方达成的一致协议来调整他们之间的权利和义务。充分尊重当事人的意思自治。其中美国和德国就是选择此种模式立法的典型。二是赋予同居者伴侣身份，即是说赋予当事人登记伴侣或者事实伴侣的身份，并在该身份之下设定当事人的权利和义务。此种模式对保障当事人的利益有重大作用，不但可以涉及人身、财产，还可以对子女以及第三人等方面加以详细规制。

上述国家在具体制度设计时，各国具有相似之处也有不同之处。在财产规制方面，美国许多州采用了合伙理论，赋予法官一定的自由裁量权；在法国，财产约定优先，适用分别财产制，当约定不明确或者无法区分财产时，推定为共同所有，同时承认赠与和遗赠的效力。在扶养请求权方面，都基本承认了在一定情况、一定条件下，在解除非婚同居时，一方当事人可以向另一方当事人请求扶助，以保证一方当事人生活正常需要。在子女抚养方面，都优先考虑子女的利益，为了子女的健康成长，规定父母双方都有义务抚养子女、教育子女，如果父母一方对子女的身心健康有严重的不利影响时，法院可以终止其亲权，如美国。在对外效力上，英美法都承认在一定条件下，一方当事人可以要求不当致使另一方当事人死亡的人赔偿，或者要求侵权的一方承担损失。在继承方面，基本上不承认生存一方享有法定继承权，只是在满足一定条件时一方可以分得适当财产，或者订立有遗嘱的，可以按遗嘱继承其财产。

笔者认为，在规制非婚同居关系时，从人身、财产、亲子、对外效力及其继承等方面加以规制是非常必要的。这些立法模式的选择以及具体内容的设计都是值得我们借鉴的。

三、我国非婚同居立法之反思

（一）关于现行法律对非婚同居人身关系的规定

我国现行法及司法解释对非婚同居的基本态度是：凡未经法定结婚程序而结合的二人共同生活关系，不受法律保护，法律也不干涉，但鼓励双方当事人自愿补办结婚登记。正因为这样，在当事人之间产生矛盾的时候，很多问题就得不到法律的保护，缺少法律依据，也为当事人逃避法律责任提供了借口。

（二）关于现行法律对非婚同居财产关系的规定

根据2003年最高人民法院《关于适用〈中华人民共和国婚姻法〉若干问题的解释（二）》（以下简称《婚姻法解释（二）》）第1条第2款的规定，当事人因同居期间财产分割或者子女抚养纠纷提起诉讼的，人民法院应当受理。但是这一规定并没有说明非婚同居期间的财产该怎样分割，而是当发生纠纷过后，按照双方意思自治原则，双方对财产进行约定，如果有约定的按约定处理，如果没有约定的就根据《审理以夫妻名义同居生活案件的意见》处理："在具体分割财产的时候，应照顾妇女儿童的利益，考虑财产的实际情况并结合当事人的过错，妥善的分割财产。"同时按1989年《审理以夫妻名义同居生活案件的意见》第10～13条的规定可知：第一，解除非法同居关系时，同居生活期间双方共同所得的收入和购置的财产，按一般共有财产处理。同居生活前，一方自愿赠送给对方的财物可比照赠与关系处理；一方向另一方索取的财物，可参照最高人民法院（84）法办字第112号《关于贯彻执行民事政策法律若干问题的意见》第（18）条规定的精神处理。第二，解除非法同居关系时，同居期间为共同生产、生活而形成的债权、债务，可按共同债权、债务处理。第三，解除非法同居关系时，一方在共同生活期间患有严重疾病未治愈的，分割财产时，应予适当照顾，或者由另一方给予一次性的经济帮助。第四，同居生活期间一方死亡，另一方要求继承死者遗产，如认定为事实婚姻关系的，可以配偶身份按《继承法》的有关规定处理；如认定为非法同居关系，而又符合《继承法》第14条规定的，可根据相互扶助的具体情况处理。而1989年《审理以夫妻名义同居生活案件的意见》（以下简称《若干意见》）颁行至今离现在已有20多年了，显然该意见的规定对现在出现的一些新情况无法适应，具有严重的滞后性和局限性。所以对非婚同居关系之间的财产处理的法律规制目前是不完善的。

（三）关于亲子关系的规定

由于我国法律不承认非婚同居，因此其非婚同居所生子女称为非婚生子女。根据我国《婚姻法》第25条的规定，“非婚生子女享有与婚生子女同等的权利，任何人不得加以危害和歧视。不直接抚养非婚生子女的生父或生母，应当负担子女的生活费和教育费，直至子女能独立生活为止”。而按1989年《若干意见》第9条规定，解除非法同居关系时，双方所生的非婚生子女，由哪一方抚养，双方协商；协商不成时，应根据子女的利益和双方的具体情况判决。哺乳期内的子女，原则上应由母方抚养，如果父方条件好，母方同意，也可由父方抚养。子女年满10周岁上的，应征求子女本人的意见。一方将未成年的子女送他人收养，须征得另一方的同意。很显然我国现行法律在对待非婚同居所生子女的规定上是不完善的，就其“非婚生子女”的称谓就带有一定的歧视性。这是不符合保护“儿童最大利益优先原则”的。

（四）关于对外效力的规定

依据1989年《审理以夫妻名义同居生活案件的意见》第11

条的规定，解除非法同居关系时，同居期间为共同生产、生活而形成的债权、债务，可按共同债权、债务处理。但现行法律就如何界定非婚同居的共同债务没有规定，因此不利于保护非婚当事人，如一方串通第三方而产生的债务，如果要求另一方一起偿还，这显然是不公平的。

四、我国非婚同居立法之完善思考

目前，我国学者对非婚同居立法已提出不少立法建议，笔者在借鉴前人研究成果的基础上，汲取国外立法经验和我国现实情况，对其立法模式的选择和具体内容的设计作以下思考。

（一）立法模式的选择

借鉴国外立法经验，结合我国历史和国情以及现有法律制度，笔者认为，我国制定非婚同居制度法律时，应以区别于婚姻的同居不登记制①为主，承认合同的同居效力，兼采区别于婚姻的同居登记制为补充。②

（二）具体内容构思

应将非婚同居和婚姻区分对待，既能够体现两者的不同之处，又能在选择共同生活方式时有一个明确的预期，也是对人们自由选择共同生活方式的尊重。否则，如果将两者规定为同样或只有很小差别的法律制度，必将抹杀两种不同生活方式的内在要求，也是对公民私生活的严重侵犯。

1. 非婚同居的界定

吸取国外立法经验结合我国学者的建议，笔者认为确定非婚同

---

① 区别于婚姻的同居不登记制，是指非婚同居双方符合非婚同居的构成要件但又不到非婚同居登记部门登记而自动受法律的调整，承受某些不同于婚姻或者少于婚姻的权利义务的法律制度。

② 区别于婚姻的同居登记制，是指非婚同居双方符合非婚同居构成要件，主动到非婚同居登记部门登记为同居伴侣关系，而承受某些不等同于或少于婚姻的权利义务的法律制度。参见陈苇、王薇：《我国设立非婚同居法的社会基础及制度构想》，载《甘肃社会科学》，30页，2008（1）。

居关系应满足以下条件：

第一，同居的主体达到《婚姻法》规定的法定婚龄。我国现行《婚姻法》规定，男子结婚不得早于22周岁，女子不得早于20周岁，患有医学上禁止结婚的疾病的不得结婚，以及三代以内的旁系血亲和直系血亲的不得结婚。那么非婚同居的当事人也应该满足这样的主体条件方能登记为伴侣关系或者同居。

第二，同居的双方应该没有配偶、事实伴侣或者登记伴侣。[10]我国现实婚姻中实行一夫一妻制，那么在规制非婚同居时，也应该和现行的《婚姻法》衔接。

第三，同居的双方应该持续公开共同生活达到一定的期限（这个期限一般为3年），有较为稳定的共同生活关系。

2. 完善非婚同居当事人的人身关系立法

通说认为非婚同居者之间不具有配偶的关系，没有夫妻之间的权利义务。笔者同意该观点。

由于非婚同居具有家庭的外观，为保护其交易安全，维护善意第三人的合法权利。笔者认为，同居者之间有一般的日常家事代理权，双方互为代理人、互有代理权。但是不能滥用代理权，如果一方与第三人行为时，该代理行为无效，除非第三人善意。

3. 完善非婚同居当事人的财产关系立法

今后我国在制定非婚同居法律时，应该吸取国外立法经验，在规制财产关系方面，应采用约定财产制、法定的分别财产制以及共同财产的认定。而这里的财产关系应该指双方非婚同居后共同生活经营期间所取得的经济上的利益。当然非婚同居期间的财产关系应该和婚姻关系中的财产关系有区别，非婚同居期间的财产制度应体现法律对弱者权益的保护和对公平价值的追求。笔者认为应从以下三个方面加以规定。

（1）财产制。第一，财产约定制优先。非婚同居伴侣双方可以通过协商，订立同居合同，约定非婚同居期间的财产分配等关系，具体如下：首先，关于约定的形式，非婚同居的男女在订立合同时采用书面形式。如果无约定或者约定不明确的，应按法律的规定处理。其次，关于契约的内容，订立合同的双方当事人必须具有合同法规定的一般民事契约行为能力，契约的内容不得违反民法规定的公序良俗原则以及其他法律的禁止性规定。在解除非婚同居时，应按此约定的合同内容执行。最后，关于合同的法律效果，合同具有溯及力。非婚同居伴侣不一定要选择在开始同居时候或者在此之前签订非婚同居合同。可以选择在同居期间的任何时间签订。该合同作为一种约定和证据，不管在何时签订，只要非婚同居事实成就时就对其有约束力。

第二，分别财产制。如果双方在没有约定的情况下，实行分别财产制，不因同居而财产混同。当然，如果双方希望实行共同财产制，可以通过合同约定。

第三，同居期间的共同财产。非婚同居期间的共同财产可以归纳为以下三种情况。首先，同居期间双方共同劳动所得和共同出资购置的财产，按照一般共有财产处理。同居期间一方继承或者受赠的财产，一般属于个人财产，除了遗嘱和赠与合同中明示了给非婚同居一方当事人以外，对于法定继承的遗产，如果双方未约定则为个人财产。其次，同居期间为了共同生活的需要购置和积累的财产及其财产性权益应由双方共同所有，但房屋等经济价值特别大的除外。最后，财产来源不明的部分应视为共同财产。

在解除非婚同居时，如果属于上述类型的共同财产，应将该共同财产平均分割。

（2）财产继承权。笔者认为在符合一定条件下，应准许生存一方享有一定的继承权。

（3）扶养请求权。在传统婚姻家庭中，享有扶养请求权必须以婚姻或者血缘关系为依据。那么在终止没有亲属关系这种特征的非婚同居时，生活困难的一方是否享有扶养请求权呢？笔者认为，在符合一定的条件下，可以享有该权利。

4. 亲子关系

在我国，婚姻法对子女有不同的称呼，一是婚生子女，二是非婚生子女，虽然有其平等的法律地位，但还是一种不彻底平等的表现。最彻底的做法是摒弃子女的"婚生"与"非婚生"之区分，并统称为"子女"，[11]并增设亲子关系推定和否认制度，统一适用于有婚姻关系的父母所生的子女、有同居关系的父母所生的子女。[12]

5. 非婚同居期者与第三人的关系

由于持续的非婚同居，其有家庭的外观。在日常生产生活中不免要与第三人发生这样那样的关系。主要表现在共同债务和第三人对其侵权的两种情形。那么如何对这两方面进行规制，笔者结合国内外的立法经验和学说，提出以下意见。

非婚同居当事人可以签订契约约定债务的承担方式，[13]如果没有约定，其债务是因为供其本人专门生产生活而产生，则应由其自己偿还。对于因共同生活而产生的债务，应视为共同债务，对外负连带清偿责任。

参考文献

[1] 陈功：《家庭革命》，69 页，北京：中国社会科学出版社，2000。

[2] 赵荧莹、夏晓芸：《对非婚同居的法律定性与规制》，载《法制与社会》，272 页，2008（4）。

[3] 张文霞、朱冬亮：《家庭社会工作》，50～52 页，北京：社会科学文献出版社，2005。

[4] 陈苇、王薇：《我国设立非婚同居法的社会基础及制度构想》，载《甘肃社会科学》，29，28 页，2008（1）。

[5] 王文静、李卫红：《婚前同居的生存空间到底有多大——上海大学生婚前同居观念的一项调查》，载《社会》，18、22 页，2002（12）。

[6]《法国民法典》，罗结珍译，432 页，北京：法律出版社，2005。

[7] 王薇：《非婚同居法律制度比较研究》，119 页，北京：人民出版社，2009。

[8][9] 张民安主编：《婚姻家庭法学》，181 页，广州：中山大学出版社，2003。

[10] 陈惠清：《非婚同居的法律规制》，40 页，厦门大学硕士学位论文，2008。

[11] 蒋月：《婚姻家庭法》，154、299 页，杭州：浙江大学出版社，2008。

[12] 陈苇、靳玉馨：《建立我国亲子关系推定与否认制度研究》，载梁慧星主编：《民商法论丛》(27)，246 页，北京：法律出版社，2003。

[13] 方霞：《非婚同居法律规制研究》，37 页，西南政法大学硕士学位论文，2005。

我国港、澳、台地区防治家庭暴力的立法与实践及其启示*

管燕燕**

目　次

目前，我国台湾、香港、澳门三地区已经形成了较为完备的反家庭暴力社会支持系统，而我国内地在家庭暴力防治方面还存在着某些欠缺，分析我国四个法域在反家庭暴力立法、司法及社会救助等方面的措施，对我国内地制定反家庭暴力法和加快反家庭暴力进程具有重要的意义。

---

* 本文系作者2010年“西南政法大学硕士学位论文”的节选。

** 管燕燕，女，法学硕士。

一、我国港、澳、台地区防治家庭暴力之现状

(一) 香港地区

1. 立法现状

(1) 2009年，香港立法会对《家庭暴力条例》进行修订。① 原《家庭暴力条例》制定于1986年，施行至今经过三次修订，立法目的是保障婚姻、异性同居及未成年子女免受家庭内亲密关系者的暴力虐待。立法会2008年通过修订法例，将保障对象扩大至同住或不同住的前度配偶及异性同居者、姻亲及子女。2009年12月16日，立法会三读通过《2009年家庭暴力（修订）条例草案》，进一步将《条例》的涵盖范围延伸至同性同居者、前同性同居者及其子女，并于2010年1月1日正式生效，该条例进一步扩大了家庭暴力的保障范围，使同居关系一方，不论是同性同居者或是异性同居者，在遭受家庭暴力时都可向法院申请强制令，免受另一方的骚扰。在紧急情况下，“法院认为被害人受到骚扰或是殴打等家暴威胁，并有迹象表明被害人仍处于危险之中，法院得依被害人申请颁布紧急禁制令，将审讯押后两星期。届时，案中的被告需以誓章形式，将赖以申述的事实向法庭陈述。在两星期的押后审讯期中，如法庭认为被告确实有向申请人施用暴力的情况，则会颁布禁制令”。[1] 同时，法院在认为必要的时候，于发出强制令时或在强制令生效期内的任何时间，可以在强制令附上一份逮捕权书，② 此时警务人员无须向法庭申请手令，在施暴者违反禁制令的时候，即可径行逮捕违反强制令行为的加害人。

(2) 香港没有处理家庭暴力的专门刑事法律，香港《刑事罪行条例》、《侵害人身罪条例》、《保护儿童及少年条例》、《精神健康条例》等不同法令针对家庭暴力中的恶性犯罪事件作出了规定，

---

① 参见香港劳工与社会福利局新闻公报：《2009年家庭暴力（修订）条例明日生效》，http://www.lwb.gov.hk/chs/press/31122009.htm，访问日期：2009-12-31。

② 香港《家庭暴力条例》第1条及第5条。

对涉及犯罪的家庭暴力行为同样依一般的刑事法条作出处理。

香港承认婚内强奸，认为在婚姻期间或分居期间男方未得女方同意，强行与女方发生性关系，亦属于家庭暴力的一种，依据1999年香港《刑事罪行条例》第118（1）条中对于强奸处终身监禁的刑罚，在存在婚内强奸的情况下，可以依法追究加害人的刑事责任，以保护被害人性权利不受侵犯。① 1991年修订的《侵害人身罪条例》第2、7、19、39、40条分别对有目的对他人身体加以严重伤害，或者意图危及他人生命或健康的行为进行了规制，视情节严重程度分别处1~3年监禁或是终身监禁及罚款的处罚，若是家庭暴力中的暴力伤害行为符合了其中某一条款的主客观要件，即应对其处于该法条所规定的相应刑罚。②

2. 司法现状

根据香港《家庭暴力条例》的相关规定，法官依职权对禁制令进行审理判决来决定是否颁发禁制令和拘捕令；并有权决定是否延长禁制令的期限；检察官对于违反禁制令构成犯罪的施暴者，可以依照《刑事罪行条例》提起诉讼，但因家庭暴力的特殊性，若受害者不追究施暴者的责任，检察机关没有权力强迫受害方去指控施暴者，并不得违背受害者的意愿而强行起诉。

警察机关接到家庭暴力案件时，应当及时作出反应，记录并出警进行调查处理。例如，受禁制令限制的施暴者作出违反禁制令的行为，警察有权依照禁制令内的指示或是根据所附的逮捕权书，立即逮捕施暴者。[2]若受害者不追究施暴者的责任，在受害人同意的情况下，则对施暴者发出“家庭事件通知书”，起到警戒施暴者的作用。③ 此外警方还可向家庭暴力受害人及可疑受虐者发出“家庭

① 香港《刑事罪行条例》第118条。

② 香港《侵害人身罪条例》第2、7、19、39、40条。

③ 如果受害者不追究施暴者，或不去法庭指控犯罪者，警方是没有权力强迫受害一方出庭作证的。虽然如此，但是警方可以先征求受害者的同意，然后把一份有关该案件的通知书交给犯罪者，通知其警方已处理过此宗家庭暴力案件和受害者不追究的决定；同时提醒其非法使用暴力或伤人是刑事罪行。

援助服务资料卡”，鼓励当事人接受转介，将其转介到社会福利署，接受心理、法律辅导和其他社会服务。

3. 其他救济方式

香港的社会福利机构较为发达，诸多社会服务机构从服务对象、服务地区、服务项目的不同划分成立了不同层面的交叉的反家庭暴力服务网络。到目前为止，香港约有370所志愿服务福利机构，提供福利服务比例约为90%，每年受惠人数多达4万人。主要的福利机构有关注妇女性暴力协会、社会福利署保护家庭及儿童福利课、庇护中心、香港基督教服务处、赛马会和谐一心家暴防治中心等。

（二）澳门地区

1. 立法现状

澳门目前没有专门的家庭暴力立法，澳门基本法承认“男女平等”这个原则，保障每个人享有平等的生存权、财产权、人身自由权、参政等基本权利，不因性别或血统等因素而有所差异。对于家庭暴力中的暴力行为，若构成犯罪行为，可适用澳门刑法典的相关规定处于刑罚。《澳门刑法典》中第146条对虐待家庭成员的行为作出了规定，即具有夫妻关系或同居关系的人，如一方对他方施以身体或精神虐待，情节严重构成犯罪的处于1~5年徒刑；若行为人的虐待行为致被害人身体完整性受到严重损害，如毁容、精神失常或有性命危险等严重暴力行为，将会被判处2~8年徒刑。因虐待行为致受害人死亡的，将被处于5~15年刑罚。① 家庭暴力中若采取以侵犯身体、人身自由或生命等威胁配偶的行为，使人产生惊恐或不安，构成恐吓罪的，最高可处于3年徒刑或科以罚金。澳门在防治家庭暴力的立法方面目前还存在不足，但澳门社工局十分重视防治家庭暴力，在家庭暴力方面的立法上，目前澳门社工局与澳门法务局正合作开展有关家庭暴力立法草拟工作，并成立了相关工作小组，考虑在新立法中加入对家庭暴力施暴者进行强制措施

① 《澳门刑法典》第146、147条。

的规定。

2. 司法实践及社会救济

（1）因虐待及恐吓配偶都是属于亲告罪，即是必须由受害人作出告诉，警方才会受理，也就是被害人不告的话，司法机关不得主动进行司法程序，“非经告诉不得进行刑事程序”，而且对家庭暴力施暴者的制裁没有相关规定，包括一定的强制措施以及强制辅导，在司法实践中，因为没有足够的支援保护措施，家暴受害者通常没有足够的勇气及信心为自己争取合法权益，所以家暴防治体系的不完善对于家暴受害人利益的维护极为不利，而且纵容助长了家庭暴力行为的发生。

（2）澳门社工局在反家庭暴力工作中为受害者提供多渠道的救助。澳门社工局家庭暨社会服务厅下辖的六个社会工作中心及家庭辅导办公室会为有需要的市民提供家庭教育与辅导服务。在发生家庭暴力事件时，可致电社工局下辖的社会工作中心，非办公时间可直接拨打999紧急求助电话，相关部门将联系社工局，社工局即派员跟进，社会工作中心及家庭辅导办公室的社工及辅导员会为遭受暴力的妇女提供辅导服务，并按实际需要提供相关救助服务，如经济援助、暂时性住宿安排、法律咨询、心理服务等。① 目前澳门社工局已同多部门建立了通报机制，与治安警察局、司法警察局以及消防局等部门建立通报机制，提供24小时紧急支援服务。此外，受家庭问题及暴力困扰的市民可以选择前往他们所属区域的社会工作中心求助。工作人员会及时对他们的问题作出社会背景评估，社工局随之会评估他们的需要以提供合适的服务安排，如危机介入、转介临床心理服务及多个专业个案会议。倘若受虐者被评估具有受到家庭暴力的即时危机，经其同意，社工局可为他们及其未成年子女安排入住庇护中心。目前，澳门社工局正在研究进一步完善家庭暴力个案的处理程序，对家庭暴力个案的处理流程进行科学合理的

---

① 参见澳门特别行政区社会工作局网站，http://www.ias.gov.mo/index.jsp，访问日期：2009－11－29。

规范。

(3) 妇联励苑是澳门社会组织中反家庭暴力的标志性机构。它是澳门妇联属下机构之一，设有24小时妇女求助热线，为遭受家庭暴力的妇女提供帮助和庇护服务，维护妇女合法权益。① 该机构培训有专业的社工及受过培训的义工接听受虐妇女或儿童的求助电话，提供短暂的庇护住宿服务，接受警方、医院及社会服务机构的转介，为有即时危机的受虐妇女提供支援服务，向受虐者提供法律咨询，为入住的儿童进行功课辅导，对于离开励苑的受害人，将转介妇女联合总会属下家庭服务中心及相关服务机构跟进。

(三) 台湾地区

1. “立法”现状

(1) 台湾“家庭暴力防治法”(以下简称台湾“家暴法”)总共7章66条，是一部涵盖了民事、刑事实体和程序性法规的综合性法规。法规的第一部分是通则，主要对“立法”目的，基本概念作了说明，第二部分的主要内容是对民事保护令的规定，第三部分是刑事程序，第四部分是父母子女与和解调解程序，第五部分规定了家暴预防及处遇程序，第六部分是罚则，第七部分是附则。

台湾“家暴法”的一大亮点就在于引入了保护令制度，在其第二部分中对保护令的种类、申请、保护令案件的管辖，审理、效力、执行等多个方面都作出了较为全面的规定。[3] 台湾“家暴法”的刑事司法干预机制对家庭暴力罪和违反保护令罪进行了明确的规定，首先，明确了施暴人在触犯以上两个罪名时应该受到刑事处罚。其次，径行逮捕权的规定在一定程度上扩大了警察机关的逮捕权，有利于及时制止家庭暴力的发生和降低家庭暴力带来的危害。再次，实行有限的缓刑制度。凡因实施家庭暴力犯罪被宣告缓刑的，应对其附民事保护令内容的相关限制，若在一定的时间内违反这些限制则撤销缓刑。最后，对家暴防治人员法律责任进行了明确的规定。此外，对加害人进行强制治疗或者辅助辅导是台湾“家

① 参见澳门妇女联合总会妇联励苑专栏。

暴法”的一大特色。目前，台湾家庭暴力加害人处遇计划规范的修订案对原条文进行了扩充，增加了处遇计划的执行机构，建立相对人鉴定机制，规范了执行机构之间的横向联系。

（2）其他配套法律法规。为了台湾“家暴法”得以更好地实施，台湾当局相继颁布了“家庭暴力防治法施行细则”、“特殊境遇妇女家庭扶助条例”、“犯罪被害人保护法”、“性侵害犯罪防治法”等实施细则及相关配套法规，形成了较为完善的台湾家庭暴力救济的“立法”体系。

2. 司法现状

（1）警察机关。根据台湾“家暴法”，警察机关的主要职责有：申请并执行保护令，保护被害人，径行逮捕权，通报及协助义务等。在司法实践中，警察一旦接到家庭暴力的报警电话，应马上受理并在《受理民众报案登记簿》上予以记载，同时应当通报家庭暴力防治中心以及社工人员。若被害人不提起诉讼，那么由受理警察登记在《警员工作记录簿上》作为备案，也可以为以后可能发生的案件提供证据参考；若提起诉讼，则警方收集证据，连同对被害人或者加害人所做的笔录，移送地方法院检察署办理。警察也应协助被害人申请紧急保护令。在司法实践中，警察机关还被进一步要求“不仅应当积极处理家庭暴力案件，而且在紧急情况下应站在第一线保护被害人……必要时于保护令核发前采取在被害人住居所守护等安全措施、保护被害人或其子女至庇护所或医疗处所……”。[4]

（2）检察机关。台湾“家暴法”为检察机关设立了一系列职责，主要是对被告的释放、缓刑和假释条件进行审核确定，为家暴被害人申请保护令，通报当地主管机关等。

（3）法院。法院系统是家庭暴力综合救援网络中一个重要的环节，法院的主要职责有审理家庭暴力案件，核发保护令，撤销变更保护令，执行部分保护令，裁定释放、假释或缓刑条件，通报主管机关等。

3. 社会服务等其他救济方式

为了给受害妇女提供全方位的社会服务，台湾的“内政部”与各级地方政府设立家庭暴力防治委员会，前者是防治家庭暴力的主管机关。同时，各级地方政府根据本地实际情况设立家庭暴力防治中心，为受害者适时提供辅导、医疗、培训等服务，并适宜配合警察、司法、社政、户政、教育、卫生等部门工作。此外，台湾地区的妇女保护协会、妇展协会、妇女新知基金会等一些社会组织也会通过面谈、帮助报警、心理辅导等方式帮助家庭暴力的受虐者。

二、我国港、澳、台地区防治家庭暴力现状之评析

（一）专门法的建立

防治家庭暴力专门法的建立，不仅使预防和制止家庭暴力的工作形成一个完整的体系，而且是对现行法制的一种完善，使各级机关在反家庭暴力工作中有明确的执法、司法依据。台湾、香港都已经建立了规制家庭暴力的专门法律，在结合本地区实际情况并吸收借鉴其他国家地区先进经验基础上，针对家庭暴力的特点制定了专门性的防治救济措施，并在专门法的基础上，出台了配套实施法律，具有较强的可操作性，在司法实践中也取得了很好的效果。澳门地区反家庭暴力立法的草拟工作正在进行中，也在规划出台专门性反家暴立法。

（二）家庭暴力受保护主体范围的逐步扩大

台湾“家暴法”目前对家庭暴力中“家庭成员”的解释包括以下人员及其未成年子女：配偶或前配偶；现有或曾有事实上之夫妻关系、家长家属或家属间关系者；现为或曾为直系血亲或直系姻亲；现为或曾为四亲等以内之旁系血亲或旁系姻亲。台湾地区对家庭成员采用了扩大化解释，广泛地保护了家庭暴力受害者。2009年香港通过的《家庭暴力（修订）条例草案》进一步将涵盖范围延伸至同性同居者、前同性同居者及其子女。之所以增加同性同居伴侣，是考虑到他们与异性同居者一样，处于亲密关系的同性同居者或会因彼此之间的特殊权利分布、互动关系、风险因素等而有所

顾虑，不愿意或不敢向警方举报同居的施暴者的暴力行为。但是由于这类暴力事件发生在私密空间中并可在短时间内演变成人身伤害甚至是伤亡事件，同家庭暴力的内涵、特征、危害相吻合，故纳人家庭暴力条例保护的范围之内。虽然目前香港政府不承认任何同性关系的法律地位，在现有刑事法律框架之上，平等地为同性同居关系人士提供人身安全保障及民事补救措施，具有积极的意义。

（三）引入民事保护令制度

20世纪末期，英美法系国家专门为了防止和制裁家庭暴力，设立了民事保护令这项法律救济制度。目前，以法院签发保护令的方式为家庭暴力的被害人提供救济已成为很多国家和地区通行的一种做法。台湾、香港两地区都建立起了各自的民事保护令制度，虽然名称不同，内容基本都是通过授权法院对家暴施害人处以一定行为的禁止，向受害者提供了及时有效的救济。保护令一般分为通常保护令和暂时性保护令，暂时性保护令又视情况分为紧急性暂时保护令和一般性暂时保护令，实践证明保护令制度已经成为各种反家庭暴力的法律措施中最为有效的一种措施。

（四）处遇计划

台湾地区以加害人为中心的处遇计划对处遇计划的执行机构，执行程序流程都作了详细的规定。加害人应接受加害人处遇计划，交缴处遇计划费用，进行戒瘾治疗、精神治疗、心理辅导或其他治疗课程。对于法院裁定处遇计划保护令的施暴者，必须到警察局报到，并由家暴防治中心来安排处遇计划的执行单位。加害人处遇计划制度同救济被害人的程序同时进行，使加害人接受治疗及心理辅导，从而达到减少以至于杜绝暴力行为的目的。香港地区《家庭暴力条例》没有赋予法庭强制施虐者接受强制性的处遇计划的职权，故香港还没有治疗性手段的处遇计划处理施虐者。澳门目前的立法中没有家暴处遇计划的相关规定，但目前社工局与法务局合作开展有关家庭暴力立法草拟工作中，也正在考虑加入对家庭暴力施暴者进行强制措施的相关规定。对家暴受害者来讲，民事保护令和对施暴者进行刑事制裁都仅是暂时性保护措施，要从根本上遏制家庭暴力，对加害人进行强制治疗或者辅助辅导是必要的。但目前只有台湾对此作出了具体的规定，港澳立法中还未引入家暴处遇计划。

（五）加强上级与下级的防治合作力度，发挥社工组织的作用

纵观港、澳、台三地区的家暴防治工作状况，从上到下都有一套较为完备的防治体系，如在地区一级设立家庭暴力防治委员会，负责整体、宏观上的立法、监督、协助及宣传教育工作，下级政府也相应设立地方家庭暴力防治委员会，结合警政、教育、卫生、户政等相关部门组成一套从上而下的防治网络体系。同时，建立完整的通报、教育防治网络，警察、医疗机构、社工组织、心理辅导人员及其他执行家庭暴力防治工作的人员，在工作时发现家庭暴力犯罪嫌疑人，须及时通报当地主管机关。医院、诊所应当配合家庭暴力受害人开立出具验伤、诊断书。

同时，港、澳、台三地区都有各自较为成熟的社工组织。他们对受到家暴侵害的妇女儿童提供心理、法律辅导，同时三地区的家暴庇护所也发挥了较大的作用，提供家暴受害者一个空间以暂时缓和家庭矛盾，以寻求进一步的保护。

三、完善我国内地防治家庭暴力机制的思考

反观目前我国内地的反家庭暴力救济机制，第一，就立法层面来讲，正如学者们以前就指出的我国缺乏一部统领全国反家暴工作的专门性法律，对受家暴侵害妇女儿童的利益保护不足。[5] 第二，从实践层面来说，内地对家庭暴力的法律救济主要停留在事后的救济上，救济手段较为单一，而且无论是司法机关还是社会组织在事后的救济方面实体和程序上都存在着较大缺陷，如公安机关在反家暴执法程序缺乏可操作性，干预成效甚微，社会救助体系也相当薄弱，各个救助机关对防治家暴工作缺乏灵活畅通的沟通渠道，并且每个组织的救助力量有限，各自为政，既增加了各个组织的救助压力和成本，救助力度和救助实效也不甚理想，国内大多数家暴庇护所无人入住的尴尬也正折射出了我国社会救助体系存在着很多不完

善的地方，[①] 无法发挥其本该起到的作用。故从港、澳、台地区的防治家庭暴力的有益经验出发，在符合我国内地现实的立法条件及社会条件的基础上，结合我国家庭暴力的现状及所面临的难题，我们认为，必须建立一个健全的家暴防治网络，这个家暴防治网络不仅要有包括家庭暴力防治专门法在内的完善的法律体系，而且应当整合社会资源的力量，发挥政府干预、社区基层组织服务、社会舆论等非法律手段的共同作用的力量，给家庭暴力受害者以全方位的救助。

（一）立法体例的完善

1. 出台《家庭暴力防治法》

（1）明确家庭暴力的定义及行为构成。全国性的反家庭暴力法应当明确“家庭暴力”的内涵，对行为主体、行为对象、行为的手段、行为的时间、行为所受侵害的权利性质以及损害后果作出明确界定。对于家庭暴力保护对象，宜借鉴港台地区的经验，将前配偶以及同居伴侣纳入家庭成员范围中，并且应当对家庭暴力的行为构成采用广义的规定，身体暴力、性暴力、以作为方式所为的精神暴力以及经济暴力都应归入家庭暴力范围，以最大范围地保护私人领域内遭受暴力侵害的弱势群体。

（2）细化民事保护令的相关内容。对民事保护令的实施细则，如申请人，申请形式，管辖审理程序，保护令的效力及执行等问题都需要作进一步具体化规制，从而在司法实践中才能更好地操作。

（3）对受害人的救助和对施暴者的行为矫治。反家暴立法的最终目的是家庭暴力的控制和预防，在反家暴法中强制施虐者进行心理辅导及行为矫治是很有必要的。有相当一部分施暴者会在心理辅导中获得收益，矫治教育可以提高他们与他人相处的能力，帮助

---

① 据相关资料显示，上海家庭暴力庇护所建立了两周入住率为零。重庆市北碚区妇联工作人员将本市建立的家庭暴力庇护所成立半个月无人入住的原因解释为“当事人碍于面子，不愿家丑外扬”。2002 年成立的青岛市岛城首家妇女庇护中心成立 7 年以来，居然只有一名妇女到中心寻求庇护，终因“门庭冷落”而停办。

其重新安排个人的婚姻与家庭生活。

(4) 明确在家庭暴力防治工作中的法律责任，应当从民事责任、行政责任、刑事责任三方面着手，确定施暴者、执法人员以及社会机构人员的法律责任。

2. 相关配套法律的完善

(1) 将接警记录、询问笔录，反家暴医疗机构的病历、鉴定材料等甚至可以将施暴人的品格证据也纳入证据采集范畴。① 在受害妇女提供接警记录、询问笔录，反家暴医疗机构的病历、鉴定材料在内的基本事实证据，且证据链条能在相当程度上证明家庭暴力存在的情况下，如果相对方不能举出反证，法官可作出综合判断，推定家庭暴力事实存在。

(2) 完善家庭暴力刑事立法。第一，现行司法实践中一般不认可夫妻之间成立强奸罪，诚然，夫妻有同居的义务，换句话说，夫妻另一方则享有同居的权利，但是权利的行使必须采用正当的手段，如果手段不正当，则应当为法律所禁止，综合我国现实情况，有些学者提出了宜将特定情况下的夫妻间的强制性交行为定为婚内强奸罪。例如，对于夫妻双方因感情不和而分居期间或是法院审理离婚案件期间，一方以暴力手段强行与另一方发生性行为的，应处以“婚内强奸罪”。[6] 第二，增设违反保护令罪。民事保护令是家暴法的核心部分之一，为了保护民事保护令能顺利施行，对于施暴人违反民事保护令的义务性规定，情节严重的，应处以违反保护令罪。

(二) 司法救助体系的完善

1. 完善法院审理家庭暴力案件的程序

针对家庭暴力案件的特殊性，成立反家庭暴力合议庭专案专办可以提高现有反家庭暴力措施的有效性，在这方面我国已有成功经

---

① 我国学者夏吟兰教授建议，反家暴法应就证据的可采性作出明确规定……并将施暴人的品格证据纳入反家暴法的证据采集范畴。也就是说，“如果一个丈夫是惯犯，邻居、街坊都可以证明他经常打老婆，邻居和街坊关于施暴人品格的这种评价也可以纳入反家暴法的证据范畴，作为公安机关采取强制措施、法院作出民事保护令裁定等的依据”。

验。在民三庭中抽调从事婚姻家庭资深法官组成家庭暴力合议庭，安排参加各种相关的反家庭暴力培训，集中精英力量进行审理，提高家庭暴力案件的审理质量，切实担负起维护家暴受害者合法权益的职责。[7]

2. 完善公安机关处理家庭暴力案件的程序

公安机关在处理家庭暴力时应当说处于前线的地位，所以应当探索基层公安机关有效干预家庭暴力的模式，加强对警察人员的社会性别意识培训，增强警察人员在干预家庭暴力中的作用。规范对家庭暴力投诉的受理程序及干预家庭暴力的程序，对接警、出警、处警的处理手段予以规定，使警察在面临家庭暴力案件时有确定的程序可依，以更好地保全证据，维护受害者的权益。另外，公安机关由专门人员负责有关家庭暴力案件，[8]结合日常工作及时了解相关情况，记录家庭暴力数据库，建立分性别的统计制度，根据记录的资料，可以判断家暴施暴人是否经常地侵害受害人，也可以作为对施暴人品格的衡量，成为法庭审判的证据之一。①

（三）构筑反家庭暴力社会救助体系

1. 完善家庭暴力庇护中心

港、澳、台的社工组织建立的庇护中心在防治家庭暴力中起到了相当大的作用，我国内地应反思目前庇护中心存在的不足，完善相关规定建设，规范家庭暴力运作流程，如对入住家庭暴力庇护中心的手续进行简化规范。[9]对持有发生家庭暴力的报警记录以及受害者在当地的街道、居委会等部门开具了身份证明的受害者，经过审核程序即可暂时入住庇护中心。另外，要提高反家暴庇护救助中心的社会知晓度，很多受到家暴侵害的妇女对庇护中心知之甚少甚至是根本不知晓该救助途径，故应增强宣传力度，在反家暴宣传中

---

① 英国政府部门为打击家庭暴力犯罪近日采取了一项新举措，通过公共咨询来帮助妇女从警方数据库中查询男友或丈夫是否有家庭暴力前科，从而更好地保护自己。这一咨询活动能协助大众更好地获取警方的信息，减少妇女对潜在家庭暴力的担心。英国：《新措施降低家庭暴力》，http://news.xinhuanet.com/video/2009-03/17/content_11025104.htm，访问日期：2010-01-21。

要提及这种救济方式，接警家庭暴力案件的工作人员，接警时可以告知受害者该救助途径，并最大限度地公布家暴庇护中心的救助电话，使庇护中心能真正为受到家庭暴力伤害或潜在威胁的公民提供一个缓冲家庭矛盾、调解家庭纠纷，提供法律、心理、医疗等服务的家庭暴力救助机构。

2. 建立家庭暴力干预多机构合作机制

充分发挥政府和妇联、街道等相关单位自身的优势和职能，进一步扩大救助渠道，为受害者提供法律和道义上的帮助，同时加强与公安、司法、医疗机构、社会媒体以及高校等部门的合作。社会媒体应当充分发挥舆论监督作用，对残害妇女儿童的家庭暴力行为予以曝光和谴责，提高全社会对家庭暴力行为危害性的认识，达到预防和减少家庭暴力行为的目的。

参考文献

[1] 赵文宗等：《中国内地、香港婚姻法实务》，102页，北京：人民法院出版社，2005。

[2] 张莉：《家庭暴力问题研究》，厦门大学硕士学位论文，2002。

[3] 陈苇、秦志远：《中国台湾地区防治家庭暴力立法与司法之研究及其启示》，载陈苇主编：《家事法研究》（2006年卷），北京：群众出版社，2007。

[4] 高凤仙：《家庭暴力之立法运动与整体防治网络之建立》，载《中国人民大学报刊资料中心——台、港、澳及海外法学》，2000（3）。

[5] 陈苇：《中国婚姻法家庭法立法研究》，480页，北京：群众出版社，2000。

[6] 陈明侠等主编：《家庭暴力防治法基础性建构研究》，163页，北京：中国社会科学出版社，2005。

[7] 李明舜：《制定反家庭暴力法的几点思考》，载《中华女子学院学报》，2003（2）。

[8] 蒋月：《论警察介入和干预家庭暴力——若干国家和地区的经验及其对中国的启示》，载《福建行政学院福建经济管理干部学院学报》，2007（1）。

[9] 裴宝莉：《家庭暴力庇护机构的反思与完善》，载《沧桑》，2008（6）。

我国港、澳、台地区分居制度研究及其启示*

罗晓玲**

目　次

我国香港、澳门、台湾地区因所属的法系不同，有关分居制度的规定各具特色。由于婚姻家庭立法受传统文化和价值观念的影响比较大，而我国内地与港、澳、台地区都传承于中华文明，因此，在婚姻家庭方面的立法与司法实践上可以互相借鉴、取长补短。

一、我国港、澳、台地区分居制度的现状与评析

（一）我国港、澳、台地区分居立法的现状

1. 我国香港地区的分居立法

香港的分居制度认为分居是离婚的辅助手段，[1] 主要被集中规定在《婚姻诉讼条例》、《分居及赡养令条例》、《婚姻法律程序与

* 本文系作者2010年"西南政法大学硕士学位论文"的节选。

** 罗晓玲，女，法学硕士，工作单位：重庆市巴南区人民检察院。

财产条例》① 等单行的成文法规中。根据分居所适用的不同法律依据、分居理由及程序等，香港的分居可分为协议分居、司法分居。

(1) 立法体例。香港采用分居与离婚并行制，分居是离婚的辅助手段，不是离婚的法定前置程序，分居或离婚可由当事人自由选择。一定期限的分居可作为离婚的理由之一。先前裁判分居并不影响离婚。

(2) 协议分居。协议分居是指夫妻双方同意分居并不经过司法程序而发生的一种法律关系。分居协议可采用书面形式或口头形式，其内容一般应包括：双方同意分居、无害性条款、对妻子的扶养条款、子女的监护条款、财产协议条款以及夫妻名义保持但不得阻止分居期间提起离婚诉求的条款等。协议分居的法律效果主要根据协议的内容产生，即只要协议合法有效，对夫妻双方均具有法律约束力。

(3) 司法分居。司法分居是通过司法诉讼程序而取得的分居令。根据不同的法律依据、申请条件、程序，可以分为以下三种类型。

一是依据《婚姻诉讼条例》的分居。依据《婚姻诉讼条例》的分居是指以《婚姻诉讼条例》所规定的条件为请求权基础，遵循《婚姻诉讼条例》规定的程序单方通过法院诉讼而达致的分居。[2]提起这种司法裁判分居，根据《婚姻诉讼条例》须具备以下前提条件之一：一是在呈请提出当日，婚姻的任何一方以香港为居籍；二是在呈请提出当日，婚姻双方均居于香港；三是在呈请提出当日，婚姻的任何一方与香港有密切联系。

根据《婚姻诉讼条例》第11A条和第24条的规定，夫妻一方申请分居诉讼的理由与诉请离婚的理由是一样的。但是相比离婚，申请裁判分居的要求相对宽松。例如，第12条第1款规定“自结婚当日起计1年期间（本条下称‘指明期间’）届满前，不得向法

① 以上法规均引自于：北大法律信息网香港法律法规资料库，http://www.chinalawinfo.com/，访问日期：2009-07-17。

院提出离婚呈请”。申请分居则没有1年期限的限制。第24条第1A款也规定聆讯裁判分居的法院，无须考虑婚姻是否已破裂至无可挽回的程度，只需要证明存在分居理由所列举的事实之一即可。申请裁判分居的理由具体包括：一是答辩人曾与人通奸，而呈请人认为无法忍受与答辩人共同生活；二是因答辩人的行为而无法合理期望呈请人与其共同生活；三是答辩人在紧接呈请提出前，已遗弃呈请人最少连续1年（第11A条第2款）。

根据《婚姻诉讼条例》和《婚姻法律程序与财产条例》的规定，法院作出司法裁判分居的判令后，在夫妻之间产生以下几个方面的法律效力：在人身关系方面，第一，根据《婚姻诉讼条例》第24条第2款的规定，呈请人不再负有与答辩人的同居义务；第二，根据《婚姻诉讼条例》第32条第3款的规定，丈夫丧失对妻子的法定继承权，即分居期间妻子如未立遗嘱去世，其财产可犹如其丈夫当时已去世般转予。在财产关系方面，第一，根据《婚姻法律程序与财产条例》第4条的规定，夫妻双方互负扶养义务；第二，根据《婚姻法律程序与财产条例》第5条的规定，父母对子女负有抚养义务。法院可命令夫妻任何一方向另一方或子女支付指明的定期付款以对其进行经济给养。第三，根据《婚姻法律程序与财产条例》第6条的规定，法院可命令夫妻任何一方将指明的财产转让给另一方或子女，或者命令其为夫妻一方或双方和家庭子女利益，作出授产安排。

二是依据《分居及赡养令条例》的分居。据《分居及赡养令条例》第3条第1款规定：“凡任何已婚人士具有下列行为之一，另一方均可向区域法院申请颁令分居：（a）因袭击婚姻的另一方而循简易程序被定罪，而作出判决的裁判官认为该案性质严重；（b）因袭击婚姻的另一方而循公诉程序或简易程序被定罪，并被判处罚款500美元以上或监禁超过2个月；（c）遗弃婚姻的另一方；（d）经常虐待婚姻的另一方或该另一方的子女；（e）未有为婚姻的另一方提供合理赡养，或未有对该另一方的子女（该子女为该已婚人士在法律上有责任赡养者）提供合理赡养及教育；

(f) 明知自己患有性病而在患性病期间坚持与婚姻的另一方性交；(g) 强迫婚姻的另一方卖淫；(h) 是一名惯性酗酒者，或有毒瘾的。”但是据《分居及赡养令条例》第6条第1款的规定，如果能证明颁令分居申请人曾犯有通奸行为，申请人的丈夫或妻子（视属何情况而定）不曾宽恕或纵容该通奸行为，亦并无故意疏忽或行为失检而引致该通奸行为的，受理的地方法院则不得根据该条例发出分居的命令。

法院颁布的分居令产生的法律效果和裁判分居的法律效果相差无几。据《分居及赡养令条例》第6条第2款规定，如果根据本条例发出的命令所涉及的已婚女子及其丈夫如同住一起，该命令即不得执行，亦不能根据该命令产生法律责任；如在命令发出后的3个月期间，该已婚女子继续与其丈夫同住一起，该命令即停止生效。据《分居及赡养令条例》第6A条规定，如果能证明为了和解，双方继续同居或恢复同居一段期间且不超过3个月的，则不得单以该期间的同居为理由，或单以在该同居期间作出的任何事情为理由，将通奸及虐待行为当做已获宽恕。

三是据《家庭暴力条例》的分居。根据《家庭暴力条例》第6条规定：“原讼法庭或区域法院应申请而信纳婚姻的另一方曾经骚扰申请人或与其同住的儿童，则不论在有关法律程序中是否有人正寻求其他济助，法院都可以发出强制令，禁止另一方进去其婚姻居所或婚姻居所的指明部分。”据此发出的强制令不仅适用于夫妻之间，同样也适用于其他家庭成员之间。但是当申请人与被申请人之间是夫妻关系时，则这种强制令就具有强制分居的法律效果。

2. 我国澳门地区的分居立法

澳门地区的立法体系属于大陆法系，其现行婚姻家庭立法主要体现在《澳门民法典》[3]第四卷“亲属法”第二编中。澳门的离婚制度可分为两愿离婚与诉讼离婚，一定期限的分居作为诉讼离婚的理由之一。

(1) 立法体例。澳门地区实行的是分居与离婚并行制。《澳门民法典》第1637条规定，事实分居连续2年则可认定夫妻共同生活破裂，夫妻一方可以此为由提起诉讼请求离婚。

（2）分居的界定。根据《澳门民法典》第1638条第1款的规定，夫妻双方不共同生活，且双方或一方具有不再共同生活之意图时，视为事实分居。在两愿离婚中，夫妻双方自法官召开第一次会议之日起中止同居义务，但双方不坚持其离婚意图者除外。可见，自此时起，坚持离婚的夫妻双方进入事实分居的状态。① 就分居的理由和程序，《澳门民法典》并未作出明确的规定。事实分居能产生一系列的法律效力，但事实分居需要证明，如公开事实分居的报纸声明，以及其他能证明分居存在和持续的证明材料。[4] 对于以事实分居为理由而提起离婚之诉的，法官应按照第1642条之规定在判决中就夫妻一方或双方的过错作出宣告。第1644条第2款规定，如果在有关程序中证实夫妻已不同居，则任何一方均得要求将离婚之效力追溯至完全或主要因他方之过错而造成中止同居之日，而该期日应在判决中确定。可见，事实分居中过错的认定及分居的时间对其法律效力具有很重要的作用。

（3）分居的法律效力。夫妻事实分居后，产生以下法律效力。第一，夫妻关系继续保持，免除同居义务。第二，夫妻之间的扶养义务视过错情况而定。根据《澳门民法典》第1536条的规定，如果事实分居不可归责于任何一方，则事实分居期间夫妻双方互负扶养义务。如果事实分居可归责于一方或双方时，原则上作为唯一过错人或主要过错人的一方对另一方负扶养义务。第三，对子女的抚养、探视问题，在不损害子女利益的情况下，可由夫妻双方协议解决，且该协议须经法院认可。不能协商解决的，则由法院作出裁决由父或母或第三人或私人机构照顾。② 对于夫妻终止同居义务起300日后出生的子女，不适用父亲身份的推定。事实分居期间，禁

① 《澳门民法典》第1631条第4款："夫妻双方自会议举行日起中止同居之义务，但双方不坚持其离婚意图者除外。"

② 《澳门民法典》第1761～1762条。

止任何一方收养子女。[①] 夫妻事实分居并不当然引起分别财产制。但夫妻双方均可根据《澳门民法典》第1624条[②]规定的法定情形之一提出分产申请。

3. 我国台湾地区的分居"立法"

（1）分居的理由。我国台湾地区于2002年对其"民法典"予以修正，在其"民法"的亲属编[③]中没有明确地规定分居制度，但台湾"民法"第1001条规定，"夫妻互负同居之义务，但有不能同居之正当理由者，不在此限"，可认为其承认事实分居。

（2）分居的法律效力。夫妻事实分居具有以下的法律效力：第一，婚姻仍然存续，在分居之正当理由消除前免除夫妻的同居义务；第二，夫妻之扶养义务仍然存在；[④] 第三，夫妻之间停止家事代理权；第四，夫妻分居后，在一定情形下夫妻财产制可改为分别财产制，即夫妻难于维持共同生活，不同居已达6个月以上时，法院因一方的请求，可宣告改用分别财产制；[⑤] 第五，父母对于未成年子女之抚养义务，不因结婚经撤销或离婚而受影响。

（二）我国港、澳、台地区分居立法之评析

在介绍我国港、澳、台地区的分居立法现状后，现对其分居制度进行比较评析，观其利弊。

第一，立法体例。分居制度的立法体例主要是看分居制度与离婚制度的关系。从我国港、澳、台地区的分居立法可见，三地区都采分居与离婚并行制。分居制度相对独立于离婚制度，婚姻出现危机时，当事人可自由选择分居或离婚。分居的理由和离婚的理由可

---

① 《澳门民法典》第1688条、1828条。

② 《澳门民法典》第1624条规定："一、夫妻任何一方均可因他方对财产管理不善以致有受到相当损害之虞，而声请法院裁判分产。二、夫妻之一方失踪且下落不明逾三年者，他方亦可声请法院裁判分产。"

③ 台湾"民法"（2002修正），引自全球法律法规网：http://policy. mofcom. gov. cn/section/claw! fetch. htm，访问日期：2010-02-25。

④ 台湾"民法"第1119条。

⑤ 台湾"民法"第1010条。

能一样，也可能在离婚理由之外另设分居的理由。同时，一定期限的分居还可作为认定婚姻关系破裂的标准，成为离婚的法定理由之一。

第二，分居的理由。我国港、澳、台地区对分居理由的规定不尽相同。在我国香港地区，适用不同法律的分居，其申请的理由不同，并且只对司法分居的理由给予规定，对协议分居的理由不予规定，仅规定分居协议的内容及无效条款等。《澳门民法典》对分居的理由未明确地规定；台湾“民法”仅规定基于正当理由夫妻双方免除同居之义务，对正当理由的界定则需在判例及解释例中具体来判定。

第三，分居的形式与程序。我国香港地区采协议分居与司法分居两种形式。司法分居中，根据适用的法律不同，分居程序要求也不同。这种详细的分居规定对当事人不同情形下请求分居都有很好的指引和规制作用。而澳门和台湾地区由于分居规定较为笼统，在适用时则需根据其他相关法律及程序而定。

第四，分居的期限与中止。我国港、澳、台地区的分居立法对分居的期限都未给予明确的限定，而《澳门民法典》规定一定期限的分居可构成离婚的理由。分居期限的中止事由一般都是因为双方为了和解而暂时同居生活。我国的香港地区则规定，分居的连续性不受夫妻双方恢复同居的任何一个期间或两个以上期间总和未超过6个月的影响，但不将该短暂的同居期间计算在内。

第五，分居的法律效力。因分居事实的出现，无论协议分居、司法分居，都将在法律层面上产生夫妻人身关系、财产关系以及因婚姻关系而产生的其他家庭关系的变化，而且这些变化了的法律事实为法律所认可和保护。

（1）分居后夫妻人身关系的变化。第一，夫妻婚姻关系仍然存在，但解除同居义务，且在分居期间仍互负贞操义务。第二，日常家事代理权中止。

（2）分居后夫妻财产关系的变化。第一，夫妻财产制的变化。如台湾“民法”第1010条规定，夫妻难以维持共同生活，不同居已达6个月以上时，法院因一方的请求，可宣告改用分别财产制。第二，夫妻的扶养义务。分居期间，夫妻之间的扶养义务仍然存在。虽然在扶养费给付标准或方式上会有所区别，但是基本上都确认夫妻间仍应当履行扶养义务。例如，《澳门民法典》第1536条规定的视夫妻双方对分居的过错情况来确定扶养责任的大小。

(3) 分居后父母与子女的关系。第一，对未成年子女的抚养。父母子女的身份关系，并不因夫妻分居而受影响。夫妻分居后，对子女的监护义务依然存在。三地区一般都规定了分居期间由夫妻一方抚养，不直接抚养的一方负担一定数额的抚养费并享有探望权。在确定抚养人时，都以子女的最大利益为原则。第二，分居期间出生子女的认定。分居期间出生的婴儿是否认定为婚生子女、胎儿是否被认定为婚姻存续期间所孕育，有的未予规定，有的则作出明确的规定，如我国澳门地区法律规定，夫妻终止同居义务后300日后出生的子女，不适用父亲身份的推定。第三，分居期间子女的收养。我国澳门地区法律规定，夫妻事实分居期间，禁止任何一方收养子女。

二、我国内地设立分居制度之必要性

分居制度对婚姻家庭关系规制具有重要的法律价值，因为我国内地现实社会生活中的因分居引起的一系列现实问题等都呼唤构建符合国情的分居制度。

首先，起源于国外的分居制度经过历史的变迁不仅具有了新的内涵，同时也形成了自身的法律价值体系，其满足着现代人们婚姻家庭生活领域的需要。

(1) 分居制度的秩序价值——维护家庭和社会秩序。分居制度是以婚姻家庭生活为基础，反映维护家庭和社会秩序的需要。目前，我国离婚率却在逐年平缓上升，在离婚者中不乏一些感情尚未完全破裂而冲动离婚的人。冲动离婚不仅会极大地破坏家庭的稳定性，而且家庭纠纷不断也会破坏社会的稳定。分居制度给游走于离婚边缘，给婚姻出现危机的当事人一个缓冲地带，对他们的行为模式进行引导，给他们提供一个冷静思考、慎重选择的机会，找出化解婚姻矛盾的方法，在一定程度上可以减少冲动离婚的现象。

分居制度作为一种法律制度，为现实生活中夫妻实行分居指明了基本的行为模式，确定了分居的法律后果，明确了分居主体之间的权利义务关系，对分居主体起着指引、强制、教育等作用。同时也为司法活动提供了操作的依据，为家庭纠纷正确及时地解决提供了制度条件。

（2）分居制度的自由价值——维护婚姻自由权的实现。分居制度规制分居行为，为介于完整婚姻与破裂婚姻之间婚姻状态的婚姻当事人提供一种分居的选择。分居是夫妻不能在一起共同生活但尚未到婚姻破裂程度时，中止同居生活，为选择婚姻的走向进行独自、冷静的思考，这无疑是当事人决定自己婚姻的一种行为表现。从这个角度上讲，分居制度是婚姻自由原则发展和完善的结果。以自由离婚主义为趋势的现代离婚法，对离婚的限制相对减少。在我国，急速飙升的离婚率带来了不少负面影响。而婚姻法的立法变化，客观上成为了离婚率较大幅度增长的催化剂，因为目前我国法律对离婚无论在程序上还是实体上都限定得少之又少。[5]自由离婚主义的发展趋势不会是走向无限制的自由，而应当是逐渐从追求离婚自由发展到在保障离婚自由的前提下支持婚姻制度的回归。[6]无论分居与离婚并行制或是分居前置制，都可将分居制度理解为一种离婚前的冷静处理期，以必要的法律手段阻止那些轻率的离婚。

（3）分居制度的正义价值——衡平各方主体的利益。婚姻制度除具有自然属性外，还因受人类的社会意识形态、传统习惯和伦理思想等各种因素长期影响而形成社会属性。社会属性是婚姻家庭的本质属性。婚姻家庭的社会属性，决定了离婚自由必须兼顾个人、家庭和社会三者动态平衡地统一。婚姻法将分居事实关系纳入调整范围，建立分居制度就是为了更充分地发挥其调整规制作用。就夫妻当事人和家庭而言，由于现实生活中分居的方便性，分居很容易演化为单方面的遗弃，一方对家庭不闻不问，逃避夫妻扶养和对子女的抚养责任等，这不仅伤害夫妻的感情，而且对子女的成长、家庭的稳定都极为不利。分居制度通过具体的制度设计，将合法的分居行为与遗弃行为区分开来，给分居期间夫妻的人身财产关系给予一定的调整，可以扭转现实生活中的一些不公平现象。同时，对分居期间子女的抚养问题也作出规定，这使得夫妻的监护责任得到明确，有利于子女在一个相对稳定的家庭环境中成长。对于第三人而言，分居制度明确夫妻之间是否具有家事代理权，明确分居期间其与夫妻一方发生债务的性质等，这对交易的安全及第三人的合法利益起着预先的调整作用。

其次，建立分居制度是现代婚姻家庭变化的需要。

（1）离婚率、复婚率不断升高，草率离婚现象较为普遍。改革开放以来随着生产力水平的提高，人们物质生活条件的改善，人们的婚姻家庭观念发生了巨大的变化，我国离婚率逐渐升高，其原因主要包括经济发展的原因、婚姻立法的变化、人们思想观念的转变、妇女经济地位的提高等。

曾有一篇报道称70%的婚离错了。① 这个数字和比例不一定准确，但可以肯定地说，部分夫妻选择离婚可能是不理智的行为。杭州市民政局社会事务处2006年2月6日公布过一个数据，2005年杭州市有682对男女办理了复婚登记，占婚姻登记人数的1.27%，比前年上升了42%，是2000年165对的4倍多，创造了杭州婚姻登记史上复婚的最高人数。[7]也有报道称，2006年上海办理离婚手续的夫妇有37394对，复婚数达4326对，与2005年的3301对复婚数相比，增加了1025对。② 从情感方面来讲，选择复婚的夫妻在当初离婚之时难脱草率之嫌；从经济的角度来看，离婚后又复婚不仅使婚姻当事人自身的婚姻成本增加，同时也增加了相应的社会成本。

---

① 《70%的婚离错了》，载《都市快报》，2006-09-22。转引自王礼仁：《婚姻诉讼前沿理论与审判实务》，190页，北京：人民法院出版社，2009。

② 《上海复婚率呈上升趋势孩子成为感情联系重要纽带》，http://whb.eastday.com/w/20070329/u1a276494.html，访问日期：2009-08-13。

在逐年递增的离婚和复婚人员中不乏存在草率离婚的夫妻。目前，我国草率离婚的现象比较严重，这不仅影响婚姻的质量，也破坏家庭的稳定。很多夫妻草率离婚后，后悔莫及。有的选择复婚，有的则碍于情面或其他因素的影响而只能相隔以望。

面对我国离婚率、复婚率持续走高的态势，草率离婚现象仍然较普遍的现状，设立分居制度作为离婚的缓冲地带，为浮躁的人们提供一个冷静思考的机会，让他们慎重地处理婚姻面临的危机，这样既利于家庭，也利于社会。

(2) 大量的分居现象亟须规范。在我们的现实生活中分居的现象大量存在。当夫妻感情出现问题时，很多人都选择分居而非离婚，周围的人们也觉得“宁拆十座庙，不破一桩婚”。而有些夫妻则是出于子女健康成长的需要，名义上保持夫妻关系而实际上行着分居生活之实。有的则是因为女方长期在家务农，操持家务，照顾老人，在经济上缺乏独立性而不敢离婚，只能选择面对破灭的婚姻过着分居生活。同时，随着我国经济社会的发展，就业压力的增大，很多夫妻过着两地分居的生活。两地分居的生活很多因为缺乏互相照顾，缺乏家的温暖，易导致夫妻感情不和，最终走向解散。夫妻两地分居并不当然地构成《婚姻法》规定的法定分居情形，但是在一定情形下可以转化为感情不和的分居，如一方在主观上已经缺乏共同生活的意愿，也不再履行家庭义务等。例如，在婚姻出现危机一方起诉离婚后，无论判决的结果如何，在诉讼期间大多都是选择分居。对于现实生活存在的夫妻分居现象，我国《婚姻法》需要确立分居制度来有效地规制，以避免一些以分居来转移财产或恶意遗弃家庭成员等行为的发生。

再次，司法审判实践呼唤分居制度的确立。

(1) 为法院审理婚姻家庭案件提供可操作性标准。我国有关夫妻分居的法律规定过于简单，造成司法审判实践中的可操作性不强。通过建立分居制度，明确分居的界定、分居的条件及程序等，能够避免司法实践中对分居的认识不一及认定难的问题。无论是协议分居或是司法分居，若通过特定的程序及确定的形式固定下来，这使得当事人的举证责任变得简单易行，且对分居期间的计算也较为容易。通过明确的制度性规定，为法院审理分居案件时提供了统一的认定标准，减少了法官的自由裁量权及主观臆断性，增强审判的公正性。同时，建立分居制度后，法官可以据此准确判断当事人婚姻关系的状况，作出有效公正的判决彻底地解决婚姻纠纷。

（2）“试离婚”需要法律支撑。现在有些地方较为流行“试离婚”，如河南、天津、广东、厦门等地。其中有的“试离婚”是当事人于离婚前自行分居，即“问题婚姻”的当事人，对自己的婚姻关系无法准确把握，对夫妻感情是否破裂尚存疑虑，为慎重地对待婚姻，双方同意在一段时间内分居或虽然同居一室但互不履行夫妻义务，彼此处于“离婚”状态的一种行为。让夫妻双方体验离婚后的生活情境，从理性的高度审视婚姻，然后再决定是否离婚。[8]通过分析，我们可以得知“试离婚”实际就是分居制度在中国的一种实践，其发挥分居制度的部分功能。但由于缺乏法律依据和系统性规定，使得“试离婚”的实践招来了很多质疑的声音。“试离婚”是离婚程序简单化，是在离婚较为自由的环境下，夫妻慎重对待离婚，缓解家庭婚姻危机的一种新实践。它在我国还是一种新的探索，还未将其上升为法律制度，相关实践活动游走于法律的边缘。社会的发展、司法的实践都需要法律的保障。因此，有必要在我国《婚姻法》中增设分居制度。

又次，涉外婚姻及涉我国港、澳、台地区婚姻纠纷解决的需要。

分居制度具有挽救濒临破碎家庭的优势，为不少国家和地区的婚姻立法所采用。在国际上，为了解决涉外分居制度的法律冲突，也制定了较为成熟的国际公约。① 在经济全球化、法律全球化的时代大背景下，随着我国对外开放程度不断扩大，中国在国际事务中的地位不断提升，国际民商事关系的参与度日益加深，跨国婚姻的

① 主要有1902年在海牙欧洲诸国签订的《离婚及分居法律冲突与管辖权冲突公约》及1970年的《关于承认离婚和法律别居的公约》。

数量日渐增长，涉外的婚姻家庭纠纷也随之增多。同时大陆地区与我国港、澳、台地区的联系也更为密切，通婚现象更为普遍，涉及我国港、澳、台地区的婚姻纠纷也在不断增多。我国在处理有关分居问题的家庭纠纷时，却缺乏分居制度的规定可能会引起司法纠纷。

最后，其他社会问题解决的需要。

在我国，家庭成员之间的家庭暴力、虐待和遗弃等违法行为时有发生，虽然我国《婚姻法》及其他部门法律对此规定了相应的法律责任和解决办法，但大都属事后救济，而事前防范的措施则较少，这使得我国婚姻家庭暴力并没有得到有效的控制和预防。建立分居制度，将家庭暴力、虐待、遗弃等行为作为申请分居的法定理由，明确分居期间夫妻之间的权利义务，可以使不愿意离婚的当事人暂时摆脱夫妻共同生活，预防和减少家庭暴力行为的发生。同时可以借鉴香港《家庭暴力条例》的规定，赋予受害方申请强制令的权利，即受害方或子女等其他家庭成员在受到婚姻的另一方骚扰后，不论在有关法律程序中是否有人正寻求其他济助，其都可以向法院申请强制令，禁止另一方进去其婚姻居所或婚姻居所的指明部分。这种强制令在夫妻之间具有强制分居的法律效果，可以有效地预防家庭暴力行为的发生。

建立分居制度除了有利于预防和减少家庭暴力外，对备受争议的“婚内强奸”问题的部分解决在一定程度上有启示作用。就我国目前的实际情况来看，将婚内发生的丈夫强行与妻子发生性行为全部按照“婚内强奸”来处理尚不具备成熟的条件。但是如果我国在《婚姻法》中确立分居制度后，明确分居期间夫妻之间免除同居义务，分居期间如丈夫强行与妻子发生性行为则构成“婚内强奸”，这将为司法实践提供一个切实可行的操作标准，避免认定问题上出现混乱局面，有利于司法实践的统一。

三、我国港、澳、台地区分居制度对内地的启示

立足我国内地婚姻家庭的实际情况，深入分析我国内地设立分

居制度之必要性后，借鉴我国港、澳、台地区的分居立法经验，对完善我国婚姻家庭立法，设立符合内地实际的分居制度是十分重要。具体可以从以下几个方面来解构。

第一，立法例宜采用分居制度与离婚制度并行制。将分居制度与离婚制度并行，当事人可以自由选择。当夫妻关系确已破裂，当事人可以通过离婚程序选择离婚。当婚姻关系出现危机，但尚不至于完全破裂，当事人可以选择分居。

第二，分居形式宜借鉴香港地区的分居立法，采用行政或诉讼两种程序同时并行的双轨制。当夫妻双方达成分居合意，并就子女的临时抚养作出妥善安排，可订立书面的分居协议并经登记机关登记后生效。如不能达成分居合意，则可向法院提起分居诉讼。人民法院在审理分居诉讼中可以进行调解，在当事人具备法定理由的情形下，裁定分居。

第三，分居理由的规定则视不同形式的分居分别予以规定。对于协议分居则无须规定具体的分居理由，只要双方达成的分居协议不违反国家法律强制性规定和公序良俗，并且具备必备条款，如对未成年子女的抚养等即可。对于司法分居的理由，借鉴香港地区的立法经验，结合我国内地的婚姻家庭的现实情况，除具有离婚的法定理由可申请分居外，还应将婚姻家庭生活中出现的其他一些影响夫妻感情导致婚姻关系恶化以致不堪同居的事由也纳入分居的法定理由之内。

第四，我国对分居期限的规定宜采定期分居的方式，对分居的期限进行弹性规定。法律仅须规定分居的最短期限不少于6个月，最长期限不超过2年。在协议分居的情况下，由当事人在此区间协商确定分居期限；在司法分居的情况下，法院则根据案件的具体情况在6个月至2年期间内作出分居判决。

第五，分居的法律效力则明确以下几个方面：免除同居义务；夫妻之间仍负有忠实义务；分居期间，夫妻间日常家事代理权中止；分居后财产制问题，首先让当事人就分居后财产的归属问题进行协商，协商不成的，则实行分别财产制；夫妻间仍负有扶养义务，但被扶养人存在严重过错，致使另一方对其进行扶养或救助有违公平、正义原则时，法院可以免除另一方给付义务的全部或部分。

第六，分居后父母与子女的关系。分居期间，夫妻双方可以就未成年人子女的抚养方式、抚养费的数额及另一方的探视方式进行协商，达成一致意见的由法院进行确认，协商不成的，则由法院根据父母及子女的具体情况，并结合10周岁以上未成年子女的意见，以子女的最大利益为原则进行判决；分居期间出生子女的认定。借鉴澳门地区的立法经验，在分居期间，如子女是在夫妻终止同居义务后300天之内出生的，则适用婚生推定；分居期间子女的收养，因分居期间婚姻关系并未解除，在婚姻关系存续期间实施收养须有夫妻合意，一方单独实施的收养行为无效。

第七，分居终止的法定情形，主要包括以下几个方面：死亡，包括自然死亡和宣告死亡；因婚姻的无效或被撤销而终止；因当事人和好而终止；因分居期限届满而终止。

参考文献

［1］［4］林荫茂：《香港、澳门、台湾地区分居制度比较——兼谈我国应设分居制度》，载《现代法学》，86~88页，1997（6）。

［2］邓伟平、林博：《从香港法上的分居制度引发的思考》，载《中山大学学报》，71页，2003（6）。

［3］中国政法大学澳门研究中心、澳门政府法律翻译办公室编：《澳门民法典》，414~449页，北京：中国政法大学出版社，1999。

［5］樊美清：《婚姻家庭案件的新问题及其应对》，载夏吟兰、龙翼飞主编：《和谐社会中婚姻家庭关系的法律重构——纪念，〈婚姻法〉修订五周年》，81页，北京：中国政法大学出版社，2007。

［6］夏吟兰：《离婚自由与限制论》，32页，北京：中国政法大学出版社，2007。

［7］王礼仁：《婚姻诉讼前沿理论与审判实务》，190页，北京：人民法院出版社，2009。

［8］王勤芳：《从离婚障碍机制谈我国婚姻法应增设别居制度》，载《政法论坛》，184页，2008（6）。

附　录

西南政法大学外国家庭法及妇女理论研究中心简介

学术顾问（以姓氏笔画为序）： 王建华、方俐、文玲、兰运华、李春茹、陈彬、郭渝平

主　任： 陈苇

副主任： 张华贵、朱凡

秘书长： 杜江涌

副秘书长： 胡苷用

2003 年 12 月至 2004 年 12 月西南政法大学民商法学院博士生导师陈苇教授受国家留学基金资助，由国家教育部公派出国留学作为访问学者到澳大利亚悉尼大学法学院进修家庭法一年。她回国后于 2005 年 1 月向学校提出了建立“西南政法大学外国家庭法及妇女理论研究中心”的书面申请。2005 年 4 月 1 日西南政法大学校长办公会议批准同意该研究中心成立。

本“研究中心”的宗旨是通过整合本校婚姻家庭法及妇女理论方面的科研与教学资源，联合校内外其他单位与部门的相关人员，以西南政法大学为依托，开展中外学术交流，着力研究现阶段中外婚姻家庭继承法及妇女领域的重大理论和实践课题，为我国婚姻家庭继承法的完善及妇女理论的发展提供有益的借鉴经验，为我国立法机关提出相关建议，为司法部门提供法律咨询服务，争取多

出科研成果，出精品科研成果，为创建国内一流、国际知名的西南政法大学而努力。

本“研究中心”的主要任务包括：1. 开展中外学术交流；2. 提供专业咨询服务；3. 进行理论研究；4. 培养婚姻家庭继承法及妇女理论的学术人才；5. 组织开展学术讲座等，以期造就一批在本学科领域有一定影响的学术骨干和后备学术带头人。

本“研究中心”以《家事法研究》论丛作为学术研究阵地，每年计划推出 1 ~ 2 辑，由国家级出版社出版。并创建“研究中心”的网页——中外婚姻家庭法及妇女理论论坛，发表本研究中心成员的学术成果、开展对婚姻家庭问题的讨论，并邀请相关中外专家、学者、立法和司法实务部门人员进入该“论坛”，进行学术交流，以期实现学术研究与立法、司法的良性互动，促进中外学术研究和学术交流。

本“研究中心”以西南政法大学民商法学院婚姻家庭继承法和妇女理论研究所的人员为基础，并聘请校内外的专家、学者担任学术顾问和特约研究员而组成。

Appendix:

Introduction of the Research Center on Foreign Family Law and Women' s Theory of Southwest University of Political Science and Law, China

Academic Consultants: Wang Jianhua, Fang Li, Wen Ling, Lan Yunhua, Li Chunru, Chen Bin, Guo Yuping

Director: Chen Wei

Deputy Director: Zhang Huagui, Zhu Fan

Academic Secretary: Du Jiangyong

Deputy Academic Secretary: Hu Ganyong

Introduction

Professor Chen Wei, the doctor tutor of the Civil and Business Law School of Southwest University of Political Science and Law, China [hereinafter refers to SWUPL], studied family law in the Law School of Sydney University, Australia from Dec. 2003 to Dec. 2004 with the sustentation of "STATE SCHOLARSHIP FUND AWARD". In Jan. 2005, some days after came back to China, she presented the application for establishing "the Research Center on Foreign Family Law and Women's Theory of SWUPL, China". On Apr. 1st 2005, the President's Working Office of SWUPL approved her application.

The aim of the Research Center, is to develop academic exchange between China and foreign countries, put emphasis on grand important theory and practice problems of family law and women's theory by associating the researching and teaching resources of SWUPL with relevant personnel of other units and departments. All of that we have done and will do have some important meaning: (1) may provide the valuable experiences for the perfection of the laws of family and succession in China and the development of women's theory, (2) may provide relevant suggestions to Chinese legislature, and (3) may provide legal advices to judicial practice departments. We hope that SWUPL will be top ranking internally and famous internationally with our efforts.

The assignments of the Research Center including: (1) developing academic exchange between China and foreign countries in relevant fields; (2) providing professional consultation service; (3) strengthen academic research; (4) training some academic adepts of family law and women's theory; (5) giving academic lectures. We hope that some adepts and reserve academic leaders with certain influence in family law field would be brought up.

The research place of the Research Center including: (1) "Research on Family Law", is the analects of our academic research theses which will be published by a national publishing house one or two times per year; (2) "China and Foreign Countries Family Law and Women's Theory Forum", is the official website of the center. There will be academic products of center's members, discussions on family law and women's theory, and academic exchanges of experts, scholars, and judicial personnel of China and foreign countries. We hope to realize the virtuous communication between the theory and the practice and promote the academic exchange and research of China and foreign countries.

The personnel of the Research Center are mainly composed of scholars from the Marriage, Family and Succession Law and Women's Theory Research Institute of the Civil and Business Law School of SWUPL, China. We also invite some famous experts and scholars around the whole country to be the consultants and special research fellows. They are the members of the Research Center too.

《家事法研究 2010 年卷》协办的律师事务所简介

上海沪家律师事务所简介

上海沪家律师事务所是中国内地首家专业婚姻家庭律师事务所。所名“沪家”取“上海婚姻家庭”之意，系美国驻上海领事馆、澳大利亚驻上海领事馆的合作伙伴，上海对外贸易学院教学实习基地、武警解放军 73181 军民共建单位、上海市静安区文明单位、区级优秀公益律师事务所。该所律师涉外婚姻法律事务业务精湛，有的律师被上海市司法局、上海市律师协会授予“上海市十佳优秀青年律师”称号、有的律师被上海市静安区司法局授予“优秀专业律师”称号。该所律师曾多次为华东政法大学、上海交通大学、复旦大学等学校讲授涉外婚姻法律实务课程，曾在 2006 年成功举办了全国首个外籍人士在华婚姻家庭法律讲座。该所律师参与起草《律师办理婚姻家庭纠纷案件操作指引》，完成《婚姻家庭案件纠纷业务》、《现代婚姻家庭纠纷案例选编》等多部著作。

《家事法研究》稿约

《家事法研究》是由西南政法大学“外国家庭法及妇女理论研究中心”主办的系列论丛。它由我国著名的婚姻家庭法专家中国政法大学巫昌祯教授、中国人民大学杨大文教授、华东政法学院张贤钰教授、中国社会科学院法学所陈明侠研究员担任学术顾问，并由台湾地区著名的民法、婚姻家庭法专家台湾“国立政治大学”法律系杨与龄教授、林秀雄教授担任特邀学术顾问，由西南政法大学陈苇教授担任主编，拟每年出版1~2辑，由国家级出版社出版。

本论丛旨在对中外婚姻家庭法及妇女研究领域的理论问题和实际问题进行研究，对司法实践中的疑难问题进行分析，对最新司法案例进行评析，对新的法律、法规、司法解释进行阐释与评析，对外国婚姻家庭法及妇女理论进行评介，以期为广大的理论研究人员以及司法实务工作者提供发表最新研究成果的重要阵地，倡导理论与实践相结合的研究方法，促进学术界与实务界的对话与沟通，藉此丰富对婚姻家庭法的理解，总结婚姻家庭法在司法审判中的宝贵经验，为立法与司法提供理论支持，从而推动中外婚姻家庭法及妇女理论的学术研究工作。

本论丛的主要栏目有：名家论坛、家事法研究、妇女理论研究、立法建议、典型案例评析、域外家事法、家庭法学术简讯、博士生论坛、优秀硕士论文摘登、家事法及妇女理论新书评介等。每期还将视具体情况灵活设置特别栏目，如夫妻财产制专题研究、离婚法专题研究、妇女理论专题研究、儿童权益保护专题研究等。《家事法研究》以加强学术交流、繁荣法学研究为宗旨。欢迎学界同仁踊跃投稿，共同耕耘好这片学术园地。现提出如下稿约：

1. 投给《家事法研究》的稿件，内容应具有一定的理论创新和学术价值，并且为尚未公开发表的作品。文章体裁包括论文、译文、书评、调研报告、案例评析等。译文请自行解决版权问题。稿件字数一般在12000字以内。为预防乱码，来稿须同时邮寄论文的清样及软盘各一份。

2.《家事法研究》本着"精编精选、以质取文"的方针，将认真地对待每一篇来稿，实行双向匿名审稿制度。匿名审稿人根据文章的学术水平提出是否采用的意见、或者提出修改意见交由作者对原稿进一步修改后，经再次审查后决定是否采用。

3. 来稿在3个月内收到不用稿通知的，可自行处理。因人手有限，未被采用的稿件一律不退，请自留底稿。来稿请注明：联系人的姓名和地址、邮编、电话、电子信箱，以便及时与您联系相关事宜。

4. 来稿一经采用，即赠送当期的样书1本。

5. 凡在《家事法研究》上发表的文章在2个月后，将被上载到西南政法大学"外国家庭法及妇女理论研究中心"的网页上，如不同意上载的，请在投稿时声明。

6. 有效投稿应当符合以下要求：

（1）请在文章的首部列上中英文的文章标题和作者姓名。

（2）请附100~300字的摘要。摘要应能客观地反映论文的主要内容，表明作者的观点，并且能够独立成文。切不要以第三人称写成文章结构介绍或自我评价，不要出现"本人"、"本文"等字眼。

（3）请提供作者简介，文章标题下的作者姓名后用"*"符号，在首页用脚注注明，其内容包括：作者姓名、出生年、性别、民族（汉族可省）、籍贯（具体到市县一级）、工作单位、职称、学位、研究方向。

例如：作者简介：乌兰娜（1968— ），女（蒙古族），内蒙古达拉特旗人，内蒙古大学历史系副教授，博士，主要从事蒙古学研究。

(4) 在正文之前列出文章的目次。目次应单独列为一个自然段，退二格书写，目次为文章的一、二级标题。

(5) 本书实行“参考文献”与“注释”分开排版。

“注释”是对论著正文中某一特定内容的进一步解释或补充说明，排印在每页的脚注内。凡是属于对文章的进一步说明或指出所引用的具体法条，均请采取当页脚注，每页分别编号，用①②③④符号表示，脚注符号应放到标点符号的逗号之前或句号之后。

“参考文献”是作者写作论著时所参考的文献，集中列于文尾，采取连续注码，注码号为［ ］。如多次引用同一文献，请将注码号放在一起，如：［1］［4］巫昌祯主编：《婚姻法执行状况调查》，123~125页，北京：中央文献出版社，2004。

例一：莱斯利·怀特：《文化的科学——人类与文明研究》，王思远译，207页，济南：山东人民出版社，1998。

例二：董淑华、黄贞姬：《古代汉语表现的语义特征》，载《延边大学学报（哲学社会科学版）》，150~153页，1995（3）。（注意：需要标明所引用期刊的起始页码。）

例三：陈志平：《减灾设计研究新动态》，科技日报，1997-12-13（5）。

例四：徐道远、符晓陵、寿朝辉：《混凝土三维复合型断裂的FCM和GR》，载涂传林：《第五届岩石、混凝土断裂和强度学术会议论文集》，19~24页，长沙：国防科技大学出版社，1993。

例五：王明亮：《关于中国学术期刊标准化数据系统工程的进展》，http://www.caj-cd.edu.cn/pub/wml.txt/1998-10-04.

例六（英文著作引文，注意：书名采用斜体字）：

［1］H. L. A. Hart, *The Concept of Law*, Oxford: Oxford University Press, 1961, pp. 6~7.

［2］Steven Lukes and Andrew Scull (eds.), *Durkheim and Law*, Oxford: Martin Robert- son & Company Ltd., 1983, p. 12.

例七（英文论文引文，注意：论文名应另加引号并采用斜体字）：

［1］Julius Stone，"*Roscoe Pound and Sociological Jurisprudence*"，in 78 Harvard Law Review（1965），p. 1578.

［2］David Garland，"*Durkheim`s Theory of Punishment：a Critique*"，in David Garland and Peter Young（eds.），The Power to Punish：Contemporary Penality and Social Analysis，England：Gower Publishing Company，1989，pp. 37～61.

7．由于《家事法研究》自2011年卷起被转为中国法学会婚姻家庭法学研究会主办，故来稿的邮寄地址待学会以后另行通知。

《家事法研究》编辑部

2010年8月

图书在版编目（CIP）数据

家事法研究．2010年卷/陈苇主编．—北京：群众出版社，2011.1

ISBN 978－7－5014－4822－7

Ⅰ.①家… Ⅱ.①陈… Ⅲ.①婚姻法—研究—世界—丛刊②家庭—法律关系—研究—世界—丛刊 Ⅳ.①D913.904－55

中国版本图书馆CIP数据核字（2010）第246630号

家事法研究2010年卷（总第6卷）

主　　编　陈　苇

责任编辑　胡慕陶

出版发行：群众出版社
地　　址：北京市西城区木樨地南里
邮政编码：100038
经　　销：新华书店
印　　刷：北京泰锐印刷有限责任公司

版　　次：2011年1月第1版
印　　次：2011年1月第1次
印　　张：17.875
开　　本：880毫米×1230毫米　1/32
字　　数：500千字

书　　号：ISBN 978－7－5014－4822－7
定　　价：43.00元

网　　址：www.qzcbs.com
电子邮箱：qzcbs@163.com

营销中心电话：010－83903254
读者服务部电话（门市）：010－83903257
警官读者俱乐部电话（网购、邮购）：010－83903253
法律分社电话：010－83905745